Abū Ḥāmid al-Ghazālī,
Erinnerung an den Tod und das Leben danach

Buch XL
der Wiederbelebung
der Religionswissenschaften
(*Iḥyāʾ ʿulūm ad-dīn*)

إحياء علوم الدين

للإمام الغزالي

AL-GHAZĀLĪ

ERINNERUNG AN DEN TOD UND DAS LEBEN DANACH

Kitāb dhikr al-mawt wa-mā ba'dahu. – Das 40. Buch der *Iḥyā' 'ulūm ad-dīn.* Übersetzt von RADHIA SHUKRULLAH

Die Cyprus Library
Centre for the Registration of Books and Serials
verzeichnet das folgende Werk unter der

ISBN 978–9963–40–050–8

Aus dem Arabischen
übersetzt von
Radhia Shukrullah

Originaltitel:
Kitāb dhikr al-mawt wa mā baʿdahu,
Buch XL der *Iḥyāʾ ʿUlūm ad-Dīn*,
Al-Imām Abū Ḥāmid Muḥammad ibn Muḥammad al-Ghazālī

3. Auflage 2022
ISBN 978–9963–40–050–8

Druck: Alföldi Printing House.
Printed in Hungary.

Inhalt

ERINNERUNG AN DEN TOD

DAS DRITTE KAPITEL

DAS VIERTE KAPITEL

INHALT

DAS ACHTE KAPITEL

ZWEITER TEIL

Vorwort des Herausgebers

IM 40. UND LETZTEN BUCH seiner „Wiederbelebung der Religionswissenschaften“ (*Iḥyā’ ‘ulūm ad-dīn*) mit dem Titel „Erinnerung an den Tod und das Leben danach“ (*Kitāb dhikr al-mawt wa mā ba‘dahu*) erinnert der Jahrtausendgelehrte ABŪ ḤĀMID MUḤAMMAD AL-GHAZĀLĪ an den Tod und daran, wie entscheidend wichtig es für uns ist, seiner während unseres Lebens zu gedenken, einem Ereignis nämlich Beachtung und Achtung zu erweisen, das jedem von uns mit jeder Stunde seines Lebens näher und näher rückt und dem wir uns nicht entziehen können.

Das Werk schildert, wie die alten Propheten عليهم السلام und wie Sayyidunā Muḥammad ﷺ und seine Gefährten رضي الله عنهم den Übergang von diesem in das nächste Leben geschafft haben, wie es sich bei berühmten Sheikhs und Gottesfreunden verhalten hatte und was sie ihren Vertrauten davon und vom Jenseits überhaupt in Träumen übermittelten.

Es berichtet uns erstaunliche und bislang im Abendland kaum gehörte Dinge, daß beispielsweise nach dem Tod geschehene Verletzungen des Körpers von der Seele durchaus wahrgenommen werden und daß mit dem Tod Probleme und Gefahren keineswegs verschwunden sein werden. Es schildert Umstände des Sterbens und all jener Dinge, die uns durch die Offenbarung der heiligen Schrift und die Überlieferung des Propheten ﷺ bekannt geworden sind, in einer nie zuvor erfahrenen Genauigkeit: den Jüngsten Tag, die Überquerung der Brücke des *ṣirāṭ*, den Eintritt ins Paradies und was über es und eine noch höhere Form der Glückseligkeit im Antlitz des Barmherzigen bekannt wurde.

Es scheint, daß keine Zeit so sehr wie die unsere sich der Beachtung des Todes verschließt, da sie schier unerschöpfliche Mittel der Zerstreuung und Ablenkung aufbietet, uns unseres Schicksals ganz und gar unbewußt bleiben zu lassen, auf daß wir in einem Halbschlaf halbgenüßlicher Vergnügungen frustriert vor uns hindösen und, gänzlich unvorbereitet, in den Tod hineinstolpern. Der Weise indes gedenke, so unser Autor, beständig des Todes, weil dieser „der versprochene Treffpunkt für die Begegnung mit seinem Geliebten" sei, die der Liebende niemals vergesse, da er dem Herrn der Welten nahegebracht wird.

Wir wünschen dem Buche eine weite Verbreitung und hoffen, daß es dazu beiträgt, daß wir erkennen, wie wichtig es für ein erfülltes Leben ist, unseres kommenden Todes häufig zu gedenken, und daß wir, indem wir es tun, so Gott will, im Diesseits und im dem, was ihm folgt, unser großes Glück finden.

Wa min Allāh at-tawfīq.

Im Mai 2014, Rajab 1435 * SALIM E. SPOHR

* wenige Tage nachdem unser Sheikh, Muḥammad Nāẓim ʿĀdil al-Ḥaqqānī an-Naqshband, *qaddasa Llāhu sirrahu*, im Alter von gerade 93 Jahren diese Welt verlassen hat. Möge Allāh, *ʿazza wa jalla*, ihn reich belohnen: *Fātiḥa*!

Einleitung

PREIS SEI ALLAH, der durch den Tod den Tyrannen das Genick brach und den Rücken der Könige Persiens zerschlug und die Hoffnungen der Caesaren in Schranken wies, deren Herzen beharrlich die Erinnerung an den Tod scheuten, bis an ihnen die Verheißung geschah und sie in die Grube warf. Aus ihren Palästen zogen sie hinab in die Gruft, vom Licht der Wiege zum Schatten ihrer Grabstatt, und vertauschten das gefällige Spiel mit Sklavinnen und Lustknaben gegen das Erdulden von Kriechgetier und Erdgewürm; den Genuß von Speis und Trank gegen das Suhlen im Staub der Erde, und wohltuend mitmenschliche Vertrautheit gegen das wilde Elend der Vereinsamung; vom weichen Lager wechselten sie über in schreckliches Verderben. Sieh nur, ob sie Schutz oder Zuflucht vor dem Tode fanden, oder Schranke oder Hindernis vor ihm errichten konnten!

Spürst du noch einen von ihnen auf? Oder hörst du ein Flüstern von ihnen? (19:98)

Gepriesen sei Er, der einzig ist in Macht und Machtausübung, und der jeden Anspruch auf Dauer Sich Selbst vorbehält; der alle Arten der Schöpfung durch die Vergänglichkeit herabsetzt, die Er über sie verhängt hat, und der für die Gottesfürchtigen den Tod als Erlösung verfügt und ihn zum Treffpunkt der ihnen verheißenen Begegnung gemacht; und der dem Gottlosen das Grab zu Gefängnis und beklemmendem Kerker gerichtet bis zum Tage der Entscheidung und des Richtspruchs. Denn Sein ist das Gewähren offenkundiger Gunst, und Sein ist die Rache zwingender Vergeltung. Ihm gebührt aller Dank in den Himmeln und auf Erden, und Ihm ist aller Preis in dieser Welt und in der nächsten. Ein Vielfaches an Heil und Segen sei Muḥammad, der deutliche Wunder und augenfällige Zeichen vollbrachte, sowie seinem Hause und seinen Gefährten allen.

Desweiteren ziemt es sich für denjenigen, dem der Tod Vernichtung bringt, dessen Lager der Erdenstaub und dessen Vertrauter der Erdwurm ist, dessen Gefährten Munkar und Nakīr sind, dessen Bleibe das Grab und dessen Ruhestatt der Bauch der Erde ist, dessen verheißener Treffpunkt die Auferstehung und dessen Endziel Himmel oder Hölle sein wird, daß er keinen anderen Gedanken hege als den an den Tod und daß er sich keines anderen als seiner entsinne. Er sollte keine andere Vorbereitung treffen und keine anderen Pläne machen als für seine Todesstunde, und alle Erwartung, Sorge, Anstrengung, alles Warten und Ausschauhalten sollten allein darauf ausgerichtet sein. Es ist angebracht, daß er sich selbst zu den Toten zählt, und sich den Bewohnern der Gräber als zugehörig betrachtet, denn alles, was da kommen soll, ist nahe, und weit entfernt ist nur das, was niemals eintreten wird.

Der Heilige Prophet, Allah segne ihn und schenke ihm Frieden, hat gesagt: „Klug ist der, der mit sich selbst ins Gericht geht und im Hinblick auf das, was nach dem Tode kommt, handelt."[1] Die Vorbereitung auf etwas ist niemals leicht, es sei denn, man hält beständig die Erinnerung daran im Herzen frisch, und die Erinnerung läßt sich nur dadurch auffrischen, daß man sich der Dinge entsinnt, welche die Aufmerksamkeit darauf lenken, und indem man seinen Blick auf das richtet, was darauf hinweist. Wir wollen darum von dem sprechen, was den Tod betrifft, was ihm vorausgeht und was mit ihm einhergeht; von den Zuständen des Jenseits, von der Auferstehung, vom Paradiesgarten und vom Höllenfeuer, woran der Gottesknecht immerzu zu denken hat, was er stets bedenken und betrachten soll, auf daß er gebührlich seine Vorkehrungen treffe. Denn schon ist der Aufbruch nach dem Jenseits nah, und nur wenig verbleibt an Lebenszeit. Doch die Schöpfung achtet dessen nicht: *Genaht ist den Menschen ihre Abrechnung, aber in Achtlosigkeit kehren sie sich ab.* (21:1)

Wir befassen uns mit dem Thema des Todes und seinen Zusammenhängen in zwei Teilen: Der erste Teil handelt von dem, was ihm unmittelbar vorausgeht und was sogleich auf ihn folgt, bis hin zum Posaunenstoß; er enthält acht Kapitel:

DAS ERSTE KAPITEL: Vom Wert der Erinnerung an den Tod und eine Ermunterung dazu;

DAS ZWEITE KAPITEL: Von langfristigen und kurzgehaltenen Hoffnungen;

DAS DRITTE KAPITEL: Von der Pein des Todeskampfes und von empfehlenswerten Zuständen beim Nahen des Todes;

DAS VIERTE KAPITEL: Vom Tode des Gesandten Gottes, Allah segne ihn und schenke ihm Frieden, sowie vom Tode der rechtgeleiteten Kalifen, die nach ihm kamen;

DAS FÜNFTE KAPITEL: Von den Worten der Kalifen, Fürsten und Frommen in ihrer Todesstunde;

DAS SECHSTE KAPITEL: Von den Worten der Weisen bei Beerdigungen und auf Friedhöfen und vom Schiedsspruch bezüglich des Besuchs der Gräber;

DAS SIEBENTE KAPITEL: Von der wahren Eigenart des Todes und was dem Toten im Grabe bis zum Posaunenstoß alles zustößt;

DAS ACHTE KAPITEL: Von dem, was durch Enthüllungen in Träumen über die Zustände der Toten bekannt ist.

ERSTER TEIL

DAS ERSTE KAPITEL

Von der Erinnerung an den Tod sowie eine Ermunterung, seiner häufig zu gedenken

Wisse, daß das Herz dessen, der in diese Welt verstrickt und ihren eitlen Belangen verfallen ist und sich nach ihren Genüssen verzehrt, im Gedenken an den Tod unweigerlich achtlos sein wird. Er gedenkt seiner nicht, und wenn er an ihn erinnert wird, ist es ihm zuwider, und er scheut davor zurück. Das aber sind die, von denen Allah sagt: *Sprich: „Sieh, der Tod, vor dem ihr flieht, siehe, er wird euch einholen. Alsdann müßt ihr zurück zu dem, der das Verborgene und Sichtbare kennt, und verkünden wird Er euch, was ihr getan."* (62:8)

Die Menschen sind entweder ganz in diese Welt verstrickt, oder sie sind Anfänger auf dem Pfad der Reue, oder aber sie sind vollendete Weise. Der in diese Welt Verstrickte gedenkt nicht des Todes, und wenn er sich seiner erinnert, so tut er es mit Bedauern um seine Welt und schmäht ihn nach Kräften. Solch einen Menschen treibt die Gemahnung an den Tod nur noch weiter von Allah fort. Der Reuige aber gedenkt des Todes häufig und viel, so daß dadurch Furcht und Bangigkeit in seinem Herzen entstehen und er seine Umkehr vollendet. Womöglich scheut er den Tod aus Furcht, er möge ihn davontragen, bevor er seine Reue vollendet und seine Wegzehrung für die Reise sichergestellt hat. Dieser Mensch ist in seiner Abneigung gegen den Tod entschuldbar, und ihn betrifft nicht das Wort des Heiligen Propheten, Allah segne ihn und schenke ihm Frieden: „Wem die Begegnung mit Allah zuwider ist, dem zu begegnen ist auch Allah zuwider."[2] Denn ein solcher ist nicht eigentlich dem Tod und der Begegnung mit Allah abgeneigt, er befürchtet vielmehr, das Treffen mit Gott aufgrund seiner eigenen Fehler und Unzulänglichkeiten zu versäumen; so gleicht er dem, der die Begegnung mit dem Geliebten versäumt, weil er sich allzu lange mit Vorbereitungen aufhält, einzig im Bestreben, ihm zu gefallen. Er gilt darum aber nicht als einer, der einer Begegnung an sich abgeneigt ist; das Zeichen dafür ist, daß er fortwährend mit seiner Vorbereitung befaßt ist und daß ihn nichts anderes derart beschäftigt. Verhielte es sich nicht so, schlösse er sich vielmehr dem an, der sich für diese Welt verzehrt.

Was aber den Weisen betrifft, so gedenkt er beständig des Todes, weil dieser der versprochene Treffpunkt für die Begegnung mit seinem Geliebten ist und der Liebende niemals den Zeitpunkt für das Treffen mit dem Geliebten vergißt. Für gewöhnlich wird einem solchen Menschen das Warten auf den Tod lang, und er sehnt sich seinem Kommen entgegen, damit er diese Wohnstatt von Sündern verlasse und dem Herrn der Welten nahgebracht werde, so wie es von Ḥudhayfa überliefert ist, der angesichts des Todes folgendermaßen sprach: „Ein lieber Freund ist in seiner Bedürftigkeit gekommen, nutzlos ist nunmehr die Reue! O mein Herr, so Du weißt, daß mir die Armut lieber ist als der Reichtum und das Kranksein mir lieber ist als die Gesundheit, und der Tod mir lieber als das Leben, so erleichtere mir doch das Sterben, auf daß ich Dir begegne!"

Der Reuige ist daher in seiner Abneigung gegen den Tod entschuldbar, wie auch jener andere in seiner Liebe zum Tode und in seinem Hoffen auf ihn. Ranghöher als diese beiden ist jedoch der, der seine Angelegenheit ganz Allah dem Erhabenen überläßt und der für sich selbst keine Wahl trifft, weder für den Tod noch für das Leben, denn er hat das am liebsten, was Seinem Herrn das Liebste ist. So gelangt er durch tiefste Liebe und Treue zur Station von Ergebenheit und Wohlgefallen, und diese ist das Ziel und die Endabsicht.

Wie auch immer es sich damit verhalte, in der Erinnerung an den Tod liegt viel Wert und Verdienst. Denn auch dem Menschen, der dieser Welt verhaftet ist, nutzt die Erinnerung an den Tod, indem ein Abscheu vor der Welt in ihm entsteht, da ihm dadurch seine Freude an ihr und das Schwelgen in ihren Genüssen vergällt wird; und alles, was die Genüsse und Begierden des Menschen trübt, zählt zu den Quellen seiner Errettung.

Eine Darlegung der Vorzüglichkeit der Erinnerung an den Tod, wie auch immer diese geartet sei

Es sprach der Gesandte Gottes, Allah segne ihn und schenke ihm Frieden: „Entsinnt euch oft des Zerstörers aller Freuden!“[3], was gleichsam bedeutet: „Verderbt euch durch die Erinnerung an ihn den Geschmack an weltlichen Genüssen, bis euer Verlaß darauf ganz geschwunden ist und ihr euch Allah dem Allmächtigen zuwendet.“ Auch sprach der Heilige Prophet, Allah segne ihn und schenke ihm Frieden: „Wüßte das Vieh vom Tod, was der Mensch darüber weiß, so fändet ihr kein fettes Tier zum Essen.“[4]

Und ʻĀ'isha, Allahs Wohlgefallen sei auf ihr, sagte: „O Gesandter Gottes, gibt es einen Menschen, der gemeinsam mit den gefallenen Märtyrern auferweckt wird?“ Er antwortete: „Jawohl, nämlich derjenige, der während eines Tages und einer Nacht zwanzigmal des Todes gedenkt.“[5]

Der Grund für all diese Vorzüglichkeit ist, daß die Erinnerung an den Tod zwangsläufig die Abwendung von der Stätte der

Betörung zur Folge hat und eine Vorbereitung auf das Jenseits verlangt, wohingegen die Achtlosigkeit gegenüber dem Tode zum Frönen weltlichen Begierden verleitet.

Es sprach der Heilige Prophet, Allah segne ihn und schenke ihm Frieden: „Der Tod ist ein kostbares Geschenk für den Gläubigen."[6] Dieses sprach er, weil die Welt „das Gefängnis des Gläubigen ist",[7] in welchem er wegen des ihm durch seine niedere Triebseele verursachten Leidens, wegen des Bekämpfens seiner Leidenschaften und wegen der Abwehr seines Teufels[8] unablässig Schwierigkeiten erlebt. Der Tod bedeutet für ihn Erlösung von diesem Übel, und die Erlösung ist wahrhaftig ein „kostbares Geschenk".

Es sprach der Heilige Prophet, Allah segne ihn und schenke ihm Frieden: „Der Tod ist eine Sühne für jeden Muslim."[9] Damit meinte er den wahren Muslim und den aufrichtig Gläubigen, vor dessen Zunge und Hand die Muslime in Sicherheit sind und in dem sich der moralische Charakter gläubiger Menschen verwirklicht, und der nicht durch Sünden verunreinigt ist, außer von minderen und unerheblichen Verfehlungen. Der Tod reinigt ihn davon und ist seine Sühne, nachdem er die großen Sünden vermied und die vorgeschriebenen religiösen Pflichten verrichtete.

'Aṭā' al-Khurāsānī hat gesagt: „Der Heilige Prophet, Allah segne ihn und schenke ihm Frieden, kam einmal an einer Gruppe von Leuten vorbei, die sich in lautem Gelächter ergingen. Da sprach er: ‚Mischt eurer Zusammenkunft auch die Erinnerung an den Trüber aller Freuden bei!' Da sprachen sie: ‚Wer ist der Trüber aller Freuden?', und er erwiderte: ‚Der Tod.'"[10]

Nach Anas, Allahs Wohlgefallen sei auf ihm, sagte einmal der Gesandte Gottes, Allah segne ihn und schenke ihm Frieden: „Gedenkt des Todes oft und häufig, denn das reinigt von Sünde und macht euch der Welt abhold.'"[11]

Auch sprach er, Allah segne ihn und schenke ihm Frieden: „Der Tod genügt zur Trennung“,[12] und ebenso: „Der Tod reicht aus zur Warnung.“[13]

Der Gesandte Gottes, Allah segne ihn und schenke ihm Frieden, betrat einmal die Moschee, wo einige Leute bei ihrer Unterhaltung laut auflachten. Da sprach er: „Gedenkt des Todes! Bei Ihm, in dessen Hand meine Seele ist, wenn ihr wüßtet, was ich weiß, wahrlich, ihr lachtet wenig und weintet viel!“[14]

Einmal sprach man in der Gegenwart des Heiligen Propheten, Allah segne ihn und schenke ihm Frieden, von einem Mann und lobte ihn sehr. Da sprach er: „Wie gedenkt euer Gefährte des Todes?“ Da sagten sie: „Wir hörten ihn kaum je davon sprechen.“ Da sprach der Prophet, Allahs Segen und Friede seien auf ihm: „Also ist euer Gefährte nicht so, wie ihr sagt, daß er sei.“[15]

Und es sprach der Sohn des ʿUmar, Allahs Wohlgefallen sei auf ihnen beiden: „Ich kam einmal in einer Gruppe von zehn Leuten zum Heiligen Propheten, Allah segne ihn und schenke ihm Frieden. Einer der Helfer (*anṣār*) fragte: ‚Wer ist der klügste und ehrenwerteste unter den Menschen, o Gesandter Gottes?‘ Da sprach er: ‚Die des Todes am meisten gedenken und sich am eifrigsten darauf vorbereiten, das sind die Klügsten, die es zu Ehren in dieser Welt und zu Würden im Jenseits gebracht haben.‘“[16]

Aus den Berichten (āthār)[17]

Al-Ḥasan, Allah der Erhabene erbarme sich seiner, sprach: „Der Tod hat die Welt entlarvt und läßt dem Verständigen nichts, woran er sich freuen könnte.“

Ar-Rabīʿ ibn Khuthaym sagte: „Keines der verborgenen Dinge, die der Gläubige erwartet, ist besser für ihn als der Tod.“ Und er pflegte auch zu sagen: „Keiner soll von mir wissen, überlaßt mich nur meinem Herrn."

Es schrieb einmal ein Weiser an einen seiner Brüder: „O mein Bruder! Achte auf den Tod in dieser Welt, bevor du die Reise in eine andere Welt antrittst, in der du den Tod ersehnst, ihn aber nicht finden wirst."

Wenn man in Gegenwart des Ibn Sīrīn vom Tode sprach, so erstarben ihm all seine Glieder.

ʻUmar ibn ʻAbd al-ʻAzīz pflegte jede Nacht die Rechtsgelehrten zu versammeln, und sie erinnerten einander an den Tod, an die Auferstehung und das Jenseits. Dann brachen sie in Tränen aus, als wären sie bei einer Beerdigung.

Ibrāhīm at-Taymī sagte: „Zwei Dinge waren es, die mich von den Freuden der Welt schieden: die Erinnerung an den Tod und der Gedanke daran, wie ich dereinst vor Allah, dem Allmächtigen Herrn, stehen werde."

Kaʻab sprach: „Wer den Tod kennt, dem erscheinen die Unbilden dieser Welt und ihre Sorgen als belanglos."

Es sagte Muṭarrif: „Ich sah einmal in dem, was der Schläfer sieht [d. h., im Traum], wie ein Redner mitten in der Moschee von Basra verkündete: ‚Die Erinnerung an den Tod hat der Furchtsamen Herzen gebrochen; und wahrhaftig, bei Allah, du siehst sie nurmehr mit Nichtigkeiten befaßt.'"

Es sprach Ashʻath: „Wir pflegten al-Ḥasan aufzusuchen, und wahrhaftig, er [sprach nur] über das Feuer, von den Angelegenheiten des Jenseits und von der Erinnerung an den Tod."

Ṣafiyya, Allahs Wohlgefallen sei auf ihr, sagte: „Es war eine Frau, die beschwerte sich bei ʻĀ'isha, Allah schenke ihr Sein Wohlgefallen, über ihr verhärtetes Herz. Da sagte sie ihr: ‚Denke öfter an den Tod, und dein Herz wird erweichen.' Dies tat sie auch, und ihr Herz wurde dadurch weich, und sie ging wieder zu

'Ā'isha, Allah schenke ihr Sein Wohlgefallen, um sich bei ihr zu bedanken."

Sooft 'Īsā, Friede sei mit ihm, des Todes gedachte, begann er Blut zu schwitzen, und wenn Dāwūd, Friede sei mit ihm, des Todes und der Auferstehung gedachte, weinte er so lange, bis seine Gelenke ganz verrenkt waren, und wenn er sich der [göttlichen] Barmherzigkeit entsann, kehrte er zur Besinnung zurück.

Es sprach al-Ḥasan: „Ich sah niemals einen verständigen Menschen, dem der Tod nicht zur Warnung gereicht und der darob nicht Trauer empfunden hätte."

'Umar ibn 'Abd al-'Azīz sagte zu einem Rechtsgelehrten: „Gib mir einen Rat!" Da sagte dieser: „Du bist nicht der erste Kalif, der sterben wird." 'Umar sagte darauf: „Gib mir noch mehr!" Da fuhr er fort: „Es ist keiner deiner Vorväter bis hin zu Adam, der den Tod nicht gekostet hätte. Nun ist die Reihe an dir." Bei diesen Worten weinte 'Umar.

Ar-Rabī' ibn Khuthaym hob ein Grab in seinem Hause aus, und er pflegte sich täglich mehrmals darin zu betten, um dadurch stets an den Tod erinnert zu werden. Und er sagte immer: „Verließe der Gedanke an den Tod mein Herz auch nur für eine Stunde, so würde es ruiniert."

Muṭarrif ibn 'Abdullāh ibn ash-Shikhkhīr sagte: „Dieser Tod verdirbt wahrhaftig den Genußsuchern ihre Freude; darum sucht nach einer Freude, die den Tod nicht in sich birgt."

'Umar ibn 'Abd al-'Azīz sagte einmal zu 'Anbasa: „Gedenke viel des Todes, denn wenn dein Leben bequem ist, dann wird es dir dadurch eng; und wenn deine Lebensumstände eng sind, werden sie dir dadurch weit."

Abū Sulaymān ad-Dārānī sagte: „Ich fragte einmal Umm Hārūn, ob sie den Tod liebe. Sie antwortete mir: ‚Nein.' ‚Warum nicht?' fragte ich sie. Da sagte sie: ‚Wenn ich gegen einen Menschen widersetzlich war, so wünsche ich mir die Begegnung mit ihm nicht herbei. Wie sollte ich mir da wünschen, Ihm zu begegnen, da ich gegen Ihn doch ungehorsam war?‘“

Darlegung des Vorgehens, die Erinnerung an den Tod zu verwirklichen

Wisse also, daß der Tod furchtbar und eine schreckliche Gefahr ist. Die Achtlosigkeit, mit der die Menschen ihm begegnen, rührt daher, daß sie wenig an ihn denken und sich seiner nur wenig entsinnen. Selbst wenn ein Mensch einmal daran denkt, so tut er es nicht mit empfänglichem Herzen, sondern vielmehr mit einem von weltlichen Gelüsten besetzten Gemüt, so daß die Erinnerung an den Tod keine erbauliche Wirkung auf sein Herz ausüben kann. Das Vorgehen besteht aber darin, daß der Gottesknecht sein Herz von allem leeren muß, außer der Erinnerung an den Tod, der ihm bevorsteht, ähnlich wie einer, der eine gefährliche Reise durch die Wüste beabsichtigt oder der sich einschifft, um übers Meer zu fahren; denn dieser Mensch denkt an nichts anderes als an seine Reise.

Wenn die Erinnerung an den Tod sein Herz erreicht und es zu beeindrucken beginnt, dann nimmt auch sein Vergnügen und sein Genuß an der Welt ab, und sein Herz wird brechen. Der tunlichste Weg, dies zu bewirken, ist es, häufig an die Gefährten und Kameraden zu denken, die schon zuvor dahingingen; er soll sich deren Tod in Erinnerung rufen, ihre Zersetzung unter der Erde, und er soll sich an ihre vormalige Erscheinung in den Umständen und Verhältnissen [ihres Erdenlebens] erinnern und darüber nachsinnen, wie die Erde jetzt die Schönheit ihrer Gestalt zerstört, wie ihre Gebeine in ihren Gräbern verstreut umherliegen, wie sie ihre Gemahlinnen zu Witwen und ihre Kinder zu Waisen machten, wie sie ihr Hab und Gut verloren, wie die Moscheen und Versammlungsplätze sich ihrer entleerten und ihre Spuren gänzlich verweht wurden. In dem Maße, in dem sich ein Mensch eines anderen entsinnt und sich im Herzen dessen Zustand und den Umstand seines Todes verdeutlicht – da er sich seine Gestalt vor Augen ruft, sich an seine Lebendigkeit erinnert, an sein Kommen und Gehen, an seine Lebenslust und sein Trachten nach Bestand, daran, wie er des Todes vergaß und der Täuschung durch seine günstigen Einnahmen verfiel; er entsinne sich seines Vertrauens auf seine Kraft und Jugend, seiner Neigung zu Gelächter und vergnüglichem Zeitvertreib, seiner Achtlosigkeit gegen den ihm unmittelbar bevorstehenden dahinraffenden Tod und der damit einhergehenden raschen Zersetzung; er denke daran, wie er einst herumlief, während nun seine Füße und Gelenke zerfallen sind, wie er einmal redete, da jetzt die Würmer seine Zunge gefressen haben, wie er lachte, indes nun die Erde seine Zähne verzehrt hat, und wie er sich mit der Vorsorge für Dinge trug, die er nicht einmal in zehn Jahren aufzehren konnte, zu einem Zeitpunkt, da zwischen ihm und seinem Tode nicht mehr als ein Monat lag, wie er achtlos war gegen das, was ihm beschieden war, bis ihn der Tod in einer Stunde ereilte, da er nicht mit ihm rechnete, wie ihm da des Engels Gestalt enthüllt wurde und der Ruf an sein Ohr drang: ins Paradies oder ins Feuer! – in dem Maße wird er bei solchen Gedanken sich dann selbst betrachten und sehen, daß er jenen durchaus gleicht, daß seine Achtlosigkeit gleich der ihren ist und daß sein Ende nicht anders sein wird als das ihre.

Abu d-Dardā', Allahs Wohlgefallen sei auf ihm, sagte: „Wenn du an die Toten denkst, so rechne dich selbst als einen von ihnen."

Ibn Mas'ūd, Allahs Wohlgefallen sei auf ihm, sagte: „Glücklich ist der, der sich durch andere belehren läßt."

Es sagte ʿUmar ibn ʿAbd al-ʿAzīz: „Seht ihr denn nicht, daß ihr jeden Tag einen ausrüstet, der von Allah kommt und zu Ihm zurückkehrt, gerühmt sei Er und verherrlicht, da ihr ihn in eine Erdspalte hineinlegt? Er hat sich im Staub der Erde zur Ruhe gebettet, seine Lieben hinter sich gelassen und sich von den Mitteln seiner Lebenshaltung losgesagt."

Das Verweilen bei diesen und ähnlichen Gedanken sowie das Begehen von Friedhöfen und Besuche bei Kranken – das ist es, was die Erinnerung an den Tod im Herzen zu erwecken vermag, bis das Herz ganz davon bezwungen ist und man ihn stets vor Augen hat. Wenn es soweit gekommen ist, wird man sich schon fast dazu hinneigen und vor der Welt eitler Nichtigkeit zurückweichen. Eine nur oberflächliche Hinwendung des Herzens und die süße Rede allein werden zur Mahnung und Verwarnung nur von geringem Nutzen sein. Sooft das Herz an einem weltlichen Ding Gefallen findet, soll man sich sofort in Erinnerung rufen, daß es sich unweigerlich davon wird trennen müssen.

Ibn Muṭīʿ blickte eines Tages auf sein Haus, und seine Schönheit gefiel ihm sehr. Dann weinte er und sprach: „Bei Gott, wäre nicht der Tod, so wäre ich mit dir glücklich! Und wäre nicht die Enge der Gräber, auf die wir zusteuern, so wäre unser Auge von dieser Welt entzückt!" Dann weinte er heftig und schluchzte laut.

DAS ZWEITE KAPITEL

Über langfristige Hoffnungen, den hohen Wert kurzgehaltener Hoffnungen sowie den Grund für ihre Ausdehnung und wie man dagegen angehen kann

Die Vorzüglichkeit kurzgehaltener Hoffnungen

Es sprach der Gesandte Gottes, Allah segne ihn und schenke ihm Frieden, zu ʿAbdullāh ibn ʿUmar: „Wenn du des morgens erwachst, rede dir nicht vom Abend, und wenn es Abend geworden ist, rede dir nicht vom Morgen; und nimm dir von deinem Leben etwas für deinen Tod und von deiner Gesundheit etwas für deine Krankheit, denn wahrlich, o ʿAbdullāh, du weißt nicht, wie du morgen geheißen wirst.“[18]

Es berichtet ʿAlī, möge Allah sein Antlitz adeln, daß der Heilige Prophet, Allah segne ihn und schenke ihm Frieden, sprach: „Zwei Eigenheiten sind es, die ich für euch zumeist befürchte: das Befolgen eurer Gelüste und die langfristigen Hoffnungen. Was das Befolgen eurer Gelüste angeht, so hält es euch von der Wahrheit ab, während die langfristigen Hoffnungen die Liebe zur Welt sind.“ Dem fügte er hinzu: „Wahrlich, Allah der Allmächtige beschert die Welt dem, den Er liebt, sowie auch dem, den Er haßt. Doch Seinem geliebten Knecht gibt er den Glauben [dazu]. Wahrlich, die Religion hat ihre Söhne und die Welt hat auch ihre Söhne, drum seid Söhne der Religion und nicht Söhne der Welt, denn wahrlich, die Welt ist schon vorbeigezogen, während das

Jenseits dicht herangerückt ist und nahe bevorsteht. Wahrlich, ihr verlebt einen Tag, an dem ihr handelt, ohne Rechenschaft abzulegen, aber fast schon ist ein Tag für euch angebrochen, da ihr Rechenschaft ablegt und nicht mehr handelt."[19]

Umm al-Mundhir sagte: „Der Heilige Prophet, Allah segne ihn und schenke ihm Frieden, trat eines Abends vor das Volk und sprach: ‚O Leute! Schämt ihr euch nicht vor Allah?' Da sagten sie: ‚Was hat es damit auf sich, o Gesandter Allahs?' Er erwiderte darauf: ‚Ihr häuft an, wovon ihr nicht essen werdet, und ihr erhofft, was ihr niemals erreichen werdet, und ihr erbaut, was ihr nie bewohnen werdet.'"[20]

Es sagte Abū Saʿīd al-Khudrī: „Einst erstand Usāma ibn Zayd eine Sklavin für einhundert Dinare von Zayd ibn Thābit, die er nach Monatsfrist zu zahlen versprach. Dies kam dem Heiligen Propheten zu Ohren, Allah segne ihn und schenke ihm Frieden, und er sprach: ‚Wundert ihr euch nicht über Usāma, der seinen Kauf einen Monat später zu zahlen beabsichtigt? Wahrhaftig, Usāma hat langfristige Hoffnungen! Bei Ihm, in dessen Hand meine Seele liegt, niemals schloß ich die Augen, ohne daß ich dachte, meine Lider möchten nicht zueinanderfinden, bevor mir Allah die Seele nähme; noch hob ich je den Blick im Glauben, ihn noch einmal zu senken, bevor ich verscheiden müsse. Noch schluckte ich je einen Bissen, ohne zu denken, daß ich ihn nicht verschlucken würde, bevor mich der Tod mit ihm erwürgte.' Dann sagte er noch: ‚O ihr Kinder Adams! So ihr verständig seid, rechnet euch selbst mit zu den Toten! Denn bei Ihm, in dessen Hand meine Seele liegt, *siehe, was euch angedroht wird, wahrlich es kommt, und ihr könnt es nicht vereiteln* (6:134).'"[21]

Es berichtete Ibn ʿAbbās, Allahs Wohlgefallen sei auf ihnen beiden [d. h., Vater und Sohn], daß Allahs Gesandter, Allah segne ihn und schenke ihm Frieden, oft hinausging, um Wasser zu lassen, und sich danach durch Bestreichen mit Staub reinigte (*tayammum*). „Da sagte ich [Ibn ʿAbbās] zu ihm: ‚O Gesandter Allahs, ganz in deiner Nähe gibt es Wasser!' Er aber antwortete mir: ‚Wie soll ich wissen, ob ich es noch erreichen kann?'"[22]

Es wird berichtet, daß der Heilige Prophet, Allah segne ihn und schenke ihm Frieden, einst drei Zweige aufhob. Er legte einen Zweig vor sich hin, den anderen ihm zur Seite und den dritten in einigem Abstand davon. Dann sprach er: „Wißt ihr, was das ist?" Sie sagten: „Allah und Sein Gesandter wissen es am besten!" Er sagte: „Dies ist der Mensch, und dies ist seine Lebensspanne, und jenes ist die Hoffnung, welcher sich der Sohn Adams hingibt. Doch seine Lebensspanne wird erfüllt sein, bevor sich seine Hoffnung erfüllt."[23]

Es sprach der Heilige Prophet, Allah segne ihn und schenke ihm Frieden: „Es ist, als ob der Sohn Adams von neunundneunzig todbringenden Schicksalsschlägen begleitetet wäre; wenn aber die Schicksalsschläge ihn verfehlen, so verfällt er der Altersschwäche."[24]

Es sagte Ibn Masʿūd, [der eine Zeichnung in den Staub malte]: „Dies ist der Mensch, und um ihn herum sind die Wege, auf denen der Tod auf ihn zukommt; hinter diesen Todesarten liegt die Altersschwäche, und die Hoffnung liegt hinter der Altersschwäche. Er gibt sich der Hoffnung hin, während die Todesarten auf ihn zusteuern. Diejenige, an die der Befehl erging, wird ihn ergreifen. Sollten ihn aber die Todesarten verfehlen, so wird er der Altersschwäche erliegen, während er noch darauf wartet, daß sich seine Hoffnung erfülle."

ʿAbdullāh [Ibn Masʿūd] sagte: „Der Gesandte Allahs, Allah segne ihn und schenke ihm Frieden, zeichnete einmal ein Quadrat für uns und einen Strich, der durch die Mitte ging, und daneben noch andere Striche; und er zeichnete einen Strich, der außerhalb dessen lag. Dann sprach er: ‚Wißt ihr, was das ist?' Wir antworteten: ‚Allah und Sein Gesandter wissen es am besten!' Da sagte er: ‚Auf dem Strich, der durch die Mitte geht, ist der Mensch, und das ist seine Lebensspanne, die ihn umgibt. Und' – auf die umgebenden Striche verweisend – ‚dies sind die Zufälligkeiten, die nach ihm schnappen; wenn eine ihn verfehlt, schnappt eine andere nach ihm. Und das hier ist die Hoffnung', – wobei er auf den Strich außerhalb wies."[25]

Anas sagte: „Es sprach der Gesandte Allahs, Allah segne ihn und schenke ihm Frieden: ‚Der Sohn Adams wird zwar alt, doch bleiben ihm zwei Dinge erhalten: die Gier und die Hoffnung.'"[26] Nach einer anderen Überlieferung heißt es: „Doch zwei Dinge bleiben mit ihm jung: die Gier nach Besitz und die Gier nach Lebenszeit."[27]

Es sprach der Heilige Prophet, Allah segne ihn und schenke ihm Frieden: „Die ersten Menschen dieser Nation werden errettet durch (Glaubens)gewißheit und Entsagung, während die letzten Menschen dieser Nation durch Geiz und Hoffnung zerstört werden."[28]

Es heißt, daß ʿĪsā, Friede sei mit ihm, sich einmal bei einem alten Mann niedersetzte, der mit einem Spaten hantierte und die Erde damit umgrub. Da sprach ʿĪsā: „O mein Gott, nimm ihm die Hoffnung fort." Alsbald tat der alte Mann die Schaufel beiseite und legte sich nieder. Es verging eine Stunde, dann sprach ʿĪsā wieder zum Herrn: „O Allah, gib ihm doch die Hoffnung wieder!" Sogleich stand der Alte auf und machte sich wieder an seine Arbeit. ʿĪsā befragte ihn dazu, und er antwortete: „Während ich arbeitete, sagte meine Seele (*nafs*) zu mir: ‚Wie lange willst du dich noch abmühen, bist du doch schon ein alter Mann!' Da warf ich den Spaten fort und legte mich nieder. Danach sprach meine Seele (*nafs*) wieder zu mir: ‚Bei Gott, du mußt dich doch am Leben erhalten, solange dir noch Zeit verbleibt!‘ Da erhob ich mich und nahm den Spaten wieder zur Hand.“

Es sagte al-Ḥasan: „Der Gesandte Gottes, Allah segne ihn und schenke ihm Frieden, sprach: ‚Wollt ihr alle ins Paradies eingehen?‘ Da antworteten sie: ‚Ja, o Gesandter Allahs!‘ Er sprach: ‚Dann schränkt eure Hoffnung ein und haltet euch euren Tod fest vor Augen, und schämt euch ordentlich vor Allah!‘“[29]

Der Heilige Prophet, Allah segne ihn und schenke ihm Frieden, pflegte dieses Bittgebet zu sprechen: „O Herr, mein Gott, wahrlich, ich nehme meine Zuflucht bei Dir vor einer Welt, die dem Guten des Jenseits im Weg steht, und ich nehme Zuflucht bei Dir vor einem Leben, welches das Gute des Todes verhindert, und ich nehme Zuflucht bei Dir vor einer Hoffnung, welche die guten Werke vereitelt.“[30]

Aus den Berichten (āthār)

Es sagte Muṭarrif ibn ʿAbdullāh: „Wüßte ich den Zeitpunkt meines Todes, so fürchtete ich um meinen Verstand! Allah der Erhabene hat Seine Diener mit Achtlosigkeit gesegnet, was den Tod betrifft. Hätten sie diese Achtlosigkeit nicht, sie könnten ihr Leben nicht genießen, und sie richteten sich keine Marktplätze ein.“

Es sprach al-Ḥasan: „Das Vergessen und die Hoffnung sind zwei bedeutende Segnungen für die Kinder Adams; gäbe es sie nicht, gingen die Muslime nicht auf die Straße.“

Es sagte ath-Thawrī: „Ich habe gehört, daß der Mensch töricht erschaffen sei, andernfalls fände er am Leben kein Gefallen.“

Es sagte Abū Saʿīd ibn ʿAbd ar-Raḥmān: „Wahrlich, die Welt ist nur aufgrund der Unvernunft ihrer Bewohner bevölkert.“

Es sprach Salmān al-Fārsī, möge er Allah wohlgefallen: „Drei Dinge verwunderten mich so sehr, daß ich lachen mußte: ein Mensch, der seine Hoffnung auf die Welt setzt, während der Tod nach ihm sucht; derjenige, der achtlos ist, indes man seiner nicht achtlos ist; und derjenige, der aus vollem Munde lacht, obwohl er nicht weiß, ob der Herr der Welten ihm zürnt oder ihm wohlgefällig ist. Drei Dinge aber betrübten mich derart, daß ich weinen mußte: der Abschied von geliebten Menschen – von Muḥammad und seiner Gemeinschaft –, der Schrecken der Auferstehung und der Augenblick, da ich vor dem Allmächtigen zu stehen komme und nicht weiß, ob mir das Paradies bestimmt ist oder das Feuer der Hölle."

Einer von ihnen sagte: „Zurāra ibn Abī Awfā erschien mir nach seinem Tode im Traum, und ich fragte ihn: ‚Welche deiner Handlungen erwies sich für dich als am zuträglichsten?' Er antwortete mir: ‚Das Gottvertrauen und die kurzgehaltene Hoffnung.'"

Ath-Thawrī sagte: „Die Abkehr von der Welt besteht in der Kürze der Hoffnungen und nicht in genügsamem Essen oder im Anlegen eines [bescheidenen] Derwischgewands."

Einst bat al-Mufaḍḍal ibn Faḍāla seinen Herrn, daß er die Hoffnung von ihm nähme; da verließ ihn alle Lust an Speise und Trank. Er betete abermals zum Herrn, der ihm sodann die Hoffnung wiedergab; da kehrte jener auch zu Speis und Trank zurück.

Man fragte einmal al-Ḥasan: „O Abū Sa'īd! Wäschst du denn niemals dein Hemd?" Er antwortete: „Die Angelegenheit ist viel dringlicher als das."

Al-Ḥasan sagte auch: „Der Tod ist euch an die Stirnlocken geknüpft, und die Welt wird hinter euch zusammengerollt."

Einer von ihnen sprach: „Ich bin wie ein Mensch, der seinen Hals vorstreckt, während das Schwert über ihm schwebt und nur den Augenblick abwartet, da es ihm auf den Nacken fallen soll."

Es sprach Dāwūd aṭ-Ṭā'ī: „Hegte ich die Hoffnung, einen Monat zu überleben, so käme es mir vor, als hätte ich etwas Ungeheuerliches begangen, denn wie sollte ich darauf hoffen, sehe ich doch das Mißgeschick, das die Schöpfung zu jeder Stunde des Tages und der Nacht befällt?“

Man erzählt sich, daß Shaqīq al-Balkhī sich einst zu einem Meister namens Abū Hāshim ar-Rummānī begab und etwas in der Seite seines Gewandes eingewickelt trug. Sein Lehrer empfing ihn mit den Worten: „Was führst du da mit dir?“ Er antwortete: „Es sind Mandeln, die mir einer meiner Brüder gab.“ Und er fügte hinzu: „Es wäre mir lieb, wenn du damit dein Fasten brechen wolltest.“ Da sprach er: „O Shaqīq! Du glaubst wohl, daß du bei Einbruch der Nacht noch am Leben sein wirst! Nie wieder will ich mit dir reden!“ „Damit“, sagte Shaqīq, „schlug er mir die Tür vor der Nase zu und ging in sein Haus.“

'Umar ibn 'Abd al-'Azīz sagte in seiner Freitagspredigt: „Für jede Reise gibt es den entsprechenden Proviant; also es ist unverzichtbar, daß ihr euch für eure Reise von dieser Welt in das Jenseits mit Gottesfurcht ausstattet! Seid wie ein Mensch, der sieht, was Allah ihm an Lohn und Bestrafung bereitet hat, sehnt euch danach und fürchtet euch davor! Laßt euch die Zeit nicht lang werden, so daß euer Herz sich nicht verhärte und ihr eurem Feinde [d. h., Schaitan] nicht zum Opfer fallet. Denn, bei Allah, derjenige, der nicht weiß, ob er nach vergangener Nacht am Morgen erwachen oder vom Morgen bis zum Abend noch weiterleben wird, der kann keine weitreichenden Hoffnungen hegen. Denn es mag sein, daß ihn in der Zwischenzeit sein Schicksal ereilt! Wie viele sah ich, und auch ihr saht sie, die von dieser Welt verblendet waren! Doch wahrer Augentrost ist nur für den, der sicher ist vor Gottesstrafe, und wahrlich, nur der ist freudvoll, der vor dem Schrecken des Auferstehungstages bewahrt wird. Aber wie sollte der sich freuen, der, kaum hat er seine Wunde verbunden, sogleich aus einer anderen Richtung getroffen wird? Allah schütze mich davor, daß ich euch etwas untersage, das ich mir selbst nicht verwehre, denn mein Handel würde zum Verlust, meine Mängel offenbar und meine Armut augenfällig an jenem Tage, da Reichtum und Armut in Erscheinung treten und die Waage errichtet wird. Euch ist eine Aufgabe auferlegt, welche die Sterne vom Himmel fallen ließe, hätten sie diesen Auftrag erhalten, und wäre er an die Berge ergangen, sie schmölzen dahin, und die Erde bärste unter der Last. Wißt ihr denn nicht, daß es zwischen dem Paradiesgarten und dem Höllenfeuer keinen Rang gibt und daß ihr entweder auf das eine oder auf das andere zusteuert?"

Es schrieb ein Mann an einen seiner Brüder: „Desweiteren, die Welt ist wahrlich ein Traum, und das Jenseits ein Erwachen, und der Mittler zwischen beiden ist der Tod. Wir aber befinden uns in wirren Träumen. Sei mir gegrüßt, Ade."

Ein anderer Mann schrieb einem seiner Brüder: „Lang währt das Leid in dieser Welt, und der Tod ist dem Menschen allzeit nahe; jeder Tag bringt ein bestimmtes Maß an Abbau, und der Verfall beschleicht sein physisches Dasein. Drum spute dich, bevor du zur Abreise gerufen wirst! Ade!"

Al-Ḥasan sagte: „Bevor Adam, Friede sei mit ihm, sündigte, befand sich seine Hoffnung hinter seinem Rücken, und sein Schicksal stand ihm vor Augen. Doch als er seine Sünde beging, veränderte er sich, so daß er hinfort seine Hoffnung vor sich hatte und sein Schicksal hinterrücks."[31]

Es sagte ʿAbdullāh ibn Sumayṭ: „Ich hörte meinen Vater einmal sagen: ‚O Mensch, der du dich von anhaltender Gesundheit täuschen läßt! Sahst du jemals einen Toten, der ohne Anlaß verstorben wäre? O Mensch, der du betört bist von langem Aufschub, sahst du jemals, wie einer ohne Vorwarnung fortgerissen wurde? Würdest du nur über deine Lebensdauer nachdenken, schnell hättest du alle Freuden vergessen, die du bislang genossen hast. Betört dich deine gute Gesundheit, oder genießt du deine anhaltende Lebenskraft? Ja, bist du denn vor dem Tode sicher, oder erdreistest du dich angesichts des Todesengels? Wahrlich, wenn der Engel des Todes naht, ein ganzer Königsschatz kann ihn nicht von dir abwenden und auch nicht dein zahlreiches Gefolge. Weißt du denn nicht, daß die Stunde des Todes voller Schmerz und Pein ist und voller Bereuen ob des Versäumten? Dann wird gesagt: Allahs Barmherzigkeit sei auf dem Gottesknecht, dessen Handeln auf das ausgerichtet war, was nach dem Tode folgt; Allahs Barmherzigkeit sei auf dem Gottesknecht, der auf sich selbst achtgab, bevor der Tod über ihn kam.'"

Es sagte Abū Zakariyyā at-Taymī: „Einmal, als Sulaymān ibn ʿAbd al-Malik sich in der heiligen Moschee zu Mekka befand, brachte man ihm einen Stein mit Gravuren. Er schickte nach einem, der ihn entzifferte, und man brachte ihm Wahb ibn Munabbih. Auf dem Stein stand geschrieben:

‚O Sohn Adams!
Gewahrtest du, wie kurz, was dir an Lebenszeit verblieb,
entsagtest dem Besitze du und mehrtest deinen Tatentrieb;
verminderst deines Ehrgeiz' Machenschaften,
denn morgen schon wird Reue an dir haften:
Wenn entgleist dein Fuß, Haus und Gefolge von dir hasten,
dein teurer Vater und die Sippe dich im Stiche ließen,
Sohn und Schwiegerleute dich verstießen!
Zu deiner Welt sollst du nie mehr zurücke kehren,
noch wirst du deine guten Werke mehren;
drum müh dich ab, des Jüngsten Tages wegen,

bevor sich Reu' und Kummer in dir regen.‘
Daraufhin begann Sulaymān bitterlich zu weinen.

Einer von ihnen berichtete: „Ich sah einmal einen Brief des Muḥammad ibn Yūsuf an ‘Abd ar-Raḥmān ibn Yūsuf:

‚Friede sei mit dir! Ich preise dir Allah an, außer dem es keine Gottheit gibt! Desweiteren empfehle ich dir, gut achtzugeben auf den Wechsel von deiner einstweiligen Bleibe zu deinem endgültigen Wohnsitz und auf die Vergeltung deiner Taten. Denn du gehst in eine Wohnstatt im Bauch der Erde ein, nachdem du auf ihrer Oberfläche weiltest. Es kommen zu dir Munkar und Nakīr, setzen sich bei dir nieder und schelten dich. Und so Allah mit dir ist, gibt es keine Verzweiflung, Einsamkeit oder Bedürftigkeit; andernfalls jedoch, Gott möge mich wie dich bewahren vor diesem bösen Geschick und vor der Enge dieser Lagerstatt! Dann vernimmst du den lauten Ruf zur Versammlung und den Posaunenstoß, und der Allmächtige schickt sich an, Seine Geschöpfe zu richten. Die Erde wird sich ihrer Bevölkerung entleeren und die Himmel ihrer Bewohner, und alle Geheimnisse werden offen kundgetan. Das Feuer wird geschürt und die Waage errichtet werden, und *gebracht werden die Propheten und Märtyrer* (39:69), und *entschieden wird zwischen ihnen in Wahrheit*, und gesprochen wird: *‚Das Lob sei Allah, dem Herrn der Welten!‘* (39:75).

Wie viele werden dann bloßgestellt oder bedeckt werden, wie viele werden zugrunde gehen oder errettet werden, wie viele werden gestraft oder begnadigt werden! Ach, wüßte ich nur, wie an jenem Tage mein Zustand und der deine sein werden! Und darin liegt, was die Genußfreude zerstört und die Begierden vergessen läßt, was die Hoffnung kurzhält, den Schläfer erweckt und den Achtlosen aufrüttelt. Gott stehe uns und euch bei angesichts dieser gewaltigen Gefahr! Möge Er dieser

Welt und dem Jenseits in meinem und in deinem Herzen den Platz anberaumen, den sie in den Herzen der Gottesfürchtigen einnehmen, denn wahrlich, wir sind nur durch Ihn und für Ihn allein! Gott befohlen! Ade!“

Es hielt einmal ʿUmar ibn ʿAbd al-ʿAzīz eine Predigt. Zunächst lobte er Allah und pries Ihn, dann sprach er: „O ihr Menschen! Wahrlich, ihr seid nicht im Scherz erschaffen, noch werdet ihr sinnlos zurückgelassen, sondern es ist euch ein Ort der Rückkehr, zu dem Allah euch versammeln wird, damit zwischen euch entschieden und gesondert werde. Morgen wird nur jener Gottesknecht enttäuscht und unglücklich sein, den Allah aus Seiner allumfassenden Barmherzigkeit und Seinem Paradiese verstößt, das alle Himmel und die Erde umspannt. Morgen wird es Schutz geben nur für den, der [vor Gott] in Furcht und Zittern verharrte, der Weniges für viel verkaufte, der das Vergängliche mit dem Bleibenden vertauschte und sein Unglück mit Glückseligkeit.

Seht ihr denn nicht, daß ihr zu den Vergänglichen gehört und daß eure Nachkommen euch überleben? Seht ihr denn nicht, wie ihr jeden Tag einen Mitmenschen zu Grabe geleitet, der von Allah kommt und wieder zu Ihm geht, gerühmt und verherrlicht sei Er, der seinen Lauf beendet und dessen Hoffnungen zu Ende gingen? Ihr legt ihn in die Tiefe einer Erdspalte hinein, ohne Kopfpolster oder weiteren Umstand. Er hat die Mittel seines Daseins schon abgeworfen, die Trennung von seinen Lieben vollzogen und sieht der Stunde der Abrechung entgegen.

Bei Allah, ich spreche dieses Wort, wobei ich nicht weiß, ob von euch einer mehr Sünden hat, als ich von mir selber weiß, doch es ist ein gerechter, göttlicher Brauch, wonach ich euch Gehorsam gegen Ihn gebiete und den Ungehorsam gegen Ihn verbiete. Ich ersuche Allah um Vergebung!“ Danach tat er seinen Ärmel vor das Gesicht und begann zu weinen, bis sein Bart von Tränen ganz benäßt war. Kaum hatte er sich wieder an seinen Platz begeben, da verstarb er.

Es sagte einmal al-Qaʿqāʿ ibn Ḥakīm: „Seit dreißig Jahren bereite ich mich auf den Tod vor; wenn er jetzt zu mir käme, gäbe es überhaupt gar nichts, weshalb ich ihn hinauszögern wollte."

Es sprach ath-Thawrī: „Ich sah einen alten Mann in der Moschee zu Kūfa, der sagte: ‚Ich lebe seit dreißig Jahren in dieser Moschee in der Erwartung, daß der Tod zu mir kommt. Wenn er jetzt zu mir käme, ich hieße ihn weder etwas tun noch etwas unterlassen; keiner schuldet mir etwas, und ich besitze nichts, was einem anderen eignet.'"

Es sagte ʿAbdullāh ibn Thaʿlaba: „Du lachst, doch vielleicht sind deine Leichentücher bereits durch die Hände des Bleichers gegangen!"

Es sagte Abū Muḥammad ibn ʿAlī, der Asket: „Wir gingen einst zu einem Begräbnis in Kūfa, in Begleitung von Dāwūd aṭ-Ṭā'ī. Er zog sich während der Beerdigung in ein Eck zurück und setzte sich dort hin. Ich ging zu ihm und setzte mich in seiner Nähe nieder, und er hub an zu sprechen: ‚Wer die Androhung [des Auferstehungstages] fürchtet, für den rückt heran, was entfernt ist, und wer langfristige Hoffnungen hegt, wird schwach in seinem Wirken. Alles, was da kommen soll, ist nah. Und wisse, o mein Bruder, daß alle Geschäftigkeit, die dich von deinem Herrn ablenkt, dir Unheil bedeutet. Und wisse auch, daß alle Menschen dieser Welt zum Volk der Gräber zählen, das beklagt, was es zurückließ, und sich an dem, was es vorausschickte, erfreut. Doch was das Volk der Gräber beklagt, ist eben das, worum die Menschen dieser Welt sich bekriegen, worum sie miteinander wetteifern und wofür sie vor den Richtern im Streit liegen.'"

Es wird berichtet, daß Maʿrūf al-Karkhī, Allah der Erhabene sei ihm gnädig, sich hinstellte, um das Gebet zu verrichten. Muḥammad ibn Abī Tawba sagte: „Er sagte zu mir: ‚Tritt vor, [um das Gebet zu leiten]!‘ Da sagte ich: ‚Wenn ich dieses Gebet für euch leite, werde ich nie wieder ein anderes Gebet für euch leiten.‘ Da sagte Maʿrūf: ‚Wie! Sagst du dir etwa, daß du überhaupt noch ein Gebet beten wirst? Wir nehmen Zuflucht bei Allah vor langfristigen Hoffnungen, denn fürwahr, dies verhindert die guten Werke!‘“

Es sagte einmal ʿUmar ibn ʿAbd al-ʿAzīz in seiner Predigt: „Wahrhaftig, diese Welt ist euch nicht als dauerhafte Bleibe zugedacht, sie ist vielmehr ein Ort, für den Allah die Vergänglichkeit beschloß, und ihren Bewohnern bestimmte Er, daß sie von ihr werden scheiden müssen. Wie viele festgegründete Bauten werden binnen kurzem zunichte werden, und wie viele fröhliche Bewohner werden in Kürze Abschied nehmen! Drum – und Allah erbarme sich eurer – tretet die Reise mit dem besten Gefährt an, das ihr habt. *Und versorgt euch mit Zehrung, aber die beste Zehrung ist die Gottesfurcht* (2:197). Wahrlich, diese Welt ist wie ein schwindender Schatten, der abnimmt und vergeht. Indes der Sohn Adams frohgestimmt in dieser Welt eifert, bis Allah ihn durch sein Schicksal abberuft und ihn mit seinem Todestage heimsucht, seine Spuren verwischt und ihm sein Hab und Gut entreißt, so daß an andere geht, was er erzeugt und erworben hat. Wahrlich, die Welt erfreut nicht in dem Maße, wie sie schadet; sie erfreut nur wenig und ist die längste Zeit betrüblich.“

Von Abū Bakr aṣ-Ṣiddīq, Allahs Wohlgefallen sei auf ihm, wird berichtet, daß er in seiner Predigt zu sagen pflegte: „Wo sind die Männer reinen und schönen Antlitzes, die sich ihrer Jugend erfreuten? Wo sind die Könige, welche Städte erbauten und durch Mauern befestigten? Wo sind sie, die auf den Schlachtfeldern den Sieg errangen? Die Zeit hat sie verweht, und eingegangen sind sie in die Finsternis des Grabes. Gebt acht, gebt acht! Rettet euch! Rettet euch!!“

Eine Darlegung der Ursachen für langfristige Hoffnungen und wie man dagegen angeht

Wisse also, daß es zwei Ursachen gibt für die langfristigen Hoffnungen. Die eine ist Unwissenheit, und die andere ist Liebe zur Welt. Die Liebe zur Welt aber besteht darin, daß der Mensch sich an sie und ihre Begierden, Freuden und Bindungen gewöhnt, so daß die Trennung davon seinem Herzen zur Last wird. Somit wird sein Herz den Gedanken an den Tod meiden, welcher der Anlaß zur Trennung von alldem ist. Denn jeder, der einer Sache abgeneigt ist, schiebt sie von sich fort. Der Mensch ist leidenschaftlich in seine falschen Hoffnungen vernarrt und erwünscht sich stets, was mit seinem Verlangen im Einklang ist. Mit seinem Verlangen im Einklang ist aber, daß er ewig in dieser Welt verbleiben solle. Er hört nicht auf, davon zu träumen und anzunehmen, daß er es vermöchte, und schätzt ab, was ihm für dieses Verbleiben vonnöten sein wird und was er dafür an Reichtum, Verwandtschaft, Unterkunft, Genossen, Reittieren und anderer weltlicher Ausstattung benötigt. Von diesem Gedanken wird sein Herz so besetzt, daß es ihm ganz verhaftet bleibt und von der Erinnerung an den Tod abgelenkt wird und dessen Nähe gar nicht mehr in Betracht zieht.

Wenn ihm unter bestimmten Umständen das Thema des Todes einfällt und die Notwendigkeit, sich darauf vorzubereiten, dann schiebt er es hinaus und macht sich selbst Versprechungen, indem er sagt: „Es liegen noch so viel Tage vor dir, bis du erwachsen bist; dann kannst du dich immer noch reuig bekehren." Wenn er aber erwachsen geworden ist, sagt er: „Wenn du ein alter Mann geworden bist!" Wenn er aber alt geworden ist, sagt er: „Erst wenn du den Bau dieses Hauses beendet hast!" oder „Wenn du dieses Landgut errichtet hast!" oder auch: „Wenn du von dieser Reise zurück bist!" oder „Wenn du mit der Vorsorge für diesen Sohn fertig bist und ihn gut ausgestattet und ihm eine Wohnung besorgt hast.", oder „Wenn du diesen Feind unterworfen hast, der dir mit solcher Schadenfreude begegnet." So kommt es, daß er es unaufhörlich hinausschiebt und vertagt. Er vertieft sich in keine Angelegenheit, ohne daß zehn weitere Arbeiten mit deren Beendigung in Zusammenhang stünden. Auf diese Weise schiebt er es unmerklich Tag für Tag vor sich her; und dies führt ihn von einer Tätigkeit zur nächsten, vielmehr zu einer Vielzahl von Tätigkeiten, bis daß der Tod ihn zu einem Zeitpunkt hinwegrafft, da er nicht mit ihm rechnete, wodurch sich sein Unglück in die Länge zieht. Die häufigste Wehklage der Bewohner des Feuers ist das Wort „demnächst" (*sawfa*). Sie werden rufen: „O du unseliges Wort „demnächst!" (*sawfa*). Denn der armselige Verzögerer weiß nicht, daß das, was ihn heute zum Hinauszögern verleitet, auch morgen bei ihm sein wird und daß dies im Laufe der Zeit an Kraft und an Festigkeit gewinnt. Er meint, es sei vorstellbar, sich in die Welt hineinzustürzen und sich dennoch von ihr freihalten zu können! Welche Torheit! Keiner ist frei von ihr außer dem, der sich ihrer entledigt hat.

Keiner stillte an ihr je sein Verlangen,
ein Wunsch läßt nur zum nächsten Wunsch gelangen.

Die Wurzel all dieser Hoffnungen ist die Liebe zur Welt und der enge Umgang mit ihr und die Gleichgültigkeit gegenüber dem Prophetenwort, Allah segne ihn und schenke ihm Frieden: „Liebe nur, wen du willst, denn du wirst ihn gewißlich verlassen."[32]

Was aber die Unwissenheit betrifft: Diese besteht darin, daß der Mensch auf seine Jugend vertraut, in der Meinung, der Tod könne sich nicht nahen, solange er jung ist. Dieser Armselige bedenkt aber nicht, daß die alten Leute seines Landes, zählte man sie zusammen, weniger als ein Zehntel der Landesbevölkerung ausmachen. Daß es so wenige sind, liegt daran, daß der Tod in der Jugend häufiger ist. Für jeden alten Mann, der stirbt, sterben eintausend Kinder und junge Burschen.

Vielleicht meint er auch, der Tod bleibe ihm fern aufgrund seiner Gesundheit, und er rechnet nicht mit der Möglichkeit des plötzlichen Todes, denn er weiß nicht, daß ein solcher keineswegs unwahrscheinlich ist. Sei er auch eine weit entfernte Möglichkeit, so ist es eine plötzliche Erkrankung nicht, denn jede Krankheit, wenn sie eintritt, ereignet sich plötzlich, und sobald die Krankheit sich zeigt, ist auch der Tod nicht mehr in weiter Ferne.

Würde dieser achtlose Mensch nur einmal nachdenken und begreifen, daß der Tod keine festgesetzten Zeiten hat, weder Jugend, Reife oder Greisenalter, noch Sommer oder Winter, Herbst oder Frühling, weder Tag noch Nacht, dann würde sich sein Bewußtsein erweitern und er sich mit den Vorbereitungen dafür befassen. Doch die Unwissenheit von diesen Dingen sowie die Liebe zur Welt treiben ihn dazu, seine Hoffnungen zu verlängern und jede Erwägung des nahen Todes außer acht zu lassen. Immer glaubt er, daß der Tod noch vor ihm liegt, denkt aber nie daran, daß der Tod ihn befallen oder er in den Tod stürzen könne. Er meint immer, daß er den Leichenzug anderer begleiten wird, denkt aber nie daran, daß man eines Tages seinen Leichenzug geleiten wird; und zwar deshalb, weil er den Tod anderer schon wiederholt erlebt hat und ihm dies vertraut geworden ist. Was aber seinen eigenen Tod angeht, so hat er keine Erfahrung damit, und er kann sich nicht vorstellen, daß er ihm selbst widerfahren könnte, denn er hat sich noch nie ereignet, und wenn er sich dereinst ereignet, so wird es das erste und das letzte Mal sein.

Ihm ist es zuträglich, sich mit anderen zu vergleichen, damit er begreifet, daß es unvermeidlich ist und daß auch er in einem Leichenzug davongetragen und in sein Grab gelegt werden wird. Vielleicht ist der Lehmziegel, der sein Grab bedecken soll, schon fertig geformt, während er nichts davon weiß. Sein Hinauszögern ist also reines Unwissen.

So einer nun begriffen hat, daß Unwissenheit und die Liebe zur Welt die Ursachen sind, alsdann liegt das Heilmittel im Bekämpfen der Ursachen. Die Unwissenheit wird bekämpft durch klare Betrachtung mit aufmerksamem Herzen und durch das Anhören beredter Weisheit aus reinen Herzen.

Was aber die Liebe zur Welt betrifft, so ist das Mittel, sie aus dem Herzen zu vertreiben, ein schonungsloses, denn sie ist ein chronisches Übel, mit deren Behandlung die Altvorderen wie auch die Späteren nur schwer zurechtkamen. Denn es gibt gegen sie kein Mittel außer dem Glauben an den Jüngsten Tag und an die gestrenge Strafe oder den reichlichen Lohn, der sodann verhängt werden soll. In dem Maße, wie man Gewißheit darüber erlangt, verläßt die Liebe zur Welt das Herz, denn es ist die Liebe zu etwas Gewichtigem, welche die Liebe zu Unbedeutendem aus dem Herzen vertreibt. Wenn man nämlich die Nichtswürdigkeit der Welt hienieden erkannt hat und die Kostbarkeit des Jenseits, so wird man jegliche Hinwendung an weltliche Belange von sich weisen, und würde einem selbst die Herrschaft über Ost und West angetragen. Denn wie sollte man sich auch daran erfreuen, besitzt man doch von der Welt nur einen belanglosen, sudeligen und verdorbenen Teil, wie sollte sich Liebe dafür im Herzen einwurzeln, wenn ein Glaube ans Jenseits besteht? Wir bitten Allah den Allerhabenen darum, daß Er uns diese Welt so sehen läßt, wie Er sie die Rechtschaffenen unter Seinen Dienern sehen ließ.

Es gibt kein besser geeignetes Mittel, um eine Betrachtung des Todes im Herzen herbeizuführen, als nach den nahen Freunden und Gefährten zu schauen, die bereits verschieden sind, und zu bedenken, wie der Tod zu ihnen kam, da sie ihn nicht erwarteten. Wer seine Vorbereitungen getroffen hat, der hat *hohe Glückseligkeit erlangt* (33:71), wer aber von langfristigen Hoffnungen betört war, *der ist offenbar verloren* (4:119).

Drum soll der Mensch jede Stunde seine Gliedmaßen und seine Glieder betrachten und dabei bedenken, wie sie dereinst unweigerlich von den Würmern verzehrt werden und wie sodann seine Knochen zerfallen. Und er soll darüber nachdenken, ob der Wurm mit der Pupille seines rechten oder seines linken Auges beginnen wird. An seinem Leib ist nichts, das nicht zum Fraß von Würmern würde, und nichts vermag er für sich selbst, außer durch Wissen und die rechtschaffenen Werke, die er um Allah des Erhabenen willen verrichtete. Gleichfalls soll er darüber nachsinnen, was wir im folgenden von der Strafe des Grabes berichten werden und über die Befragung durch die Engel Munkar und Nakīr, die Versammlung und die Wiedererweckung, und die Schrecken der Auferstehung und das Erschallen des Rufes am Tage der Großen Bloßstellung (*yaum al-ʿarḍ al-akbar*). Denn solche Gedanken sind es, die das Erinnern des Todes im Herzen von neuem anregen und zur Vorbereitung aufrufen.

Darlegung der verschiedenen Rangstufen der Menschen hinsichtlich ihrer langfristigen und kurzgehaltenen Hoffnungen

Wisse, daß die Menschen in dieser Hinsicht unterschiedlich sind. Es gibt unter ihnen solche, die auf Unsterblichkeit hoffen und sich stets danach sehnen. Allah der Erhabene spricht: *Der eine von ihnen wünscht gar tausend Jahre zu leben* (2:96). Andere wiederum erhoffen für sich ein Überleben bis ins Greisenalter, das höchste Alter, das man je erlebte und sah; das sind diejenigen, die diese Welt heftig lieben. Der Gesandte Gottes, Allah segne ihn und schenke ihm Frieden, sprach: „Der alte Mann ist [wie] ein Jüngling in seinem Liebesverlangen nach dieser Welt, wenn auch vor Alter seine Schlüsselbeine verbogen sind, außer jenen, die gottesfürchtig sind, *doch nur wenige sind es* (38:24).“[33]

Dann gibt es Menschen, deren Hoffnungen sich auf ein Jahr erstrecken und die keine Pläne fassen für das, was danach sein wird. Ein solcher Mensch geht nicht davon aus, daß er im folgenden Jahr noch am Leben sein wird, obwohl er im Sommer für den Winter und im Winter für den Sommer seine Vorbereitungen trifft. Wenn er genug angesammelt hat, daß es ihm für das Jahr reicht, wendet er sich seiner Andacht zu. Andere wiederum hoffen auf die Länge eines Sommers oder Winters und legen sich im Sommer kein Kleid für den Winter zurück und im Winter nicht für den Sommer. Wieder andere gibt es, deren Hoffnung sich auf einen Tag und eine Nacht erstreckt; diese treffen Vorbereitung nur für diesen einen Tag und nicht für den morgigen.

ʿĪsā, Friede sei mit ihm, sprach: „Kümmert euch nicht um die Versorgung des morgigen Tages, denn wenn das Morgen zu eurer Lebensspanne gehören sollte, so wird mit ihm auch eure Versorgung kommen; und wenn es nicht zu eurer Lebensspanne gehört, so kümmert euch nicht um die Lebensspanne anderer."

Dann gibt es auch solche, deren Hoffnungen sich nur auf die allernächste Stunde erstrecken. Wie unser Heiliger Prophet, Allah segne ihn und schenke ihm Frieden, sagte: „O ʿAbdullāh [Ibn ʿUmar]! Wenn du des Morgens erwachst, sprich dir nicht vom Abend; und wenn es Abend geworden ist, sprich dir nicht vom folgenden Morgen."[34] Darunter sind auch Menschen, die nicht damit rechnen, auch nur eine weitere Stunde zu überleben.

Allahs Gesandter, Allah segne ihn und schenke ihm Frieden, pflegte das *Tayammum* auszuführen [Bestreichen mit Staub anstelle von Wasser bei der Gebetswaschung], selbst wenn Wasser innerhalb von einer Stunde verfügbar gewesen wäre. Er sagte dazu: „Es könnte sein, daß ich das nicht mehr erlebe."

Dann gibt es auch Menschen, die den Tod stets so vor Augen haben, als hätte er sich schon zugetragen, so daß sie sich in [ständiger] Erwartung befinden. Ein solcher Mensch verrichtet sein Gebet, als sei es sein Abschiedsgebet. Davon handelt die Überlieferung von Muʿādh ibn Jabal, möge Allah der Erhabene mit ihm zufrieden sein, der, als ihn der Gesandte Allahs, Allah segne ihn und schenke ihm Frieden, einmal nach der Wahrhaftigkeit seines Glaubens befragte, sagte: „Nie tat ich einen einzigen Schritt im Glauben, daß ich einen weiteren setzen würde."

Es ist von al-Aswad, dem Abessinier überliefert, der beim Gebet in der Nacht sich nach rechts und nach links umzuwenden pflegte. Man fragte ihn, was das solle. Darauf antwortete er: „Ich schaue mich um, um zu sehen, von welcher Seite der Todesengel mir naht."

Also sind die Ränge der Menschen, und ein jeder nimmt vor Gott seine Rangstufe ein. Derjenige, dessen Hoffnung sich auf einen Monat beschränkt, gleicht nicht dem, dessen Hoffnung sich über einen Monat und einen Tag erstreckt, nein, sie unterscheiden sich in ihrer Rangstufe vor Allah, denn Allah begeht kein Unrecht, und hätte es an Gewicht nur so viel wie ein Staubkorn. *Und wer auch nur Gutes im Gewicht eines Stäubchens getan, wird es sehen* (99:7).

Die Auswirkung kurzgehaltener Hoffnungen zeigt sich in der Bereitschaft zum Handeln. Jeder Mensch behauptet, seine Hoffnungen seien kurzgehalten, doch er lügt, weil sich dies in seinen Handlungen zeigt. Denn er kümmert sich um Dinge, die er vielleicht ein ganzes Jahr lang nicht brauchen wird, und dies weist auf die Länge seiner Hoffnungen hin. Zeichen des Gelingens ist es, wenn er den Tod stets vor Augen hält und keine Stunde auf ihn vergißt. Drum soll er sich für den Tod bereithalten, der zu gegebener Stunde zu ihm kommen wird. Bleibt er noch bis zum Abend am Leben, so dankt er Allah dem Erhabenen für den ihm gewährten Gehorsam gegen Ihn, und freut sich, daß er seinen Tag nicht verschwendet, sondern vielmehr seinen Anteil daraus gezogen und etwas für sich selbst angelegt hat. In derselben Weise fährt er dann bis zum Morgen fort und gleichfalls, wenn er sich am Morgen erhebt.

Dies gelingt aber nur demjenigen, der sein Herz vom morgigen Tag und seinen Begebenheiten freihält. Wenn ein solcher Mensch stirbt, wird er glückselig und bereichert sein, und solange er lebt, erfreut er sich der Vortrefflichkeit seiner Vorkehrungen und genießt heimliches Zwiegespräch [mit Allah]. Für ihn ist der Tod Glückseligkeit und das Leben Bereicherung.

Darum, du kläglicher Mensch, sei stets des Todes eingedenk! Der Gang der Dinge treibt dich voran, während du achtlos bist, was dich selbst betrifft. Vielleicht näherst du dich schon deinem Zielort und hast die Entfernung bereits zurückgelegt. So sollst du nicht sein, sondern handle rasch und nutze jeden Atemzug, für den dir noch Aufschub gewährt ist.

Darlegung der Eile des Handelns und eine Warnung vor dem Übel des Aufschubs

Wisse, daß ein Mensch, der zwei abwesende Brüder hat und am morgigen Tage die Ankunft des einen erwartet, während der andere erst in einem Monat oder nach einem Jahr erwartet wird, seine Vorbereitungen nicht für den trifft, dessen Ankunft erst in einem Monat oder in einem Jahr zu erwarten ist; er wird sich vielmehr für den rüsten, der am nächsten Tag eintreffen soll. Die Vorbereitung ist also das Ergebnis baldiger Erwartung. Wer das Kommen des Todes erst in einem Jahr erwartet, dessen Herz wird mit dieser Zeitspanne beschäftigt sein, während es alles, was danach kommt, unbeachtet läßt. Doch erwacht er jeden Morgen und erwartet das Jahr in seiner Gänze, ungemindert um den jüngstvergangenen Tag. Dies hindert ihn fortwährend an eiligem Handeln; er sieht nämlich in diesem Jahr noch geraume Zeit vor sich liegen und vertagt daher sein Handeln.

Wie der Heilige Prophet, Allah segne ihn und schenke ihm Frieden, sprach: „Keiner von euch hat von der Welt anderes zu erwarten als Reichtum, der zu Maßlosigkeit verleitet, oder Armut, die zu Vergessenheit führt, oder eine Krankheit, die zerstört; ein hohes Alter, das behindert, oder einen Tod als Gnadenschuß, oder aber den *Dajjāl* (Antichrist); und der *Dajjāl* ist das schlimmste aller verborgenen Dinge, die zu erwarten sind; oder die Stunde, und *die Stunde ist fürchterlicher und bitterer* (54:46)."[35]

Ibn 'Abbās berichtet: „Der Heilige Prophet, Allah segne ihn und schenke ihm Frieden, sprach einmal zu einem Mann, den er ermahnte: ‚Fünf Dinge sollst du dir zunutze machen, bevor fünf andere eintreffen: deine Jugend vor deinem Alter, deine

Gesundheit vor deinem Siechtum, deinen Reichtum vor deiner Armut, deine Muße vor deiner Arbeit, und dein Leben vor deinem Tode.‘“[36]

Es sprach der Heilige Prophet, Allah segne ihn und schenke ihm Frieden: „Es gibt zwei Segnungen, die den meisten Menschen unbekannt sind: die Gesundheit und die Muße.“[37] Das heißt, sie nutzen sie nicht und begreifen ihren Wert erst, wenn sie geschwunden sind.

Es sprach der Heilige Prophet, Allah segne ihn und schenke ihm Frieden: „Wer sich fürchtet, der macht sich bei Einbruch der Nacht auf den Weg; und wer sich beim Einbruch der Nacht auf den Weg macht, erreicht auch seinen Rastplatz. Fürwahr, Allahs Handelsware ist teuer! Wahrlich, Allahs Handelsware ist das Paradies!“[38]

Es sprach der Heilige Prophet, Allah segne ihn und schenke ihm Frieden: „Es kommt der erste Posaunenstoß (*ar-rājifa*), dann folgt ihm der zweite (*ar-rādifa*), dann kommt der Tod mit allem, was dazugehört.“[39]

Der Heilige Prophet, Allah segne ihn und schenke ihm Frieden, pflegte, sooft er bei seinen Gefährten Achtlosigkeit oder Zerstreutheit bemerkte, mit lauter Stimme zu rufen: „Das Schicksal kommt über euch, unabwendbar und unausweichlich, Unheil oder Glückseligkeit!‘“[40]

Es sagte Abū Hurayra: „Der Gesandte Allahs, Allah segne ihn und schenke ihm Frieden, sprach: ‚Ich bin der Warner, der Tod ist der Verwandelnde, und die Stunde ist der verabredete Treffpunkt!‘“[41]

Es sagte Ibn ‘Umar: „Allahs Gesandter, Allah segne ihn und schenke ihm Frieden, trat einmal heraus, als die Sonne noch die äußersten Enden der Palmwedel beschien [d. h., in der Abenddämmerung], und sprach: ‚Es bleibt der Welt nur noch so viel

Zeit, wie von diesem Tage verbleibt, gemessen an der Zeit, die schon vergangen ist.'"[42]

Es sprach der Heilige Prophet, Allah segne ihn und schenke ihm Frieden: „Das Gleichnis dieser Welt ist ein von oben bis unten zerrissenes Gewand, das nur an einem Ende noch von einem einzigen Faden zusammengehalten wird. Und dieser Faden ist schon beinahe zerrissen."[43]

Jābir sagte: „Wenn der Gesandte Allahs, Allah segne ihn und schenke ihm Frieden, in seiner Predigt die Stunde erwähnte, pflegte er seine Stimme zu erheben, und seine Wangen waren gerötet, als ob er vor einer [heranrückenden] Heerschar warnte. Er sprach: ‚Ich grüße euch morgens und abends, indes meine Sendung und die Stunde sich so verhalten wie diese beiden', wobei er zwei seiner Finger eng aneinanderpreßte."[44]

Es sagte Ibn Mas'ūd, Allahs Wohlgefallen sei auf ihm: „Der Gesandte Allahs, Allah segne ihn und schenke ihm Frieden, trug einmal diesen Vers vor: *Und wen Allah leiten will, dem weitet Er seine Brust für den Islam* (6:125), dann sprach er: ‚Wahrlich, wenn Licht in die Brust einflutet, so weitet sie sich.' Man fragte ihn: ‚O Gesandter Gottes, gibt es ein Zeichen, an dem dies zu erkennen ist?' ‚Ja', sprach er, ‚das Abwenden von der Welt des Scheins und die Hinwendung zur ewigen Heimstatt, die Vorbereitung auf den Tod, bevor er eintritt.'"[45]

Es sagte as-Suddī: „*Der den Tod und das Leben erschaffen, um euch zu prüfen, wer von euch an Werken der Beste ist* (67:2), das heißt, welcher von euch am meisten des Todes gedenkt und die beste Vorbereitung dafür trifft, die größte Furcht vor ihm hegt und die größte Aufmerksamkeit darauf verwendet."

Es sagte Ḥudhayfa: „Es vergeht kein Morgen und kein Abend, an dem nicht ein Herold verkündet: ‚O ihr Menschen! Brecht auf!' Das Wort des Allmächtigen bestätigt dies: *Siehe, es ist wahrlich eine der größten [Qualen], eine Warnung für die Menschen, für den unter euch, der vorwärtsschreiten oder zurückbleiben will* (74:35-37), das heißt im Tode."

Es sagte Suḥaym, ein *mawlā* (Schützling) der Banī Tamīm: „Ich setzte mich einmal zu 'Āmir ibn 'Abdullāh, während er gerade betete, und er kürzte sein Gebet ab und wandte sich mir zu. Er sprach: ‚Sag mir, was du auf dem Herzen hast, denn ich bin in Eile.' Da fragte ich ihn: ‚Was versetzt dich in Eile?' Er sagte darauf: ‚Der Engel des Todes, Allah sei dir gnädig!' Ich stand auf und ging fort, und er erhob sich, um weiter zu beten.'"

Als Dāwūd aṭ-Ṭā'ī einmal unterwegs war, befragte ihn ein Mann zu einem *ḥadīth*. Er antwortete: „Laß mich gehen! Ich beeile mich, bevor meine Seele mir entfährt."

'Umar, Allahs Wohlgefallen sei auf ihm, sagte: „Bedächtiges Vorgehen empfiehlt sich bei jeder Sache außer bei guten Werken für das Jenseits."

Al-Mundhir sagte einmal: „Ich hörte, wie Mālik ibn Dīnār einmal zu sich selbst sprach: ‚Weh dir, beeile dich, bevor der Befehl dich einholt! Weh dir, beeile dich, bevor der Befehl dich einholt!'", bis er dies sechzig Mal wiederholt hatte. Ich hörte ihn, während er mich nicht sah."

Al-Ḥasan pflegte in seinen Mahnpredigten zu sagen: „Beeilt euch! Beeilt euch! Denn würden euch die Atemzüge angehalten, so hätten eure Werke ein jähes Ende, mit denen ihr euch Allah zu nähern sucht, gerühmt und gepriesen sei Er. Allah erbarme sich dessen, der sich selbst betrachtet und ob der Zahl seiner Sünden weint."

Dann verlas er diesen Vers: *Wir haben ihnen nur eine Zahl zugezählt* (19:84), das heißt von Atemzügen; deren letzter das Scheiden deiner Seele, die Trennung von deinen Angehörigen und das Eingehen in dein Grab bedeutet."

Abū Mūsā al-Ash'arī widmete sich vor seinem Tode vermehrt seiner Andacht und verausgabte sich dabei sehr. Man fragte ihn, warum er sich nicht zurückhalte oder etwas sanfter mit sich umgehe. Darauf antwortete er: „Wenn man ein Pferd laufen läßt und es nähert sich seinem Ziel, so gibt es alles her, was es in sich hat. Von meiner Lebenszeit verbleibt mir weniger als das." Auf diese Art fuhr er fort, bis er verstarb. Zu seiner Frau sagte er stets: „Mach dich reisefertig, denn durch die Hölle gibt es keinen Durchgang."

Einer der Kalifen predigte von der Kanzel: „O Knechte Gottes! Fürchtet Gott so viel ihr nur vermögt! Seid ein Volk, das aufmerkt, wenn es den Ruf vernimmt. Wisset, daß die Welt für euch keine Bleibe ist, und tauscht sie darum ein. Bereitet euch auf den Tod vor, der euch bereits beschattet. Macht euch auf, denn er verfolgt euch schon allen Ernstes. Wahrhaftig, eine Zeitspanne, die durch den Augenblick verringert und die Stunde zunichte gemacht wird, ist zwangsläufig flüchtig; und wahrlich, der Abwesende, für den Tag und Nacht in steter Folge vergehen, sollte geschwind zurückkehren; und wahrlich, der Eintreffende, der entweder Gunst oder Unheil zu erwarten hat, sollte die besten Vorbereitungen treffen. Denn fromm in den Augen des Herrn ist, wer sich selbst guten Rat erteilt, wer sich reuig bekehrt und seine Begierden bezwingt. Denn seine Todesstunde ist ihm verhüllt, und seine Hoffnung trügt ihn; der Satan nimmt sich seiner an und stellt ihm seine Reue in Aussicht, so daß er sie beständig aufschiebt; und er läßt ihm die Übertretung reizvoll erscheinen, so daß er sie begeht, bis ihn sein Geschick zu einem Zeitpunkt befällt, da er es am allerwenigsten erwartet. Wahrlich, vom Paradies oder Höllenfeuer trennt einen jeden von euch nur das Ereignis des Todes. Weh über den Achtlosen, da sein Leben gegen ihn zeugt und seine eigenen Lebenstage ihn ins Unheil stürzen!

Möge Allah uns und euch zu denen gehören lassen, die von den Segnungen nicht zur Unbesonnenheit verleitet und die durch eine Übertretung nicht vom Gehorsam gegen Allah abgebracht werden, und die nach ihrem Tode nicht von Verderben erfaßt werden! Wahrlich, Er erhört das Gebet, und in Seiner Hand liegt alles Gute ewiglich; Er, der tut, was Er will!"

Einer der Exegeten erklärte in bezug auf diesen Vers Allahs des Erhabenen (57:14): „*Doch versuchtet ihr euch selbst*: das heißt, durch Begierden und Genüsse; *und ihr wartetet*: das heißt, auf reuige Umkehr; *und zweifeltet*: das heißt, ihr wart unsicher; *bis Allahs Befehl kam*: das heißt, der Tod; *und es betrog euch in betreff Allahs der Betrüger*: das heißt, Shayṭān."

Al-Ḥasan sagte: „Übt Geduld und haltet durch, denn es sind nur noch wenige Tage. Ihr seid nur ein Trupp von stehenden Reitern, von denen jederzeit einer abberufen werden kann; er wird dem Ruf folgen, ohne sich noch einmal umzuwenden. Drum nehmt das Vortrefflichste, was ihr habt, mit hinüber!"

Es sagte Ibn Mas'ūd: „Jeder von euch erhebt sich in der Früh als Gast; alles, was ihm eignet, ist nur geliehen; der Gast zieht weiter, und das Geliehene wird zurückgegeben."

Es sagte Abū 'Ubayda al-Bājī: „Wir gingen hinein zu al-Ḥasan, als er im Sterben lag. Er sagte: ‚Seid willkommen und guter Dinge! Möge Allah euch mit Frieden empfangen und uns wie euch in die ewige Wohnstatt einziehen lassen! Dieses ist eine frohe Verkündung, sofern ihr geduldig seid, wahrhaftig und fromm; Allah erbarme sich eurer, möge es euer Los nicht sein, daß euch diese Nachricht zu einem Ohr eingeht und zum anderen Ohr wieder hinaus! Denn wer Muḥammad, Allah segne ihn und schenke ihm Frieden, erlebte, der hat gesehen, daß er kam und ging, ohne auch nur einen Ziegelstein auf einen anderen oder einen Strohhalm auf einen anderen gelegt zu haben; aber ein Banner wurde über ihm erhoben, und um dessentwillen mühte er sich ab. Gebt acht, gebt acht! Rettet euch! Rettet euch!! Was zaudert ihr also? Beim Herrn der Ka'ba, ihr seid so gut wie gleichzeitig mit dem Befehl gekommen! Allah erbarme sich Seines Knechtes, der ein einfaches Leben führt, der Brotkanten ißt und schäbige Kleider trägt, der auf dem Erdboden sitzt und sich der Andacht hingibt und seine Sünden beweint; der vor der Strafe Gottes flieht und nach Seiner Barmherzigkeit sucht, so daß der Tod ihn antreffe, während er sich in diesem Zustand befindet.'"

Es sagte 'Āṣim al-Aḥwal: „Einmal sagte mir Fuḍayl ar-Ruqāshī in Antwort auf eine Frage, die ich ihm gestellt hatte: ‚Ach du! Laß dich nicht durch die Menge der Menschen von dir selbst abhalten, denn wahrlich, ihrer ungeachtet trifft dich der Befehl! Sag nicht: ‚Soll ich hierhin oder dorthin gehen', denn dergestalt verstriche dein Tag in Sinnlosigkeit. Wahrlich, die Sache ist dir allein vorbehalten. Nie wirst du etwas sehen, das erstrebenswerter oder schneller durchzuführen wäre als eine neue gute Tat, welche die ihr vorausgegangene Sünde ersetzt.'"

DAS DRITTE KAPITEL

Vom Todeskampf und seiner heftigen Pein und von empfehlenswerten Zuständen beim Nahen des Todes

LÄGE vor dem armseligen Knecht außer der Todespein kein anderer Schrecken, kein anderes Leid oder Ungemach, so wisse, daß diese Pein allein schon genügte, um ihm das Leben zu vergällen, seine Lebensfreude zu trüben und seine Gleichgültigkeit und Zerstreutheit zu entfernen. Es hat seine Richtigkeit, wenn seine Gedanken lang dabei verweilen und er gründliche Vorbereitung dafür trifft, nicht zuletzt deshalb, weil ihm dies bei jedem Atemzug nahe ist. So bemerkte einst ein Weiser:

„Wann Unheil dich aus fremder Hand
befallen wird, ist unbekannt."

Es sprach Luqmān zu seinem Sohn:

„Mein lieber Sohn, befällt dich was, du weißt nicht wann,
halt dich bereit, eh es dich überraschen kann."

Verwunderlich ist, daß einem Menschen, der in höchstem Genuß schwelgt und sich des ergötzlichsten Zeitvertreibs erfreut, dabei aber befürchtet, ein Bewaffneter könnte bei ihm eindringen und mit einem Holzprügel fünfmal auf ihn eindreschen, der ganze Genuß dadurch verdorben und die Lebensfreude vergällt sein wird, während er doch bei jedem Atemzug davon betroffen ist, daß der Engel des Todes mit der Todespein an ihn herantreten könnte. Dies aber hat keinen anderen Grund als Unwissenheit und Täuschung.

Und wisse, daß keiner den Schmerz der Todespein wirklich kennt außer dem, der sie geschmeckt hat, und wer sie nicht gekostet hat, der kennt sie nur, indem er sie mit den Schmerzen vergleicht, die er bereits erfahren hat, oder indem er aus der Heftigkeit der Zustände anderer Menschen in Todespein darauf schließt. Was aber den Vergleich [mit den Schmerzen] angeht, die er selbst bezeugen konnte: damit verhält es sich so, daß ein unbeseeltes Glied keinen Schmerz empfinden kann; wenn es aber beseelt ist, dann ist das, was den Schmerz wahrnimmt, die Seele. Sooft das Glied eine Wunde oder eine Verbrennung erleidet, verbreitet sich die Auswirkung derselben bis in die Seele und schmerzt in dem Maße, in dem sie bis zur Seele gelangt; die Empfindungen aber verteilen sich durch Fleisch und Blut und die übrigen Körperteile, so daß nur einige Schmerzen bis zur Seele selbst vordringen. Wenn es aber Schmerzen sind, die unmittelbar die Seele selbst erreichen und nichts anderes betreffen als sie allein, wie gewaltig muß dieser Schmerz sein und von welch unfaßbarem Ungestüm!

Mit Agonie bezeichnet man den Schmerz, der die Seele selbst befällt und ihre sämtlichen Teile erfüllt, bis kein Teil der in den Tiefen des Leibes verstreuten Seele von diesem Schmerz ausgenommen ist. Wenn ein Dorn einen sticht, strömt der Schmerz, den man empfindet, nur in den Teil der Seele, der mit dem von dem Dorn gestochenen Ort verbunden ist. Die Auswirkung einer Verbrennung ist dagegen viel heftiger, weil die Teile des Feuers sich auch in anderen Körperteilen verbreiten, und es verbleibt innerlich und äußerlich kein Teil des verbrannten Gliedes, das nicht vom Feuer betroffen wäre; die in den übrigen Teilen des Leibes verstreuten Anteile der Seele spüren es somit auch. Eine

Schnittwunde berührt nur die vom Eisen getroffene Stelle; darum ist der Schmerz einer Schnittwunde anders als der durch Feuer verursachte Schmerz. Der Schmerz während des Verlaufs der Agonie aber befällt die Seele selbst und umfaßt all ihre Teile; der Sterbende fühlt ein Ziehen und ein Reißen in jedem seiner Blutgefäße, in jeder Nervenfaser, in jedem Körperteil und in allen Gelenken, in jeder Haarwurzel und unter seiner Haut, vom Scheitel bis zur Sohle. Frage also nicht nach der Pein, den Schmerzen, die er erleidet! Es heißt sogar: Der Tod ist grausamer als ein Schwertstreich, ärger als ein Zersägen mit Sägen oder ein Zerschneiden mit Scheren; wird nämlich der Körper von einem Schwert verletzt, so schmerzt ihn dies nur wegen seiner Verbindung mit der Seele; um wieviel schlimmer muß es erst sein, wenn unmittelbar auf die Seele selbst zugegriffen wird! Der Geschlagene schreit nach Hilfe und heult auf, solange seinem Herzen und seiner Zunge noch die Kraft dazu verbleibt. Doch dem Sterbenden versagt die Stimme, und sein Schrei erlischt ob der Gewalt seines Schmerzes, da sich sein Leiden zum Äußersten steigert und bis zu seinem Herzen emporsteigt und in jedes seiner Körperteile vordringt, bis seine Stärke ganz gebrochen ist und seine Glieder geschwächt sind, so daß ihm keine Kraft mehr bleibt, mit der er um Hilfe flehen könnte.

Der Verstand aber wird dadurch überwältigt und verstört, die Zunge verstummt, und die Gliedmaßen ermatten. Gern würde er, wenn er könnte, sich durch Stöhnen, Schreien oder Hilferufe Erleichterung verschaffen, doch vermag er es nicht. Wenn ihm überhaupt noch Kraft verbleibt, so ist ein tiefes Stöhnen und Rasseln in seiner Kehle und Brust zu vernehmen, welches das Herausreißen und Hinauszerren der Seele begleitet. Auch seine Farbe verändert sich und wird äschern, bis der Lehm, der sein Ursprungselement ist, zu Tage zu treten scheint. Jede Ader wird einzeln aus ihm herausgezerrt, während der Schmerz sich in seinem Innern und an der Oberfläche ausbreitet, bis sich seine Augen ganz nach oben verdrehen, seine Lippen sich einziehen, die Zunge sich zu ihrer Wurzel einrollt, die Hoden in die höchstmögliche Stellung steigen und die Fingerspitzen sich grünlich verfärben.

Drum frage nicht nach dem Leib, an dessen sämtlichen Adern gezerrt wird! Wäre es eine Ader allein, an der gezerrt würde, so wäre der Schmerz schon gewaltig genug; wie muß es erst sein, da es die leidende Seele selbst ist, an der hier gezerrt wird, und nicht an einer einzelnen Ader, sondern an allen Adern mit einem!

Dann beginnen nacheinander seine einzelnen Glieder abzusterben. Zuerst werden seine Füße kalt, danach seine Schienbeine und Schenkel. Jedes Glied erleidet Todesnot über Todesnot und Pein über Pein, bis es seine Kehle erreicht. Dann ist es soweit, daß sein Blick von der Welt und ihren Bewohnern abgeschnitten wird; danach wird das Tor der Umkehr geschlossen, und es umfängt ihn Schmerz und Reue. Der Gesandte Gottes, Allah segne ihn und schenke ihm Frieden, sagte: „Die Umkehr eines Gottesknechtes wird erhört, bis man das Todesrasseln bei ihm vernimmt.“[46]

Zu dem Gotteswort: *Aber keine Vergebung ist für jene, welche das Üble taten, bis daß, wenn der Tod einem von ihnen naht, er spricht: „Siehe, ich bekehre mich jetzt“* (4:18), erläuterte Mujāhid: „Wenn er die Gesandten wahrnimmt.“ An diesem Punkt erblickt er den Todesengel von Angesicht. Drum frage nicht, was den bitteren Geschmack des Todes betrifft, noch nach den Leiden, die mit der Todespein einhergehen!

So pflegte der Heilige Prophet, Allah segne ihn und schenke ihm Frieden, zu sagen: „O mein Gott, erleichtere Muḥammad die Pein des Todes!“[47] Es liegt nur an der Unwissenheit der Menschen, daß sie davor nicht Zuflucht suchen und nicht Ehrfurcht empfinden; denn die Dinge werden vor ihrem Eintreten nur durch das Licht des Prophetentums und der Heiligkeit wahrgenommen. Aus diesem Grunde ist die Furcht der Propheten, Friede sei auf ihnen, und der Heiligen vor dem Tode so groß, daß der Prophet ʿĪsā, Friede sei mit ihm, einmal sprach: „O Schar meiner Apostel! Betet zu Allah dem Erhabenen, daß Er mir diese Todespein erleichtere", das heißt, den Tod, „denn ich fürchtete mich derart vor dem Tode, daß mich diese Furcht an den Rand des Grabes brachte."

Es wird berichtet, daß eine Gruppe von Israeliten an einem Friedhof vorbeikam. Da fragte einer von ihnen die anderen: „Wie wäre es, wenn ihr zu Allah dem Erhabenen betet, Er möge einen Toten aus diesem Friedhof für euch hervorholen, auf daß ihr ihn befragen könntet?" Da beteten sie zu Allah dem Erhabenen, und siehe, es erstand vor ihnen ein Mann, der das Mal des Gebets (*sajda*) auf seiner Stirn trug. Er stieg aus einem der Gräber heraus und sagte: „O ihr Leute, was wollt ihr von mir? Es ist fünfzig Jahre her, daß ich den Tod gekostet habe, und noch hat sich die Bitterkeit des Todes in meinem Herzen nicht gelegt."

Es sprach ʿĀʾisha, Allah schenke ihr Sein Wohlgefallen: „Ich beneide keinen um seinen leichten Tod, nach dem, was ich von der Härte des Todes beim Verscheiden des Heiligen Gesandten sah, Allah segne ihn und schenke ihm Frieden."

Es wird berichtet, daß der Heilige Prophet, Allah segne ihn und schenke ihm Frieden, zu sagen pflegte: ‚O mein Gott! Wahrlich, Du ziehst die Seele zwischen den Sehnen und dem Knorpel und den Fingerspitzen heraus! O Herr, hilf mir beim Sterben und erleichtere mir den Tod!"[48]

Al-Ḥasan berichtet, daß der Heilige Prophet, Allah segne ihn und schenke ihm Frieden, einmal den Tod erwähnte und von seinem Würgen und seinen Schmerzen sprach. Er sagte: „Er ist gleich dreihundert Schwerthieben."[49]

Einmal wurde der Heilige Prophet, Allah segne ihn und schenke ihm Frieden, über den Tod und über seine Härte befragt. Er sprach: „Wahrlich, der mildeste Tod gleicht einem Dornenzweig, der sich in einem Wollbausch verfangen hat; läßt sich etwa ein Dornenzweig aus der Wolle herauslösen, ohne daß etwas Wolle an ihm hängenbleibt?"[50]

Einst ging der Heilige Prophet, Allah segne ihn und schenke ihm Frieden, zu einem Kranken und sprach: „Wahrlich, ich weiß, wie es ihm ergeht; keine einzige Ader ist in ihm, die nicht einzeln die Pein des Todes erlitte."[51]

'Alī, möge Allah sein Antlitz adeln, pflegte die Leute zum Kampf anzustacheln, indem er ihnen zurief: „Wenn ihr nicht kämpft, werdet ihr trotzdem sterben. Bei Ihm, in dessen Hand meine Seele ist, tausend Schwertstreiche sind leichter zu ertragen als der Tod im eigenen Bette."

Al-Awzā'ī sagte: „Es ist uns zu Ohren gekommen, daß der Tote den Todesschmerz so lange empfindet, bis er aus seinem Grabe erweckt wird."

Es sagte Shaddād ibn Aws: „Der Tod ist das furchtbarste Schrecknis, dem der gläubige Mensch in dieser Welt und in der nächsten begegnen wird; er ist schrecklicher als mit Sägen zersägt, mit Scheren zerschnitten oder in einem Kessel gesiedet zu werden. Wenn ein Toter ausgesandt würde, um den Menschen dieser Welt vom Tode Kunde zu bringen, sie hätten nichts mehr vom Leben und hätten keinen Gefallen mehr am Schlaf."

Zayd ibn Aslam berichtet von seinem Vater, der sagte: „Wenn ein gläubiger Mensch durch seine Werke gewisse Stufen noch nicht erreichen konnte, so erfährt er einen schwierigen Tod, damit er durch die Todespein und ihr Leid seinen Rang im Paradies erlangt. Vollbrachte aber ein Ungläubiger ein barmherziges Werk, dessen Belohnung er bei Lebzeiten nicht erhielt, so wird ihm der Tod leicht gemacht, damit er den vollen Lohn seiner Guttat empfängt, bevor er in die Hölle fährt."

Es wird von einem Mann berichtet, der eine Menge kranker Menschen zu befragen pflegte, wie sie den [nahenden] Tod empfänden. Als er selber erkrankte, fragte man ihn: „Und du, wie empfindest du das Nahen des Todes?" Da sagte er: „So, als würden die Himmel der Erde aufliegen, und als würde meine Seele durch ein Nadelöhr gefädelt."

Es sagte einmal der Heilige Prophet, Allah segne ihn und schenke ihm Frieden: „Ein plötzlicher Tod ist eine Wohltat für den Gläubigen und dem Sünder ein Schmerz."[52]

Makḥūl überlieferte vom Heiligen Propheten, Allah segne ihn und schenke ihm Frieden, der einmal spach: „Würde auf die Bewohner der Himmel und der Erde ein einziges Haar von einem Toten gelegt, so stürben sie alle, mit Allah des Erhabenen Verlaub, weil in einem jeden Haar der Tod sitzt und alles, was der Tod befällt, sterben muß."[53]

Es wird berichtet: „Fiele ein einziger Tropfen des Todesschmerzes auf die Berge dieser Welt, er ließe sie alle dahinschmelzen."

Es wird berichtet, daß nach dem Tode Ibrāhīms, Friede sei mit ihm, Allah der Erhabene zu ihm sprach: „O mein Herzensfreund, wie fandest du den Tod?" Er antwortete: „Wie einen in nasser Wolle verfangenen Spieß, an dem gezogen wird." Da sprach Er: „Dabei haben Wir den Tod für dich doch leicht gemacht."

Von Mūsā, Friede sei mit ihm, wird berichtet, nachdem seine Seele zu Allah dem Erhabenen heimgegangen war, daß der Herr zu ihm sprach: „O Mūsā! Wie fandest du den Tod?" „Ich fühlte mich wie ein kleiner Vogel, den man [lebend] in der Pfanne röstet; er kann nicht sterben und dadurch Ruhe finden, noch kann er sich retten und davonfliegen." Es wird auch berichtet, daß er gesagt habe: „Ich fühlte mich wie ein Schaf, dem der Metzger lebendig die Haut vom Leibe zieht."

Vom Heiligen Propheten, Allah segne ihn und schenke ihm Frieden, wurde berichtet, daß er bei seinem Tode einen Wasserbecher bei sich hatte, in den er seine Hand eintauchte, um sich mit dem Wasser das Gesicht zu benetzen, indes er sprach: „O mein Herr Gott, erleichtere mir die Pein des Todes!"[54] Es sagte Fāṭima, möge sie Allah wohlgefällig sein: „Wie sehr ich bei deinem Leiden mitleide, o mein teurer Vater!" Da antwortete er ihr: „Dein Vater wird nach diesem heutigen Tage nie mehr zu leiden haben."[55]

Es sprach ʿUmar, möge er Allah wohlgefallen, zu Kaʿb al-Aḥbār: „O Kaʿb, sprich zu uns vom Tod." Da sagte dieser: „Gewiß, o Beherrscher der Gläubigen! Der Tod ist wie ein Zweig mit vielen Dornen, der in das Innere des Menschen eingeführt wird, so daß ein jeder Dorn an einer Ader angreift. Dann zieht daran ein kräftiger Mann und nimmt mit, was mitgeht, und läßt da, was dableibt."

Es sprach der Heilige Prophet, Allah segne ihn und schenke ihm Frieden: „Wahrlich, der Knecht Gottes wird das Leid und die Pein des Todes gewißlich erleiden, und seine Gelenke werden sich begrüßen und zueinander sagen: ‚Friede sei mit dir, nun trennen wir uns voneinander bis zum Tage der Auferstehung!'"[56]

Dies ist der Todeskampf, wie die Heiligen und die Allah Nahestehenden ihn erlitten – wie soll es dann erst uns ergehen, die wir ganz in Ungehorsam eingebettet sind? Doch für uns folgt auf die Agonie des Todes noch eine Reihe weiterer Heimsuchungen; und siehe, es sind ihrer drei:

Die erste Heimsuchung des Todes ist die Gewalt der Todespein, wie sie schon geschildert wurde. Die zweite Heimsuchung ist das Schauen des Todesengels in seiner Gestalt, die Furcht und das Grauen, die von ihm ausgehen und in das Herz einziehen; auch der allerstärkste Mann wäre nicht imstande, seinen Anblick zu ertragen, wenn er ihn in der Gestalt erblickte, mit der er die Seele des sündigen Gottesknechtes ergreift. So ist es von Ibrāhīm Khalīl, Friede sei auf ihm, berichtet, daß er zum Todesengel sagte: „Kannst du mir deine Gestalt zeigen, mit der du die Seele des Sünders ergreifen wirst?“ Darauf sagte der Engel: „Du wirst es nicht ertragen.“ Er sagte: „Doch, wohl.“ Da sagte der Engel: „So wende dich von mir ab.“ Und Ibrāhīm wandte sich ab. Als er sich wieder umdrehte, stand vor ihm ein schwarzer Mann mit abstehenden Haaren, schwarzgewandet und Verwesungsgestank verströmend, aus dessen Mund und Nüstern feurige Flammen und Rauch schlugen. Da vergingen dem Ibrāhīm, Friede sei mit ihm, die Sinne. Als er wieder zu sich kam, hatte der Engel des Todes wieder seine vormalige Gestalt angenommen. Da sagte er: „O Engel des Todes! Wenn dem Übeltäter bei seinem Tode nichts weiter zustieße als der Anblick deines Angesichts allein, so wäre es ihm damit schon genug [an Strafe]!“

Es berichtet Abū Hurayra, daß der Heilige Prophet, Allah segne ihn und schenke ihm Frieden, gesagt habe: „Wahrlich, der Prophet Dāwūd, Friede sei mit ihm, war ein sehr eifersüchtiger Mann, der stets alle Türen zu verriegeln pflegte, wenn er ausging. Eines Tages versperrte er alles und war fortgegangen. Da blickte seine Gemahlin auf und sah, daß ein Mann im Hause war. Sie fragte: „Wer hat diesen Mann eingelassen? Wenn Dāwūd zurückkehrt, erwartet ihn gewißlich Verdruß!“ Als Dāwūd heimkehrte und den Mann erblickte, fragte er: „Wer bist du?“ Der Mann antwortete: „Ich bin der, der sich vor keinem König fürchtet und den kein Kammerherr aufhalten kann.“ „So bist du, bei Gott, der Engel des Todes“, sprach Dāwūd, Friede sei mit ihm, und verstarb auf der Stelle.

Es wurde berichtet, daß ʿĪsā, Friede sei mit ihm, als er einmal an einem Totenschädel vorbeikam, mit dem Fuße nach ihm trat. Er sagte: „Sprich zu mir, mit Allahs Verlaub.“ Da sagte der Totenschädel: „O Geist Gottes (*rūḥullāh*), ich war zu meiner Zeit ein König in einem gewissen Lande. Eines Tages, da ich in meinem Reiche auf meinem Thronsessel saß, meine Krone auf dem Haupt, umgeben von Wachen und Gefolgschaft, da erschien vor mir der Engel des Todes, bei dessen Anblick alle Kraft meine Glieder verließ; dann fuhr meine Seele von mir aus und zu ihm hin. Ach, hätte nur anstelle solcher Versammlungen Abgeschiedenheit stattgefunden! Ach, hätte es anstatt enger Vertrautheit den einsamen Rückzug gegeben!“

Diese Heimsuchung befällt die Sünder, während sie den Folgsamen erspart bleibt. Die Propheten sprachen nur von der Pein des Todes, nicht aber von dem Grauen, das den Sünder beim Anblick der Gestalt des Todesengels befällt. Würde er sie einmal nächtens im Traum gewahren, so wäre ihm dadurch der Rest seines Lebens vergällt; wie wird ihm erst sein, wenn er ihn dergestalt erblickt?

Was aber den Folgsamen angeht, so erblickt er ihn in der schönsten und angenehmsten Gestalt. Es berichtet ʿIkrima, daß Ibn ʿAbbās berichtete, daß Ibrāhīm, Friede sei mit ihm, ein äußerst eifersüchtiger Mann war. Nun hatte er ein Haus, in dem er seine Andacht zu verrichten pflegte, und wenn er es verließ, verschloß er es hinter sich. Eines Tages ging er wieder zu diesem Hause hin, und siehe, er fand einen Mann darin. Da fragte er ihn: „Wer hat dich in mein Haus hineingelassen?“ Dieser antwortete: „Der Herr dieses Hauses hat mich eintreten lassen.“ Ibrāhīm sprach: „Aber ich bin der Herr dieses Hauses!“ Jener aber entgegnete: „Mich hat der eingelassen, der darüber größere Herrschaft hat als du oder ich.“ Da fragte er: „Welcher von den Engeln bist du?“ Er antwortete: „Ich bin der Engel des Todes.“ Da fragte Ibrāhīm:

„Kannst du dich mir in der Gestalt zeigen, in der du die Seele eines Gläubigen ergreifst?" „Ja", sagte darauf der Engel, „doch wende dich von mir ab." Da wandte Ibrāhīm sich ab, und als er sich wieder umdrehte, erblickte er ihn als einen wohlgestalten, schön gekleideten und lieblich duftenden Jüngling. Da sagte er: „O Engel des Todes, würde der Gläubige bei seinem Tode lediglich deine Gestalt wahrnehmen, so wäre ihm das durchaus genug."

Zu dieser Heimsuchung gehört auch der Anblick der beiden aufzeichnenden Engel. Es sagte Wuhayb: „Wir haben erfahren, daß kein Mensch stirbt, bevor die beiden aufzeichnenden Engel ihm seine Werke nicht gezeigt haben. Wenn er nun folgsam gewesen ist, sprechen die beiden zu ihm: ‚Möge dir Allah Gutes vergelten, denn du hast uns in so mancher Versammlung von Gerechten sitzen und bei so manch gutem Werke zugegen sein lassen.' Wenn er aber ein Übeltäter gewesen ist, sprechen sie zu ihm: ‚Möge Allah dir nichts Gutes vergelten, denn zu so manch übler Gesellschaft hast du uns hingeführt und bei manchem ungerechten Werk zugegen sein lassen; häßliche Worte hast du uns anhören lassen, Allah möge dir von uns keinen guten Lohn bescheren!' Dabei bleibt der Blick des Sterbenden starr auf diese beiden Engel gerichtet und wird nimmermehr zu dieser Welt zurückkehren."

Doch die dritte Heimsuchung besteht darin, daß die Sünder ihren Platz in der Hölle erblicken, und in der Furcht, die sie empfinden, noch bevor diese Vision eintritt. Im Zustand des Todeskampfes versagen ihnen schon die Kräfte, indes sich ihre Seelen mit dem Verlassen des Leibes abfinden. Doch ihre Seelen verlassen den Körper nicht eher, als daß sie den Gesang des Todesengels gehört haben, der ihnen eine von zwei Botschaften verkündet; entweder kündet er: „Freu dich, o Feind Allahs, auf die Hölle!", oder er kündet: „Freue dich, o Freund Allahs, aufs Paradies!" Daraus versteht sich die Furcht derer, die verständigen Sinns sind.

Der Heilige Prophet, Allah segne ihn und schenke ihm Frieden, sprach: „Keiner von euch verläßt die Welt, bevor er nicht seinen Bestimmungsort erkannt und sein Quartier im Paradiesgarten oder im Höllenfeuer erblickt hat."[57]

Und er, Allah segne ihn und schenke ihm Frieden, sprach: „Wer ein Treffen mit Allah herbeisehnt, den begehrt auch Allah zu treffen; und wer einem Treffen mit Allah abgeneigt ist, dem zu begegnen ist auch Allah zuwider." Da sagten sie [die Gefährten]: „Wir alle sind aber dem Tode abgeneigt." Er antwortete: „Das ist nicht dasselbe. Denn wenn der Gläubige sieht, was ihn erwartet, verlangt es ihn nach dem Treffen mit Allah, und auch Allah verlangt es, ihn zu treffen."[58]

Es wird berichtet, daß Ḥudhayfa ibn al-Yamān einst zu Ibn Mas'ūd sagte, und zwar gegen Ende der Nacht: „Steh auf und sieh nach, wie spät es ist!" Ibn Mas'ūd erhob sich, und als er zurückkam, sagte er: „Das Morgenrot zeigt sich schon." Da sagte Ḥudhayfa: „Ich suche Zuflucht bei Allah vor einer Morgenreise in die Hölle."

Marwān kam einmal zu Abū Hurayra und betete für ihn: „O mein Gott, erleichtere ihm seine Last!" Abū Hurayra hingegen bat: „O Herr! Auferlege mir noch größere Last!" Dann begann er zu weinen und sprach: „Wahrhaftig, bei Allah, ich weine nicht aus Trauer um diese Welt, noch aus Schmerz ob der Trennung von euch, sondern weil ich eine von zwei Verkündungen meines Herrn erwarte: das Paradies oder das Feuer."

In der Überlieferung wird berichtet, daß der Heilige Prophet, Allah segne ihn und schenke ihm Frieden, einmal gesagt habe: „Wenn ein Knecht Allahs Wohlgefallen erweckt, spricht Er: ‚O Engel des Todes! Geh hin zu jenem Diener und bring Mir seine Seele, auf daß Ich ihm Ruhe beschere. Seine Werke sind Mir genug: Ich habe ihn geprüft und fand ihn ebenso, wie Mir beliebt.'

Da steigt der Todesengel herab, von fünfhundert anderen Engeln begleitet, die halten Zweiglein von Königskraut und Safranwurz, und ein jeder von ihnen überbringt ihm eine andere frohe Botschaft. In zwei Reihen stehen die Engel mit ihren Basilikumzweigen, in Erwartung des Augenblicks, da seine Seele ihm entfahren wird. Da Iblīs sie erblickt, faßt er sich mit der Hand am Kopf und schreit laut auf. Es fragen ihn seine Heerscharen: ‚Was ist dir, o Herr?' Da antwortet er: ‚Seht ihr denn nicht, welche Ehre diesem Gottesknecht erwiesen wird? Wo wart ihr denn die ganze Zeit?' Da antworten sie: ‚Wir haben uns redlich um ihn bemüht, doch war er unangreifbar.'"[59]

Es sprach al-Ḥasan: „Für den Gläubigen gibt es keine Rast außer in der Begegnung mit Allah. Wer in der Begegnung mit Allah dem Erhabenen seine Rast fand, dessen Todestag ist auch sein Freudentag, für ihn ein Tag des Entzückens und der Sicherheit, von Glanz und Ehre."

Man fragte Jābir ibn Zayd auf seinem Totenbett: „Was wünschest du dir?" Er antwortete: „Einen Blick auf al-Ḥasan zu werfen." Als al-Ḥasan zu ihm hereintrat, sagte man zu ihm: „Hier ist al-Ḥasan." Da hob er seinen Blick, um ihn zu betrachten, und sagte alsdann: „O meine Brüder, bei Allah, noch in dieser Stunde werde ich euch verlassen, entweder ins Paradies oder in die Hölle."

Es sagte Muḥammad ibn Wāsi', da er im Sterben lag: „O meine Brüder! Auf euch sei Friede und lebet wohl! Auf ins Feuer oder zu Allahs Vergebung."

Ein Mensch wünschte sich, für immer im Todeskampf verharren zu dürfen, um nicht zu seinem verdienten Lohn oder seiner Strafe geschickt zu werden. Die Furcht vor einem üblen Ausgang zerriß die Herzen der Weisen, ist sie doch eine der gewaltigen Heimsuchungen während des Sterbens. Wir erwähnten bereits im *Buch der Furcht und Hoffnung* die Bedeutung eines üblen Ausgangs und die heftige Furcht der Weisen davor; es berührt zwar unser Thema, doch wollen wir uns damit nicht weiter aufhalten, indem wir es von neuem erörtern.

Eine Darlegung der wünschenswerten Zustände während des Sterbens

Wisse, daß eine ruhige und gelassene Haltung bei einem Sterbenden wünschenswert ist; ferner, daß sich seine Zunge mit den beiden Bekundungen der *shahāda* regt und daß er im Herzen von Allah dem Erhabenen das Beste annimmt.

Was das Aussehen anbetrifft, so wird vom Heiligen Propheten, Allah segne ihn und schenke ihm Frieden, berichtet, daß er gesagt habe: „Achtet bei dem Sterbenden auf drei Dinge: Wenn ihm der Schweiß auf der Stirn steht, seine Augen tränen und seine Lippen trocken werden, dann ist die Barmherzigkeit Allahs auf ihn niedergekommen; doch wenn er röchelt wie einer, der erdrosselt wird, wenn er rot anläuft und Schaum auf den Lippen hat, dann ist dies die Strafe Allahs, die ihn befallen hat.“[60]

Es ist ein günstiges Zeichen, wenn er die Worte der *shahāda* ausspricht, so wie Abū Saʿīd al-Khudrī sagt: „Der Gesandte Gottes, Allah segne ihn und schenke ihm Frieden, sprach: ‚Sprecht euren Sterbenden die Worte *lā ilāha ill-Allāh* vor.‘“ Und in dem Bericht des Ḥudhayfa heißt es noch: „Denn wahrlich, dies löscht aus, was er zuvor an Sünden beging.“[61]

Es sagte ʿUthmān: „Der Gesandte Gottes, Allah segne ihn und schenke ihm Frieden, sagte einmal: ‚Wer mit dem Wissen stirbt, daß es keinen Gott gibt außer Allah, der geht ein ins Paradies.‘“[62] Und ʿUbaydullāh sagte: „währenddem er die *shahāda* bekennt.“ ʿUthmān sagte: „Wenn sich der Tod dem Sterbenden naht, sprecht ihm die Worte der *shahāda* vor, denn kein Gottesknecht beendet damit sein Leben, dem diese Worte nicht zur Wegzehrung ins Paradies würden."

'Umar, möge er Allah wohlgefallen, sagte einmal: „Begleitet eure Sterbenden und helft ihnen, sich zu erinnern, denn sie sehen, was ihr nicht seht; und sprecht ihnen die Worte vor *lā ilāha ill-Allāh*, es ist kein Gott außer Allah."

Es sagte einmal Abū Hurayra: „Ich hörte den Gesandten Gottes, Allah segne ihn und schenke ihm Frieden, sagen: ‚Der Engel des Todes kam einmal zu einem Sterbenden, und er schaute ihm ins Herz und fand nichts darin; dann teilte er seinen Bart und fand, daß seine Zungenspitze am Gaumen klebte, indes er die Worte *lā ilāha ill-Allāh* sprach. Aufgrund dieser Worte reiner Gesinnung erlangte er Vergebung.'"[63]

Es sollte aber derjenige, der den Sterbenden zu diesen Worten auffordert, ihn nicht übermäßig bedrängen, sondern milde mit ihm verfahren, denn es könnte sein, daß die Zunge des Kranken die Worte nicht zu sprechen vermag und er deswegen Kummer empfindet, was dazu führen kann, daß ihm die Aufforderung beschwerlich vorkommt und in ihm eine Abneigung gegen die Worte *lā ilāha ill-Allāh* hervorruft; dann ist zu befürchten, daß dies zur Ursache eines üblen Ausgangs wird.

Der Sinn dieser Worte ist der, daß der Mensch beim Sterben nichts anderes in seinem Herzen haben sollte als Allah. Wenn ihm nämlich kein Begehr mehr bleibt außer nach Ihm, dem Einzigen, dem Wahren, dann liegt für ihn höchste Glückseligkeit darin, durch den Tod seinem Geliebten zu nahen. Ist aber das Herz von der Welt betört und ihr ganz zugekehrt und bedauert es nur den Verlust ihrer Freuden, dann fällt die Angelegenheit in die Gefahrenzone des göttlichen Willens, wenngleich er die Worte der *shahāda* auf der Zungenspitze führt, sich in seinem Herzen aber keinerlei Bekräftigung regt. Denn ist es nur ein Wackeln mit der Zunge, so hat es wenig Nutzen, es sei denn, Allah der Erhabene geruhte in Seiner Gnade auch dies von ihm anzuerkennen.

Was aber die Mutmaßung von Gutem [*ḥusn aẓ-ẓann*] betrifft, so ist sie eben an diesem Zeitpunkt empfohlen, wie wir bereits im *Buch der Hoffnung* erwähnt haben. Es folgen nun einige Berichte bezüglich der Tugend, von Allah eine gute Meinung zu hegen.

Wāthila ibn al-Asqaʿ ging einmal zu einem Kranken und fragte ihn: „Sag mir, wie ist deine Meinung von Allah?" Dieser antwortete: „Ich ertrinke im Meer meiner Sünden und stehe kurz vor der Vernichtung, doch hoffe ich auf die Barmherzigkeit meines Herrn." Da riefen Wāthila und die Familie des Mannes laut „*Allāhu akbar*!" Er sagte: „*Allāhu akbar!* Ich hörte einst den Heiligen Propheten, Allah segne ihn und schenke ihm Frieden, sagen: ‚Es spricht Allah der Erhabene: Ich bin so, wie Mein Knecht von Mir denkt, daß Ich bin, drum soll er so von Mir denken, wie er will.'"[64]

Der Heilige Prophet, Allah segne ihn und schenke ihm Frieden, trat einmal hinein zu einem jungen Mann, der im Sterben lag. Er sprach zu ihm: „Wie ist dein Befinden?" Dieser antwortete: „Ich hoffe auf Allah und fürchte meine Sünden." Da sprach der Heilige Prophet, Allah segne ihn und schenke ihm Frieden, zu ihm: „Nie waren unter Umständen wie diesen diese beiden Dinge im Herzen eines Gottesknechts vereint, ohne daß Allah ihm das Erhoffte gewährt und ihn von dem Befürchteten erlöst hätte."[65]

Einmal sagte Thābit al-Bunānī: „Es war einmal ein junger Mensch, der sehr zu Jähzorn neigte und dessen Mutter ihn deswegen oftmals tadelte. Sie sprach zu ihm: ‚O mein Sohn, siehe, der Tag wird für dich kommen, drum gedenke dieses Tages.' Und als nun der Befehl Allahs des Erhabenen über ihn kam, beugte sie sich über ihn und sagte zu ihm: ‚O mein Sohn! Ich habe dich stets vor deinem Verderben gewarnt und dir davon gesprochen, daß dein Tag dereinst kommen würde.' Darauf sagte er: ,O meine Muter! Ich habe einen Herrn von großer Güte, und ich hoffe darauf, daß Er mich an diesem Tage ein wenig Seiner Güte nicht wird missen lassen.'" Da sagte Thābit: „Aufgrund seiner guten Meinung von seinem Herrn erbarmte Allah sich seiner."

Es sagte Jābir ibn Wadāʿa: „Es war einmal ein junger Mann, der von törichtem Leichtsinn war. Als er nun im Sterben lag, da sprach zu ihm seine Mutter: ,O mein Sohn, hast du noch einen letzten Wunsch?' Er antwortete: ,Ja, meinen Ring, nehmt ihn nicht von mir, denn auf ihm ist Allah der Erhabene erwähnt, und vielleicht erbarmt Er sich meiner.' Als man ihn beerdigt hatte, sah man ihn im Traum, wie er sagte: ,Bestellt meiner Mutter von mir, daß ich wegen dieser Worte Gnade fand und daß Allah mir vergeben hat.'"

Es erkrankte einmal ein Araber der Wüste, und man sagte zu ihm: „Du wirst sterben." Darauf fragte er: „Wohin werde ich wohl gebracht?" Man antwortete ihm: „Zu Allah." Da sagte er: „Es widersteht mir nicht, zu Ihm zu gehen, von dem allein alles Gute kommt."

Es sagte Abu l-Muʿtamir ibn Sulaymān: „Als mein Vater im Sterben lag, sprach er zu mir: ,O Muʿtamir! Sprich mir von den Erleichterungen des Gesetzes [*rukhṣa*, pl. *rukhaṣ*], auf daß ich Allah, verherrlicht sei Er und gepriesen, mit einer guten Meinung [von Ihm] begegnen möge.'"

Die Altvordern hielten es für empfehlenswert, dem Gottesknecht, der im Sterben lag, seine guten Taten aufzuzählen, damit er eine gute Meinung von seinem Herrn hege.

Eine Darstellung des Kummers, der bei der Begegnung mit dem Todesengel empfunden wird, wie in Geschichten in wortloser Sprache [lisān al-ḥāl] zum Ausdruck gebracht wird

Ash'ath ibn Aslam berichtete: „Ibrāhīm, Friede sei mit ihm, stellte einmal einige Fragen an den Todesengel, dessen Name 'Azrā'īl ist und der zwei Augen hat, davon er eines im Gesicht und das andere am Hinterhaupt trägt. Er fragte: ‚O Engel des Todes, wie stellst du es an, wenn sich eine Seele im Osten und eine andere im Westen befindet oder wenn ein Land von der Pest heimgesucht wird, oder sich zwei bewaffnete Heerscharen begegnen – wie verfährst du alsdann?' Darauf antwortete jener: ‚Ich rufe die Seelen zu mir, so daß sie, durch Gottes Gewähren, zwischen diesen beiden Fingern zu liegen kommen.' Ibrāhīm sagte: ‚Dann wird die Erde flach ausgebreitet und liegt vor ihm wie eine Schüssel, der er entnimmt, was ihm beliebt.'" Er [Ash'ath] sagte auch noch: „Und er gab ihm die frohe Botschaft, daß er *Khalīlullāh* sei, der Freund Allahs, verherrlicht sei Er und gepriesen."

Es sprach Sulaymān ibn Dāwūd, Friede sei auf ihnen beiden, zu dem Engel des Todes, Friede sei mit ihm: „Wie kommt es, daß ich dich so wenig Gerechtigkeit gegen die Menschen üben sehe? Den einen ergreifst du, den anderen aber läßt du zurück?" Er antwortete: „Ich weiß darüber nicht mehr als du; mir werden lediglich Schriftrollen oder Bücher gereicht, in denen Namen stehen."

Es erzählte Wahb ibn Munabbih: „Es war einmal ein König, der faßte die Absicht auszureiten. Also rief er nach seinem Gewand, um sich anzukleiden, doch es gefiel ihm nicht, und er verlangte nach einem anderen, bis er nach mehreren Versuchen endlich eins fand, das ihm gefiel. In derselben Weise verlangte er ein Reittier, und man brachte ihm eines, das ihm jedoch nicht behagte, so daß man ihm mehrere Tiere vorführte, bis er schließlich das beste von ihnen bestieg. Da kam der Teufel, Iblīs, und blies ihm zum Nasenloch hinein, so daß er ganz aufgeblasen war vor lauter Stolz. Er zog los, und mit ihm zog auch sein Zug von Pferden, und in seinem Hochmut blickte er niemanden an. Da kam ein Mann von unbedeutendem, zerlumpten Äußeren auf ihn zu und grüßte ihn. Als der König ihm darauf nicht antwortete, ergriff er das Zaumzeug seines Pferdes. Dieser rief: „Laß das Zaumzeug los! Du begehst Ungeheuerliches!" Sprach dieser: „Ich habe ein Anliegen an dich." „So gedulde dich doch, bis ich absitze." „Nein", sagte der andere, „jetzt sofort!" und zerrte an den Zügeln des Pferdes. Da sagte der König: „Dann sag an, was es ist." Er sprach: „Es ist ein Geheimnis." Da beugte er sein Haupt zu ihm herab, daß er ihm sein Geheimnis ins Ohr sage. „Ich bin", sprach er, „der Engel des Todes." Bei diesen Worten erbleichte der König und begann zu stammeln. Er bat den Engel: „Gewähre mir noch eine Frist, daß ich zu den Meinen zurückkehre und meine letzten Vorkehrungen treffe und von ihnen Abschied nehme." Jener aber erwiderte. „Bei Allah, nein! Weder deine Familie noch deinen Besitz wirst du je wiedersehen!", und er griff nach seiner Seele, so daß der König tot umfiel, als sei er ein Stück Holz.

Der Engel zog indes seines Weges. Er traf auf einen gläubigen Gottesknecht, der ebenfalls beritten war. Er grüßte ihn, und sein Gruß wurde erwidert. Er sprach: „Ich habe ein Anliegen an dich, das ich dir ins Ohr flüstern möchte." Der Mann sagte: „Laß es mich hören", und er vertraute ihm sein Geheimnis an, indem er sprach: „Ich bin der Engel des Todes." Der Mann antwortete: „Sei mir willkommen und gegrüßt, du, den ich so lang missen mußte! Bei Gott, es gibt auf dieser Erde keinen, dem ich lieber begegnete als dir!“ Der Todesengel sagte darauf: „Beschließe die Geschäfte, die zu erledigen du ausgezogen bist.“ Der Gläubige erwiderte: „Ich habe kein Bedürfnis, das mir dringender und angelegentlicher erschiene, als meinem Herrn, Allah dem Erhabenen zu begegnen.“ Der Engel sagte darauf: „So wähle, in welchem Zustand ich dir die Seele nehmen soll.“ „Das vermagst du zu tun?“ fragte der Mann. „Ja“, sprach der Engel, „ich habe Weisung dafür.“ „So laß mich gehen, bis ich meine Gebetsreinigung (*wuḍū'*) ausgeführt und mein Gebet verrichtet habe; und nimm mir die Seele, während ich mich in der Niederwerfung (*sajda*) befinde.“ Also geschah es auch: Er nahm ihm die Seele, während er in der *sajda* verharrte.“

Es sprach Abū Bakr ibn ʿAbdullāh al-Mazanī: „Es war einmal ein Mann von den Banī Isrā'īl, der viel Reichtum zusammengetragen hatte. Als er dem Tode nahe war, sprach er zu seinen Söhnen: ‚Zeigt mir die verschiedenen Arten meines Besitzes.‘ Da brachte man ihm eine große Zahl von Pferden, Kamelen, Sklaven und anderen Dingen. Als er sie betrachtete, begann er vor Trauer zu weinen, da er all das nun verlieren sollte. Der Todesengel sah, wie er weinte, und fragte ihn: ‚Was bringt dich zum Weinen? Wahrlich, bei Ihm, der dir all dies beschert hat, ich verlasse dein Haus nicht, bevor ich dich nicht von deiner Seele gesondert habe.‘ Da bat er um Aufschub für eine Weile, bis er sich all dessen entledigen könnte. Der Engel aber sagte: ‚Laß den Unsinn sein! Die Zeit deines Aufschubs ist um. Du hättest dies besser erledigen sollen, bevor dein Tod nun vor dir steht!‘ und entriß ihm damit die Seele.“

Man erzählt von einem Mann, der viel Reichtum angehäuft und gehortet hatte; es gab keine Art von Besitz, den er nicht an sich gebracht hatte. Er erbaute sich ein herrschaftliches Haus, das er mit zwei massigen Toren versah, und er bestellte zu seinen Wächtern junge Männer aus seiner Gefolgschaft. Dann versammelte er seine Familie und ließ ihnen ein Mahl auftragen. Er selbst lehnte sich mit übereinandergeschlagenen Beinen auf seinem Diwan zurück, indes sie sich ans Essen machten. Als alle gesättigt waren, sprach er bei sich selbst: „O meine Seele! Über Jahre sollst du nun genießen, denn ausreichend habe ich für dich vorgesorgt!“ Noch hatte er sein Wort nicht beendet, da stellte sich der Engel des Todes in Gestalt eines schäbig gekleideten Menschen bei ihm ein, der um den Hals einen Beutel geschlungen trug, wie ihn die Bettler zu tragen pflegen. Er pochte mit großer Wucht an das Tor und erschreckte damit den reichen Mann auf seinem Diwan. Die jungen Leute stürzten herbei und herrschten ihn an: „Was hast du hier zu suchen?“ Er antwortete ihnen: „Ruft mir euren Herrn!“ Da fragten sie: „Soll etwa unser Herr sich erheben, um sich zu deinesgleichen zu begeben?“ „Jawohl, das soll er“, antwortete der Engel. Als sie ihrem Herrn die Mitteilung machten, sagte dieser: „Das habt ihr gut gemacht.“ Doch da hämmerte es nur noch ungeduldiger an das Tor als beim ersten Mal, und die Wächter liefen herbei. Der Fremde vor dem Tor sprach zu ihnen: „Sagt eurem Herrn, daß ich der Engel des Todes bin.“ Als sie dies hörten, beschlich sie ein Grauen, und ihren Herrn befiel Demütigung und Schmach. Er wies sie an, sanft an ihn das Wort zu richten und ihn zu fragen, ob er gekommen sei, um einen aus dem Hause zu holen. Da trat der Engel herein und sprach: „Verfüge über deinen Besitz, wie immer du verfügen willst, denn ich werde nicht von hier weichen, bis daß ich dir die Seele entrissen habe.“ Da befahl der reiche Mann, daß man all seinen Reichtum hereintrage und vor ihm anhäufe, und als er ihn vor sich liegen sah, sagte er: „Möge Allah euch Reichtümer verfluchen! Ihr wart es, die ihr mich vom Gottesdienst abgelenkt und daran gehindert habt, mich ganz meinem Herrn zu widmen!“ Da verlieh Allah dem Goldhaufen eine Stimme, so daß er sprach: „Was schiltst du mich?

Durch mich erlangtest du Einlaß bei Königen, während sie den Gottesfürchtigen ihres Tores verwiesen; wegen mir konntest du dich mit Kurtisanen vermählen, durch mich saßest du in den Versammlungen der Mächtigen; du gabst mich auf schlechten Wegen aus, und ich habe mich dir nie verweigert. Hättest du mich nur für gute Zwecke ausgegeben, ich hätte dir genutzt. Aus Staub bist du erschaffen, o Sohn Adams, ob du nun mit Rechtschaffenheit losziehst oder mit Frevel." Damit entriß ihm der Engel des Todes die Seele, und er fiel zu Boden.

Es berichtete Wahb ibn Munabbih: „Der Todesengel ergriff einmal die Seele eines Tyrannen, wie es auf Erden einen zweiten nicht gab. Dann stieg er wieder in den Himmel empor. Die anderen Engel fragten ihn: ‚Von allen Seelen, die du je genommen, welcher Seele bezeugtest du die größte Barmherzigkeit?' Darauf antwortete der Engel des Todes: ‚Einmal wurde mir befohlen, die Seele einer Frau zu holen, die sich in einer Wüstengegend aufhielt. Ich ging zu ihr, und sie hatte soeben ein Kind geboren. Es dauerte mich ihre Einsamkeit, und ich erbarmte mich des zarten Kindleins und seines Daseins in dieser Wüste, in der niemand war, der sich um es gekümmert hätte.' Da sprachen die Engel: ‚Der Tyrann, dessen Seele du soeben geholt hast, ist kein anderer als dieser Knabe, dessen du dich in der Wüste erbarmtest.' Da rief der Engel des Todes: ‚Gepriesen sei Er, der Sanftmut bezeigt, wem Er will!'"

Es berichtete ʿAṭāʾ ibn Yasār: „In der Nacht des fünfzehnten Shaʿbān wird dem Engel des Todes eine Schriftrolle übergeben, und ihm wird befohlen, im kommenden Jahr die Seelen all derer zu holen, die auf dieser Rolle verzeichnet sind." Er sagte: „Der Gottesknecht sät seine Saat, heiratet Frauen und errichtet Gebäude, während sein Name schon auf dieser Liste steht, doch weiß er es nicht."

Al-Ḥasan sagte einmal: „Es vergeht kein Tag, an dem nicht der Engel des Todes dreimal ein jedes Haus prüft; wenn er darin Menschen vorfindet, deren Versorgung aufgebraucht und deren Lebensspanne abgelaufen ist, so nimmt er ihnen ihre Seelen. Wenn er aber einem Menschen die Seele nimmt, so hebt sein Hausstand an zu weinen und wehzuklagen; da hält sich der Engel des Todes am Türpfosten fest und spricht: ‚Bei Allah, ich habe von seiner Versorgung nichts verzehrt, noch habe ich von seinem Leben genommen, und auch seine Lebensspanne habe ich ihm nicht gemindert. Wahrlich, ich werde euch immer wieder aufsuchen, bis keiner von euch mehr übrigbleibt.'" Al-Ḥasan sagte außerdem: „Bei Allah, wenn sie ihn da stehen sähen und ihn sprechen hörten, sie vergäßen ihres Toten und weinten um sich selbst."

Es erzählte Yazīd ar-Ruqāshī: „Ein Tyrann der Israeliten saß einmal allein mit einer seiner Frauen in seinem Palast, als er eine Person bei der Tür seines Hauses eintreten sah. Da schoß er wütend auf ihn zu und herrschte ihn an: ‚Wer bist du? Und wer hat dich in mein Haus eingelassen?' Er antwortete: ‚Eingelassen hat mich der Herr dieses Hauses; ich bin derjenige, den kein Kammerherr aufhält, der keines Königs Billigung sucht, der die Tyrannei der Mächtigen nicht fürchtet und den kein noch so starrsinniger Despot oder aufsässiger Dämon hindern kann.' So sprach er, und der Tyrann verfiel in Verwirrung und begann zu zittern, bis er niederfiel und jammervoll sein Gesicht bedeckte. Dann hob er den Kopf flehentlich und demütig zu ihm empor und sagte: ‚Dann bist du also der Engel des Todes.' ‚Der bin ich', erwiderte dieser. Da bat der Tyrann: ‚Könntest du mir nicht noch eine Frist gewähren, damit ich meinen Verpflichtungen nachkommen kann?' Da sagte der Engel: ‚Fort mit dir! Deine Frist ist um, deine Atemzüge sind aufgebraucht, und deine Stunden sind abgelaufen. Kein Aufschub ist für dich möglich.' Da fragte der Tyrann: ‚Wo bringst du mich hin?‘ Der Engel antwortete: ‚Zu deinen Werken, die du vorausgeschickt hast, und zu dem Haus, das du dir gerichtet hast.‘ Da sagte er: ‚Aber ich habe keine guten Taten vorausgeschickt, und ich habe mir kein gutes Haus erbaut.‘ Worauf er entgegnete: ‚Ab in *die Glut, zerrend am Skalp* (70:15-16).‘ Damit entriß er ihm die Seele, und er fiel leblos nieder, umringt von den Seinen, die in lautes Weinen und Wehklagen ausbrachen.“ Dazu bemerkte Yazīd ar-Ruqāshī: „Hätten sie nur gewußt, wie schlimm ihr eigener Bestimmungsort sein würde, sie hätten noch viel bitterlicher geklagt.“

Al-A‘mash berichtet, daß Khaythama gesagt habe: „Es kam der Engel des Todes zu Sulaymān, dem Sohne des Dāwūd, Friede sei auf ihnen beiden, und betrachtete eingehend eines der Mitglieder seiner Ratsversammlung, und sein Blick verweilte auf ihm geraume Zeit. Als er hinausgegangen war, fragte dieser Mann: ‚Wer war denn das?‘ ‚Das war der Engel des Todes‘, antwortete ihm Sulaymān. Der Mann aber sagte: ‚Mir schien, er starrte mich so an, als wolle er mich haben.‘ Da fragte ihn Sulaymān: ‚Was willst du also?‘ Der Mann antwortete: ‚Ich würde gern, daß du ihn mir vom Halse schaffst, indem du den Winden befiehlst, mich nach Hinterindien davonzutragen ...‘ Der Wind führte diesen Befehl aus. Als der Todesengel wieder zu Sulaymān kam, sprach dieser zu ihm: ‚Ich bemerkte unlängst, wie du eingehend ein Mitglied meiner Ratsversammlung betrachtetest.‘ ‚Ja‘, antwortete der Engel, ich wunderte mich über ihn, denn die Weisung war an mich ergangen, seine Seele in allernächster Zeit im hintersten Winkel Indiens zu ergreifen; dabei befand er sich doch eben hier in deiner Gesellschaft! Darüber verwunderte ich mich sehr.‘“

Das vierte Kapitel

Vom Tode des Gesandten Gottes, Allah segne ihn und schenke ihm Frieden, sowie vom Tode der rechtgeleiteten Kalifen nach ihm

Der Tod des Gesandten Gottes, Allah segne ihn und schenke ihm Frieden

So wisse, daß der Heilige Prophet, Allah segne ihn und schenke ihm Frieden, ein vorzügliches Vorbild ist, im Leben wie im Tode, in Worten und Werken, und ein jeder seiner Zustände eine Lehre für den Betrachter birgt und Erleuchtung für den Einsichtigen. Nie gab es einen Menschen, der bei Allah in höheren Ehren stand als er, der Gottes Freund war, Sein Geliebter und inniger Vertrauter, Sein Auserwählter und Gesandter und Prophet. Doch als seine Lebensfrist abgelaufen war, gewährte Er ihm auch nur eine Stunde Aufschub, verschob Er, als seine Todesstunde gekommen war, sie auch nur um einen Augenblick? Nein, mitnichten! Er entsandte die edlen Engel, die beauftragt sind, die Seelen der Menschen zu ergreifen, und sie rüsteten seine reine, ehrenvolle Seele, um sie hinwegzuführen; sie pflegten sie alsdann, um sie von seinem reinen Leib zu den Gefilden von Gnade und Wohlgefallen zu bringen, zu den *Schönen und Guten* [Mädchen des Paradieses] (55:70), bis hin zum *Sitz der Wahrhaftigkeit* (54:55) in des Allbarmherzigen Gegenwart.

Trotz alledem war aber sein Leiden groß, als die Todespein ihn überkam, und sein Stöhnen war laut vernehmlich. Dem folgte eine

Unruhe, und es mehrte sich sein Ächzen. Seine Farbe wandelte sich, und der Schweiß stand ihm auf der Stirn; beim Ein- und Ausatmen bebten ihm rechts und links die Seiten, bis alle, die zugegen waren, weinten und die seinen Anblick erlebten, ob der Heftigkeit seines Zustands zu schluchzen begannen. Meinst du etwa, daß das Amt des Prophetentums von ihm abhielte, was ihm bestimmt war? Berücksichtigte der Engel seinetwegen Familie und Stamm? Zeigte er sich etwa ihm gegenüber rücksichtsvoll, weil er für die Wahrheit einstand und der Schöpfung *ein Freudenbote und ein Warner* (34:28) war? Mitnichten! Er fügte sich der Weisung, die ihm gegeben ward, und befolgte, was er auf der Tafel verzeichnet fand. Das war also sein Zustand, obwohl er doch bei Allah die hochlobenswerte Rangstufe (*maqām al-maḥmūd*) innehält und zum heiligen Wasserbecken (*al-ḥawḍ al-mawrūd*) gelangen wird; und der erste ist, für den sich die Erde auftun und dem am Tage der Bloßstellung die Fürbitte gewährt wird.

Erstaunlich ist es, daß wir keine Lehre daraus ziehen, obwohl wir doch keinerlei Sicherheit haben hinsichtlich dessen, was uns begegnen wird. Vielmehr sind wir Gefangene unserer Leidenschaften und unseren Übertretungen und Schlechtigkeiten aufs engste verbunden. Was ist nur mit uns, daß wir uns durch das Ende Muḥammads nicht belehren lassen, des Fürsten aller Gesandten und des Imams aller Frommen, des Geliebten des Herrn der Welten? Vielleicht halten wir uns für unsterblich oder bilden uns ein, daß wir trotz unserer bösen Taten bei Allah in hohen Ehren stehen werden? Weit, weit gefehlt! Vielmehr können wir sicher sein, daß wir alle in die Hölle kommen und daß aus ihr nur die Gottesfürchtigen errettet werden sollen. So können wir sicher sein, daß wir dorthin gelangen werden, doch daß wir wieder daraus hervorkommen sollen, bleibt im Bereich der Mutmaßung. Nein, wir tun uns vielmehr selbst ein Unrecht an, wenn wir uns solchen Wunschgebilden hingeben. Denn, bei Allah, wir zählen beileibe nicht zu den Gottesfürchtigen! Es spricht der Herr der Welten: *Und niemand unter euch ist, der nicht hinunter zu ihr* [der Hölle] *stiege; so ist's bei deinem Herrn endgültig beschlossen. Alsdann wollen Wir die Gottesfürchtigen erretten und wollen die Sünder in ihr auf den Knien lassen* (19:71 f.). Drum achte ein jeder Gottesknecht auf sich selbst und entscheide, ob er eher zu den Übeltätern oder den Gottesfürchtigen gehört. Mustere dich selbst, nachdem du die Laufbahn der rechtschaffenen Vorgänger betrachtet hast. Denn eben diese fürchteten sich nämlich trotz ihrer Verdienste. Alsdann betrachte den Prinzen aller Gesandten: Er besaß Gewißheit in seiner Sache, war er doch der Fürst der Propheten und der Anführer der Gottesfürchtigen. Laß es dir eine Lehre sein, wie groß sein Leiden war, als er von dieser Welt schied, und wie schwer es ihn ankam, den Wandel zum Garten der Zuflucht (*jannat al-ma'wā*, 53:15) zu vollbringen.

Ibn Mas'ūd, Allahs Wohlgefallen sei auf ihm, berichtete: „Wir traten hinein zum Gesandten Gottes, Allah segne ihn und schenke ihm Frieden, im Hause unserer Mutter 'Ā'isha, Allah schenke ihr Sein Wohlgefallen, als der Moment der Trennung sich nahte. Er, Allah segne ihn und schenke ihm Frieden, blickte uns an, und seine Augen füllten sich mit Tränen, dann sprach er: ‚Seid willkommen, Allah erhalte euch, Allah bewahre euch, Allah steh euch bei! Euch empfehle ich die Gottesfurcht, und Ihm empfehle ich euch. Denn wahrlich, ich bin euch ein *offenkundiger Warner* (51:50) von Ihm, auf daß ihr euch nicht gegen Allah erhebt in Seinem Lande und unter Seinen Knechten. Denn die Zeit der Bestimmung ist nahe und somit die Rückkehr zu Allah und zum *Lotusbaum* am Ende alles Wißbaren (*sidrat al-muntahā*, 53:14), zum Garten der Zuflucht (*jannat al-ma'wā*, 53:15) und zum Kelch größter Erfüllung (*kā's al-awfā*). Alsdann sei euch und denen, die nach meiner Zeit eurer Religion beitreten, der Gruß des Friedens und die Barmherzigkeit Allahs.'"[66]

Es wird berichtet, daß der Heilige Prophet, Allah segne ihn und schenke ihm Frieden, bei seinem Tode zu Jibrīl, Friede sei mit ihm, sprach: „Wer wird nach mir für meine Gemeinde sorgen?" Allah der Erhabene offenbarte dem Engel Jibrīl: „Gib Meinem Geliebten die frohe Botschaft, daß Ich seine Gemeinde nicht im Stich lassen werde. Verkünde ihm, daß er bei der Auferstehung schneller als alle anderen Menschen aus der Erde hervorkommen wird und bei ihrer Versammlung ihr Fürst sein wird und daß das Paradies allen Nationen verwehrt sein soll, bis daß seine Nation eingezogen ist." Da sprach er: „Nun bin ich's zufrieden."[67]

Es berichtete ʿĀ'isha, Allah schenke ihr Sein Wohlgefallen: „Der Gesandte Gottes, Allah segne ihn und schenke ihm Frieden, wies uns an, daß wir ihn mit sieben Wasserschläuchen aus sieben Brunnen waschen sollten, und wir taten es. Da wurde ihm wohler, und er ging hinaus und betete mit der Gemeinde und bat Allah um Vergebung für die Leute von Uḥud und betete für sie. Er empfahl uns die Helfer [von Medina, *anṣār*] und sprach: ‚Desweiteren, o ihr Schar der *muhājirīn* [Auswanderer aus Mekka], eure Zahl wird sich mehren, während der Helfer nicht mehr werden, als es heute sind. Wahrlich, die Helfer [*anṣār*] sind meine nahen Vertrauten, bei denen ich Schutz suchte, drum ehrt die Ehrwürdigen unter ihnen', das heißt, die rechtschaffen handeln, ‚und verzeiht denen, die übel handeln.' Dann sprach er noch: ‚Wahrlich, ein Gottesknecht hatte die Wahl zwischen dieser Welt und dem, was bei Allah ist. Er erwählte sich das, was bei Allah ist.' Da begann Abū Bakr, Allah schenke ihm Sein Wohlgefallen, zu weinen, da er glaubte, er habe sich selbst damit gemeint. Der Heilige Prophet, Allah segne ihn und schenke ihm Frieden, aber sagte: ‚Sachte, sachte, o Abū Bakr! Schließt die Außentore dieser Moschee bis auf das Tor Abū Bakrs, denn ich kenne keinen Menschen, der mir ein besserer Gefährte gewesen wäre als Abū Bakr.'"[68]

Es berichtete 'Ā'isha, möge sie Allah wohlgefallen: „Er, Allah segne ihn und schenke ihm Frieden, verschied in meinem Hause an meinem Tage [d. h., am Tag, den er für gewöhnlich im Hause der 'Ā'isha zu verbringen pflegte], und [sein Haupt lag] zwischen meiner Brust und meiner Kehle. Bei seinem Tode vereinte Allah seinen Speichel mit dem meinigen. Denn als mein Bruder 'Abd ar-Raḥmān mit einem *miswāk* [Zweig zur Zahnreinigung] in der Hand hereinkam, blickte er [der Heilige Prophet] es an, und ich verstand, daß es ihm gefiel. Da sagte ich zu ihm: ‚Soll ich es dir bringen?' Er bezeichnete sein Jawort durch ein Kopfnicken, und ich brachte es ihm. Er nahm es in seinen Mund, doch war es ihm zu hart. Da fragte ich ihn: ‚Soll ich es für dich weich machen?' Und wieder nickte er mit dem Kopf seine Zustimmung. Da erweichte ich es für ihn [durch Kauen]. Vor ihm aber stand ein Gefäß voll Wasser, und er begann seine Hand darin einzutauchen, indes er sprach: ‚*Lā ilāha ill-Allāh*, wahrlich, der Tod hat seine Pein!' Dann hob er wieder die Hand und sprach: ‚Der höchste Gefährte! Der höchste Gefährte!' Da sagte ich: ‚Bei Allah, er wird nicht uns den Vorzug geben!'"[69]

Es berichtete Sa'īd ibn 'Abdullāh, der es von seinem Vater hörte: „Als die Helfer [*anṣār*] sahen, daß es dem Heiligen Propheten, Allah segne ihn und schenke ihm Frieden, immer schwerer wurde, umgaben sie die Moschee. Al-'Abbās, möge er Allah wohlgefallen, ging hinein zum Propheten, Allah segne ihn und schenke ihm Frieden, und berichtete ihm, wo sie standen und wie sie Mitgefühl zeigten. Danach trat al-Faḍl zu ihm hinein und teilte ihm dasselbe mit, und nach ihm kam 'Alī, Allah schenke ihm Sein Wohlgefallen, zu ihm und machte ihm ebenfalls diese Mitteilung. Da streckte er seine Hand aus und sagte: ‚Hier', und sie ergriffen seine Hand. Dann fragte er: ‚Was saget ihr?' Sie antworteten: ‚Wir befürchten, daß du sterben wirst.' Und ihre Weiber klagten laut, da sich ihre Männer um den Heiligen Propheten, Allah segne ihn und schenke ihm Frieden, versammelt hatten. Da raffte sich der Gesandte Gottes auf, Allah segne ihn und schenke ihm Frieden, und trat gestützt auf ʿAlī und al-Faḍl zu ihnen heraus, während al-ʿAbbās vor ihm herging. Der Gesandte Gottes, Allah segne ihn und schenke ihm Frieden, hatte einen Wickel um sein Haupt und zog seine Füße nach, bis er sich auf der untersten Stufe der Kanzel [*minbar*] niederließ und die Leute sich um ihn versammelten.

Nachdem er Allah gerühmt und gepriesen hatte, sprach er: ‚O Leute, es ist mir zu Ohren gekommen, daß ihr meinen Tod befürchtet, als ob ihr vor dem Tode Widerwillen empfändet. Was habt ihr, daß ihr vom Tode eures Propheten nichts wissen wollt? Ist euch mein Tod nicht schon verkündet worden, und ist euch euer eigener Tod nicht schon angekündigt? Wurde je einem der Propheten, die vor mir entsandt wurden, Unsterblichkeit gewährt, daß mir ein ewiges Leben in eurer Mitte gegeben werden sollte?! Nein, wahrlich, ich gehe dahin, um meinem Herrn zu begegnen, und auch ihr geht dahin, Ihm zu begegnen. Wahrlich, ich empfehle euch, die zuerst Ausgewanderten, die *muhājirūn*, gut zu behandeln, und ich empfehle auch den *muhājirūn*, in ihren Anliegen miteinander gütlich zu verfahren, denn wahrlich Allah, gerühmt und verherrlicht sei Er, spricht: *Bei der Zeit! Siehe der Mensch ist wahrlich verloren, außer denen, welche glauben* ...' (103:1-3), bis ans Ende der Sure. ‚Alles läuft nach Allahs Gewähren; niemals soll euch die Langsamkeit einer Sache dazu führen, sie beschleunigen zu wollen, denn wahrlich, Allah, Ihm sei Ruhm und Preis, beschleunigt nichts aufgrund menschlicher Hast. Wer Allah zu stürzen sucht, den wird Er stürzen, und wer Allah hintergehen will, den hintergeht Er. *Und hättet ihr euch abgewendet, hättet ihr nicht vielleicht Verderben im Land gestiftet und eure Blutsbande zerrissen* (47:22)? Und ich empfehle euch, gut zu handeln an den *anṣār*, den Helfern, denn sie sind es, *die vor euch im Land und im Glauben hausten* (59:9). Ihr sollt gut gegen sie sein, denn haben sie nicht brüderlich ihre Ernte mit euch geteilt? Haben sie für euch nicht Platz gemacht in ihren Häusern? Und haben sie euch nicht den Vorzug gegeben vor sich selbst, obwohl sie größere Not litten? Wem daher die Amtsgewalt gegeben ist, zwischen zwei Menschen zu richten, der soll für den Tugendhaften unter ihnen entscheiden und dem Übeltäter Duldsamkeit gewähren. Und daß ihr ihnen keinen anderen vorzieht! Ich gehe euch voraus, doch werdet ihr mir wieder begegnen; wahrlich unser Treffpunkt ist das heilige Wasserbecken (*al-ḥawḍ*), mein Wasserbecken, dessen Ausdehnung größer ist als die Entfernung zwischen Bosra in Syrien und Ṣan'ā' im Jemen. Es ergießt sich darein ein Zufluß von der Quelle *al-kawthar*, deren Gewässer weißer sind als Milch und weicher als Schaum und süßer als Honigseim. Wer davon trinkt, wird nie wieder Durst verspüren. Seine Kiesel sind von Perlen, und sein Bett ist aus Moschus. Wem dies dereinst am Platz der Aufstellung versagt ist, dem ist alles Gute versagt. Wer immer mir morgen dort zu begegnen hofft, der soll seine Zunge im Zaum halten und seine Hand all dessen enthalten, außer dem was nottut.'

Da fragte al-'Abbās: ‚O Prophet Allahs! Was empfiehlst du und mit Blick auf die Quraysh?' Er antwortete: ‚Wahrlich, ich anempfehle, die Führung in die Hände der Quraysh zu legen, da die Menschen ihnen folgen, die Rechtschaffenen unter ihnen den Rechtschaffenen und die Übeltäter den Übeltätern. Und euch, o Quraysh, empfehle ich gutes Betragen gegen die Menschen! O Leute! Wahrlich, die Sünden verwandeln die Segnungen und verändern das Geschick. Solange die Menschen rechtschaffen sind, haben sie rechtschaffene Führer, wenn sie aber pflichtvergessen sind, dann werden ihre Anführer rücksichtslos gegen sie sein. Es spricht Allah der Erhabene: *Und also setzten Wir die einen der Sünder über die anderen um ihrer Werke willen* (6:129).'"[70]

Es berichtet Ibn Mas'ūd, möge er Allah wohlgefallen, daß der Heilige Prophet, Allah segne ihn und schenke ihm Frieden, zu Abū Bakr, möge er Allah wohlgefallen, sprach: „Frag nur zu, Abū Bakr!" Da fragte dieser: „O Gesandter Gottes! Naht sich schon das Ende?" Darauf sprach er: „Das Ende naht und nähert sich bald."[71] Und er sagte: „O Prophet Allahs, dich wird gewiß erfreuen, was bei Allah ist, doch könnte ich nur den Platz unserer letztendlichen Bestimmung wissen!" Darauf antwortete er: „Zu Allah und zum Lotusbaum am Ende alles Wißbaren [*sidrat al-muntahā*] und dann zum Garten der Zuflucht [*jannat al-ma'wā*] und zum höchsten Paradies [*firdaws al-a'lā*], zum Kelch der größten Erfüllung [*kā's al-awfā*], zum höchsten Gefährten [*rafīq al-a'lā*], zu glücklicher Fügung und annehmlichem Leben." Da sagte Abū Bakr: „O Prophet Allahs, wer wird dich waschen?" Er antwortete: „Von den Männern meines engeren Haushalts, die mir am nächsten stehen." Er fragte: „Womit sollen wir dich bekleiden?" Er sagte: „Mit diesen meinen Kleidern und mit diesem Umhang aus dem Jemen, umwickelt mit weißem Tuch." „Und wie sollen wir das Gebet für dich verrichten?" fragte er weiter. Da weinten wir, und auch er weinte, dann sprach er: „Sachte! Möge Allah euch vergeben und euch um Seines Propheten willen Gutes vergelten! Wenn ihr mich gewaschen und eingehüllt habt, dann legt mich auf mein Bett in meinem Hause am Rande meines Grabes und geht für eine Stunde hinaus. Denn wahrlich, der Erste, der über mir beten wird, ist Allah, gerühmt sei Er und verherrlicht, denn *Er ist's, der euch segnet, und Seine Engel (legen Fürbitte für euch ein)* (33:43). Dann wird Er den Engeln gewähren, über mir zu beten, und das erste der Geschöpfe Allahs, das zu mir hereintreten wird, um über mir zu beten, ist Jibrīl; nach ihm Mikhā'īl, und dann Isrāfīl, dann der Engel des Todes mit einer großen Heerschar, dann die ganze Schar der Engel, Allah segne sie allesamt. Danach kommt ihr an die Reihe; kommt zu mir in Gruppen herein und betet über mir in Gruppen, eine Schar nach der anderen, und laßt eure Friedensgrüße verlauten. Und verletzt mich nicht durch übermäßiges Lob noch durch Schreien oder Wehklagen. Der *imām* unter euch soll den Anfang machen, ihm folgen sodann die Angehörigen meines Haushalts, die mir am nächsten Stehenden zuerst, dann die Gruppen der Frauen, dann die der Knaben." Er fragte: „Und wer soll dich in dein Grab betten?" Er antwortete: „Gruppen von Angehörigen meines Haushalts, darunter die Nächststehenden zuerst, und viele Engel, die ihr nicht sehen könnt, indes sie euch wohl gewahren. Drum macht euch auf und wirkt statt meiner für die, die nach mir kommen werden."[72]

Es berichtete ʻAbdullāh ibn Zamʻa: „Zu Anfang des Monats *rabīʻ al-awwal* [des dritten Monats des islamischen Jahres] kam Bilāl und rief den *adhān* zum Gebet. Da sprach der Gesandte Allahs, Allah segne ihn und schenke ihm Frieden: ‚Weiset Abū Bakr an, die Leute im Gebet zu führen.' Da ging ich hinaus, aber ich sah in der Nähe des Tores nur ʻUmar mit einer Gruppe von Leuten, doch Abū Bakr war nicht unter ihnen. Da sagte ich: ‚Erheb dich, o ʻUmar, um das Gebet zu leiten.' ʻUmar tat dies, und als er den *takbīr* verlauten ließ, vernahm ihn der Heilige Prophet, Allah segne ihn und schenke ihm Frieden, da er ein Mann von lauter Stimme war. Er fragte: ‚Wo ist Abū Bakr? Allah und die Muslime mißbilligen dies.' Dreimal wiederholte er diese Worte. ‚Befehlt dem Abū Bakr, die Leute im Gebet zu führen!' Da sagte ʻĀ'isha, möge sie Allah wohlgefällig sein: ‚O Gesandter Allahs! Abū Bakr ist ein zartbesaiteter Mensch; sooft er dich vertritt, wird er von Tränen überwältigt.' Da sprach er: ‚Ihr seid wahrhaftig Gefährtinnen von Yūsuf! Befehlt dem Abū Bakr, die Leute im Gebet zu führen!‘“[73]

So sprach er, und so kam es, daß Abū Bakr das Gebet abermals leitete, nachdem ‘Umar bereits ein Gebet durchgeführt hatte. Nach diesem Vorfall pflegte ‘Umar stets zu ‘Abdullāh ibn Zam‘a zu sagen: „Weh dir! Was hast du mir nur angetan! Bei Allah, hätte ich nicht geglaubt, daß der Gesandte Gottes, Allah segne ihn und schenke ihm Frieden, dir Anweisung gab, ich hätte es niemals getan!“ Und ‘Abdullāh sagte darauf: „Wahrhaftig, ich sah niemanden, der sich besser eignete, als dich.“

‘Ā’isha, möge sie Allah wohlgefällig sein, sagte: „Ich sprach diese Worte und lenkte ihn nur deshalb von Abū Bakr ab, weil ich ihm die [Beschäftigung mit dieser] Welt, die Gefahren und das Verderben ersparen wollte, die in der Führerschaft liegen, mit Ausnahme desjenigen, den Allah davor bewahrt. Auch fürchtete ich, daß die Menschen nie einen lieben würden, der noch bei Lebzeiten des Propheten, Allah segne ihn und schenke ihm Frieden, an seiner Stelle das Gebet leitete, es sei denn, Allah wolle es so; denn sie könnten es ihm neiden und feindselige Gefühle gegen ihn hegen und darin ein böses Omen sehen. Doch die Sache liegt bei Allah, und Sein ist letztlich das Geheiß, und Allah bewahrte ihn vor allem, was ich in weltlichen und geistlichen Angelegenheiten seinetwegen befürchtete.“

Es berichtete ‘Ā’isha, möge sie Allah wohlgefällig sein: „Als der Tag gekommen war, an dem der Gesandte Gottes, Allah segne ihn und schenke ihm Frieden, sterben sollte, bemerkte man bei Tagesanbruch eine Linderung seines Zustandes, und die Männer entfernten sich und gingen freudig nach ihren Häusern, um ihren täglichen Geschäften nachzugehen, und ließen den Gesandten Gottes, Allah segne ihn und schenke ihm Frieden, mit den Frauen allein zurück. Während wir bei ihm weilten, waren wir in einem

Zustand unvergleichlicher Freude und Hoffnung, wie wir sie noch nie zuvor erlebt hatten. Der Heilige Prophet, Allah segne ihn und schenke ihm Frieden, sprach: ‚Geht hinweg von mir, denn der Engel begehrt Einlaß.‘ Alle außer mir verließen das Haus. Sein Kopf hatte in meinem Schoß gelegen, doch setzte er sich auf, und ich zog mich an eine Seite des Hauses zurück. Er hielt lange heimliche Zwiesprache mit dem Engel, dann rief er mich herbei und legte seinen Kopf wieder in meinem Schoß und hieß die Frauen zurückkommen. Da sagte ich: ‚Das fühlte sich nicht an wie der Engel Jibrīl, Friede sei mit ihm.‘ Der Gesandte Gottes, Allah segne ihn und schenke ihm Frieden, erwiderte darauf: ‚So ist es in der Tat, o ‘Ā’isha, das war der Engel des Todes, der zu mir kam und sagte: ‚Allah, gerühmt und verherrlicht sei Er, schickt mich und gebietet mir, bei dir nicht ohne deine Erlaubnis einzutreten. Wenn du es mir nicht gestattest, werde ich umkehren, doch wenn du gestattest, werde ich eintreten. Er trug mir auf, deine Seele nicht eher zu ergreifen, als daß du mir dafür Weisung gibst. Was also ist deine Weisung?“ Da sagte ich: ‚Halte dich zurück, bis Jibrīl, Friede sei mit ihm, zu mir gekommen ist, denn dies ist die Stunde Jibrīls.‘“

Und ‘Ā’isha, möge sie Allah dem Erhabenen wohlgefallen, fuhr fort und berichtete: „So fanden wir uns in eine Lage versetzt, zu der wir weder Antwort noch Ansicht hatten. Wir waren so niedergeschlagen, als hätte uns ein schwerer Schlag getroffen, gegen den wir nichts vermochten. Aus lauter Scheu vor diesen Vorgängen brachte keiner der Angehörigen des Haushalts auch nur ein Wort hervor, und ein Grauen erfüllte unser Innerstes.

Zu seiner gewohnten Stunde kam Jibrīl und entbot den Friedensgruß. Ich erkannte das Gefühl seiner Gegenwart. Die übrigen Mitglieder des Haushalts gingen hinaus, er trat ein und sprach: ‚Wahrlich, Allah, gerühmt und verherrlicht sei Er, entbietet dir Seinen Gruß und läßt dich fragen, wie dein Befinden ist, wiewohl Er am besten weiß, wie es sein mag. Doch wünscht er dich zu mehren an Ehren und Würden, auf daß sich deine Ehre und Würde in der Schöpfung fortsetze und zum Brauch (*sunna*) werde in deiner Gemeinde.' Da sagte er: ,Ich habe Schmerzen.' Und Jibrīl erwiderte: ,So freue dich, denn Allah der Erhabene wünscht dich zu dem zu bringen, was Er dir eigens bereitet hat.' Da sagte er: ,O Jibrīl, wahrhaftig, der Engel des Todes war schon bei mir und erbat sich Einlaß', und er teilte ihm mit, was sich zugetragen hatte. Darauf sagte Jibrīl: ,O Muḥammad, wahrlich, deinen Herr verlangt es nach dir! Ließ Er dich nicht wissen, was Er mit dir vorhat? Nein, bei Allah dem Erhabenen, noch nie bat der Engel des Todes einen Menschen um Erlaubnis, noch wird je seine Erlaubnis ersucht; es geht nur darum, daß der Herr deine Ehre vollenden will, indes Er sich nach dir sehnt!' ,So geh nicht fort von hier, bis daß er kommt', sprach er darauf.

Alsdann gestattete er den Frauen einzutreten und sprach: ,O Fāṭima, komm näher.' Sie lehnte sich zu ihm, und er flüsterte ihr ins Ohr. Als sie den Kopf hob, waren ihre Augen voller Tränen, und sie vermochte nicht zu sprechen. Dann sprach er: ,Beuge dich näher zu mir', und sie beugte den Kopf zu ihm. Wieder flüsterte er ihr ins Ohr, und als sie dann den Kopf wieder hob, da vermochte sie vor Lachen nicht zu sprechen. Was wir an ihr bemerkten, war äußerst verwunderlich. Später befragte ich sie dazu, und sie sagte mir: ,Er teilte mir mit: ,Heute werde ich sterben', woraufhin ich weinte. Dann sprach er: ,Ich habe von Allah erbeten, daß du als erste aus meiner Familie zu mir stoßen und mit mir zusammen sein sollst.' Daraufhin lachte ich.'[74]

Dann führte sie ihre beiden Söhne heran, und er sog ihren Duft ein. Alsdann kam der Engel des Todes und bat um Erlaubnis einzutreten, und er gestattete es ihm. Da sprach der Engel: ,Was gebietest du, o Muḥammad?' Er sagte: ,Bring mich nun zu meinem

Herrn.' ,Jawohl', sagte dieser, ,noch an diesem deiner Lebenstage. Wahrlich, dein Herr sehnt sich nach dir. Bei keinem Menschen zögerte Er so, wie Er es bei dir tut, noch hat Er mich daran gehindert, unaufgefordert bei einem Menschen einzutreten außer bei dir. Doch nun ist deine Stunde gekommen.' Damit ging er hinaus."

Sie fuhr fort: „Da kam Jibrīl und sagte: ,Friede sei mit dir, o Gesandter Allahs! Dies ist das letzte Mal, daß ich jemals zur Erde hinabsteigen werde. Die Offenbarung wird aufgerollt und die Welt zusammengefaltet; auf Erden hatte ich kein anderes Anliegen als dich, und es hält mich hier nichts als deine Anwesenheit allein; danach verharre ich wieder an meinem Platz. Nein, bei Ihm, der Muḥammad mit der Wahrheit entsandte, es ist keiner hier im Hause, der über dieses Wort im Unklaren sein könnte; zu keinem seiner Leute wird er je wieder entsandt werden, trotz der Größe dessen, was man über ihn hört, und trotz all unsrer Liebe und Anteilname.'"

Sie ['Ā'isha] berichtete: „Da stand ich auf und ging hin zum Heiligen Propheten, Allah segne ihn und schenke ihm Frieden, so daß ich seinen Kopf zwischen meine Brüste bettete, und ich hielt ihn um die Brust umschlungen. Sein Bewußtsein begann zu schwinden, bis es ihn ganz verließ, und Schweiß bedeckte seine Stirn, wie ich es noch nie bei einem Menschen gesehen hatte, und ich machte mich daran, diesen Schweiß abzuwischen; noch nie roch ich einen Wohlgeruch wie diesen. Als er wieder zu sich kam, sagte ich zu ihm: ,Mein Vater und meine Mutter, ich selbst nebst meiner ganzen Familie seien dir zum Unterpfand – was für ein Schweiß dir auf der Stirn steht!' Da sagte er: ,O 'Ā'isha, die Seele des Gläubigen verläßt ihn durch seinen Schweiß, und die Seele des Ungläubigen verläßt ihn durch seinen geöffneten Mund, wie die Seele des Esels.' Bei diesen Worten ward uns bange, und wir schickten nach unseren Familien.

Der erste, der bei uns ankam, ihn aber nicht mehr erlebte, war mein Bruder [ʿAbd ar-Raḥmān ibn Abī Bakr], den mein Vater geschickt hatte. Der Gesandte Gottes, Allah segne ihn und schenke ihm Frieden, aber war schon tot, bevor auch nur einer von ihnen gekommen war. Wahrlich, Allah verhinderte es, daß sie ihn erreichten, denn Er hatte ihn nun den Händen Jibrīls und Mikhā'īls übergeben. Und sooft ihn die Ohnmacht überkam, sprach er: ‚Wohl, wohl, der höchste Gefährte!', als ob ihm die Wahl noch einmal gegeben worden wäre. Sooft er zu sprechen vermochte, sagte er: ‚Das Gebet! Das Gebet! Wahrlich, euer Zusammenhalt wird nicht vergehen, solange ihr das Gebet gemeinsam verrichtet. Das Gebet! Das Gebet!' Dies empfahl er, bis er starb, und wiederholte ein übers andere Mal: ‚Das Gebet, das Gebet!'"[75]

Es berichtet ʿĀ'isha, möge sie Allah wohlgefallen: „Der Gesandte Gottes, Allah segne ihn und schenke ihm Frieden, starb an einem Montag in der Zeit zwischen dem Vormittag und der Mittagszeit."

Es berichtet Fāṭima, Allah schenke ihr Sein Wohlgefallen: „Was ist es nur, das mir jeweils an Montagen zustößt! Bei Allah, die Gemeinde wird an dem Tag immer wieder von großem Unheil befallen!"

Gleichfalls berichtet Umm Kulthūm an dem Tag, da ʿAlī, möge Allah sein Antlitz adeln, bei Kūfa angefallen wurde: „Was hat es nur mit den Montagen auf sich! An einem Montag verstarb der Heilige Prophet, Allah segne ihn und schenke ihm Frieden, an einem Montag wurde ʿAlī ermordet, und an einem Montag wurde auch mein Vater getötet; was ist es nur mit diesem Montag?"

ʿĀ'isha, möge sie Allah wohlgefallen, berichtete: „Als der Gesandte Gottes, Allah segne ihn und schenke ihm Frieden, starb, drängten die Menschen herbei, und ein großes Wehgeschrei erhob sich; und die Engel bedeckten den Heiligen Propheten, Allah segne ihn und schenke ihm Frieden, mit seinem Gewand. Die Leute waren gespaltener Meinung: Die einen leugneten schlechterdings seinen Tod, während es anderen die Sprache verschlug und sie erst nach einiger Zeit wieder zu sprechen begannen; wieder andere fielen in Verwirrung, und sie brabbelten Worte ohne Sinn. Andere blieben bei Vernunft, wieder andere konnten nicht einmal mehr laufen. 'Umar ibn al-Khaṭṭāb zählte zu denen, die seinen Tod leugneten, und 'Alī zu denen, die nicht mehr laufen konnten, und 'Uthmān zu denen, denen es die Sprache verschlug. 'Umar trat zu den Leuten hinaus und sprach: ‚Wahrhaftig, der Gesandte Gottes, Allah segne ihn und schenke ihm Frieden, ist nicht gestorben! Allah, gerühmt und verherrlicht sei Er, wird ihn gewißlich wieder zurückbringen, und den Heuchlern, die dem Heiligen Propheten den Tod wünschen, werden gewißlich die Hände und Füße abfallen! Allah, gerühmt und verherrlicht sei Er, hat ihn nur zu einem Treffen bestellt, so wie Er es mit Mūsā tat. Gewiß kehrt er zu euch zurück!'"

In einem anderen Bericht heißt es, daß er sagte: „O ihr Leute! Haltet eure Zunge im Zaum in dem, was ihr über den Gesandten Gottes sagt, Allah segne ihn und schenke ihm Frieden! Denn, fürwahr, er ist nicht tot! Bei Allah, wenn ich einen reden höre, der Gesandte Gottes, Allah segne ihn und schenke ihm Frieden, sei gestorben, so will ich gegen ihn mein Schwert hier ziehen!"

„Was aber den 'Alī angeht, so vermochte er nicht zu laufen und konnte also das Haus nicht verlassen. 'Uthmān aber verstummte und sprach mit keinem und mußte an der Hand genommen und von hier nach dort geführt werden. Doch keiner der Muslime war in einem Zustand, der dem des Abū Bakr und des 'Abbās glich, denn Allah, gerühmt und verherrlicht sei Er, stärkte diese beiden mit ausgewogenem Urteil und rechter Leitung. Die Leute achteten lediglich auf Abū Bakrs Wort, bis 'Abbās dazukam und sprach: ‚Bei Allah, außer dem es keinen anderen Gott gibt! Der Gesandte Gottes, Allah segne ihn und schenke ihm Frieden, hat den Tod gekostet! Da er noch unter euch weilte, sprach er: *Siehe, du bist sterblich, und siehe, sie sind sterblich; alsdann, am Tage der Auferstehung werdet ihr vor eurem Herrn miteinander rechten* (39:30 f.).'

Die Nachricht erreichte Abū Bakr, als er sich eben bei den Banu l-Ḥārith ibn Khazraj aufhielt. Er kam und ging hinein zum Gesandten Gottes, Allah segne ihn und schenke ihm Frieden, blickte ihn an und beugte sich über ihn. Dann küßte er ihn und sprach: ‚Bei meinem Vater und meiner Mutter, o Gesandter Gottes, nie war es der Wille Gottes, daß du den Tod ein zweites Mal kosten sollest. Doch, bei Allah, der Gesandte Gottes, Allah segne ihn und schenke ihm Frieden, ist hinübergegangen.' Dann trat er hinaus vor das Volk und sprach zu ihnen: ‚O ihr Leute, wer von euch Muḥammad verehrte, [der soll wissen], daß Muḥammad gestorben ist; doch wer den Herrn Muḥammads verehrte, [der soll wissen,] daß dieser lebt und niemals stirbt; denn Allah der Erhabene spricht: *Und Muḥammad ist nur ein Gesandter; schon vor ihm gingen die Gesandten hin. Und so, ob er stirbt oder fällt, werdet ihr umkehren auf euren Fersen?*' (3:144). Und es war, als hätte das Volk diesen Vers bis zu diesem Tage noch nie vernommen."

In einem anderen Bericht heißt es: Als Abū Bakr die Nachricht vernahm, lief er nach dem Hause des Gesandten Gottes, Allah segne ihn und schenke ihm Frieden, und sprach Segnungen über den Heiligen Propheten, Allah segne ihn und schenke ihm Frieden, indes ihm die Augen übergingen und ein lautes Würgen zu vernehmen war, wie das Würgen eines Wiederkäuers. Doch war er bei all dem in Wort und Tat ganz gefaßt. Er beugte sich über ihn und enthüllte sein Antlitz, küßte ihn auf Stirn und Wangen und streichelte ihm übers Gesicht. Dann begann er zu weinen und sprach: „Bei meinem Vater und meiner Mutter, bei mir selbst und meinem ganzen Haus! Wie gut bist du im Leben wie im Tode! Mit deinem Tode reißt etwas ab, was noch mit keines Propheten Tod abriß, nämlich das Prophetentum selbst. Du übertriffst jede Beschreibung, erhaben bist du über alle Tränen, so besonders warst du, daß du ein Quell des Trostes wurdest, und so allgemein zugänglich warst du, daß wir wie deinesgleichen waren. Beruhte dein Tod nicht auf deiner eigenen Wahl, so müßten wir selbst vor Trauer vergehen, und hättest du das Weinen nicht verboten, so vergössen wir um deinetwillen alles Wasser unserer Augen. Die tiefe Herzenstrauer können wir jedoch nicht verhindern und die damit verbundenen Erinnerungen, die niemals vergehen werden. O Herr, unser Gott! Übermittle ihm dies von uns! Gedenke unser bei deinem Herrn, o Muḥammad, möge Allah dich segnen! Sei unsrer eingedenk! Wäre nicht die heitere Ruhe, die du uns vermacht hast, keiner könnte die Einsamkeit ertragen, die du hinterläßt! O Herr, unser Gott, übermittle Deinem Propheten dies von uns und bewahre ihn in uns!"

Ibn ʿUmar überliefert: „Als Abū Bakr das Haus betrat und Allah lobpreiste und verherrlichte, brausten die Angehörigen des Hauses laut auf, so daß die in der Moschee Befindlichen es hörten. Sooft er etwas sagte, wurde ihr Getöse lauter. Ihr Lärm beruhigte sich nicht, bis ein Mann an der Tür mit lauter und fester Stimme den Friedensgruß entbot: ‚*As-salāmu ʿalaykum*, o Angehörige des Hauses', und dann verlas er den Vers: *Jede Seele schmeckt den Tod* (21:35) und fuhr fort: ‚Wahrlich, in Allah ist ein Nachfolger für jeden Menschen, Erfüllung jedes Verlangens und Erlösung von jeder Furcht. Drum setzt eure Hoffnung auf Allah den Erhabenen und baut auf Ihn!'" Da hörten sie auf ihn, obwohl sie ihn nicht erkannten, und hörten auf zu weinen. Als aber ihr Weinen verstummt war, verschwand auch die Stimme. Es trat einer von ihnen hinaus, konnte aber niemanden sehen.

Da huben sie von neuem an zu weinen, bis ein anderer Rufer, dessen Stimme sie ebenfalls nicht kannten, ihnen zurief: „O ihr Angehörigen des Hauses, gedenkt Allahs des Erhabenen und preiset Ihn, was immer auch geschehen mag, auf daß ihr zu jenen zählt, die reine Absicht besitzen! Wahrlich, bei Allah ist Trost in allem Unglück und Ersatz für alles Ersehnte! Drum gehorcht Allah und handelt nach Seinem Geheiß!" Da sagte Abū Bakr: „Das waren al-Khiḍr und al-Yasa' [Elias], Friede sei auf ihnen beiden, die beim Heiligen Propheten, Allah segne ihn und schenke ihm Frieden, zugegen waren."

Al-Qa'qā' ibn 'Amr gibt die Ansprache des Abū Bakr, Allah schenke ihm Sein Wohlgefallen, ungekürzt wieder. Er überliefert: „Abū Bakr stand auf, um dem Volk eine Ansprache zu halten, nachdem deren Tränen versiegt waren. Der größte Teil seiner Rede (*khuṭba*) bestand aus Segenswünschen auf den Heiligen Propheten, Allah segne ihn und schenke ihm Frieden, und er pries Allah und verherrlichte Ihn in allem, was geschehen mag. Dann sagte er: ‚Ich bekenne, daß kein Gott ist außer Allah, dem Einzigen, dessen Verheißung wahr wird und der Seinem Knecht den Sieg bescherte und der allein Seine Gegner (*al-aḥzāb*) überwand. Allah allein sei Lob und Preis. Und ich bekenne, daß Muḥammad Sein Knecht und Sein Gesandter ist und das Siegel Seiner Propheten. Ich bezeuge, daß das Buch so ist, wie es gesendet wurde, und daß die Religion so ist, wie sie vorgegeben wurde, und daß die Überlieferungen so sind, wie sie stattgefunden haben, und daß das Wort so ist, wie er es sprach; und wahrlich, Allah ist die offenkundige Wahrheit. O unser Gott, so segne Muḥammad, Deinen Knecht und Gesandten, Deinen Propheten und Deinen Geliebten, Deinen Getreuen, den Vorzüglichsten und Auserwählten, segne ihn mit den erlesensten Segnungen, die Du je einem Deiner Geschöpfe hast zuteil werden lassen! O Allah, verleih Deine Segnung und

Deinen Schutz vor allem Bösen und Deine Barmherzigkeit dem Fürsten aller Gesandten, dem Siegel der Propheten, dem Anführer aller Gottesfürchtigen, Muḥammad, dem Führer und Obmann für das Gute, dem Boten der Gnade! O Allah, bring seinen Stand Dir nahe und gib Macht seinem Beweis, veredle seinen Rang und weise ihn zur hochlobenswerten Rangstufe, die von den Ersten und den Letzten als glücklich gepriesen wird; und laß uns am Auferstehungstage teilhaben am Vorzug seiner hochlobenswerten Rangstufe! Laß ihn stets bei uns auf dieser Welt und in der kommenden vertreten sein, und führe ihn zu Rang und Reichtum im Paradies. O Herr, unser Gott, segne Muḥammad und die Familie Muḥammads, und Gnade für Muḥammad und die Familie Muḥammads, so wie Du den Ibrāhīm gesegnet und begnadet hast, wahrlich, Du bist hochgelobt und herrlich!

O ihr Menschen! Wer Muḥammad zu verehren pflegte, [der soll wissen], daß Muḥammad verstarb. Doch wer Allah verehrte, [der wisse], daß Allah lebt und niemals sterben wird. Allah hat euch durch ihn Seinen Willen kundgetan; darum ruft Ihn nicht voller Jammer an, denn wahrlich, Allah, gerühmt und verherrlicht sei Er, hat für Seinen Propheten, Allah segne ihn und schenke ihm Frieden, vorzüglich das gewählt, was bei Ihm zu finden ist, an Stelle dessen, was bei euch ist, und Er hat ihn seinem Lohn entgegengeführt. Zurückgelassen hat er bei euch Sein Buch und den vorbildlichen Brauch Seines Propheten, Allah segne ihn und schenke ihm Frieden.

Wer an diesen beiden festhält, der nimmt den rechten Weg, und wer sie voneinander trennt, der verstößt dagegen. *O ihr, die ihr glaubt, bleibt fest in der Gerechtigkeit* (4:135)! Laßt den Teufel nicht bewirken, daß ihr euch übermäßig mit dem Tode eures Propheten beschäftigt, und laßt euch nicht dazu verführen, von eurer Religion abzulassen! Verfolgt den Teufel mit guten Werken und entwaffnet ihn dadurch; stundet ihm keine Frist, damit er sich nicht an euch hefte und euch nicht verführe.'"

Es berichtet Ibn 'Abbās: „Als Abū Bakr seine Predigt beendet hatte, sagte er: ‚O 'Umar, du bist es, der, wie ich höre, sagt, der Heilige Prophet, Allah segne ihn und schenke ihm Frieden, sei nicht tot. Aber du siehst doch, daß der Heilige Prophet, Allah segne ihn und schenke ihm Frieden, sagte, daß sich an einem gewissen Tag dieses oder jenes ereignen würde, und der Erhabene sagt in Seinem Buch: *Siehe, du bist sterblich, und siehe, sie sind sterblich* (39:30).' Da sagte 'Umar: ‚Wahrhaftig, doch ist mir, als hätte ich nie zuvor im Buche Allahs dieses vernommen, aufgrund dessen, was uns zustieß. Ich bezeuge, daß das Buch so ist, wie es offenbart wurde, und daß die Überlieferung so ist, wie sie sich ereignet hat, und daß Allah lebendig ist und niemals stirbt. *Siehe, wir sind Allahs, und siehe, zu Ihm kehren wir heim* (2:156). Allahs Segnungen seien auf Seinem Gesandten, und unser Ermessen ist es, daß der Prophet Allahs, Allah segne ihn und schenke ihm Frieden, zu Allah heimgegangen ist.' Damit setzte er sich neben Abū Bakr nieder."

'Ā'isha, möge sie Allah wohlgefällig sein, berichtete: „Als die Leute sich versammelten, um ihn zu waschen, sprachen sie: ‚Bei Allah, wir wissen nicht, wie wir den Gesandten Allahs, Allah segne ihn und schenke ihm Frieden, waschen sollen – sollen wir seine Kleidung entfernen, so wie wir das mit unseren Toten zu tun pflegen, oder sollen wir ihn in seiner Kleidung waschen?' Da schickte Allah einen Schlaf auf sie, bis kein einziger unter ihnen war, dessen Bart im Schlummer nicht auf seine Brust sank. Dann sagte einer von ihnen – wer er war, ist nicht bekannt: ‚Waschet den Gesandten Allahs, Allah segne ihn und schenke ihm Frieden, in seinem Gewand.' Da kamen sie wieder zu sich und führten es aus. So wurde der Gesandte Gottes, Allah segne ihn und schenke ihm Frieden, in seinem Hemde gewaschen, und als sie ihn fertig gewaschen hatten, wickelten sie ihn in seine Leichentücher ein."

Es berichtet ʿAlī, möge Allah sein Antlitz adeln: „Wir wollten ihm sein Hemd ausziehen, doch wurde uns zugerufen: ‚Entfernt nicht die Kleidung des Gesandten Allahs, Allah segne ihn und schenke ihm Frieden.' Wir hielten uns daran und wuschen ihn in seinem Hemde, auf dem Rücken liegend, so wie wir unsere Toten waschen. Sooft wir eines seiner Glieder, das nicht vom Wasser benetzt worden war, umdrehen wollten, da wurde es schon für uns gewendet, bis wir die Waschung vollbracht hatten. Und wir vernahmen im Hause ein leises Geräusch, wie eine leichte Brise, die uns zuraunte: ‚Geht vorsichtig um mit dem Gesandten Gottes, Allah segne ihn und schenke ihm Frieden, denn wahrlich, es wird euch vergolten werden.'"

So also trug sich der Tod des Gesandten Gottes zu, Allah segne ihn und schenke ihm Frieden, und alles, was er besaß, wurde mit ihm beerdigt. Abū Jaʿfar sagte: „Sein Grab wurde mit seiner Matte und seinem Teppich ausgelegt, darüber wurden dann die Kleider gelegt, die er bei Lebzeiten zu tragen pflegte. Darauf legte man ihn sodann in seinen Leichentüchern. Er hinterließ nach seinem Tode keinen Besitz, und er hatte in seinem Leben niemals Stein auf Stein gelegt, noch Halm auf Halm von Stroh."

Sein Tod enthält eine vollkommene Lehre und ist für die Muslime ein vortreffliches Vorbild.

Der Tod des Abū Bakr aṣ-Ṣiddīq, möge er Allah wohlgefallen

Als Abū Bakr, möge er Allah wohlgefallen, dem Tode nahe war, kam ʻĀ'isha, möge sie Allah wohlgefallen, und zitierte den folgenden Vers:

Bei deinem Leben! Sein Vermögen taugt dem Menschen wenig
am Tage, da es in der Kehle rasselt und die Brust ihm eng wird.

Da deckte er sein Antlitz auf und sprach: „Sprich nicht also, sage vielmehr: *Und es kommt des Todes Taumel in Wahrheit; das war's, dem du auswichest* (50:19). Sehet hier meine beiden Gewänder, wascht sie beide und kleidet mich darein, denn siehe, die Lebenden haben größeren Bedarf an Neuem als die Toten."

Es sagte ʻĀ'isha, möge sie Allah wohlgefallen, als er im Sterben lag:

So weiß sein Antlitz, darob die Wolke um Regen bittet,
der Lenz der Waisen, der Witwen Schutz und Schirm.

Da sagte Abū Bakr: „Das bezog sich auf den Gesandten Gottes, Allah segne ihn und schenke ihm Frieden." Sie traten zu ihm hinein und sagten: „Sollen wir dir nicht einen Arzt rufen, daß er nach dir schaue?" Er aber sprach: „Mein Arzt hat schon nach mir geschaut, und Er hat gesagt: ‚Ich bin der, *der da tut, was Er will.*'" (85:16)

Salmān al-Fārisī, Allah schenke ihm Sein Wohlgefallen, trat zu ihm herein, um ihn auf seinem Krankenlager zu besuchen, und sagte: „O Abū Bakr, tu uns deine letztes Vermächtnis kund!" Da sagte dieser: „Wahrlich, der Herr tut die Welt für euch auf, doch entnimm ihr nicht mehr, als du benötigst; und wisse: Wer das Morgengebet verrichtet, der steht unter dem Schutze Allahs. Drum verlasse nicht den Schutz Allahs, auf daß Er dich nicht kopfüber in die Hölle stürze."

Als der Zustand Abū Bakrs, möge er Allah wohlgefallen, sich verschlimmerte, verlangten die Leute von ihm, daß er seinen Nachfolger bestimme. Er bestimmte den 'Umar, möge er Allah wohlgefallen, doch die Leute sagten zu ihm: „Du hast uns einen Nachfolger von rauher, grobschlächtiger Art bestimmt, wie wirst du dich vor deinem Herrn verantworten?" Er aber sprach: „Ich werde sagen: ‚Ich bestimmte als Nachfolger über Deine Geschöpfe den Besten von ihnen allen.'"

Dann ließ er 'Umar, möge er Allah wohlgefallen, rufen, und als er gekommen war, sprach er zu ihm: „Wahrlich, ich tue dir hiermit mein letztes Vermächtnis kund. Wisse, daß Allah während des Tages ein Anrecht auf euch hat, das in den Nachtstunden nicht erfüllbar ist, und daß Er bei Nacht ein Anrecht auf euch hat, dessen Erfüllung während des Tages von Ihm nicht angenommen wird; und daß Er die freiwillige Andacht nicht anerkennt, bevor nicht die Pflichtgebete verrichtet sind. Wahrhaftig, die Waagschale dessen wird sinken, der am Tage der Auferstehung Schweres zu wiegen hat, weil er in dieser Welt der Wahrheit folgte, wiewohl sie ihm eine harte Last war; und es ist nur rechtens, daß eine Waagschale sinkt, in der nichts als Wahrheit gewogen wird. Dagegen wird die Waagschale dessen emporsteigen, der am Tage der Auferstehung nur Leichtes zu wiegen hat, weil er Nichtigem folgte, das für ihn leicht zu tragen war; und es ist nur recht, daß eine Waagschale leicht sein wird, in der bloß Nichtigkeit gewogen wird. Und wahrlich, Allah beschreibt die Paradiesbewohner gemäß den besten ihrer Werke und übersieht ihre Verfehlungen, so daß einer wohl sagt: ‚Ich stehe niedriger als jene und reiche nicht an den Rang ihrer rechtschaffenen Werke heran.' Und Allah beschreibt die Insassen des Feuers gemäß den schlimmsten ihrer Werke und weist das Gute, das sie getan haben, zurück, so daß einer wohl sagen mag: ,Ich bin doch besser als jene!' Fürwahr, Allah hat euch Verse der Gnade und Verse der Härte verlesen lassen, damit der Gläubige sowohl Sehnsucht verspüre wie auch Furcht und damit er nicht durch eigenes Verschulden ins Verderben renne und sich von Allah nur erhoffe, was recht ist. Wenn du mein Vermächtnis beherzigest, so wird dir von allen abwesenden Dingen keines lieber sein als der Tod, der unweigerlich auf dich zukommt. Solltest du mein Vermächtnis aber unbeachtet lassen, so wird dir von allen abwesenden Dingen keines verhaßter sein als der Tod, der dir gewiß ist und den du nicht abwenden kannst."

Es sagte Saʿīd ibn al-Musayyib: „Als Abū Bakr, Allahs Wohlgefallen sei mit ihm, im Sterben lag, kamen einige der Gefährten zu ihm und sagten: ,O Nachfolger des Gesandten Allahs, Allah segne ihn und schenke ihm Frieden, versorge uns mit Wegzehrung, denn wir sehen wohl, wie es um dich steht.' Da sagte Abū Bakr: ,Wer gewisse Worte spricht, bevor er stirbt, dessen Seele versetzt Allah an den klaren Horizont (*al-ufuq al-mubīn*).' Da fragten sie: ,Und was ist der klare Horizont?' Er antwortete: ,Ein Gefilde vor dem göttlichen Thron, in dem Allahs Gärten und Flüsse und Bäume liegen. Täglich werden sie mit einhundert Gnadengaben bedacht, und dorthin wird Allah die Seele dessen vesetzen, der diese Worte spricht: ,O Herr, unser Gott! Wahrlich, Du brachtest diese Schöpfung zum Vorschein, wiewohl Du keinen Bedarf an ihr hattest; dann teiltest Du sie in zwei Gruppen, deren eine zur Glückseligkeit, deren andere aber zum Feuer bestimmt ist. Laß mich zu denen gehören, die zur Glückseligkeit bestimmt sind, und nicht zu denen, die der Feuersbrunst anheimfallen! O Allah, Du hast die Schöpfung in Gruppen geschaffen und hast sie noch vor ihrer Erschaffung gesondert, so daß Du unter ihnen die Unseligen schufest und die Glückseligen, die Abweichler und die Rechtgeleiteten. O Allah, stürze mich nicht durch Ungehorsam gegen Dich ins Unglück! O Allah, Du wußtest, was eine jede Seele für sich erlangen würde, noch bevor Du sie erschufest, und es gibt für sie kein Schlupfloch vor dem, was Du wußtest. So bewirke doch, daß ich zu jenen gehöre, die Du in Gehorsam gegen Dich handeln läßt! O Herr, unser Gott! Fürwahr, keiner kann etwas wollen, bevor Du es nicht gewollt hast. Mache es darum zu Deinem Willen, daß ich das wolle, was mich Dir nahe bringt.

O Allah! Du bestimmtest die Bewegungen Deiner Knechte, und nichts regt sich ohne Dein Gewähren; so mach, daß meine Bewegungen sich in Ehrfurcht vollziehen. O Allah! Du schufst Gut und Böse, und Du bestelltest dazu Menschen, die jeweils entsprechend handeln sollten; gib, daß ich zur besseren der beiden Gruppen gehöre. O Herr! Du erschufst den Garten und das Feuer und bestimmtest deren Bewohner; so laß mich doch zu den Bewohnern des Paradieses zählen! O Allah, wahrlich Du hast für so manches Volk den Irrtum gewollt und ihnen dadurch die Brust beengt; öffne meine Brust dem Glauben und schmücke ihn in meinem Herzen aus! O Allah, wahrlich, Du hast über alle Dinge verfügt und hast bestimmt, daß sie letztlich alle in Dir münden. Erwecke mich nach dem Tode zu gutem Leben auf und bring mich zu Dir in Deine Nähe. O Herr, unser Gott, setzen auch andere ihre Hoffnung und ihr Vertrauen morgens und abends auf Dinge außer Dir, mein ganzes Hoffen und Vertrauen gilt Dir allein, und es ist keine Macht und keine Kraft außer bei Allah.‘ Und Abū Bakr sagte: ‚All dies steht im Buche Allahs, gerühmt sei Er und verherrlicht.‘“

Der Tod des ʿUmar ibn al-Khaṭṭāb, möge er Allah wohlgefallen

ʿAmr ibn Maymūn berichtete: „Am Morgen, da ʿUmar niedergestreckt wurde, stand ich im Gebet, und zwischen ihm und mir war nur ʿAbdullāh ibn ʿAbbās. Er pflegte zwischen den Reihen (der Betenden) hindurchzuschreiten und zwischen zwei Reihen stehenzubleiben; wenn er eine Abweichung sah, so rief er: ‚Ausrichten!' Dies tat er so lange, bis er keine Unregelmäßigkeit mehr wahrnahm, dann trat er vor (die Gemeinde) und leitete das Gebet mit ‚*Allāhu akbar*' ein. Manchmal verlas er in der ersten *rakʿa* die Sure *Yūsuf* (12) oder die Sure *an-Naḥl* (16), oder eine ähnlich lange Sure, bis sich die Leute alle versammelt hatten. Da er eben das ‚*Allāhu akbar*' gesprochen hatte, hörte ich ihn sagen: ‚Er hat mich getötet!' oder ‚Er hat mich gebissen – der Hund!', als Abū Lu'lu'a auf ihn einstach. Der Ungläubige eilte mit einer zweischneidigen Klinge (zwischen den Reihen hindurch) und stach rechts und links auf alle Leute ein, bis er dreizehn Männer getroffen hatte, von denen neun starben, (nach anderen Angaben waren es sieben). Als einer der Muslime dies sah, warf er einen Mantel über ihn; und da der Ungläubige sich nun ergriffen sah, nahm er sich selbst das Leben.

ʿUmar, möge er Allah dem Erhabenen wohlgefallen, erreichte ʿAbd ar-Raḥmān ibn ʿAwf und hieß ihn vortreten. Wer sich hinter ʿUmar befand, der sah das, was ich sah; doch die ganz hinten in der Moschee waren wußten nicht, was los war, außer, daß sie die Stimme ʿUmars mißten, und sie riefen: ‚*Subḥāna llāh! Subḥāna llāh*!' [wörtlich: Preis sei Allah! – Verwendet als Ausruf des Erstaunens; kann auch während des Gebets benutzt werden, um den Imam auf einen liturgischen Fehler aufmerksam zu machen.] ʿAbd ar-Raḥmān leitete sie in einem kurzen Gebet, und als sie hinausgegangen waren, sprach er [ʿUmar]: ‚O Ibn ʿAbbās! Sieh nach, wer mich ermordet hat!' Da ging er für eine Stunde fort, und als er wiederkam, sagte er: ‚Es war der Bursche des al-Mughīra ibn Shuʿba.' Da rief ʿUmar, möge er Allah wohlgefallen: ‚Allah soll ihn töten! Ich hatte angeordnet, daß man ihn gut behandeln solle.' Dann sagte er: ‚Gott sei dafür gepriesen, daß Er mich nicht von der Hand eines Muslims erschlagen ließ. Du und dein Vater, ihr wart es, die wollten, daß hier in Medina die Andersgläubigen zahlreicher würden!' Es war aber al-ʿAbbās, der von ihnen die meisten als Sklaven hatte! Da sagte Ibn ʿAbbās: ‚Wenn du es wünschst, werde ich handeln', was heißen sollte, ‚Wenn du es wünschst, töten wir sie alle.' Da sagte er: ‚Nachdem sie in eurer Sprache sprechen und sich nach eurer *qibla* [Gebetsrichtung] verneigen und die Riten eurer Pilgerfahrt ausführen?'

Man trug ihn nach seinem Hause, und wir begleiteten ihn. Es war, als hätte bis zu jenem Tage noch niemals ein Unglück die Leute befallen. Einer von ihnen sagte: ‚Ich fürchte um ihn!', und ein anderer sagte: ‚Es ist nichts.' Man brachte ihm *nabīdh*, eine Art vergorenen Traubensafts, den er trank, doch er kam aus seinem Bauche wieder hervor; da brachten sie ihm Milch, die er trank, doch auch diese trat wieder aus seinem Bauche aus, und da wußten sie, daß er sterben würde. Wir gingen zu ihm hinein, und es waren Leute dabei, die ihn mit Lob überschütteten. Ein junger Mann kam und sagte zu ihm: ‚Freue dich, o Gebieter der Gläubigen, über eine Freudenbotschaft von Allah, gerühmt und verherrlicht sei Er, denn du warst ein Gefährte des Heiligen Propheten, Allah segne ihn und schenke ihm Frieden, und verfügst über lange Erfahrung im Islam; dann kamst du an die Macht und warst ein gerechter Herrscher; schließlich stirbst du nun als Zeuge für den Glauben.'

Da sagte er: ‚Ich hoffe nur, daß es sich gegenseitig aufwiegen wird und weder für noch gegen mich sprechen wird.‘

Als sich der Mann zum Gehen wandte, schleifte sein Rock (*izār*) am Boden. Da sagte ‘Umar: ‚Ruft den Jüngling zu mir zurück.‘ Er sagte zu ihm: ‚O Sohn meines Bruders! Heb dein Gewand etwas an, denn das gibt deinem Gewand mehr Reinlichkeit und beweist mehr Frömmigkeit gegen deinen Herrn.‘ Dann sprach er: ‚O ‘Abdullāh! Sieh nach, was ich für Schulden habe!‘ Sie rechneten nach, und es waren um die sechsundachtzigtausend [*dirham*]. Da sagte er: ‚Wenn das Vermögen der Familie ‘Umars ausreicht, dann entrichte diese Summe aus ihren Mitteln; sollte dies nicht der Fall sein, wende dich an den Stamm ‘Adī ibn Ka‘b, und wenn deren Mittel nicht ausreichen, dann fragt unter den Quraysh herum. Doch geht nicht zu anderen außer diesen und zahlt dieses Geld für mich zurück. Dann geht zu der Mutter der Gläubigen, ‘Ā’isha, und sagt zu ihr: ‚‘Umar entbietet dir den Friedensgruß‘, und sagt nicht ‚der Gebieter der Gläubigen‘, denn heute bin ich nicht mehr der Gebieter der Gläubigen. Und sagt: ‚‘Umar ibn al-Khaṭṭāb bitte um Erlaubnis, neben seinen beiden Gefährten beerdigt zu werden.‘ Da lief ‘Abdullāh los, grüßte und bat um Einlaß.

Als er bei ihr eintrat, fand er sie weinend auf der Erde sitzen. Er sagte zu ihr: ‚‘Umar ibn al-Khaṭṭāb entbietet dir seinen Friedensgruß und bittet, mit seinen beiden Gefährten beerdigt zu werden.‘ Darauf entgegnete sie: ‚Diesen Platz begehrte ich zwar für mich selbst, doch will ich ihm heute gewißlich den Vorzug vor mir selbst geben.‘ Und als er zurückkehrte, sagte einer: ‚Hier ist ‘Abdullāh ibn ‘Umar, er ist wieder da!‘ Da sagte ‘Umar: ‚Helft mir mich aufsetzen!‘, und ein Mann stützte ihn. Er fragte: ‚Was bringst du für Nachricht?‘ Er antwortete: ‚Die von dir gewünschte, o Gebieter der Gläubigen. Sie hat es genehmigt.‘ Da sagte er: ‚*Al-ḥamdu li-llāh*! Gepriesen sei Gott! Nichts war mir wichtiger als das. Wenn ich verschieden bin, so tragt mich dorthin, entbietet ihr den Friedensgruß und sprecht: ‚'Umar bittet um Einlaß!', und wenn sie ihn mir gewährt, so bringt mich hinein. Falls sie es ablehnt, tragt mich zurück auf den Friedhof der Muslime.'

Da kam Ḥafṣa, die Mutter der Gläubigen, mit den Frauen ihres Gefolges. Als wir sie erblickten, erhoben wir uns, und sie trat zu ihm heran und weinte eine Stunde an seinem Lager. Dann ersuchten die Männer um Erlaubnis, und sie ging hinein, und wir vernahmen ihr Weinen von drinnen. Sie sagten: ‚Tu uns kund dein Vermächtnis, o Gebieter der Gläubigen, und bestimme deinen Nachfolger!' Da sagte er: ‚Ich sehe niemanden, der dieses Amtes würdiger wäre als jene, mit denen der Heilige Prophet, Allah segne ihn und schenke ihm Frieden, bei seinem Tode zufrieden war.' Und er nannte mit Namen 'Alī, 'Uthmān, az-Zubayr, Ṭalḥa, Sa'd [ibn Abī Waqqāṣ] und 'Abd ar-Raḥmān [ibn 'Awf]. Und er sagte: ‚'Abdullāh ibn 'Umar soll als Zeuge dabei sein, doch soll er nicht an der Herrschaft beteiligt sein – dies sei ihm ein Trost. Sollte dem Sa'd die Herrschaft zufallen, so sei es also; und wenn nicht, so soll derjenige, dem sie zufällt, sich auf seine Hilfe stützen, denn ich habe ihn nicht etwa wegen Unfähigkeit oder Betrugs entlassen.'

Weiterhin sagte er: ‚Ich bestimme letztwillig, daß der Kalif, der nach mir kommt, mit den ersten Auswanderern (*muhājirūn*) gut umgeht, daß er ihren Verdienst anerkennt und ihre Unantastbarkeit achtet. Auch verfüge ich, daß er den Helfern (*anṣār*) Gutes tut, *die vor ihnen im Lande und im Glauben hausten* (59:9), und daß er die Guten unter ihnen annimmt und gegen die Schlechten Nachsicht übt. Auch verfüge ich, daß er den Leuten in den Garnisonsstädten der eroberten Gebiete Gutes tut, denn sie sind die Stütze des Islam, Quelle der Steuereinnahmen und was den Feind in Raserei versetzt; doch sollen sie ihnen nur das nehmen, was sie an Überfluß besitzen, und dies nur mit ihrer Einwilligung. Auch empfehle ich ihm, daß er gut an den Wüstenbewohnern handelt, denn sie sind die ursprünglichen Araber und der Urstoff des Islam; man soll von ihrem angehäuften Gut nehmen und es unter die Armen verteilen. Ich empfehle ihm bei der Verpflichtung gegen Allah, gerühmt sei Er und verherrlicht, und bei der Verpflichtung gegen den Gesandten Allahs, Allah segne ihn und schenke ihm Frieden, daß er zu den Verträgen mit ihnen steht und daß er ihretwillen Verteidigungskriege führt und sie nicht über Gebühr belastet.'

Als er verschieden war, führten wir ihn hinaus und machten uns zu Fuß auf den Weg. 'Abdullāh ibn 'Umar grüßte und sprach: ,'Umar ibn al-Khaṭṭāb bittet um Einlaß.' Da erwiderte sie: ,Bringt ihn herein', und sie brachten ihn hinein zu dem Platz neben seinen beiden Gefährten.'"

Es wird berichtet, daß der Heilige Prophet, Allah segne ihn und schenke ihm Frieden, sagte: „Jibrīl, Friede sei mit ihm, teilte mir mit, daß der Islam beim Tode 'Umars weinen würde."[76]

Nach Ibn 'Abbās: „Man legte 'Umar auf sein Bett, und die Leute umringten ihn, taten Fürbitte und sprachen Segenswünsche aus, bevor man ihn aufhob, und ich war mitten unter ihnen. Keiner beachtete mich, bis mich ein Mann bei der Schulter packte. Ich wandte mich um, und siehe, es war 'Alī ibn Abī Ṭālib, möge er Allah wohlgefallen, der Allahs Gnade für 'Umar erflehte und sprach: ,Es ist keiner, mit dessen Werken ich lieber vor Allah treten möchte als mit den deinigen! Bei Gott, ich hatte immer angenommen, daß Allah dich gemeinsam mit deinen beiden Gefährten betten würde, denn oftmals hörte ich den Heiligen Propheten, Allah segne ihn und schenke ihm Frieden, sagen: ,Ich ging mit Abū Bakr und 'Umar', oder: ,Ich kam heraus mit Abū Bakr und 'Umar', oder: ,Ich ging hinein mit Abū Bakr und 'Umar.' Darum hoffte oder vermutete ich, daß Allah dich mit ihnen zusammenbringen würde.'"

Der Tod des ʿUthmān, möge er Allah wohlgefallen

Die Überlieferung von seiner Ermordung ist wohlbekannt. Es sagte ʿAbdullāh ibn Salām: „Ich ging meinen Bruder ʿUthmān besuchen, währenddem man ihn belagerte. Als ich bei ihm eintrat, rief er: ‚Sei mir willkommen, mein Bruder! In dieser Nacht sah ich Allahs Gesandten, Allah segne ihn und schenke ihm Frieden, hier bei mir in diesem Alkoven – das ist die Bettnische des Hauses –, und er sprach zu mir: ‚O ʿUthmān, sie haben dich wohl belagert?' ‚Ja', antwortete ich, und er sprach: ‚Sie haben dich auch dürsten lassen?' ‚Ja', antwortete ich, und er ließ einen Eimer zu mir herab, der mit Wasser gefüllt war. Ich trank davon, bis mein Durst gestillt war und ich zwischen meiner Brust und meinen Schultern eine Kühle verspürte. Da sprach er: ‚Wenn du willst, wirst du über sie obsiegen; so du es aber wünschst, sollst du mit uns das Fasten brechen.' Da wählte ich das Fastenbrechen mit ihm.' Er wurde noch am selbigen Tage ermordet, möge er Allah wohlgefallen."

ʿAbdullāh ibn Salām fragte einmal jene, die zugegen waren, als ʿUthmān verletzt worden war und sich in Todesqualen wand: „Was sprach ʿUthmān in seiner Todesnot?" Sie antworteten ihm: „Wir hörten, wie er dreimal sagte: ‚O Allah, einige die Gemeinde Muḥammads, Allah segne ihn und schenke ihm Frieden.'" Darauf bemerkte er: „Bei Ihm, in dessen Hand meine Seele liegt, hätte er zu Allah gebetet, daß sie sich nicht einigen sollen, sie würden bis zum Jüngsten Tag nicht übereinkommen."

Es berichtet Thumāma ibn Ḥazn al-Qushayrī: „Ich beobachtete das Haus, daraus ʿUthmān, möge er Allah wohlgefallen, zu ihnen hinüberblickte, als er sagte: ‚Bringt eure beiden Gefährten zu mir, die euch gegen mich aufgewiegelt haben!' Man brachte sie ihm, so als seien sie ein Paar Kamele oder Esel. 'Uthmān, möge er Allah wohlgefallen, blickte zu ihnen hinunter und sprach: ,Ich beschwöre euch bei Allah und beim Islam! Wißt ihr, daß der Gesandte Gottes, Allah segne ihn und schenke ihm Frieden, als er nach Medina kam, dort kein Trinkwasser fand, außer im Brunnen von Rūma?

Da sprach er: ,Wer will Rūma kaufen und damit seinen Eimer zu den Eimern der übrigen Muslime stellen im Austausch für ein Paradiesgut, das ihm weit besser frommt?' Da erstand ich den Brunnen mit meinen eigenen Mitteln. Wollt ihr mich nun heute daran hindern, von ihm und von anderen Gewässern zu trinken?' Darauf antworteten sie: ,Jawohl, bei Gott, das wollen wir.' Da sprach er abermals: ,Ich beschwöre euch bei Allah und beim Islam! Wißt ihr, daß ich das Heer der Schwierigkeiten [*jaysh al-'usra*, zum Feldzug nach Tabūk] aus meiner eigenen Kasse gerüstet habe?' Wieder antworteten sie: ,Ja.' Er sagte: ,Ich beschwöre euch bei Allah und beim Islam! Wißt ihr auch, daß, als die Moschee für all die Menschen zu klein wurde, der Heilige Prophet, Allah segne ihn und schenke ihm Frieden, sprach: ,Wer will jener Familie das Stück Land abkaufen, damit es der Moschee hinzugefügt werden kann, gegen etwas weit Besseres im Paradies?' Da erstand ich es aus eigener Tasche. Nun wollt ihr mich heute daran hindern, daß ich zwei *rak'as* darin bete?' Sie antworteten: ,Bei Allah, ja.'

Wieder sagte er: ,Ich beschwöre euch bei Allah und beim Islam! Wißt ihr, daß der Gesandte Gottes, Allah segne ihn und schenke ihm Frieden, einmal auf dem Berge Thubayr zu Mekka stand, da Abū Bakr, 'Umar und ich mit ihm waren? Da rumpelte der Berg, so daß Steine ins Tal hinabrollten. Er trat mit seinem Fuß dagegen und sagte: ,Halt still, Thubayr, auf dir stehen nur ein Prophet, ein wahrhaft Rechtschaffener und zwei Märtyrer!'' Da sagten sie: ‚Ja, bei Gott!' ‚*Allāhu akbar*!' rief er da, ‚beim Herrn der Ka'ba, sie bezeugen mir, daß ich zum Märtyrer werden soll!'"

Ein Shaykh der Dabba berichtet, daß 'Uthmān, als er niedergeschlagen wurde und ihm das Blut über den Bart lief, anhub zu sprechen: „*Lā ilāha illā anta, subḥānaka, inni kuntu min aẓ-ẓālimīn*, Es gibt keinen Gott außer Dir! Preis Dir! Siehe, ich war einer der Sünder!" (21:87). O mein Gott, ich flehe zu Dir um Schutz vor ihnen, und ich erbitte Deinen Beistand in all meinen Angelegenheiten, und ich bitte Dich um Standhaftigkeit in dem, womit Du mich prüfst."

Der Tod des 'Alī, möge Allah sein Antlitz adeln

Es sagte al-Aṣbagh al-Ḥanẓalī: „In der Nacht, da 'Alī, möge Allah sein Antlitz adeln, erschlagen wurde, kam Ibn at-Tayyāḥ zu ihm, als die Morgendämmerung eben anbrach, um ihn zum Gebet zu rufen. Er fand ihn jedoch schlafend auf seiner Bettstatt lagernd, ebenso das zweite Mal, daß er ihn rufen kam. Doch beim dritten Mal stand 'Alī auf und regte sich, indes er diese Verse vortrug:

Gürte deine Lenden für den Tod.
Denn der Tod ist dir gewiß,
bekümmere dich nicht ob des Todes,
wenn er dein Tal befällt.

Als er an die kleine Tür gekommen war, überfiel ihn Ibn Muljam und schlug auf ihn ein. Umm Kulthūm, die Tochter 'Alīs, Allahs Wohlgefallen sei auf ihm, trat heraus und rief: ‚Was ist es nur, das mich stets beim Morgengebet anficht? Mein Gemahl, der Gebieter der Gläubigen, wurde beim Morgengebet ermordet, und auch mein Vater wurde beim Morgengebet ermordet!'"

Nach einem Shaykh der Quraysh heißt es: „Als ʿAlī, Allah möge sein Antlitz adeln, von Ibn Muljam erschlagen wurde, sprach er: ‚Ich habe gesiegt, beim Herrn der Kaʿba!'“

Nach Muḥammad ibn ʿAlī: „Nachdem er getroffen war, gab er seinen Söhnen sein letztes Vermächtnis; danach sprach er nur noch die Worte *lā ilāha ill-Allāh*, bis er verschied.“

Als al-Ḥasan ibn ʿAlī, mögen beide Allah wohlgefallen, schwerkrank dalag, trat al-Ḥusayn, möge er Allah wohlgefallen, zu ihm hinein und sprach: O mein Bruder, worum bekümmerst du dich? Du gehst dahin, um den Gesandten Gottes zu treffen, Allah segne ihn und schenke ihm Frieden, zusammen mit ʿAlī ibn Abī Ṭālib, die beide deine Väter sind; und du gehst hin zu Khadīja bint Khuwaylid und Fāṭima bint Muḥammad, die beide deine Mütter sind; und du gehst zu Ḥamza und Jaʿfar, die dir beide Vatersbrüder sind.“ Darauf erwiderte er: „O mein Bruder, ich gehe auf etwas zu, was ich nie zuvor erlebt habe.“

Es berichtet Muḥammad ibn al-Ḥasan, mögen beide Allah wohlgefallen: „Als die Leute auf al-Ḥusayn, möge er Allah wohlgefallen, zustürzten und er sich sicher war, daß sie ihn umbrächten, erhob er sich unter seinen Gefährten und richtete das Wort an sie. Er lobte und pries Allah, dann sagte er: ‚Ihr seht, wie die Dinge nun stehen. Verändert ist die Welt, bis zur Unkenntlichkeit verwandelt, geschwunden jeder gute Brauch; vermindert ist sie, so daß von ihr nichts verbleibt als nur ein letzter Rest am Grunde eines Kessels. Was soll mir ein Leben, das einem schlechten Weidegrund gleicht! Ihr seht doch, daß man nicht nach der Wahrheit handelt und daß man sich der Falschheit nicht enthält! Der Gläubige soll sich dem Treffen mit Allah dem Erhabenen entgegensehnen! Wahrlich, ich sehe im Tod nichts als Wonne; doch ein Leben unter Frevlern erscheint mir als bloße Missetat.“

Das fünfte Kapitel

Von den Worten der Kalifen, der Fürsten und der Frommen in ihrer Todesstunde

Als Muʿāwiya ibn Abī Sufyān im Sterben lag, sagte er: „Helft mir, mich zu setzen“, und man tat dies. Da begann er Allah den Erhabenen zu lobpreisen und Seiner zu gedenken. Danach weinte er und sprach: „O Muʿāwiya, du gedenkst deines Herrn, nachdem dir Greisenalter und Verfall zusetzen; ach, hättest du es nur getan, als der Zweig der Jugend in frischem Grün prangte!“ Er begann noch lauter zu weinen und rief: „O Herr! Erbarme Dich des sündigen alten Mannes mit dem harten Herzen! O mein Gott, übersieh mein Straucheln und verzeih meine Vergehen! Kehre Dich in Deiner Milde einem zu, der seine Hoffnung einzig auf Dich setzt und auf keinen baut denn Dich allein.“

Ein betagter Shaykh der Quraysh berichtet, daß eine Gruppe von Leuten den Muʿāwiya in seinem Siechtum aufsuchte und die Falten auf seiner Haut bemerkte. Er aber lobte und rühmte Allah und sprach: „Im übrigen, ist an der Welt etwa mehr, als wir von ihr gesehen und erfahren haben? Aber, bei Allah, in unserer Leidenschaft und Genußsucht wandten wir uns während unseres Lebens ihrer Schönheit zu, doch dauerte es nicht lang, bevor die Welt uns dies zu zerstören begann, einen Umstand nach dem anderen und eine Stütze nach der anderen, bis sie uns gänzlich enttäuscht und betrogen und schlecht an uns gehandelt hatte. Ach, was ist doch die Welt für eine schlechte Bleibe, was ist sie nur für eine schlechte Bleibe!“

Es wird berichtet, daß Mu'āwiya in seiner letzten Predigt sagte: „O ihr Menschen! Wahrlich, ich gehöre zu einer Saat, die reif ist für die Ernte. Ich habe über euch geherrscht, und der euch nach mir beherrscht, wird schlechter sein, als ich es war, so wie die vor mir kamen, besser waren als ich. O Yazīd, wenn meine Zeit erfüllt ist, so trage meine Waschung einem verständigen Manne auf, denn wahrlich, ein kluger Mensch hat eine gewisse Stellung in den Augen Allahs. Er soll die Waschung sanft vornehmen und dabei laut den *takbīr* (*Allāhu akbar*) rufen. Sucht sodann in der Schatzkammer nach einem bestimmten Tuch, in dem ein Gewand des Heiligen Propheten, Allah segne ihn und schenke ihm Frieden, aufbewahrt wird, sowie ein paar Schnitzel seiner Haare und Nägel; legt mir diese Schnitzel auf Nase, Mund und Augen. Legt mir das Gewand unter meine Leichentücher unmittelbar auf den Leib. O Yazīd, beachte Allahs Geheiß hinsichtlich der Eltern! Wenn ihr mich dann in meine beiden neuen Tücher eingewickelt und mich in meine Grube gelegt habt, so lasset Mu'āwiya allein mit dem Allerbarmherzigsten aller Barmherzigen."

Es berichtete Muḥammad ibn 'Uqba: „Als der Tod sich über Mu'āwiya senkte, sagte er: ‚Weh ist mir, wäre ich nur ein Mann der Quraysh bei Dhū Ṭuwā [ein Ort in der Nähe von Mekka], und hätte ich doch nie etwas mit diesem Geschäft der Herrschaft zu schaffen gehabt!'"

Als aber 'Abd al-Malik ibn Marwān dem Tode nahe war, blickte er auf einen Wäscher bei Damaskus, der ein Gewand mit der Hand auswrang und dann damit gegen ein Waschbrett schlug. Da rief 'Abd al-Malik: „Ach, weh ist mir, wär ich nur ein Wäscher, daß ich jeden Tag das Brot meiner Hände Arbeit verzehrte und mich nie auf das Herrschen in dieser Welt eingelassen hätte!" Dieser Ausspruch kam dem Abū Ḥāzim zu Ohren, der darauf sagte: „Preis sei Allah dafür, daß Er es so eingerichtet hat, daß sie angesichts des Todes das ersehnen, was wir bereits besitzen, während wir uns in Todesnähe nicht nach dem sehnen, was sie haben."

Als 'Abd al-Malik ibn Marwān todkrank darniederlag, fragte man ihn: „Wie ist dein Befinden, o Gebieter der Gläubigen?" Worauf er antwortete: „Ich fühle mich so, wie Allah der Erhabene gesprochen hat: *Und nun seid ihr zu Uns gekommen, allein, so wie Wir euch erschufen das erste Mal, und ihr ließet hinter euch, was Wir euch bescherten ...* (6:94)", bis zum Ende des Verses, wonach er verschied.

Fāṭima, die Tochter des 'Abd al-Malik ibn Marwān und Frau von 'Umar ibn 'Abd al-'Azīz sagte: „Als 'Umar in seiner letzten Krankheit darniederlag, hörte ich, wie er sprach: ‚O Allah, verbirg meinen Tod vor ihnen, und sei es auch nur eine Stunde des Tages.' Und als der Tag gekommen war, an dem er verstarb, verließ ich sein Gemach und setzte mich in ein anderes Haus, so daß zwischen ihm und mir eine Tür war. Er lag in einer seiner gewölbten Kammern, und ich hörte ihn sagen: ‚*Jene zukünftige Wohnung, Wir haben sie für diejenigen bestimmt, welche nicht hoffärtig auf Erden sein oder Verderben anrichten wollen. Und der Ausgang ist für die Gottesfürchtigen.*' (28:83) Danach war er still, und ich vernahm weder eine Bewegung noch einen Laut, so daß ich zu einem seiner Burschen sagte: ‚Schau doch einmal, ob er nicht vielleicht schläft?' Doch als er bei ihm eintrat, schrie er auf; ich lief herbei, und siehe, er war verschieden."

Als er dem Tode nahe war, sagte man zu ihm: „O Gebieter der Gläubigen! Gib uns deine letzte Weisung!" Da sagte er: „Ich warne euch vor einem Tod wie dem meinen, denn er wird euch unweigerlich zustoßen."

Es wird berichtet: Als 'Umar ibn 'Abd al-'Azīz von schwerem Leiden bedrückt war, rief man ihm einen Arzt herbei. Als ihn dieser untersuchte, sagte er: „Mir scheint, man hat diesem Mann

Gift eingeflößt, und ich kann ihn nicht vor dem Tod schützen." Da hob 'Umar den Blick und sprach: „Du kannst den Tod auch nicht von einem abwenden, der kein Gift geschluckt hat!" Da sagte der Arzt: „Hast du es denn wahrgenommen, o Gebieter der Gläubigen?" „Ja", erwiderte dieser, „ich wußte es schon, als es in meinem Bauch landete." „O Gebieter der Gläubigen, laß dich behandeln, denn ich fürchte, deine Seele fährt dahin." Darauf sagte er: „Mein Herr ist das beste Ziel, auf das ich zuhalten kann, und bei Allah, selbst wenn ich wüßte, daß meine Heilung bei meinem Ohrläppchen läge, so würde ich meine Hand nicht an meine Ohren führen, um sie zu fassen. O Herr, mein Gott! Gib, daß 'Umar das Treffen mit Dir wähle!"

Es vergingen nur noch wenige Tage, bevor er starb. Es heißt, daß er zu weinen begann, als er dem Tode nahe war. Man fragte ihn: „Was macht dich weinen, o Gebieter der Gläubigen? Freu dich doch, denn durch dich hat Allah den prophetischen Brauch (*sunna*) neu belebt und durch dich Gerechtigkeit walten lassen!" Doch er weinte von neuem und sagte dann: „Werde ich etwa nicht auferstehen, und soll ich etwa nicht befragt werden, was meine Zuständigkeit für diese Schöpfung betrifft? Bei Allah, und wäre ich auch gegen sie gerecht gewesen, so fürchtete ich dennoch um meine Seele, daß ihre Verteidigung vor Allah nicht bestehen könnte, es sei denn, Allah selbst lehrte sie ihre Verteidigung. Wie soll es mir da ergehen, wo wir doch so vieles versäumt haben?" Die Augen gingen ihm über, und es dauerte nicht lang, bis er verschied. Als aber der Augenblick seines Todes herangekommen war, da sprach er: „Setzt mich auf!", und man setzte ihn hin; da wiederholte er dreimal: „Ich bin der, dem Du Weisung gabst und der der Weisung nicht nachkam, und ich bin der, dem Du Verbot erteiltest, und ich gehorchte nicht dem Verbot. Doch ist keine Gottheit außer Allah, *lā ilāha ill-Allāh*." Dann hob er seinen Kopf und fixierte etwas mit starrem Blick; man befragte ihn dazu, und er antwortete: „Ich gewahre etwas Grünes, doch ist es weder Mensch noch Dschinn." Dann verschied er, möge Allah sich seiner erbarmen.

Von Hārūn ar-Rashīd wird berichtet, daß er vor seinem Tode eigenhändig seine Leichentücher auswählte. Er betrachtete sie und sprach: *„Nichts frommte mir mein Gut! Vernichtet ist mir meine Macht!"* (69:28 f.)

Al-Ma'mūn streute Asche auf den Erdboden und legte sich darein, indes er sagte: „O Du, dessen Herrschaft niemals endet, erbarme dich eines, dessen Herrschaft ihr Ende fand."

Al-Mu'taṣim sprach, als er im Sterben lag: „Hätte ich gewußt, daß mein Leben so kurz sein würde, ich hätte nicht so gehandelt."

Al-Muntaṣir war von Unruhe befallen, als er im Sterben lag, und man sagte zu ihm: „Du hast nichts zu befürchten, o Gebieter der Gläubigen." Darauf antwortete er: „Es ist nur dies, daß diese Welt dahingegangen und das Jenseits herangerückt ist."

Als 'Amr ibn al-'Āṣ im Sterben lag, blickte er auf einige Truhen und sprach zu seinen Söhnen: „Wer wird wohl diese mitsamt ihrem Inhalt zu sich nehmen? Ach, wären sie nur voller Mist!"

Bei seinem Tode sagte al-Ḥajjāj: „O mein Gott, gewähre mir Vergebung, denn die Menschen sagen, daß Du mir nicht vergeben wirst!" 'Umar ibn 'Abd al-'Azīz gefiel diese Äußerung, und er beneidete ihn darum. Doch als man al-Ḥasan davon berichtete, fragte er: „Sagte er dies wirklich?" „Ja", versicherte man ihm, worauf er sagte: „Vielleicht."

Darlegung der Aussprüche einiger der besonders Rechtschaffenen unter den Gefährten und der Folgegeneration (tābiʿīn) sowie der Sufis, die nach ihnen kamen, Allahs Wohlgefallen auf ihnen allen

Als Muʿādh, möge er Allah wohlgefallen, dem Tode nahe war, sprach er: „O mein Gott, einst fürchtete ich Dich, heute aber setze ich auf Dich meine Hoffnung! O Allah, Du weißt, daß ich der Welt und dem langen Verweilen in ihr wahrlich nicht zugetan war, weder ging es mir um ihrer Flüsse Rauschen noch um das Bäumepflanzen; ich liebte vielmehr das Dürsten in der Mittagshitze und das Ertragen mühevoller Stunden und, mich im *dhikr*-Zirkel mitten in das Gedränge der Gottesgelehrten hineinzuknien." Als seine Todespein sich steigerte und ihn derart quälte, wie sie keinen anderen je gequält hatte, da öffnete er nach jedem Anfall die Augen und sagte, wenn er wieder zu sich gekommen: „O Herr, bei Deiner Herrlichkeit, soviel Du mich auch würgen magst, weißt Du doch, daß mein Herz Dich liebt."

Als Salmān dem Tode nahe war, begann er zu weinen. Man fragte ihn: „Warum weinst du?", und er antwortete: „Ich weine nicht, weil es mir um die Welt leid ist, sondern weil der Heilige Prophet, Allah segne ihn und schenke ihm Frieden, uns anwies, daß unser Anteil an der Welt wie die Wegzehrung eines Reiters sein solle." Als Salmān verstorben war, untersuchte man seine ganze Hinterlassenschaft, und siehe, sie betrug an Wert kaum zehn *dirham*.

Als Bilāl im Sterben lag, rief seine Frau laut: „O Weh!" Doch er sagte: „O nein, vielmehr: welche Glückseligkeit! Denn morgen treffen wir die geliebten Freunde: Muḥammad und seine Gefährten!"

Es wird berichtet: Als ʿAbdullāh ibn al-Mubārak starb, öffnete er noch einmal seine Augen, lachte und sprach: „*Für solches wie dies sollen die Wirkenden wirken*!" (37:61)

Als Ibrāhīm an-Nakhaʿī im Sterben lag, begann er zu weinen. Man fragte ihn: „Was läßt dich weinen?", und er antwortete: „Ich erwarte einen Boten von Allah, der mir entweder das Paradies oder die Hölle ankündigt."

Ibn al-Munkadir weinte auf seinem Totenbett und wurde gefragt: „Was bringt dich zum Weinen?" Darauf antwortete er: „Bei Allah, ich weine nicht wegen einer Sünde, von der ich weiß, daß ich sie begangen habe, sondern ich fürchte, ich könnte etwas begangen haben, das ich *für ein Leichtes hielt, wo es vor Allah schwer ist* (24:15)."

Als ʿĀmir ibn ʿAbd al-Qays dem Tode nahe war, begann er zu weinen. Man fragte ihn, was ihn zum Weinen brächte, und er antwortete: „Ich weine nicht aus Furcht vor dem Tode noch aus Verlangen nach dieser Welt, sondern ich weine um die durstigen Mittagsstunden und um das Wachen und Beten in den Winternächten, die mir entgangen sind."

Als Fuḍayl im Sterben lag, verlor er das Bewußtsein. Danach öffnete er die Augen und sagte: „Wie lang ist doch die Reise! Und wie unzureichend die Wegzehrung!"

Als Ibn Mubārak dem Tode nahe war, sprach er zu seinem Schützling (*mawlā*) Naṣr: „Leg meinen Kopf in den Staub." Da weinte Naṣr, und als er ihn fragte, warum er weine, antwortete er: „Ich dachte an das glückhafte Wohlleben, das du einst genossest, und nun mußt du elend und in der Fremde sterben!" Darauf sagte er: „Schweig still, denn wahrlich, ich bat einst Allah den Erhabenen, daß Er mich das Leben der Reichen leben und den Tod der

Armen sterben lasse!“ Dann sagte er noch zu ihm: „Sprich mir [die Worte der *shahāda*] vor und halte es nicht gegen mich, wenn ich kein weiteres Wort mehr spreche.“

Es sagte ‘Aṭā’ ibn Yasār: „Einmal erschien einem Sterbenden der leibhaftige Teufel und sagte zu ihm: ‚Du bist errettet.‘ Darauf antwortete dieser: ‚Vor dir bin ich noch nicht in Sicherheit.‘ Ein anderer Mann begann auf seinem Totenbett zu weinen. Man fragte ihn, warum er denn weine. Er antwortete: ‚Wegen eines Verses aus dem Buche Allahs des Erhabenen, gerühmt und verherrlicht sei Er, da Er spricht: *Siehe, Allah nimmt nur von den Gottesfürchtigen an* (5:27).‘“

Al-Ḥasan, möge er Allah wohlgefallen, kam einmal zu einem Mann, der soeben den Geist aufgab. Da sagte er: „Wahrhaftig, der Beginn dieser Angelegenheit ist so, daß man ihr Ende zu fürchten hat, und ihr Ende ist so, daß man sich ihrem Beginn entzieht.“

Es sprach al-Jurayrī: „Ich war anwesend, als al-Junayd im Todeskampf lag; es war dies an einem Freitag und am persischen Neujahrstage (*nayrūz*). Er trug Verse des Qur’āns vor, und als er geendet hatte, fragte ich ihn: ‚In diesem Zustand, o Abu l-Qāsim?‘ Er erwiderte: ‚Wer wäre besser dazu geeignet als ich, da mein Blatt nun aufgerollt ist?‘“

Und es sagte Ruwaym: „Ich war zugegen beim Tode des Abū Sa‘īd al-Kharrāz, da er sprach:

‚Es ersehnen das Erinnern die Herzen der Wissenden,
ihr Erinnern des Mysteriums zur Stunde inniger Zweisamkeit.
Becher des Todestrunks kreisten unter ihnen,
und sie entschliefen der Welt,
wie auch der dankerfüllt Trunkene entschlummert.
Ihre Anliegen schwirren im Lager umher,

wo gleich leuchtenden Sternen
das Volk der Gottesliebe verkehrt.
Den Leib der Erde gelassen, erstorben aus Liebe zu Ihm,
indes die Seelen freudig durch die Schleier
zur höchsten Gegenwart ziehen.
Und sie vermählen sich nicht, bis dem Geliebten sie nahen,
noch erlahmen sie, wenn Kummer sie greift oder Gram.'"

Auch sagte man zu al-Junayd, daß sich Abū Sa'īd al-Kharrāz bei seinem Tode von einem Zustand heftiger Gottesliebe überwältigt fand. Da sagte dieser: „Es wäre nicht verwunderlich, wenn ihm seine Seele aus liebender Sehnsucht entfleucht wäre."

Man fragte Dhu n-Nūn auf seinem Totenbett: „Was begehrst du?", worauf er entgegnete: „Daß ich Ihn einen Augenblick vor meinem Tode erkennen möge."

Man sagte zu einem von ihnen, der im Sterben lag: „Sprich: ‚Allah!'" Da sagte dieser: „Wie lange noch wollt ihr ‚Allah' sagen, indes ich schon in Allah verbrenne!"

Ein anderer von ihnen sagte: „Ich war mit Mumshād ad-Dīnawarī zusammen, als ein Derwisch zu ihnen trat und sagte: ‚Friede sei mit euch! Gibt es hier einen sauberen Platz, wo ein Mensch sterben könnte?' Sie wiesen ihm einen Platz, an dem sich eine Quelle befand. Der Derwisch wiederholte dort seine Gebetswaschung (*wuḍūʾ*), verbeugte sich dann im Gebet, so lange es Allah gewollt hat. Dann ging er hinüber an jenen Platz, streckte seine Beine aus und starb."

Abu l-ʿAbbās ad-Dīnawarī sprach einmal vor seiner Versammlung, als eine Frau vor lauter Verzückung laut aufschrie. Da sagte er zu ihr: „Stirb!" Die Frau stand auf, und als sie bis zur Tür gekommen war, wandte sie sich zu ihm um und sagte: „Ich bin schon gestorben", und fiel tot um.

Man erzählt sich von Fāṭima, der Schwester des Abū ʿAlī ar-Rūdhbārī, daß sie gesagt habe: „Als dem Abū ʿAlī ar-Rūdhbārī die letzte Stunde schlug, lag sein Kopf auf meinem Schoß. Da schlug er die Augen auf und sprach: „Schon sind die Tore zum Himmel geöffnet, die Paradiesgärten prangen voller Zier, und ein Rufer läßt schon verlauten: ‚O Abū ʿAlī, wir haben dich schon zum äußersten Rang gebracht, obschon du ihn nicht suchtest.‘ Dann trug er diese Verse vor:

‚Bei Deiner Wahrheit! Außer Dir will nichts ich schauen
mit dem Auge der Liebe, bis ich Dich erblicke.
Als mein Peiniger erscheinst Du mir, der den Blick mir trübte
und meine Wange erröten ließ aus Scheu vor Dir.‘“

Man sagte zu al-Junayd: „Sprich: *Lā ilāha ill-Allāh*“, worauf er entgegnete: „Ich habe Ihn nicht vergessen, daß ich mich Seiner erinnern müßte.“

Jaʿfar ibn Nuṣayr fragte Bakrān ad-Dīnawarī, einen Bediensteten des Shiblī: „Was hast du an ihm beobachtet?“ Darauf antwortete dieser: „Er sagte: ‚Ich besaß einmal einen *dirham*, der mir rechtens nicht zustand, und obwohl ich danach seinem Besitzer Tausende von *dirham* als *ṣadaqa* [freiwillige Spende] überließ, habe ich im Herzen keine größere Sorge als einen [*dirham*].‘ Dann sagte er noch: ‚Hilf mir die Waschung zum Gebet ausführen‘, und ich tat es, doch vergaß ich ihm dabei durch den Bart zu streichen, und da er nicht mehr fähig war zu sprechen, ergriff er meine Hand und führte sie in seinen Bart, dann verschied er.“ Da weinte Jaʿfar und sprach: „Was redet ihr über einen Mann, der nicht einmal in seinem letzten Atemzug unterläßt, die Feinheiten des göttlichen Gesetzes zu beachten?“

Man sagte zu Bishr ibn al-Ḥārith, als er im Sterben lag und es ihm unerträglich schwer wurde: „Es scheint, daß du das Leben sehr liebst?" Darauf antwortete er: „Das Zugehen auf Allah ist sehr schwer."

Man sagte zu Ṣāliḥ ibn Mismār: „Willst du nicht deinen Sohn und deine Familie jemandem anvertrauen?" Darauf antwortete er: „Ich schäme mich vor Allah, sie einem anderen außer Ihm anzuvertrauen!" Als Abū Sulaymān ad-Dārānī im Sterben lag, kamen seine Gefährten zu ihm und sagten zu ihm: „Sei frohen Mutes, denn du begibst dich zu einem Herrn voller Gnade und Erbarmen." Da entgegnete er ihnen: „Solltet ihr nicht eher sprechen: ‚Hab acht! Denn du trittst nun vor einen Herrn, der dich deiner kleineren Sünden wegen zur Verantwortung zieht und der dich für die größeren bestraft!"

Als sich der Tod dem Abū Bakr al-Wāsiṭī nahte, sagte man zu ihm: „Gib uns noch eine letzte Empfehlung!" Da sprach er: „Beherziget, was Allah (*al-ḥaqq*) für euch beabsichtigt."

Als einer von ihnen im Sterben lag, begann seine Ehefrau zu weinen, und er fragte sie: „Warum weinst du?" Sie antwortete ihm: „Ich weine um deinetwillen." Da sagte er: „Wenn du schon weinen mußt, so weine lieber um dich selbst, denn ich weine schon vierzig Jahre lang wegen dieses Tages."

Es sprach al-Junayd: „Ich ging hinein und besuchte Sarī as-Saqaṭī in seiner letzten Krankheit und fragte ihn nach seinem Befinden. Da ersann er diesen Vers und sprach:

‚Wie sollt ich meinem Heiler klagen, welche Not ich leide,
da doch die Not, die ich leide, von meinem Heiler kommt?'

Da nahm ich den Fächer, um ihm Kühlung zuzufächeln, doch er sagte: ‚Wie soll der Wind des Fächers einem Kühlung bringen, dessen Innereien am Verbrennen sind?' Dann ersann er diese Verse und trug sie vor:

‚Das Herze lodert, die Tränen strömen,
der Schmerz hält Einkehr, die Fassung schwindet.
Wie soll der bestehen, der kein Bestehen kennt,
bei aller Lust, Sehnsucht und Unruhe, der er verfallen?
O Herr, sollte es für mich noch einen Quell der Freude geben,
So gewähr ihn mir, so lang ein Lebensfunke mir verbleibt.'"

Es wird berichtet, daß ash-Shiblī eine Gruppe seiner Gefährten besuchen kam, da er im Sterben lag. Sie sagten zu ihm: „Sprich: Es ist kein Gott außer Allah!" Da dichtete er diese Verse und trug sie vor:

„Wahrlich, das Haus, in dem Du weilst,
bedarf keiner Laterne.
Dein ersehntes Antlitz ist unser Beweis,
am Tage, da die Menschen ihre Beweise bringen.
Möge Allah mir keine Linderung gewähren,
am Tage, da ich von dir Linderung erbitte."

Man erzählt sich, daß Abu l-'Abbās ibn 'Aṭā' zu al-Junayd kam, als dieser im Todeskampf lag. Er begrüßte ihn, erhielt aber keine Antwort. Nach geraumer Zeit antwortete er ihm sodann und sprach: „Vergib mir, war ich doch mit meiner Übung (*wird*) beschäftigt!" Dann wandte er sein Gesicht zur *qibla*, sprach *Allāhu akbar* (*takbīr*) und verschied.

Man sagte zu al-Kattānī, als er im Sterben lag: „Was waren deine Werke?" Er antwortete: „Stünde mir mein Tod nicht unmittelbar bevor, ich wollte es euch nicht sagen! Vierzig Jahre lang stand ich am Tore meines Herzens, und jedesmal, daß anderes als Allah daran vorbeizog, verwehrte ich ihm den Zutritt."

Von al-Muʿtamir erzählt man, er habe einmal gesagt: „Ich befand mich unter jenen, die in der Todesstunde des al-Ḥakam ibn ʿAbd al-Malik zugegen waren. ‚O Herr, unser Gott', sagte ich da, ‚erleichtere ihm die Todesqualen, denn was gewesen ist, ist vorbei.' Und ich begann, seine guten Eigenschaften zu erwähnen. Da kam er zu sich und fragte: ‚Wer ist es, der da spricht?' Ich antwortete: ‚Ich bin es!' Er sagte: ‚Wahrlich, der Engel des Todes, Friede sei mit ihm, spricht zu mir: ‚Ich bin voller Zartheit gegen alle, die großzügig waren.'' Daraufhin verschied er."

Ḥudhayfa war zugegen, als der Tod zu Yūsuf ibn Asbāṭ kam. Er fand ihn in einem Zustand von Unruhe vor und fragte ihn: „O Abū Muḥammad, so ist nun die Zeit der Unruhe und Bedrängnis gekommen!" Er sagte darauf: „O Abū ʿAbdullāh! Wie sollte ich mich nicht beunruhigen und nicht bedrängt fühlen, weiß ich doch nicht, ob ich in all meinen Werken auch aufrichtig war gegen Allah." Da sagte Ḥudhayfa: „Wie erstaunlich ist doch dieser rechtschaffene Mensch, der bei seinem Tode schwört, er wisse nicht, ob er in seinen Werken auch aufrichtig gewesen ist gegen Gott!"

Al-Maghāzilī berichtet: „Ich kam einmal zu einem meiner Shaykhs, der erkrankt war und sehr litt. Er sagte: ‚Dir ist es möglich zu handeln, wie Du willst! So verfahre doch sanft mit mir!'"

Einer der Shaykhs trat zu Mumshād ad-Dīnawarī herein, als er im Sterben lag, und sagte zu ihm, in Form einer Gebetsformel: „Allah der Erhabene hat gehandelt und gewirkt." Da lachte er laut und sagte: „Seit dreißig Jahren wird mir das Paradies vorgeführt mit allem, was darinnen ist, und ich habe keinen Blick darauf verschwendet."

Bei seinem Tode sagte man zu Ruwaym: „Sprich: *Lā ilāha ill-Allāh*!" Er antwortete: „Nichts anderes will mir gelingen."

Als ath-Thawrī dem Tode nahe war, sagte man zu ihm: „Sprich: *Lā ilāha ill-Allāh*!" Er aber antwortete: „Ist der Befehl denn noch nicht ergangen?"

Al-Maznī besuchte einst ash-Shāfi'ī, Allah sei beiden gnädig, während seiner letzten Krankheit und sagte zu ihm: „Wie geht es dir heute morgen, o Abū 'Abdullāh?" Da sagte er: „Ich erwachte heute morgen als ein Reisender, der diese Welt verlassen und sich von seinen Gefährten trennen wird; der seinen Taten begegnen, den Becher des Todes leeren und zu Allah dem Erhabenen gelangen wird. Doch weiß ich nicht, ob meine Seele ins Paradies eingeht, auf daß ich sie beglückwünsche, oder ob sie ins Feuer fährt, auf daß ich sie tröste."

Dann ersann er diese Verse und trug sie vor:

„Als mein Herz verhärtet und mein Weg mir eng geworden,
da machte ich meine Hoffnung zur Leiter
nach Deiner Vergebung;
Schwer drückte mich meiner Sünden Last,
doch als ich sie maß
an Deiner Vergebung, Herr, da überragte sie vielmals.
Du vergibst beständig die Schuld, unablässig ist
Deine Großmut, Du verzeihst aus Deiner Güte und Huld.
Wärest nicht Du, kein Andächtiger
wäre vom Teufel verwirrt,
wie auch nicht, hat er doch schon Adam,
den reinen Erwählten, beirrt."

Als Aḥmad ibn Khiḍrawayhī im Sterben lag, stellte man ihm eine Frage. Da füllte sich sein Aug' mit Tränen, und er sprach: „O mein Sohn! Eine Tür, an der ich seit fünfundneunzig Jahren klopfe, ist eben dabei, sich mir aufzutun, doch weiß ich nicht, ob sie zur Glückseligkeit führt oder zur ewigen Pein. Wie sollte ich da Zeit finden zu einer Antwort?“

Dieses also sind ihre Aussprüche. Sie unterscheiden sich nur im Hinblick auf den unterschiedlichen Zustand, in dem sie sich befanden. Einige von ihnen waren von Furcht übermannt, während bei anderen die Hoffnung überwog. Bei manchen war es Sehnsucht und glühende Gottesliebe. Ein jeder von ihnen spricht aus dem Zusammenhang seines Zutandes, und im Hinblick auf ihre Zustände sind all ihre Aussagen richtig.

Das sechste Kapitel

Von den Worten der Weisen über Begräbnisse und Friedhöfe und wie über den Besuch an Gräbern zu urteilen ist

So wisse, daß Begräbnisse für den Einsichtigen Lehrbeispiele sind, worin Mahnung und Erinnerung für die Achtlosen liegen. Doch bei ihnen bewirkt das Zugegensein lediglich, daß die Verhärtung ihres Herzens zunimmt, da sie meinen, immer nur den Begräbnissen anderer beizuwohnen, und nicht damit rechnen, daß sie unweigerlich eines Tages selbst im Beerdigungszug davongetragen werden. Oder aber sie rechnen damit, glauben aber nicht, daß sich dies schon sehr bald ereignen könnte; sie denken nicht daran, daß die, die jetzt im Beerdigungszug fortgetragen werden, ebenfalls dieser Meinung waren. Ihre Rechnung ist falsch, und schon bald wird ihre Frist abgelaufen sein. Drum sollte ein Gottesknecht keinem Begräbnis zusehen, ohne sich vorzustellen, daß er selbst es ist, den man da vorbeiträgt, denn in Bälde schon wird er es sein. Es ist, als hätte es sich schon ereignet; schon morgen könnte es sein oder den folgenden Tag. Man berichtet von Abū Hurayra, der, sooft er einen Beerdigungszug sah, zu sagen pflegte: „Zieht nur vorbei, wir folgen."

Jedesmal, daß Makḥūl ad-Dimashqī einen Beerdigungszug sah, sagte er: „Geht nur, denn wir brechen auch bald auf. Eine beredte Mahnung, der allzu schnell Achtlosigkeit folgt, da ersterer dahingeht und letzterer keinen Verstand besitzt."

Es sagte Usayd bin Ḥuḍayr: „Nie wohnte ich einer Beerdigung bei, ohne mich selbst zu mahnen, daß mir ähnliches zustoßen wird wie ihm und daß mir ein ähnliches Ziel bevorsteht."

Als der Bruder des Mālik ibn Dīnār verstarb, geleitete Mālik seinen Begräbniszug, weinte und sprach: „Bei Allah, ich werde keinen Trost finden, bevor ich nicht weiß, wohin du gegangen bist; dies aber werde ich zu meinen Lebzeiten nie erfahren."

Al-Aʿmash aber sagte: „Wir gingen auf Beerdigungen und wußten gar nicht, wen wir zu trösten hatten, weil alle trauerten."

Es sagte Thābit al-Bunānī: „Wir gingen auf Beerdigungen, wo wir keinen sahen, der nicht sein Gesicht bedeckte und weinte."

Derart fürchteten sie sich damals vor dem Tode. Wie sieht es dagegen heute aus! Wir sehen die meisten Leute auf Beerdigungen lachen und sich dabei vergnügen, und sie reden nur vom Erbe und was er seinen Nachkommen vermacht hat, und seine Freunde und Verwandten überlegen sich nur, mit welchen Winkelzügen sie sich etwas von diesem Vermächtnis aneignen könnten. Keiner von ihnen – es sei denn durch Gottes Willen – denkt an sein eigenes Begräbnis und an seinen eigenen Zustand, wenn er dereinst davongetragen wird. Der Grund für diese Achtlosigkeit ist kein anderer als die Verhärtung der Herzen aufgrund der Vielzahl der Sünden und Vergehen, wodurch wir Allah den Erhabenen, den Jüngsten Tag und die Schrecken, die vor uns liegen, vergessen. Wir widmen uns der Ablenkung und dem Zeitvertreib und beschäftigen uns mit Dingen, die uns nichts angehen. Wir bitten Allah den Erhabenen, daß Er uns aus dieser Achtlosigkeit erwecke! Wahrlich, die beste Gesinnung für die Teilnehmer an einer Beerdigung ist, um den Verstorbenen zu weinen, und wenn sie verständig wären, weinten sie mehr noch um sich selbst als um den Toten.

Ibrāhīm az-Zayyāt beobachtete einmal eine Gruppe von Leuten, die um Gnade für einen Verstorbenen beteten. Da sagte er zu ihnen: „Es wäre besser für euch, ihre würdet für euch selbst um Gnade beten, denn dieser Tote ist nun von drei Schrecken befreit: Das Antlitz des Todesengels hat er schon erblickt, die Bitternis des Todes hat er bereits gekostet, und vor der Todesangst ist er nun auch in Sicherheit."

Es sagte Abū 'Amr ibn al-'Alā': „Ich saß einmal bei Jarīr, während er seinem Schreiber seine Gedichte diktierte. Da zog ein Beerdigungszug vorbei, und er hielt inne und sprach: ‚Bei Allah, diese Begräbnisse haben mein Haupthaar ergrauen lassen!' Dann dichtete er und trug diese Verse vor:

‚Leichenzüge schrecken uns, wenn sie sich nahen,
doch wenn sie vorüber, vergnügen wir uns.
Wie die Herde erschrickt beim Angriff des Wolfes
und das Weiden fortführt, sobald er verschwunden.'"

Zu den Schicklichkeiten bei Beerdigungen gehören Nachdenklichkeit, Achtsamkeit, vorbereitet zu sein und den Schritt in Demut vor den Leichenzug zu setzen – das hatten wir bereits über die Sitten und Bräuche in der Abhandlung der Rechtswissenschaft erwähnt. Und zu den Schicklichkeiten gehört es auch, von dem Toten Gutes zu denken, selbst wenn er ein sündiger Mensch war, und von der eigenen Seele schlecht zu denken, selbst wenn sie sich nach außen hin fromm gebärdet. Denn das letzte Ende ist eine Gefahr, von deren wahrer Beschaffenheit du nichts weißt. Es wird darum von 'Umar ibn Dharr berichtet, daß einmal einer seiner Nachbarn verstarb. Er hatte ein aufwendiges Leben geführt, weshalb die meisten Leute sich von seinem Begräbnis fernhielten. Doch 'Umar ging hin und betete für ihn, und als man ihn in sein Grab hinabgelassen hatte, stand er an seinem Grab und sprach: „Möge Allah sich deiner erbarmen, o Vater des Sowieso, du verbrachtest dein ganzes Leben mit dem Bekenntnis der Einheit Gottes, und bei der Niederwerfung im Gebet riebst du dein Antlitz im Staub. Obwohl sie dich einen Sünder und Frevler heißen, wer von uns wäre nicht ein Sünder oder ein Frevler zu nennen?"

Es wird berichtet, daß einmal in einem Stadtteil von Basra ein Mann verstarb, der ein zutiefst lasterhaftes Leben geführt hatte. Seine Frau konnte niemanden finden, der ihr dabei half, seinen Leichnam fortzutragen, da aufgrund seiner vielen Schändlichkeiten keiner der Nachbarn sich mit ihm abgeben wollte. Da heuerte sie Lastenträger an und ließ ihn zu dem Platz tragen, an dem das Totengebet verrichtet wird. Doch es war keiner, der das Totengebet für ihn betete, und so trug sie ihn hinaus in die Wüste, um ihn dort zu bestatten. Doch auf einem nahen Berge wohnte einer der großen Asketen. Er erschien ihr wie einer, der auf einen Leichenzug wartete, und er kam auch sogleich herbeigelaufen, um das Gebet für ihn zu verrichten.

Die Nachricht verbreitete sich rasch in der Stadt, daß der Asket herabgestiegen sei, um für den Sowieso zu beten. Da strömten die Leute aus der Stadt herbei, und der Asket leitete das Totengebet, und alle beteten es mit ihm. Das Volk aber wunderte sich, daß der Asket für einen solchen Menschen betete. Er erklärte es ihnen: „Es wurde mir im Traum gesagt: ‚Begib dich an einem bestimmten Platz, wo du einen Leichnam finden wirst, den einzig eine Frau begleitet. Verrichte über diesen das Totengebet, denn er hat Vergebung seiner Sünden erlangt.'" Da mehrte sich ihre Verwunderung, und der Asket rief die Frau herbei und befragte sie über den Gesinnungszustand des Toten und wie seine Lebensführung gewesen sei. Darauf antwortete sie: „Wie wohl bekannt ist, verbrachte er den ganzen Tag in der Weinschenke und beschäftigte sich mit Weintrinken." Da fragte der Asket: „Sieh her, weißt du nicht ein einziges gutes Werk, das er tat?" Sie erwiderte: „O doch, es waren derer drei: Jeden Morgen um die Zeit des Morgengebets erwachte er aus seiner Trunkenheit, zog sich neue Kleider an und unternahm die Waschung zum Gebet. Dann betete er das Morgengebet mit der Gemeinde. Danach begab er sich wieder zur Weinschenke und sündigte weiter. Das zweite war, daß sein Haus nie eines oder zweier Waisenkinder entbehrte, denen er sogar noch mehr Güte bezeigte als seinen eigenen Kindern und um die er sich in höchstem Maße besorgte. Das dritte aber war, daß er inmitten seiner Trunkenheit im Dunkel der Nacht erwachte, weinte und zu sagen pflegte: ‚O mein Herr, in welchen Höllenwinkel wirst Du wohl diesen besudelten Menschen hineinstecken?'" – womit er sich selbst meinte. Da ging der Asket von dannen, da die Angelegenheit damit geklärt war.

Von Ṣila ibn Ashyam wird berichtet, daß er seinen Bruder beerdigte und an seinem Grabe sprach:

„Wirst du daraus errettet, von Ungeheurlichem bist du erlöst;
andernfalls, für erlöst halte ich dich wahrlich nicht."

Eine Darlegung des Zustands im Grabe sowie ihrer Worte am Grab

Es sagte aḍ-Daḥḥāk: „Einst fragte ein Mann: ‚O Gesandter Gottes! Wer ist von allen Menschen der enthaltsamste?' Da sagte er: ‚Wer das Grab und die Verwesung nicht vergißt und die Prachtfülle dieser Welt aufgibt und der das Bleibende dem

Vergänglichen vorzieht, und der den morgigen Tag nicht zu seinen Lebenstagen zählt und sich selbst zu den Bewohnern des Grabes rechnet.'"[77]

Zu ʿAlī, möge Allah sein Antlitz adeln, wurde einmal gesagt: „Was hast du, daß du gleich neben dem Friedhof Wohnung beziehst?" Er antwortete: „Wahrlich, ich halte sie für die besten Nachbarn; ich halte sie für Nachbarn in Wahrhaftigkeit, die ihre Zungen im Zaum halten und an das Jenseits gemahnen."

Der Gesandte Gottes, Allah segne ihn und schenke ihm Frieden, sprach: „Nie gewahrte ich einen Anblick, den das Grab an Schrecken nicht übertroffen hätte."[78]

Es sagte ʿUmar ibn al-Khaṭṭāb, möge er Allah wohlgefallen: „Wir gingen einmal mit dem Gesandten Gottes, Allah segne ihn und schenke ihm Frieden, hinaus zum Friedhof. Dort setzte er sich bei den Gräbern nieder, und von allen Leuten saß ich ihm am nächsten. Er weinte, und ich weinte mit ihm, und alle anderen taten es ebenfalls. Da fragte er uns: ‚Warum weint ihr?' ‚Wir weinen, weil du weinst', antworteten wir ihm. Er aber sprach: ‚Dies ist das Grab meiner Mutter Āmina bint Wahab. Ich bat meinen Herrn um Erlaubnis, es besuchen zu dürfen, und es wurde mir gestattet. Dann bat ich darum, für sie um Vergebung bitten zu dürfen, doch wurde mir dies verweigert, und da überkam mich die Regung, die den Sohn befällt.'"[79]

Sooft ʿUthmān ibn ʿAffān, möge er Allah wohlgefallen, an einem Grabe stand, pflegte er so sehr zu weinen, daß sein Bart vor Nässe troff. Man befragte ihn deswegen und sagte zu ihm: „Du sprichst von Himmel und Hölle und weinst dabei nicht, doch weinst du, sooft du an einem Grabe stehst!" Darauf erwiderte er: „Ich hörte den Gesandten Gottes, Allah segne ihn und schenke ihm Frieden, sagen: ‚Das Grab ist die erste Station des Jenseits. Falls sein Insasse Erlösung davon findet, so wird das folgende leichter für ihn werden; wird er jedoch nicht davon erlöst, wird das, was ihm folgt, noch schwerer sein.'"[80]

Es heißt, daß 'Amr ibn al-'Āṣ einmal auf einen Friedhof sah, abstieg und zwei *rak'as* betete. Man sagte zu ihm: „Bisher hast du solches nicht getan." Er sagte: „Ich gedachte der Bewohner der Gräber und dessen, was zwischen sie und solches [d. h., fromme Werke] gekommen ist. Da wollte ich mich Allah durch diese beiden [*rak'as*] nähern."

Es sagte Mujāhid: „Als erstes wird sein Grab zu dem Sohn Adams sprechen, und es sagt: ‚Ich bin die Wohnung der Würmer, das Haus des Alleinseins, der Einsamkeit und der Finsternis. Dies ist es, was ich für dich bereithalte; doch was hast du mir bereitet?'"

Es sprach Abū Dharr: „Soll ich euch künden vom Tage meiner Armut? Es ist der Tag, an dem man mich ins Grab legt."

Abu d-Dardā' pflegte sich viel an Grabesrändern aufzuhalten. Bemerkungen darüber drangen an sein Ohr, und er erklärte: „Ich sitze bei Leuten, die mir mein Lebensziel vor Augen halten und die mir nicht übel nachreden, wenn ich aufstehe, um zu gehen."

Ja'far ibn Muḥammad pflegte nachts zu den Gräbern zu gehen und zu sagen: „O ihr Bewohner der Gräber! Was ist nur mit mir, daß ihr mir nicht antwortet, wenn ich euch rufe!" Dann sagte er: „Bei Allah, es ist etwas dazwischengekommen, daß sie mir keine Antwort geben! Es ist, als ob ich ihnen gleich werden müßte!" Danach widmete er sich dem Gebet bis zum Anbruch der Morgendämmerung.

'Umar ibn 'Abd al-'Azīz sagte zu einem Mann, der bei ihm saß: „O Sowieso! Heute nacht fand ich keinen Schlaf vor lauter Gedanken an das Grab und an seinen Bewohner. Wahrhaftig, erblicktest du einen Toten nach drei Tagen in seinem Grabe, du schrecktest vor seiner Nähe zurück, auch wenn du lange Zeit hindurch mit ihm vertrauten Umgang pflegtest. Denn du sähest ein Haus, in dem es vor Ungeziefer wimmelt, in dem Eiter fließt und das Würmer durchkreuzen, dessen Geruch verändert ist und dessen Leichengewänder zerfallen sind, wo dereinst angenehme Behaglichkeit, lauterer Wohlgeruch und reinliche Bekleidung herrschten.“ So sprach er, seufzte tief und fiel bewußtlos zu Boden.

Yazīd ar-Ruqāshī pflegte zu sagen: „O du, der du in deiner Grube begraben liegst, allein in der Abgeschiedenheit des Grabes, der du im Bauch der Erde allein deine Werke zur Gesellschaft hast! Wüßte ich nur, welche Taten dich erfreuen und welche deiner Gefährten dich entzücken!“ Dann weinte er, bis sein Turbantuch ganz durchfeuchtet war, und sprach: „Bei Allah, er erfreut sich seiner redlichen Werke, und bei Allah, es entzücken ihn seine Gefährten, die einander im Gehorsam gegen Allah den Erhabenen unterstützten.“ Sooft er die Gräber betrachtete, begann er wie ein Stier zu brüllen.

Ḥātim al-Aṣamm sagte: „Wer beim Passieren eines Friedhofs nicht an sich selbst denkt und nicht für die dort Liegenden betet, der hat sich selbst betrogen und jene ebenso.“

Bakr al-ʿĀbid pflegte zu sagen: „O meine Mutter, hättest du mich doch nie empfangen! Denn deinem Sohne steht eine lange Haft im Grabe bevor und danach die Weiterreise.“

Es sagte Yaḥyā ibn Muʿādh: „O Sohn Adams! Dein Herr lädt dich ein zur Stätte des Friedens, drum sieh zu, von wo aus du Ihm erwiderst. Erwidertest du Ihm aus deiner Welt und warst du mit der Reise zu Ihm beschäftigt, dann sollst du in sie eingehen; erwiderst du Ihm jedoch erst aus deinem Grabe, so ist sie dir verwehrt.“

Sooft al-Ḥasan ibn Ṣāliḥ über die Gräber hinblickte, sagte er: „Wie schön ist doch dein Äußeres! Wahrlich die Schrecken liegen in deinem Inneren!“

Wenn es Nacht wurde, ging ʿAṭāʾ as-Salīmī hinaus auf den Friedhof und sagte: „O ihr Volk in den Gräbern! Ihr seid verstorben, und was für ein Tod das war! Ihr habt eure Werke gesehen, und was waren das für Werke!" Dann sagte er noch: „Morgen wird auch ʿAṭā' auf dem Friedhof liegen!" Auf diese Weise fuhr er fort, bis der Morgen graute.

Es sagte Sufyān: „Wer oft des Grabes gedenkt, der wird darin einen Paradiesgarten vorfinden; wer aber dieses Gedenken versäumt, der findet darin einen Abgrund der Hölle."[81]

Ar-Rabīʿ ibn Khuthaym hob in seinem Hause ein Grab aus, und sooft er in seinem Herzen eine Verhärtung bemerkte, stieg er hinein und legte sich darin nieder. Er verweilte dort solang Allah es wollte, danach sprach er: *Mein Herr, sende mich zurück, auf daß ich Gutes tue, was ich unterließ.* (23:99 f.), und wiederholte dies, dann sagte er zu sich selbst: „O Rabīʿ! Ich habe dich zurückgesandt, so handle nun!"

Es sagte Aḥmad ibn Ḥarb: „Die Erde verwundert sich über den Menschen, der sein Bett ausbreitet und sich ein Lager bereitet, um sich schlafen zu legen. Sie spricht zu ihm: ‚O Sohn Adams, wieso gedenkst du nicht der langen Zeit deiner Verwesung, da nichts zwischen mir und dir sein wird?"

Maymūn ibn Mihrān sagte: „Ich ging einmal mit ʿUmar ibn ʿAbd al-ʿAzīz hinaus auf den Friedhof. Als er über die Gräber hinblickte, begann er zu weinen, dann wandte er sich mir zu und sprach: ‚O Maymūn! Dieses sind die Gräber meiner Vorfahren, der Banī Umayya. Es ist, als hätten sie nie am Leben und an den Freuden des weltlichen Volkes teilgehabt. Siehst du sie hier nicht zur Erde niedergestreckt? *Aber schon vor ihnen waren Exempel* (13:6); die Verwesung hat sich ihrer bemächtigt, und Ungeziefer hat sich ihren Leib zur Wohnung gemacht.' Dann weinte er wieder und sagte: ‚Bei Allah, ich weiß keinen glücklicher zu nennen als den, der in diese Gräber einging und vor der Strafe Gottes in Sicherheit ist!"

Thābit al-Bunānī aber sagte: „Ich ging einmal auf den Friedhof. Als ich mich zum Gehen wandte, vernahm ich eine Stimme, die rief: ‚O Thābit! Laß dich nicht täuschen vom Schweigen der Bewohner hier, denn gar viele Seelen liegen hier in großem Unglück!'"

Es wird berichtet, daß Fāṭima bint al-Ḥusayn der Bestattung ihres Gemahls al-Ḥasan ibn al-Ḥasan zusah und dabei ihr Gesicht bedeckte und diese Verse vortrug:

„Sie waren Hoffnung, dann wurden sie zu Verlust;
gewaltig und schwerwiegend sind diese Verluste."

Es heißt, daß sie ein Zelt über seiner Grabstatt errichtete und darin ein ganzes Jahr in Zurückgezogenheit verbrachte. Als das Jahr vergangen war, bauten sie das Zelt ab, und sie kehrte nach Medina zurück. Da hörten sie eine Stimme, die von einer Seite des Friedhofs von al-Baqīʿ [in Medina] erklang: „Haben sie gefunden, was sie suchten?" Dann vernahm man von einer anderen Seite: „Keineswegs, sie verzagten und kehrten zurück."

Es sagte Abū Mūsā at-Tamīmī: „Es starb die Gemahlin von al-Farazdaq, und die Würdenträger von Basra gingen alle zu ihrer Bestattung. Unter ihnen war auch al-Ḥasan, der zu ihm [al-Farazdaq] sprach: ‚O Abū Firās! Was hast du für diesen Tag vorbereitet?' Er antwortete: ‚Sechzig Jahre des Bekenntnisses *lā ilāha ill-Allāh.*' Als man sie beerdigt hatte, stand al-Farazdaq an ihrem Grab und sprach:

‚Ich fürchte, was jenseits des Grabes,
wenn Du mir nicht vergibst,
brennender als das Grab und beengter noch,
wenn am Auferstehungstage ein rauher Führer zu mir tritt
und ein Treiber, um Farazdaq fortzutreiben.

Verloren ist jener Sohn Adams, der,
am Hals mit Ketten gebunden,
blau angelaufen dem Feuer entgegengeht.'"

Und man hat über die Bewohner der Gräber folgende Verse gedichtet:

Verhalte bei den Gräbern und sprich zu den Gefilden:
„Wer von euch liegt unbekannt
in ihren Finsternissen verschüttet?
Und wer von euch liegt voll Ehren in ihren Tiefen
und kostet die Kühle, sicher vor ihren Schrecknissen?"
Die Stille, dem Betrachter erscheint sie einerlei,
ihrer Rangstufen Vorzug ist nicht offenbar.
Gäben sie dir Antwort, sie täten sie mit Zungen kund,
die dir die Wirklichkeit beschrieben,
von ihrem Umstand einiges.
Der Folgsame soll in einem Garten wohnen
und sich nach Belieben ergehen
unter hohen, schattenreichen Bäumen;
doch der störrische Sünder wälzt ruhelos sich in der Grube
und sucht Zuflucht bei ihren Schlangen,
indes Skorpione auf ihn zujagen
und seine Seele durch ihre Stiche schlimme Qualen leidet.

Dāwūd aṭ-Ṭā'ī ging einmal an einer Frau vorüber, die weinend an einem Grabe saß und sprach:

„Deines Lebens gingst du verlustig und fandest es nicht,
als du im Grabe warst, da man dich begrub;
wie soll ich da den Geschmack des Schlummers kosten,
da auf deiner rechten Seite sie dich betteten?"

Dann sprach sie: „O mein Sohn! An welcher deiner Wangen haben die Würmer wohl ihr Werk begonnen?“ Bei diesen Worten blieb Dāwūd angewurzelt stehen und fiel wie vom Blitz getroffen bewußtlos zu Boden.

Es sagte Mālik ibn Dīnār: „Ich ging einmal am Friedhof vorbei, schmiedete diese Verse und trug sie laut vor:

Ich gelangte zu den Gräbern und rief hinüber:
‚Wo ist nun der Mächtige und wo der Geächtete?
Wo ist er, der sich wichtig tat mit seiner Macht?
Und wo der Almosenspender, der sich seiner Gaben brüstet?‘“

Dann sagte er: „Da rief man mir von den Gräbern aus zu, und obwohl ich niemanden sehen konnte, vernahm ich eine Stimme, die sprach:

‚Sie alle sind entschwunden, keiner kündet von ihnen,
sie starben alle, und mit ihnen erstarb jede Kunde.
Die Töchter der Erde kommen und gehen
und löschen aus jener Lieblichkeit Form.
O du, der du mich nach den Verblichenen fragst,
liegt in dem, was du siehst, für dich keine Lehre?‘
Da kehrte ich weinend heim“, sagte er.

Verse, die man auf Gräbern geschrieben fand

Auf einem Grab fand man geschrieben:

Die Gräber flüstern dir zu, und doch sind sie stumm,
indes ihre Bewohner unter der Erde stille liegen;
o du, der du die Welt ansammelst ohne Ertrag,
für wen sammelst du die Welt, da auch du sterben wirst?

Auf einem anderen Grab stand geschrieben:

O Abū Ghānim! Dein Obdach ist geräumig,
von festen Mauern umgeben dein Grab;
doch nicht nutzt dem Begrabenen die Bauart seines Grabes,
während sein Leib darinnen zerfällt.

Es sagte Ibn as-Samāk: „Ich ging einmal am Friedhof vorüber und las auf einem Grab diese Verse:

Meine Anverwandten gehen an meinem Grab vorbei,
als hätte meine Verwandtschaft mich nie gekannt;
meine werten Erben verteilen mein Gut
und entblöden sich nicht, meine Schulden zu verwerfen;
ihren Teil nahmen sie sich und leben fort,
bei Allah, wie schnell haben sie mich vergessen!"

Auf einem anderen Grab stand geschrieben:

Wahrlich, der Geliebte wird seinen Anverwandten entwendet,
kein Torhüter und kein Wächter kann dem Tode wehren;

wie kannst du dich der Welt und ihrer Genüsse erfreuen,
o du, dessen Worte und Atemzüge von bemessener Zahl sind?
Nun gehst du achtloser Mensch ganz im Mangel unter,
indes du dein Leben lang in Genüssen schwelgtest.
Der Tod zeigt dem Unverständigen
ob seiner Achtlosigkeit kein Erbarmen
und ebensowenig dem, den man um Wissen ersuchte.
Wie oft schon stand ich am Grab, wo der Tod
einer Zunge die Antwort versagte,
die zuvor nicht stumm gewesen.
Deine Burg war wohlgebaut und reich an Ehren,
doch heute liegt dein Grab verwildert
inmitten von Grabhügeln.

Auf einem anderen Grab stand geschrieben:

Ich stand bei meinen Lieben, da ihre Gräber
sich reihten wie Pferde im Wettrennen;
ich weinte, und meine Tränen strömten, doch da entdeckten
meine Augen unter ihnen meinen eigenen Platz.

Auf dem Grab eines Arztes fand sich folgende Inschrift:

Ich sprach, als man mir sagte,
Luqmān ist in sein Grab gestiegen:
„Wo ist die Arznei, die er verschrieb,
wo seine Findigkeit im Umgang mit dem Wasser
und sein Feingefühl?
Welche Torheit! Andere wird kaum beschützen können,
wer sich selbst nicht zu helfen weiß."

Auf einem anderen Grab stand geschrieben:

O Menschen! Einstmals besaß ich Hoffnung,
doch sonderte mich der Tod von ihrer Erfüllung.
Der Mensch soll seinen Herrgott fürchten,
der ihn zu Lebzeit zum Handeln befähigt.
Nicht nur mich trug man zu dem Platze, den du hier siehst,
ein jeder wird zu dem seinen hingetragen.

Diese Inschriften fanden sich auf den Gräbern, da deren Insassen es versäumt hatten, sich vor ihrem Tode mahnen zu lassen. Der einsichtige Mensch ist der, der die Gräber anderer Leute betrachtet und seinen eigenen Platz unter ihnen wahrnimmt; der Vorbereitung trifft, sich ihnen anzuschließen, und der weiß, daß sie nicht von ihren Plätzen weichen werden, bis er zu ihnen stößt. Es soll ihm klar bewußt sein, daß, würde ihnen auch nur einer seiner vergeudeten Lebenstage angeboten, dieser ihnen lieber wäre als die Welt mit allem, was dazugehört, weil sie den Wert des Lebens nun kennen und ihnen das wahre Wesen der Dinge aufgetan worden ist. Ihre Sehnsucht nach einem einzigen Lebenstag ist darauf gerichtet, daß der fehlerbeladene Mensch seine Mängel ausgleichen möge und sich dadurch von der Strafe befreien könne und daß der, dem Glückseligkeit verheißen, seinen Rang noch erhöhen könne, damit ihm Belohnung vermehrt zuteil würde. Sie werden sich des Wertes der Lebenszeit erst bewußt, nachdem sie ihnen genommen ist, daher sehnen sie sich so nach nur einer einzigen Stunde des Lebens. Du aber hast das Vermögen, diese Stunde zu leben, ja vielleicht sogar der Stunden mehrere, und doch vergeudest du deine Zeit. So richte dich darauf ein, diese Vergeudung schmerzlich zu bedauern, wenn es dir nicht mehr gegeben ist zu entscheiden, sofern du nicht vorbaust und beizeiten den dir bemessenen Anteil deiner Lebensstunden ergreifst.

Es sagte einmal ein redlicher Mann: „Ich sah einen meiner Glaubensbrüder im Traum und sagte zu ihm: ‚O Sowieso, du lebst ja, Preis sei Allah, dem Weltenherrn!‘ Darauf antwortete er: ‚Wäre ich nur imstande, dies zu sprechen‘ – das heißt, die Worte Preis sei Allah, dem Weltenherrn –, ‚es wäre mir lieber als die ganze Welt mit allem, was sie enthält.‘ Dann sagte er noch: ‚Hast du nicht gesehen, wo sie mich beerdigt haben? Der Sowieso kam und betete dort zwei *rakʿas*. Wäre ich nur dazu fähig, diese zwei *rakʿas* zu beten, es wäre mir lieber als die Welt mit allem, was in ihr ist.‘“

Darlegung ihrer Sprüche beim Tode eines Kindes

Es schickt sich für einen, dessen Kind oder naher Anverwandter stirbt, daß er dessen Vorauseilen in den Tod so ansieht, als befänden sie sich beide auf einer Reise, in deren Verlauf das Kind vor ihm das Land erreicht, in dem seine Wohnung und Heimstatt liegt. So wird sein Unglück ihn nicht überwältigen, denn er weiß, daß er ihn bald einholen wird und daß es für sie nur eine Frage von früher oder später ist.

Also ist der Tod: Seine Bedeutung ist ein Vorauseilen in eine Heimat, bis der Säumige ihn eingeholt hat. So man fest daran glaubt, werden der Schmerz und die Trauer geringer sein, insbesondere da überliefert ist, daß jedem ein Lohn zusteht, der den Tod seines Kindes erleidet. Es sprach der Gesandte Gottes, Allah segne ihn und schenke ihm Frieden: „Es ist mir lieber, daß ich eine Fehlgeburt vorausschicke, als daß ich einhundert Reiter hinterlasse, die alle auf Gottes Wegen streiten.“[82] Er erwähnt aber die Fehlgeburt nur, um anzudeuten, um wie viel größer der Lohn bei älteren Kindern sein wird; ansonsten richtet sich der

Lohn jeweils nach dem Platz, den das Kind in seinem Herzen einnimmt.

Es sagte Zayd ibn Aslam: „Es starb ein Sohn Dāwūds, Friede sei auf ihm, und seine Trauer um ihn war ungestüm. Man fragte ihn: ‚Was war dir dieses Kind wert?', und er antwortete: ‚Die ganze Erde voller Gold.' Da sagte man zu ihm: ‚Im Jenseits sollst du ebensolchen Lohn dafür erhalten.'"

Es sprach der Gesandte Gottes, Allah segne ihn und schenke ihm Frieden: „Es ist kein Muslim, der den Tod dreier seiner Kinder erleiden mußte, dem sie nicht zum Schutz gegen das Höllenfeuer würden.' Eine Frau, die beim Heiligen Propheten, Allah segne ihn und schenke ihm Frieden, anwesend war, fragte: ‚Und was ist mit zweien?' ‚Auch zwei', antwortete er."[83] Sein Erzeuger soll aufrichtig für das verstorbene Kind beten, denn dieses Gebet hat am meisten Aussicht auf Erfüllung.

Muḥammad ibn Sulaymān stand am Grabe seines Sohnes und sprach: „O mein Gott! Wahrlich, ich hoffe für ihn auf Dich, und ebenso fürchte ich auch um ihn; so mache meine Hoffnung wahr und gewähre Sicherheit vor dem, was ich fürchte."

Abū Sinān stand am Grabe seines Sohnes und betete: „O Herr mein Gott! Wahrlich, ich habe ihm vergeben, was er mir schuldete, drum vergib Du ihm, was ihm Deinetwegen obliegt, denn Du bist der Allergroßmütigste, Allerfreigebigste."

Es stand einmal ein Wüstenaraber am Grabe seines Sohnes und betete: „O Allah! Ich habe ihm erlassen, was er gegen mich an Sohnespflicht hat mangeln lassen, so erlaß Du ihm doch, wo er Dir den gebührenden Gehorsam nicht zollte!"

Als Dharr ibn 'Umar ibn Dharr gestorben war und zu Grabe getragen worden war, erhob sich sein Vater 'Umar ibn Dharr und sprach: „O Dharr! Die Trauer deinetwegen hat uns abgelenkt von der Trauer um dich. Ach, wüßte ich nur, was du sagtest und was man zu dir sagte!" Dann sagte er noch: „O Herr, mein Gott! Dies ist Dharr, Du hast mir solange an ihm Freude beschert, wie Du es wolltest, dann hast Du seine Zeit und seine Versorgung abgeschlossen, ohne ihm dadurch Unrecht zu tun. O Herr, mein Gott, Du hast ihm den Gehorsam gegen Dich und gegen mich aufgetragen; O mein Gott, den Lohn, den Du mir in meinem Unglück versprochen hast, den will ich ihm vermachen, und gib mir statt dessen seine Bestrafung und strafe ihn nicht." Bei diesen Worten begannen die Anwesenden zu weinen, dann sagte er, indem er sich zum Gehen anschickte: „Nach dir, o Dharr, werden wir keine Not mehr kennen, und keines Menschen werden wir bedürfen, allein Allah tut uns not. Wir zogen vorbei und ließen dich zurück, und selbst wenn wir blieben, wären wir dir von keinem Nutzen."

Es sah einmal ein Mann in Basra eine Frau und sagte zu ihr: „Niemals sah ich solche Heiterkeit! Das kann nur daran liegen, daß sich hier wenig Trauer findet!" Da sagte sie: „O Knecht Gottes! Ich befinde mich in einem Zustand von Trauer, den kein anderer mit mir teilt." Da fragte er sie: „Wie das?" Sie antwortete: „Mein Gemahl ging am Tag des Opferfestes ein Schaf opfern, und ich hatte zwei liebliche Knäblein, die ebenda spielten. Da sagte der ältere von beiden zum anderen: ‚Soll ich dir zeigen, wie mein Vater das Schaf schlachtet?' Dieser sagte: ‚Ja.' Da ergriff er ihn und schlachtete ihn. Wir wußten nichts davon, bis wir ihn in seinem Blute daliegen sahen. Und als das Geschrei sich erhob, floh der Knabe und verbarg sich in den Bergen, wo ihn der Wolf zur Strecke brachte und auffraß. Sein Vater ging hinaus, um ihn zu suchen, und verendete in der großen Hitze vor Durst." So sprach sie und fügte hinzu: „So hat es das Geschick für mich bestimmt, wie du siehst."

Solche und ähnliche Schicksalsschläge soll man sich beim Tode von Kindern in Erinnerung rufen, so daß man inmitten des heftigsten Schmerzes einen Trost findet. Denn es ereignet sich kein Schicksalsschlag, ohne daß ein noch größerer vorstellbar wäre, und Allah verhindert jeweils, was noch schlimmer wäre.

Darlegung des Besuchs von Gräbern und des Bittgebets für den Toten und was damit verbunden ist

Im allgemeinen ist der Besuch von Gräbern eine empfohlene Handlung, die der Erinnerung und Ermahnung dient. Die Gräber der Rechtschaffenen zu besuchen ist auch empfohlen, um dadurch neben der Ermahnung Segnungen zu empfangen. Anfänglich verbot der Gesandte Gottes, Allah segne ihn und schenke ihm Frieden, den Besuch von Gräbern, später aber gestattete er ihn.

ʿAlī, möge er Allah wohlgefallen, hat berichtet, daß der Gesandte Gottes, Allah segne ihn und schenke ihm Frieden, sagte: „Ich verbot euch einst den Besuch von Gräbern, jetzt aber sollt ihr sie besuchen, denn sie erinnern euch an das Jenseits. Enthaltet euch aber der anstößigen Rede."[84]

Der Gesandte Gottes, Allah segne ihn und schenke ihm Frieden, besuchte einmal das Grab seiner Mutter in Begleitung von eintausend Bewaffneten, und niemals sah man ihn mehr weinen als an jenem Tage.[85] An diesem Tage sprach er: „Mir wurde der Besuch gestattet, jedoch nicht die Bitte um Vergebung",[86] wie schon zuvor berichtet.

Es sagte Ibn Abī Mulayka: „Eines Tages ging ʿĀ'isha, möge sie Allah wohlgefallen, auf den Friedhof. Ich sagte zu ihr: ‚O Mutter der Gläubigen, wo bist du gewesen?' Sie antwortete: ‚Am Grabe meines Bruders ʿAbd ar-Raḥmān.' Ich fragte: ‚Hat der Gesandte Gottes, Allah segne ihn und schenke ihm Frieden, solches nicht verboten?' ‚Ja', sagte sie, ‚doch später gebot er es uns.'"[87]

Doch darf man dies nicht dahingehend verstehen, daß den Frauen der Friedhofsbesuch uneingeschränkt gestattet sei. Denn sie sind es, die häufig am Grabe Unziemliches von sich geben, so daß das Gute in ihrem Besuch sein Übel nicht aufwiegt. Auch entblöden sie sich nicht, auf der Straße ihre Reize zu enthüllen und sich zu zeigen, und das sind gewichtige, verbindliche Angelegenheiten, während der Besuch am Grabe nur eine *sunna* ist [deren Beachtung auf Freiwilligkeit beruht, somit geringer zu werten als das Gebot der Erhaltung von Anstand und Moral]. Wie sollte man dies deswegen dulden? Gewiß, es liegt kein Schaden darin, wenn eine anständig gekleidete Frau in einem Gewand ausgeht, das die Blicke der Männer von ihr abwendet, doch dies unter der Bedingung, daß sie sich dort auf das Gebet beschränkt und sich am Grabe nicht auf Gespräche einläßt.

Es berichtet Abū Dharr, daß der Gesandte Gottes, Allah segne ihn und schenke ihm Frieden, gesagt habe: „Besuche die Gräber, denn du wirst dadurch an das Jenseits erinnert, und wasche die Toten, denn wahrlich, der Umgang mit der leeren Hülle ist eine beredte Mahnung; und bete mit bei Beerdigungen, damit du womöglich Trauer empfindest, denn wahrlich, der Trauernde steht im Schatten Allahs.“[88]

Es sagte Ibn Abī Mulayka: „Der Gesandte Gottes, Allah segne ihn und schenke ihm Frieden, sprach: ‚Besucht eure Toten und grüßet sie, denn wahrlich in ihnen ist euch ein Exempel.‘“[89]

Es berichtet Nāfiʿ, daß Ibn ʿUmar nie an einem Grab vorüberging, ohne anzuhalten und einen Gruß auszusprechen. Jaʿfar ibn Muḥammad berichtet, sein Vater habe überliefert, daß Fāṭima, die Tochter des Propheten, Allah segne ihn und schenke ihm Frieden, in den Tagesstunden das Grab ihres [Groß-]Onkels Ḥamza zu besuchen pflegte und dabei für ihn Segen erflehte und weinte.

Es sprach der Prophet, Allah segne ihn und schenke ihm Frieden: „Wer das Grab seiner beiden Eltern oder eines Elternteils an jedem Freitag besucht, der erlangt Vergebung und wird als getreu verzeichnet.“[90]

Ibn Sīrīn überliefert: „Es sprach der Gesandte Gottes, Allah segne ihn und schenke ihm Frieden: ‚Wahrlich, wenn ein Mensch seine Eltern verliert, während er mit ihnen im Unfrieden ist, und dieser nach ihrem Tode für sie Fürbitte tut, wird Allah ihn zu denen zählen, die ihre Sohnespflicht erfüllt haben.‘“[91]

Es sprach der Heilige Prophet, Allah segne ihn und schenke ihm Frieden: „Mir obliegt die Fürsprache für einen jeden, der mein Grab besucht.“[92]

Und es sprach der Heilige Prophet, Allah segne ihn und schenke ihm Frieden: „Wer mich in Medina besucht in der Hoffnung auf Gotteslohn, für den werde ich am Auferstehungstage Fürsprecher und Zeuge sein.“[93]

Es sagte Kaʿb al-Aḥbār: „Es dämmert kein Morgen, an dem nicht siebzigtausend Engel herniedersteigen, die das Grab umkreisen und mit ihren Flügeln schlagend für den Heiligen Propheten, Allah segne ihn und schenke ihm Frieden, Segen erbitten, bis es abend geworden ist und sie wieder aufsteigen und andere ihnen ähnliche Engel herunterkommen. Auf diese Weise fahren sie fort, bis dereinst die Erde aufbirst und er an der Spitze von siebzigtausend Engeln hervortritt, die für ihn beten.“

Beim Besuch der Gräber ist es empfohlen, sich mit dem Rücken gegen die *qibla* zu stellen und sein Gesicht dem Gesicht des Toten zuzuwenden. Sodann soll man ihn grüßen, dabei aber nicht mit der Hand über das Grab streichen, es berühren oder küssen, denn dies sind die Bräuche der Christen.

Nāfiʿ sagte: „Ich sah Ibn ʿUmar hundertmal oder mehr zum Grabe [des Propheten] gehen und sagen: ‚Friede sei auf dem Propheten, Friede sei auf Abū Bakr, Friede sei auf meinem Vater.' Danach entfernte er sich."

Abū Umāma überliefert: „Ich sah einmal, wie Anas ibn Mālik zum Grabe des Propheten ging, Allah segne ihn und schenke ihm Frieden, dort stehenblieb und seine Hände soweit in die Höhe hob, daß ich glaubte, er hätte das eröffnende *Allāhu akbar* des Gebets gesprochen. Er grüßte sodann den Propheten, Allah segne ihn und schenke ihm Frieden, und ging seines Weges."

'Ā'isha, Allahs Wohlgefallen sei auf ihr, berichtete: „Der Gesandte Gottes, Allah segne ihn und schenke ihm Frieden, sagte: ‚Keiner besucht seines Bruders Grab und läßt sich bei ihm nieder, ohne daß dieser sich seiner Gesellschaft erfreut und seinen Gruß erwidert, bis er sich wieder erhebt.'"[94]

Es sagte Sulaymān ibn Suḥaym: „Ich sah einmal den Gesandten Gottes, Allah segne ihn und schenke ihm Frieden, im Traum und sagte zu ihm: ‚O Gesandter Gottes, diejenigen, die zu dir kommen und dir den Friedensgruß entbieten, vernimmst du auch ihren Gruß?' ‚Ja', erwiderte er darauf, ‚und ich antworte ihnen.'"

Es sagte Abū Hurayra: „Wenn einer am Grab eines ehemaligen Bekannten vorbeikommt und diesen grüßt, so beantwortet dieser seinen Gruß und erkennt ihn. Wenn er am Grab eines ihm Unbekannten vorbeikommt und ihn grüßt, so wird sein Gruß ebenfalls beantwortet."

Ein Mann aus der Familie des 'Āṣim al-Jaḥdarī sagte einmal: „Ich gewahrte den 'Āṣim zwei Jahre nach seinem Tode im Traum und fragte ihn: ‚Bist du denn nicht gestorben?' ‚O doch', antwortete er mir. Da fragte ich ihn: ‚Wo bist du denn?' ‚Ich bin, bei Allah, in einem der Gärten des Paradieses mit einer Schar meiner Gefährten. Wir versammeln uns in jeder Nacht zum Freitag und am folgenden Morgen bei Abū Bakr ibn 'Abdullāh al-Mazanī und empfangen Nachricht von euch.' Da fragte ich: ‚In eurer Körperlichkeit oder nur eure Seelen?‘ Er antwortete: ‚Welch Unsinn! Die Leiber sind längst verwest, nur unsere Seelen treffen sich.‘ Da sagte ich: ‚Wißt ihr denn auch von den Besuchen, die wir euch abstatten?‘ ‚Ja‘, sagte er, ‚wir wissen davon am Vorabend zum Freitag [d. h., donnerstagabends], den ganzen Freitag und bis zum Sonnenaufgang des Samstags.‘ Da fragte ich: ‚Und wie sollte das sein, unter Ausschluß aller anderen Tage?‘ Er sagte: ‚Es ist wegen der Vortrefflichkeit des Freitags und seiner Erhabenheit.‘“

Muḥammad ibn Wāsi‘ pflegte am Freitag stets [Gräber] zu besuchen. Als man ihn befragte, ob er seinen Besuch nicht auf einen Montag verlegen wolle, antwortete er: „Es ist mir zugetragen worden, daß die Toten am Freitag von ihren Besuchern wissen sowie am Tage zuvor und tags darauf.“

Es sagte aḍ-Daḥḥāk: „Wenn einer am Samstag vor Sonnenaufgang ein Grab besucht, so erfährt der Tote von seinem Besuch.“ Man fragte ihn: „Wie kommt das?“ Er antwortete: „Wegen der [hohen] Stellung des Freitags.“

Bishr ibn Manṣūr sagte: „In den Tagen der Seuche gab es einen Mann, der pflegte die Friedhöfe zu besuchen und bei den Totengebeten anwesend zu sein. Wenn es Abend wurde, stellte er sich ans Friedhofstor und sprach: ‚Möge euch Allah in eurer Verlassenheit beistehen und euch in eurer Einsamkeit barmherzig sein! Möge Er eure Verfehlungen übergehen und eure Verdienste anerkennen!‘ Diesen Worten fügte er nichts hinzu. Dieser Mann erzählte aber selbst: ‚Einmal wurde es Abend, und ich war zu meiner Familie heimgekehrt, ohne auf den Friedhof zu gehen und dort nach meiner Gewohnheit Fürbitte zu tun. Während ich nun schlief, kam eine große Volksmenge zu mir. Ich fragte: ‚Wer seid ihr, und was ist eurer Belang?‘ Sie sprachen: ‚Wir sind das Volk des Friedhofs.‘ ‚Und was führt euch hierher?‘ Sie antworteten: ‚Du hast uns daran gewöhnt, daß wir jedesmal von dir beschenkt werden, wenn du zu deiner Familie heimkehrst.' ‚Und was mag das sein?' fragte ich. Sie sagten: ‚Es ist die Fürbitte, die du für uns zu leisten pflegtest.' Da sagte ich: ‚Ich werde sie wieder aufnehmen', und danach habe ich sie nie wieder vernachlässigt.'"

Es sagte Bashshār ibn Ghālib an-Najrānī: „Einmal erblickte ich im Traum Rābi'a al-'Adawiyya, die Andächtige [*al-'ābida*], wobei ich damals viel für sie zu beten pflegte. Sie sprach zu mir: ‚O Bashshār ibn Ghālib! Deine Geschenke werden mir mit seidenen Tüchern bedeckt auf Platten von Licht dargereicht.' Da fragte ich: ‚Wie kommt das?', und sie antwortete: ‚So ist es mit der Fürbitte der Muslime, die am Leben sind, wenn sie für die Toten beten und ihnen Antwort gewährt wird; alsdann wird das Gebet dem Verstorbenen auf Platten von Licht mit Seidentüchern bedeckt dargereicht, indes ihm gesagt wird: ‚Dies ist das Geschenk des Sowieso an dich.'"

Es sprach der Gesandte Allahs, Allah segne ihn und schenke ihm Frieden: „Es ist der Tote in seiner Gruft nicht anders als der Ertrinkende, der um Hilfe schreit, er erwartet, daß ihn Fürbitte erreiche, sei es von seinem Vater, seinem Bruder oder seinem Freunde. Und wenn sie ihn erreicht, so ist sie ihm lieber als die ganze Welt mit allem, was darinnen ist; und wahrlich, das Geschenk der Lebenden an die Verstorbenen ist die Fürbitte und die Anrufung Allahs um Vergebung."[95]

Ein gewisser Mensch sagte: „Einer meiner Brüder verstarb, wonach ich ihn in einem Traumgesicht gewahrte. Ich fragte ihn: ‚Wie erging es dir, als man dich zu Grabe getragen hatte?' Er antwortete: ‚Eine Gestalt erschien mir mit einem lodernden Feuerbrand, und ich sah, daß sie mich wohl damit verdroschen hätte, wenn nicht einer für mich gebetet hätte.'"

Darum ist es empfehlenswert, daß man nach der Bestattung dem Toten [das Glaubensbekenntnis] vorspricht und für ihn betet.

Sa'īd ibn 'Abdullāh al-Azdī berichtete: „Ich war zugegen, als Abū Umāma al-Bahilī im Todeskampf lag. ‚O Sa'īd', sagte er, ‚wenn ich gestorben bin, dann verfahrt mit mir in der Weise, wie es uns der Gesandte Gottes, Allah segne ihn und schenke ihm Frieden, geboten hat. Er sagte nämlich: ‚Wenn einer von euch gestorben ist und ihr ihn mit Erde bedeckt habt, so stelle sich einer von euch an sein Grab ihm zu Häupten und spreche folgendes: ‚O Sowieso, Sohn der Sowieso!', und er wird es vernehmen, wenngleich er sich darauf nicht regt. Dann soll er abermals rufen: ‚O Sowieso, Sohn der Sowieso!', woraufhin er sich [im Grabe] aufsetzt. Danach soll er ein drittes Mal rufen: ‚O Sowieso, Sohn der Sowieso!' Daraufhin wird er sagen: ‚Wir sind rechtgeleitet, möge Allah sich eurer erbarmen!', obwohl ihr die Worte nicht hören könnt. Dann soll er zu ihm sprechen: ‚Entsinne dich dessen, womit du von dieser Welt geschieden bist: dem Zeugnis, daß kein Gott ist außer Allah und daß Muḥammad der Gesandte Gottes ist; ferner, daß du mit Allah, deinem Herrn, wohlzufrieden bist und mit dem Islam als Religion, und mit Muḥammad, Allah segne ihn und schenke ihm Frieden, als Propheten, und mit dem Qur'ān als deinem Führer [*imām*].' Denn Munkar und Nakīr werden bei diesen Worten beide zurückweichen und sagen: ‚Nur fort von hier! Was sollen wir noch bei einem verweilen, dem seine Rechtfertigungen vorgesagt werden!' Allah, gerühmt sei Er und verherrlicht, wird sein Verteidiger gegen diese beiden sein.' Ein Mann fragte: ‚O Gesandter Allahs! Was ist, wenn der Name seiner Mutter nicht bekannt ist?' Er antwortete: ‚Dann soll er sich auf Hawa [Eva] berufen.'''“[96]

Es besteht kein Einwand gegen das Qur'ānlesen über Gräbern. Es ist überliefert, daß 'Alī ibn Mūsā al-Ḥaddād sagte: „Einst war ich mit Aḥmad ibn Ḥanbal bei einer Beerdigung, und mit uns war Muḥammad ibn Qudāma al-Jawharī. Als man den Toten bestattet hatte, kam ein Blinder herbei, der am Grabe [Verse des Qur'ān] vortrug. Da sagte Aḥmad zu ihm: ‚Was ist denn das! Das Vortragen von Qur'ānversen am Grabe ist eine schädliche Neuerung!' Doch als wir den Friedhof verließen, sagte Muḥammad ibn Qudāma zu Aḥmad: ‚O Abū 'Abdullāh! Was sagst du zu Mubashshir ibn Ismā'īl al-Ḥalabī?' Darauf antwortete dieser: ‚Eine verläßliche Quelle.' Da sagte [Muḥammad]: ‚Hast du von ihm irgend etwas aufgeschrieben?' ‚Ja', sagte er. Da sprach Muḥammad ibn Qudāma: ‚Mubashshir ibn Ismā'īl erzählte mir von dem Bericht des 'Abd ar-Raḥmān ibn al-'Alā' ibn al-Lajlāj, der von seinem Vater berichtet, der letztwillig bestimmte, daß man nach seiner Bestattung ihm zu Häupten die Eingangsverse der zweiten Sure verlesen möge sowie ihr Ende. Er sagte: ‚Ich hörte, wie Ibn 'Umar selbiges anordnete.'' Da sagte Aḥmad zu ihm: ‚Geht zu dem [blinden] Mann zurück und sagt ihm, er möge weiterlesen!'"

Es sagte Muḥammad ibn Aḥmad al-Marwazī: ‚Ich hörte einmal, wie Aḥmad ibn Ḥanbal sagte: ‚Wenn ihr die Friedhöfe betretet, so lest die Eingangssure des Qur'ān [d. h., *al-fātiḥa*] sowie die beiden Schutzsuren [*al-falaq*, 113, *an-nās*, 114] und die *ikhlāṣ* Sure [112: *qul huwa llāhu aḥad*], und vermacht den Lohn dafür den Bewohnern der Gräber, denn er wird ihnen zukommen.'"

Es sagte Abū Qilāba: „Ich zog einmal von Sham [Damaskus] gen Basra und kam nach al-Khandaq, wo ich meine Reinigung durchführte und zwei *rak'as* des Nachtgebets betete. Dann legte ich meinen Kopf auf ein Grab und schlief ein. Ich erwachte mit einem Mal und hörte den Insassen des Grabes sich über mich beschweren. Er sagte: ‚Die ganze Nacht schon störst du mich! Denn wahrhaftig, ihr wißt es nicht, doch wir wissen es, sind aber unfähig zu handeln.' Und er sagte noch: ‚Die zwei *rak'as*, die du gebetet hast, sind wertvoller als die ganze Welt mit allem, was in ihr ist.' Auch sagte er: ‚Möge Allah die Menschen auf der Welt von uns belohnen. Ich entbiete ihnen meinen Friedensgruß, denn ihre Gebete bringen uns ein Licht, wie die Berge [so groß].'"

Die Absicht des Besuchs der Gräber ist, daß der Besucher sie würdige und daß der Besuchte von seinen Gebeten Nutzen habe. Der Besucher sollte das Gebet für sich selbst nicht unterlassen wie auch das für den Toten oder es an Achtung für ihn fehlen lassen. Er kommt dadurch zu dieser Wertschätzung, daß er sich in seinem Herzen den Toten vorstellt und wie all seine Glieder zerfallen und wie er dereinst aus seinem Grabe auferstehen wird und daß er ihm binnen kurzem nachfolgen werde, so wie es von Muṭarrif ibn Abī Bakr al-Hudhalī berichtet wird, der einmal sagte:

„Es war einmal ein altes Weib [vom Stamme] der 'Abd al-Qays, die sich eifrig dem Gebet widmete. Wenn es Abend wurde, zog sie ihren Gürtel fest und nahm ihren Platz in ihrer Gebetsnische ein; wenn dann der Morgen graute, ging sie hinaus zu den Gräbern. Ich erfuhr, daß sie ihrer häufigen Friedhofsbesuche wegen viel getadelt wurde. Sie entgegnete darauf: ‚Wahrlich, nichts kann das verhärtete und verrohte Herz erweichen außer den Bildern der Verwesung. Wenn ich mich zu den Gräbern begebe, ist es mir, als sähe ich die Bewohner der Gräber zwischen ihren Erdschichten hervorkommen und als blickte ich in deren staubbefleckte Gesichter, auf ihre veränderten Gestalten und aufgedunsenen Lider. Was für ein Anblick! Gäben die Knechte Gottes ihren Herzen davon zu trinken, welch abstoßende Bitternis für ihre Seelen und welch gewaltsame Zersetzung ihrer Leiber!'"

Ja, man muß sich ein Bild des Verstorbenen machen, wie es 'Umar ibn 'Abd al-'Azīz erwähnte, als ein gewisser Schriftgelehrter zu ihm kam und seine Verwunderung ob seiner veränderten Erscheinung zum Ausdruck brachte, die das Ergebnis seiner großen Anstrengungen und frommen Übungen war. Er sagte zu ihm: „O Sowieso! Könntest du mich sehen, nachdem ich drei

Tage in meinem Grabe verbracht habe, wenn meine Augäpfel am Hervorquellen sind und mir über beide Wangen herabfließen! Und wenn die Lippen über den Zähnen geschrumpft sind und mir der Eiter aus dem Munde quillt; wenn der Mund offensteht und der Bauch aufgetrieben ist und über die Brust herausragt; wenn mir das Rückgrat von hinten austritt und die Würmer und der Eiter zu den Nasenlöchern hinauskriechen – dann sähest du etwas weit Erstaunlicheres als das, was du jetzt wahrnimmst!"

Es ist empfohlen, den Toten rühmend zu erwähnen und sich seiner nur im Guten zu entsinnen. 'Ā'isha, möge sie Allah wohlgefallen, berichtete, daß der Heilige Prophet, Allah segne ihn und schenke ihm Frieden, einst sprach: „So einer von euch verstorben ist, so laßt ihn in Ruhe und sprecht nicht schlecht von ihm."[97] Auch sprach er, Allah segne ihn und schenke ihm Frieden: „Beschimpft nicht die Toten, denn sie sind bereits zu dem gezogen, was sie vorausgeschickt haben."[98] Er, Allah segne ihn und schenke ihm Frieden, sagte ebenfalls: „Sprecht über eure Toten nur im Guten, denn wenn sie zum Volk des Paradieses gehören sollten, begeht ihr eine Sünde, und sollten sie zu den Höllenbewohnern zählen, dann reicht das, was sie dort erleiden, ihnen völlig aus."[99]

Anas ibn Mālik berichtete: „Einmal ging ein Leichenzug am Gesandten Gottes vorüber, Allah segne ihn und schenke ihm Frieden, und die Leute sprachen schlecht über ihn. Da sprach er, Allah segne ihn und schenke ihm Frieden: ‚Es ist bindend.' Dann kamen sie an einem anderen vorbei, und die Leute lobten ihn sehr. Er, Allah segne ihn und schenke ihm Frieden, sagte wiederum: ‚Es ist bindend.' 'Umar befragte ihn deswegen, und er antwortete: ‚Dem, von dem ihr Gutes spracht, kommt das Paradies zu, und derjenige, über den ihr schlecht spracht, muß ins Höllenfeuer. Ihr seid die Zeugen Gottes auf Erden.'"[100]

Abū Hurayra berichtet, daß der Gesandte Gottes, Allah segne ihn und schenke ihm Frieden, einmal gesagt habe: „Ein Knecht Gottes stirbt und wird von den Leuten hochgelobt, während Allah von ihm anderes weiß. Allah der Erhabene spricht dann zu Seinen Engeln: ‚Ich rufe euch zu Zeugen, daß Ich das Zeugnis Meiner Knechte hinsichtlich Meines Knechts annehme und daß Ich außer acht lasse, was Ich über Meinen Knecht weiß.'"[101]

Das siebente Kapitel

Von der wahren Natur des Todes und von dem, was dem Toten im Grabe widerfährt bis zum Ertönen der Posaune

Eine Darlegung der wahren Natur des Todes

So wisse, daß die Menschen von der wahren Natur des Todes recht irrtümliche und falsche Meinungen haben.

Es meinten einige von ihnen, daß der Tod das Nichtsein sei und daß es weder die Versammlung noch die Auferstehung gebe, und daß der Tod des Menschen wie der Tod der Tiere und wie das Absterben der Pflanzen sei. Dies ist die Ansicht der Ungläubigen und all derer, die nicht an Allah und den Jüngsten Tag glauben.

Einige Leute meinen, daß der Mensch im Tode zu nichts wird und daß er während seines Aufenthalts im Grabe weder Strafe erleidet noch Lohn genießt, bis er am Tage der Versammlung wieder hervorgebracht wird.

Wieder andere sind der Meinung, daß die Seele verbleibt und nicht im Tode zunichte wird und daß es die leiblose Seele allein ist, die Lohn oder Strafe empfängt, und daß der Leib überhaupt nicht aufersteht und nie wieder hervorgebracht wird.

All diese Meinungen sind irrig und abweichend von der Wahrheit. Denn eingehende Überlegung bezeugt, was auch die Verse [des Qur'ān] und die Überlieferungen aussagen, daß der Tod lediglich eine Zustandsveränderung bedeutet und daß die Seele nach der Trennung vom Leibe bestehen bleibt, um entweder Strafe oder Lohn zu kosten. Die Trennung der Seele vom Leibe bedeutet den Abbruch ihrer Verfügungsgewalt über den Körper, da der Körper nicht länger ihrem Befehl untersteht. Die leiblichen Glieder sind Werkzeuge der Seele, die sie benutzt, um mit der Hand zu schlagen, mit dem Ohr zu hören, mit dem Auge zu sehen und mit dem Herzen die wahre Natur der Dinge zu erkennen. Das Herz bezeichnet in diesem Zusammenhang aber die Seele, und die Seele erkennt die Dinge von sich aus, ohne die Vermittlung jeglichen Werkzeugs. Daher erleidet sie ganz von selbst alle Art von Kummer, Gram und Trauer und genießt von selbst alle Arten von Glück und Freude, welchselbiges keineswegs mit den Gliedern in Zusammenhang steht. Darum bleibt all das, was eigentliches Merkmal der Seele ist, nach ihrer Trennung vom Leibe bei ihr; was sie aber durch die Vermittlung der Glieder erfuhr, entschwindet mit dem leiblichen Tode, bis die Seele einst mit dem Körper wiedervereint wird. Es ist weder weit hergeholt, daß die Seele zum Körper im Grabe zurückkehren sollte, noch daß dies bis zum Auferstehungstage verzögert werden sollte. Und Allah weiß am besten, was Er für jeden Seiner Knechte bestimmt hat.

Wahrlich, der Stillstand des Leibes im Tode entspricht der Untätigkeit der Glieder zu Lebzeiten, wenn sie von einer bösen Anwandlung heimgesucht werden oder wenn eine Enge die Nervenbahnen befällt, so daß die Seele nicht hindurchzudringen vermag; dann bleibt die wissende, einsichtige und wahrnehmende Seele bestehen und bedient sich einiger Glieder, während andere ihr den Dienst verweigern. Der Tod bedeutet aber das Außerkraftgesetztsein aller Glieder, wo doch die Glieder nur Werkzeuge sind, derer die Seele sich bedient. Mit ‚Seele' meine ich aber jenes Gebilde, durch welches der Mensch die Wissenschaften begreift, die Schmerzen des Leidens sowie die Genüsse der Freuden empfindet. So vergänglich ihre Vollmacht über die Glieder auch ist, das Wissen und die Wahrnehmungen schwinden nicht, noch die Freuden und Leiden, und es schwindet auch nicht ihre Fähigkeit zur Empfindung von Schmerz und von Genuß. In Wirklichkeit ist aber der Mensch jenes Gebilde selbst, welches die Wissenschaften begreift und Schmerz und Freude empfindet, und dieses ist unsterblich, das heißt, es hört niemals auf zu sein. Also bedeutet der Tod lediglich eine Unterbrechung der menschlichen Vollmacht über den Körper, womit der Körper aufhört, des Menschen Werkzeug zu sein, ganz wie eine chronische Krankheit bedeuten kann, daß die Hand zu einem nicht länger verfügbaren Werkzeug wird. So gesehen ist der Tod eine chronische Krankheit, die sich durch alle Glieder ausbreitet.

Des Menschen wahre Natur besteht aber aus seinem Selbst (*nafs*) und aus seiner Seele (*rūḥ*), und diese bleibet bestehen. Gewiß, sein Zustand verändert sich [im Tode] in zweierlei Hinsicht: Erstens wird er seines Auges, seines Ohres, seiner Zunge, seiner Hand, seines Fußes sowie seiner Glieder allesamt beraubt; auch seine Familie, seine Kinder und Anverwandten und alle übrigen Bekannten werden ihm genommen, und seine Pferde, seine anderen Reittiere, seine Diener, Häuser und Anwesen sowie all sein übriger Besitz. Es ist kein Unterschied, ob all diese Dinge dem Menschen fortgenommen werden oder ob der Mensch von diesen Dingen fortgenommen wird, denn was den Schmerz verursacht, ist die Trennung. Manchmal kommt eine Trennung dadurch zustande, daß das Gut eines Mannes geplündert wird, manchmal aber, weil der Mensch gefangengenommen und von seinem Besitz und Reichtum fortgerissen wird. Der Schmerz ist aber in beiden Fällen derselbe. Die Bedeutung des Todes ist jedenfalls, daß der Mensch von seinem Besitz weggeholt wird, weil er zu einer anderen Welt aufbricht, die dieser Welt nicht entspricht.

Gab es in dieser Welt etwas, das ihm vertraute Gewohnheit war und das ihm Trost und Seelenruhe spendete, so wird nach dem Tode seine Sehnsucht danach schrecklich groß sein, und er wird ob der Trennung bitterlich klagen. Ja, sein Herz wird sich nach jedem einzelnen Stück umsehen: nach seinem Reichtum, seinem Ruhm, seinen Besitzungen, bis hin zum Hemde zum Beispiel, das er trug und an dem er seine Freude hatte. Wenn er sich aber nur der Erinnerung an Allah zu erfreuen pflegte und mit Ihm allein vertrauten Umgang hatte, so wird seine Seligkeit ungeheuer und sein Glück vollkommen sein, wenn er allein ist mit seinem Geliebten und wenn alle Hindernisse und Tätigkeiten von ihm fortgenommen werden, das heißt, sämtliche weltlichen Anlässe, die ihn an der Erinnerung an Allah hinderten. Dies ist ein Aspekt dessen, wodurch die Zustände des Lebens und des Todes sich voneinander unterschieden.

Der zweite aber ist, daß ihm im Tode Dinge enthüllt werden, die ihm im Leben niemals offenbar waren, so wie dem Wachenden gezeigt wird, was er im Schlaf niemals sah. Denn die Menschen schlafen, und wenn sie sterben, so erwachen sie. Das erste, was ihm enthüllt wird, sind Schaden und Nutzen seiner guten und schlechten Taten. Dieses war nämlich in einer eingerollten Schrift im verborgensten Winkel seines Herzens verzeichnet, doch das Treiben der Welt hielt ihn stets davon ab, sich damit zu befassen. Wenn aber diese Geschäftigkeit fortgenommen wird, so zeigen sich ihm seine sämtlichen Handlungen, und er erblickt seine schlechten Taten mit einem tiefen Seufzer des Bedauerns und stürzte sich wohl lieber in die Tiefen des Höllenpfuhls, als daß er diesen Schmerz ertrüge. In diesem Augenblick wird ihm gesagt: *Du selber sollst heute Rechenschaft wider dich ablegen* (17:14). All dies wird ihm enthüllt, wenn er aufgehört hat zu atmen und noch nicht beerdigt ist. Da lodert das Feuer der Trennung in ihm auf; damit ist die Trennung von dem gemeint, worin er in dieser vergänglichen Welt Trost fand, und nicht von dem, was er um seiner Versorgung und seines Auskommens willen anstrebte. Denn derjenige, der um seines Auskommmens willen Versorgung anstrebte, erfreut sich der Trennung von dem übergebliebenen Vorrat, wenn er sein angestrebtes Ziel erreicht hat, da er niemals die Versorgung um ihrer selbst willen anstrebte. Dies aber ist der Zustand eines Menschen, der dieser Welt nicht mehr entnimmt, als er bedarf, und der sich nach dem Ende seiner Bedürfnisse sehnt, auf daß er davon befreit wäre. Nun hat er erreicht, was er ersehnte, und er hat keine Not mehr. Mächtige Strafen und Qualen dieser Art befallen ihn noch vor seinem Begräbnis.

Nachdem er dann bestattet worden ist, kehrt seine Seele zu seinem Leib zurück, um eine andere Art der Strafe zu erleiden, es sei denn, dies bleibt ihm erspart. Doch der Zustand des Menschen, der sich in der diesseitigen Welt suhlte und sich mit ihr zufrieden gab, ist wie der Zustand dessen, der in Abwesenheit eines Königs an dessen Hause, Reich und Frauen sein Vergnügen im Vertrauen darauf hat, daß der König bei seiner Rückkehr milde mit ihm verfahren oder vielleicht gar nichts von seinen schändlichen Handlungen erfahren werde. Doch plötzlich ergreift ihn der König und zeigt ihm ein Register, auf welchem all seine Schandtaten und Sünden bis in die kleinsten Einzelheiten verzeichnet sind. Der König ist aber mächtig und bezwingend und wacht eifersüchtig über seinen eigenen Bereich. Er rächt sich an allen, die in seinen Machtbereich einbrechen wollen, ohne sich um die zu kümmern, die Fürsprache einlegen wollen für die, die gegen ihn verstoßen haben. Sieh nur, wie es einem solchen ergeht, wenn er ergriffen wird! Bevor noch die Strafe des Königs ihn trifft, welche Furcht und Beschämung, Scham, Kummer und Reue wird er erdulden! Das ist der Zustand des verstorbenen Sünders, der von dieser Welt bezirzt war und sich mit ihr zufriedengab, bevor noch die Strafe des Grabes ihn trifft, ja sogar schon bei seinem Tod, wovor Wir Allah um Zuflucht ersuchen. Denn wahrlich, die Schmach, Schande und Bloßstellung sind bei weitem schlimmer als jede Strafe, die den Leib befallen könnte, ob durch Schläge, oder Schnittwunden oder irgend etwas anderes. Dieses ist ein Hinweis auf den Zustand des Toten bei seinem Tode, wie von einsichtigen Leuten bezeugt wird, die es kraft ihrer inneren Schau wahrnahmen, welche schärfer sieht als der Blick des Auges. Dieses Zeugnis bestätigt auch das Heilige Buch (*qur'ān*) und das Beispiel des Heiligen Propheten (*sunna*).

Es ist jedoch unmöglich, den Schleier von der eigentlichen, wahren Natur des Todes zu lüften, denn es kennt den Tod nicht, wer das Leben nicht kennt; das Leben zu kennen heißt aber, die Seele selbst zu erkennen und zu begreifen, was sie in ihrem eigentlichen Wesen ist. Dem Gesandten Gottes, Allah segne ihn und schenke ihm Frieden, war es nicht gestattet, von ihr zu sprechen, und er durfte nicht mehr darüber verlauten lassen als dies: „*Die Seele ist auf den Befehl meines Herrn.*" (17:85) Es ist darum keinem der Gottesgelehrten gegeben, das Geheimnis der Seele zu lüften, selbst wenn einer es geschaut hätte. Erlaubt ist lediglich, den Zustand der Seele nach dem Tode zu erwähnen.

Viele Qur'ānverse und Überlieferungen weisen darauf hin, daß der Tod keineswegs das Zunichtewerden der Seele oder ihres Bewußtseins bedeutet.

In den Qur'ānversen ist von den Märtyrern die Rede, wenn der Erhabene spricht: *Und wähnet nicht die in Allahs Weg Gefallenen für tot; nein, lebend bei ihrem Herrn werden sie versorgt, freudig über das, was Allah von Seiner Huld ihnen gab* (3:169 f.). Als die Helden der Quraysh am Tage [der Schlacht] von Badr fielen, rief ihnen der Gesandte Gottes, Allah segne ihn und schenke ihm Frieden, zu:

„O Sowieso und o Sowieso und o Sowieso! Was mein Herr mir versprochen hat, habe ich für wahr befunden. Hat sich das, was euer Herr euch versprochen hat, für euch bewahrheitet?“ Man fragte ihn: „O Gesandter Allahs, wie rufst du ihnen zu, wo sie doch tot sind?“ Da sprach er, Allah segne ihn und schenke ihm Frieden: „Bei dem, der meine Seele in Händen hält, wahrlich, sie vernehmen diese Worte deutlicher, als ihr es tut, allein, sie sind nicht in der Lage, Antwort zu geben.“[102] Dieser Text belegt, daß die Seele in ihrer Existenz, ihrem Bewußtsein und ihrem Wissen bestehen bleibt, wie der Text des Qur'ānverses dies über die Seelen der Märtyrer sagt. Der Tote ist nämlich keineswegs frei von Glück oder Unglück. Er, Allah segne ihn und schenke ihm Frieden, sprach: „Das Grab ist entweder einer der Abgründe der Hölle oder einer der Gärten des Paradieses.“[103] Aus diesem Text geht eindeutig hervor, daß der Tod lediglich eine Zustandsänderung bedeutet und daß die Pein oder Seligkeit, die der Tote erleben wird, sich, von einigen anderen Arten der Bestrafung und Belohnung, die noch vertagt werden, abgesehen, prompt und unverzüglich beim Tode einstellt.

Es berichtet Anas, daß der Heilige Prophet, Allah segne ihn und schenke ihm Frieden, sprach: „Der Tod ist die Auferstehung; denn wer stirbt, dessen Auferstehung stellt sich ein.“[104] Und er, Allah segne ihn und schenke ihm Frieden, sagte auch: „Wenn einer von euch gestorben ist, wird ihm morgens und abends sein Sitzplatz vorgeführt; gehört er zu den Gefährten des Paradieses, dann ist dieser von den Paradiesgärten; gehört er aber zu den Höllenbewohnern, so ist er von Feuer. Und es wird zu ihm gesagt: ‚Dieses ist dein Sitz, bis du am Jüngsten Tage auferweckt und zu Ihm gebracht wirst.‘“[105] Der Zustand von Wonne oder Pein, den allein schon die Betrachtung dieser beiden Sitze auslöst, ist allzu leicht vorstellbar.

Abū Qays berichtete: „Einmal waren wir mit ʿAlqama auf einer Beerdigung. Da sagte er: ‚Was diesen hier angeht, so ist seine Auferstehung bereits eingetreten.'"

Es sprach ʿAlī, möge Allah sein Antlitz adeln: „Keiner Seele ist es erlaubt, diese Welt zu verlassen, ohne daß sie weiß, ob sie zu den Gefährten des Paradieses oder zu den Gefährten des Feuers gehört."

Und es berichtete Abū Hurayra, daß der Gesandte Gottes, Allah segne ihn und schenke ihm Frieden, sprach: „Wer in der Fremde stirbt, der stirbt als Märtyrer und ist vor den Heimsuchungen des Grabes geschützt; und des Morgens und des Abends wird er mit der Kost des Paradieses versorgt."[106]

Masrūq sagte einmal: „Wie ich doch den Gläubigen im Grabe beneide! Er fand Ruhe vor den Anstrengungen dieser Welt und Sicherheit vor der Strafe Allahs des Erhabenen."

Es sagte Yaʿlā ibn al-Walīd: „Eines Tages spazierte ich zusammen mit Abu d-Dardā' und fragte ihn: ‚Was wünschtest du dem, den du liebst?' Er antwortete: ‚Den Tod.' Da sagte ich: ‚Und wenn er noch nicht gestorben ist?' Er sagte darauf: ‚Daß er nur geringen Besitz und Nachkommenschaft habe. Doch wahrlich, ich liebe den Tod, denn keiner liebt ihn außer dem Gläubigen, und der Tod ist die Freilassung des Gläubigen aus dem Gefängnis. Ich liebe den kärglichen Besitz und die nur mäßiggroße Familie, da sie eine Heimsuchung (*fitna*) sind und zu enger Vertrautheit mit der Welt führen; doch enge Vertrautheit mit etwas, von dem die Trennung unvermeidlich ist, bedeutet größtes Unglück. Beim Tod findet aber zwangsläufig eine Trennung statt von allem außer Allah, der Erinnerung an Ihn (*dhikr*) und der engen Vertrautheit mit Ihm.'"

Aus diesem Grunde sagte auch ʿAbdullāh ibn ʿAmr: „Das Gleichnis des Gläubigen, wenn sein irdischer Geist (*nafs*) oder seine Seele (*rūḥ*) aus ihm herausfährt, ist das eines Mannes, der im

Gefängnis war und herauskommt und sich nun auf Erden ergeht und es sich auf ihr wohl sein läßt."

Hier ist der Zustand dessen angeführt, der sich von der Welt zurückzog und ihrer überdrüssig war; er kannte keine andere Vertrautheit als die Erinnerung an Allah den Erhabenen; die Zerstreuungen dieser Welt hielten ihn von seinem Geliebten fern, und die Wechselfälle der Leidenschaften kränkten ihn. Im Tode fand er sodann Erlösung von allem, was ihm schadete, und das ausschließliche Zusammensein mit seinem Geliebten, der ihm immer schon eng verbunden war, unbeschränkt und ungehindert.

Wie vortrefflich es doch ist, daß dies das Äußerste an Wonne und Seligkeit sein sollte und daß die vollkommenste Wonne den Märtyrern gebührt, die auf dem Wege Allahs ihr Leben ließen! Denn wenn sie sich in die Schlacht begeben, lösen sie all ihre Bindungen an die Dinge der Welt und sehnen sich nach der Begegnung mit Allah; sie sehen ihrem Tod im Gefecht gefaßt entgegen und trachten nur nach Seinem Wohlgefallen. Wenn er zur Welt hinblickt, so hat er sie willentlich um das Jenseits verkauft, und nie kehrt sich das Herz des Verkäufers zu dem um, was er verkauft hat. Wenn er aber auf das Jenseits blickt, so hat er erworben, wonach er sich so sehr gesehnt hat. Wie groß wird seine Freude über seinen Erwerb sein, wenn er ihn erblickt, und wie gering seine Neigung zu dem verkauften Gut, wenn er sich davon trennt!

Die völlige Hinwendung des Herzens zur Liebe Allahs des Erhabenen mag unter Umständen gelingen, doch wird es nicht unbedingt vom Tod ereilt, bevor sich dies nicht wieder geändert hat. Der Kampf kann eine Todesursache sein, und er kann zur Ursache dafür werden, daß man den Tod in ebendiesem Zustand erreicht. Darum ist die Seligkeit groß, da der Begriff Seligkeit bedeutet, daß der Mensch das erreicht, wonach er sich sehnt. Allah der Erhabene spricht: *Und sie haben, was sie begehren* (16:57). Dies ist die vollständigste Erklärung dessen, was die Paradiesfreuden bedeuten. Die gewaltigste Strafe aber ist die, daß dem Menschen versagt wird, was er begehrt, so wie Allah der Erhabene spricht: *Und es soll zwischen ihnen und dem, was sie ersehnen, eine Schranke gezogen werden* (34:54). Dies ist der vollkommenste Ausdruck für die Strafen der Bewohner der Hölle. Jene höchste Seligkeit aber erfährt der Märtyrer unverzüglich, sobald ihm der Atem genommen wird. Dies ist eine Sache, die den „Fachleuten des Herzens" [*arbāb al-qulūb*, d. h., den Sufis] durch das Licht der Gewißheit eröffnet worden ist. Doch wenn du dafür Belege von Ohrenzeugen begehrst, so verweisen sämtliche *ḥadīth* über die Märtyrer darauf. Jedes *ḥadīth* enthält unterschiedlich ausgedrückte Hinweise auf ihre vollendete Glückseligkeit.

Es ist überliefert, daß ʿĀʾisha, Allah schenke ihr Sein Wohlgefallen, berichtete, der Gesandte Gottes, Allah segne ihn und schenke ihm Frieden, habe einmal zu Jābir gesagt: „Soll ich dir nicht frohe Botschaft künden, o Jābir?" (indes sein Vater eben an jenem Tage [in der Schlacht] von Uḥud gefallen war.) Er sagte: „O ja! Und möge Allah auch dir frohe Botschaft senden!" Da sprach er: „Wahrlich Allah, gerühmt sei Er und verherrlicht, hat deinen Vater wieder zum Leben erweckt und ihn vor Sich setzen lassen, indes Er spricht: ‚O Mein Knecht, erbitte von Mir, was du willst, und Ich will es dir gewähren.' Da sagte dieser: ‚O mein Herr, ich habe Dich nicht gebührend verehrt, darum erbitte ich von Dir, daß Du mich in die Welt zurückschickst, damit ich an der Seite Deines Propheten kämpfen und abermals um Deinetwillen getötet werden möge.' Darauf antwortete ihm der Herr: ‚Es ist von Mir bereits beschlossen, daß du dahin nicht zurückkehren wirst.'[107]

Es sagte Kaʿb: „Es gibt einen Mann im Paradies, der weint. Man fragt ihn: ‚Warum weinst du, wo du doch im Paradiese bist?' Er antwortet: ‚Ich weine, weil ich in der Schlacht nur ein einziges Mal um Allahs willen getötet worden bin. Ich sehne mich zurückzukehren, damit ich den Tod um Seinetwillen vielmals erleiden könnte!'"

Wisse aber, daß nach seinem Tode dem Muslim die Größe der göttlichen Majestät enthüllt wird, im Vergleich zu welcher die Welt nichts ist als ein Karzer und Engpaß. Er gleicht einem, der in einem dunklen Haus gefangen sitzt und dem eine Tür zu einem weitläufigen Garten geöffnet wurde, der sich erstreckt, so weit sein Auge reicht. In diesem finden sich alle Arten von Bäumen, Blüten, Früchten und Vögeln, und er wünscht sich nicht, in den düsteren Kerker zurückzukehren. Der Gesandte Gottes, Allah segne ihn und schenke ihm Frieden, ersann dafür ein Gleichnis, als er von einem Verstorbenen sagte: „Dieser ist nun von der Welt abgereist und hat sie ihren Bewohnern hinterlassen. Falls er zu denen gehört, die [Allah] wohlgefallen, so freut er sich nicht über eine Rückkehr in die Welt, so wie es keinen von euch erfreute, in den Mutterleib zurückzukehren."[108] Er teilt dadurch mit, daß sich die Ausdehnung des Jenseits im Vergleich zur Welt verhält wie die Weite der Welt zur Finsternis des Mutterleibs. Auch sprach er, Allah segne ihn und schenke ihm Frieden: „Wahrlich, das Gleichnis des Gläubigen in dieser Welt ist wie das Gleichnis des ungeborenen Kindes im Mutterleib; es weint, wenn es hervorkommen muß, bis es das Licht erblickt und geboren ist; dann denkt es nicht mehr daran, an seinen [vormaligen] Platz zurückkehren."[109] Ebenso ist es mit dem Gläubigen, der sich vor dem Tode scheut, doch sobald er zu seinem Herrn gelangt ist, nie wieder in die Welt zurück will, ebensowenig wie das neugeborene Kind in den Mutterleib zurück will.

Dem Gesandten Gottes, Allah segne ihn und schenke ihm Frieden, wurde einmal mitgeteilt, daß ein gewisser Mensch gestorben war. Da sprach er: „Entweder hat er Frieden gefunden, oder man hat Frieden vor ihm gefunden."[110] Mit den Worten „hat er Frieden gefunden" verweist er auf den Gläubigen und mit „man hat Frieden vor ihm gefunden" auf den Übeltäter, vor dem die Menschen in der Welt nun ihren Frieden haben.

Es sagte Abū 'Umar Ṣāḥib as-Suqyā: „Als wir noch kleine Buben waren, kam Ibn 'Umar einmal bei uns vorbei. Er blickte zu einer Grabstätte, wo ein Totenschädel offen dalag, und befahl einem Mann, ihn zu begraben, was auch geschah. Danach sprach er: ‚Wahrhaftig, es sind nicht die Leiber, denen das Erdreich zusetzt, die Seelen sind es, die bis zum Tag der Auferstehung Strafe und Belohnung erdulden müssen.'"

Es sagte 'Amr ibn Dīnār: „Kein Mensch stirbt, ohne zu wissen, in welchem Zustand seine Familie nach seinem Tode ist. Sie waschen ihn und kleiden ihn in sein Leichengewand, während er ihnen dabei zusieht."

Mālik ibn Anas sagte: „Es wurde mir zugetragen, daß die Seelen der Gläubigen freigelassen sind und hingehen können, wo immer sie wünschen."

Es sagte Nu'mān ibn Bashīr: „Ich hörte den Gesandten Gottes, Allah segne ihn und schenke ihm Frieden, wie er von der Kanzel sprach: ‚Wahrlich, von der Welt wird nur soviel übrigbleiben wie Fliegen, die in der Luft herumschwirren. Drum beschwöre ich euch bei Allah, was eure Brüder in den Gräbern angeht, denn eure Werke werden ihnen gezeigt.'"[111]

Es berichtete Abū Hurayra, der Heilige Prophet, Allah segne ihn und schenke ihm Frieden, habe gesagt: „Beschämt nicht eure Toten mit schlechten Werken, denn sie werden euren Freunden in den Gräbern vorgeführt."[112] Aus diesem Grunde sagte auch Abu d-Dardā': „O mein Gott, ich suche bei Dir Zuflucht davor, daß ich ein Werk verrichte, dessen ich mich vor 'Abdullāh ibn Rawāḥa schämen müßte" – dieser war sein Mutterbruder und soeben verstorben.

Man fragte einmal den ʿAbdullāh ibn ʿAmr ibn al-ʿĀṣ, wo sich die Seelen der Gläubigen nach dem Tode aufhielten. Er antwortete darauf: „Sie sind im wesentlichen weiße Vögel im Schatten des Thrones. Die Seelen der Ungläubigen aber befinden sich in der siebenten Erde.“

Abū Saʿīd al-Khudrī berichtete: „Ich hörte einmal den Gesandten Gottes, Allah segne ihn und schenke ihm Frieden, sagen: ‚Wahrlich, der Tote erkennt die, die ihn waschen und die ihn tragen und die ihn in sein Grab hinablassen.‘“[113]

Es sagte Ṣāliḥ al-Murrī: „Ich habe erfahren, daß die Seelen sich im Falle eines Todes treffen und die Seelen der Toten dabei die soeben herausfahrende Seele fragen: ‚Wie war deine Wohnstatt, und in was für einem Körper hast du gehaust, in einem guten oder einem garstigen?‘“

Ubayd ibn ʿUmayr sagte: „Die Bewohner des Grabes warten stets auf Nachricht. Wenn ein [neuer] Toter zu ihnen trifft, fragen sie ihn: ‚Was macht denn Sowieso?‘ Da sagt er zu ihnen: ‚Ist er noch nicht bei euch angekommen?‘ oder ‚Kam er denn nicht vor euch an?‘ Sie sagen darauf: ‚*Siehe, wir sind Allahs, und siehe, zu Ihm kehren wir heim* (2:156). Er wurde einen anderen Weg entlang geführt als wir.‘“

Es sagte Jaʿfar ibn Saʿīd: „Wenn ein Mann stirbt, empfängt ihn sein Sohn, so wie einer nach langer Abwesenheit empfangen wird.“

Mujāhid sagte: „Der Tote wird vom Wohlergehen seines Sohnes im Grabe unterrichtet.“

Abū Ayyūb al-Anṣārī berichtet, daß der Heilige Prophet, Allah segne ihn und schenke ihm Frieden, sprach: „Wenn die Seele eines Gläubigen hinweggerafft wird, empfängt sie das Volk der Gnade in Allahs Gegenwart, so wie der Bote guter Nachricht in der Welt empfangen wird. Sie sagen: ‚Schaut nach eurem Bruder, bis er sich etwas erholt hat. Denn seht, er hat Schweres hinter sich.‘ Dann fragen sie ihn, was der Sowieso und was die Sowieso machen und ob die Sowieso geheiratet hat. Wenn sie ihn nach einem Menschen befragen, der vor ihm gestorben ist, dann sagt er: ‚Er ist vor mir gestorben.‘ Dann sagen sie: ‚*Siehe, wir sind Allahs, und siehe, zu Ihm kehren wir heim* (2:156). So ist er zu seiner Mutter, dem Höllenpfuhl, gebracht worden!‘“[114]

Darlegung der Rede des Grabes an den Toten und der Rede der Toten, sei es in gewöhnlicher Sprache oder in wortloser Sprache (lisān al-ḥāl), die zur Verständigung mit dem Toten klarer ist, als es die gewöhnliche Sprache zur Verständigung mit den Lebenden ist

Der Gesandte Gottes, Allah segne ihn und schenke ihm Frieden, sprach: „Das Grab spricht zu dem Toten, während er hineingelegt wird: ‚Weh dir, o Sohn Adams, was täuschte dich in Hinsicht auf mich? Wußtest du nicht, daß ich das Haus der Heimsuchung bin und das Haus der Finsternis, das Haus der Einsamkeit und das Haus der Würmer? Was täuschte dich nur in Hinsicht auf mich, da du an mir vorbeizustelzen pflegtest [*fadhādh*]!‘ Hat er gute Werke verrichtet, dann gibt einer dem Grab an seiner Statt Antwort und sagt: ‚Siehst du denn [nicht], daß er zum Guten aufrief und das Böse zu verhindern suchte?‘ Da spricht das Grab: ‚So werde ich für ihn zu saftigem Grün werden, sein Leib soll zu Licht werden und seine Seele zu Allah dem Erhabenen aufsteigen.‘“[115]

Es sagte ʿUbayd ibn ʿUmayr al-Laythī: „Keiner stirbt, ohne daß die Grube, in der er beerdigt wird, ihm zuruft: ‚Ich bin das Haus des Dunkels, der Einsamkeit und der Vereinzelung! Warst du bei Lebzeiten gehorsam gegen Allah, so werde ich dir heute ein Gnadenquell sein; doch warst du widerspenstig, so bin ich heute ein Racheakt gegen dich. Der Gehorsame, der in mich eingeht, soll froh wieder herauskommen, während der Ungehorsame zerstört aus mir hervorgehen wird; so bin ich.‘“

Es sagte Muḥammad ibn Ṣabīḥ: „Wir haben erfahren, daß wenn ein Mann ins Grab gelegt wird und darin Qualen erleidet oder von Dingen befallen wird, die ihm sehr zuwider sind, seine Nachbarn unter den Toten ihm zurufen: ‚O du, der du in der Welt Geschwister und Nachbarn zurückgelassen hast! Dienten wir dir nicht als Mahnung? Nahmst du unser Vorangehen nie zum Anlaß, dir Gedanken zu machen? Sahst du nicht, wie unsere Werke von uns enfernt wurden, während dir noch eine Frist vergönnt war? Warum hast du nicht erreicht, was deine Brüder versäumt haben?‘ Dann rufen ihm die Gegenden der Erde zu: ‚O du, der du vom äußeren Schein dieser Welt geblendet warst! Zogst du keine Lehre aus dem Verschwinden deines Familienmitglieds im Bauch der Erde, der vor dir schon von der Welt verblendet war, bis ihn sein Schicksal einholte und in die Gräber brachte. Du sahst ihn doch, wie er von seinen Lieben begleitet davongetragen wurde zu der unvermeidlichen Stätte, die nun seine Wohnstatt ist!‘“

Es sagte Yazīd ar-Ruqāshī: „Ich habe erfahren, daß wenn der Tote in sein Grab gelegt wird, seine Werke sich um ihn scharen und Allah ihnen die Gabe der Rede verleiht, so daß sie sagen: ‚O Gottesknecht, der du nun allein in deiner Grube liegst, nun sind Freunde und Familie von dir getrennt, und unter uns besitzt du heute keinen Vertrauten mehr.‘“

Es sagte Kaʿb: „Wenn der redliche Gottesknecht in sein Grab gelegt wird, scharen sich seine guten Werke um ihn, das heißt, das Gebet, das Fasten, die Pilgerfahrt, der Heilige Krieg und die Almosen.“ Er sagte auch: „Da kommen die strafenden Engel von der Richtung seiner Füße, doch das Gebet spricht: ‚Weichet von ihm! Ihr habt keine Befugnis über ihn! Denn auf diesen beiden stand er um Allahs willen lange Zeit in aufrechter Stellung [des Gebets].' Dann kommen sie aus der Richtung seines Hauptes auf ihn zu. Da spricht das Fasten: ,Ihr habt keine Erlaubnis, gegen ihn vorzugehen! Denn in der Wohnung der Welt ertrug er lange Durst um Allahs willen. Drum seid ihr nicht befugt, gegen ihn vorzugehen!' Dann kommen sie von vorn auf seinen Leichnam zu. Da sprechen die Pilgerfahrt und der Heilige Krieg: ,Zurück mit euch! Denn er hat sich verausgabt und seinen Körper ermattet, indem er um Allahs willen auf die Pilgerschaft ging und in den Heiligen Krieg zog. Darum habt ihr über ihn keine Verfügungsgewalt!'" Weiter sagte er: „Dann kommen sie von der Richtung seiner Hände, und es sprechen die Almosen: ,Weg von meinem Herrn! Denn wie viele Almosen haben nicht diese beiden Händen gegeben, die in die Hand Allahs des Erhabenen fielen, da er immer nur nach Seinem Antlitz strebte. Euch ist über ihn kein Recht verliehen!' Dann wird zu ihm gesprochen: ,Freue dich! Denn du warst gut im Leben wie im Tode!' Danach kommen zu ihm die Engel der Gnade und bereiten ihm ein Lager von himmlischen Kissen und Hüllen aus dem Paradies, und sein Grab wird ihm geweitet, so weit sein Auge reicht; dann wird ihm ein Kerzenlicht aus dem Paradies gebracht, das ihm leuchtet bis zu dem Tage, da Allah ihn aus seinem Grabe auferwecken wird."

Es sagte ʿAbdullāh ibn ʿUbayd ibn ʿUmayr bei einer Beerdigung: „Ich habe erfahren, daß der Gesandte Gottes, Allah segne ihn und schenke ihm Frieden, einmal sagte: ,Der Tote setzt sich auf und hört die Schritte derer, die seinen Beerdigungszug begleiten, doch keiner spricht zu ihm außer seinem Grab, welches zu ihm sagt: ,Weh dir, o Sohn Adams! Sahst du dich nicht vor mir und meiner Enge vor? Fürchtetest du nicht meine Verwesung, meine Schrecken und meine Würmer? Was hast du nun für mich vorbereitet?'''[116]

Darlegung der Strafe des Grabes und der Befragung durch Munkar und Nakīr

Es sagte al-Barā' ibn 'Āzib: „Wir gingen einmal mit dem Gesandten Gottes, Allah segne ihn und schenke ihm Frieden, zur Beerdigung eines Mannes von den *anṣār*. Der Gesandte Gottes, Allah segne ihn und schenke ihm Frieden, setzte sich bei seinem Grabe nieder, beugte sein Haupt hinab und sagte dann dreimal: ‚O mein Gott, ich suche Zuflucht bei dir vor der Strafe des Grabes!' Dann sagte er: ‚Wahrlich, wenn der Gläubige sich ins Jenseits begibt, schickt Allah ihm Engel, deren Antlitz der Sonne gleicht, die das Leichengewand und Wohlgeruch für ihn bringen. Sie lassen sich um ihn nieder, so weit sein Auge reicht, und wenn seine Seele entweicht, betet jeder Engel zwischen Himmel und Erde für ihn, und auch alle Engel im Himmel beten. Dann öffnen sich die Tore des Himmels, und es ist keines von ihnen, das der Seele nicht liebend gern Einlaß gewährte. Wenn die Seele dann emporgestiegen ist, heißt es: ‚Hier, o Herr, ist Dein Knecht Sowieso!' Er sagt dann: ‚Führt ihn zurück und zeigt ihm die Ehren, die Ich für ihn bereitet habe, denn wahrlich, Ich habe sie [die Erde] ihm versprochen: *Aus ihr haben Wir euch erschaffen, und in sie lassen Wir euch zurückkehren, und aus ihr lassen Wir euch erstehen ein andermal.*' (20:55)

Alsdann vernimmt er den Tritt ihrer Sandalen, da sie sich wenden und umkehren. Dann heißt es: ‚O Mensch! Wer ist dein Herr? Und wie heißt deine Religion? Wer ist dein Prophet?' Darauf antwortet er: ‚Allah ist mein Herr, meine Religion ist der Islam, und mein Prophet ist Muḥammad, Allah segne ihn und schenke ihm Frieden.' Die beiden [Engel] bedrängen ihn aber heftig, und dies ist die letzte Gelegenheit, die dem Toten geboten wird. Hat er aber diese Worte geantwortet, so erschallt ein Ruf: ‚Du hast recht geantwortet!', und das ist die Bedeutung des Gottesverses: *Festigen wird Allah die Gläubigen durch das festigende Wort* (14:27).

Danach tritt eine Gestalt zu ihm, die schön ist von Angesicht, Wohlgeruch verströmt und stattlich gekleidet ist. Diese spricht zu ihm: ‚Erfreue dich der Gnade deines Herrn und der *ewiglich wonnevollen* Gärten (9:21).' Diese fragt er: ‚Und du, möge dich Allah mit Gutem erquicken, wer bist du?' Sie antwortet: ‚Ich bin dein rechtschaffenes Handeln. Bei Allah, ich wußte nicht, daß du so rasch bist im Gehorsam und so zögerlich im Ungehorsam gegen Allah; möge Allah es dir mit Gutem vergelten!' Dann vernimmt man eine Stimme, die ruft: ‚Rollt für ihn Teppiche aus und öffnet ihm ein Tor!' Und man breitet für ihn herrliche Teppiche aus und öffnet ihm ein Tor zum Paradies. Da sagt er: ‚O Herr! Laß die Stunde bald eintreten, auf daß ich zu meiner Familie und meinem Besitz zurückkehre!'

Weiterhin sprach er: ‚Was aber den Ungläubigen angeht, wenn sich dieser auf der Schwelle des Jenseits befindet und von der Welt abgeschnitten ist, da stellen sich bei ihm *starke und gestrenge* (66:6) Engel ein, die ihm *Kleider aus Feuer* (22:19) und *Kleider von Pech* (14:50) bringen. Sie umringen ihn von allen Seiten, und wenn seine Seele hervorkommt, verfluchen ihn alle Engel zwischen Himmel und Erde und alle Engel, die im Himmel sind. Die Tore des Himmels werden verschlossen, denn es ist kein Tor, dem es nicht zuwider wäre, seine Seele einzulassen. Und sooft seine Seele emporsteigt, wird sie hinabgeschleudert, und es heißt: ‚O Herr! Hier ist Dein Knecht Sowieso, den weder Himmel noch Erde aufnehmen wollen!' Da spricht Allah, gerühmt sei Er und verherrlicht: ‚Bringt ihn zurück und zeigt ihm das Übel, das Ich ihm bereitet habe; wahrlich Ich versprach es ihm: *Aus ihr haben Wir euch erschaffen, und in sie lassen Wir euch zurückkehren, und aus ihr lassen Wir euch erstehen ein andermal.*' (20:55) Und er vernimmt den Tritt ihrer Sandalen, da sie sich ans Fortgehen machen. Dann wird er gefragt: ‚O Mensch! Wer ist dein Herr? Und wer ist dein Prophet? Und was ist deine Religion?' Er aber antwortet: ‚Ich weiß es nicht.' Da spricht man zu ihm: ‚Du hast es nicht gewußt!' Da tritt eine Gestalt zu ihm, häßlich von Angesicht, Verwesungsgestank verströmend und schäbig gekleidet, die sagt: ‚Empfange die Botschaft von Gottes Zorn und von ewiglich peinsamer Strafe!' Darauf sagt er: ‚Möge Allah dir Übel künden! Wer bist du?' Es spricht die Gestalt: ‚Ich bin dein schlechtes Handeln! Bei Allah, du warst schnell im Ungehorsam und zögerlich im Gehorsam gegen Ihn! Möge Allah es dir mit Bösem vergelten!' ‚Und möge Er es dir auch mit Bösem vergelten!' entgegnet er darauf. Dann wird einer auf ihn losgelassen, der weder sehen, hören noch sprechen kann; er hält eine Eisenstange, die die Menschheit und die Jinn nicht zu heben vermöchten, selbst wenn sie ihre Kräfte vereinten, und unter deren Hieben ein Berg zu Staub zerfiele. Mit dieser erteilt er ihm nun einen Schlag, der ihn zu Staub werden läßt. Danach kehrt seine Seele wieder zu ihm zurück, und er erteilt ihm damit einen Schlag zwischen die Augen, den alle Bewohner der beiden Erden hören, außer den Menschen und den Jinn [*thaqalayn*]. Dann ruft ein Rufer: ‚Breitet für ihn zwei Tafeln aus Feuer aus und öffnet ihm ein Tor zur Hölle.' Und sie breiten ihm zwei Tafeln aus Feuer aus und öffnen ihm ein Tor zur Hölle.'"[117]

Es sagte Muḥammad ibn ʿAlī: „Beim Tode eines jeden Menschen erscheinen ihm seine guten Taten und seine schlechten Taten. Er richtet seinen Blick auf das Gute, das er tat, und wendet sich vom Schlechten ab."

Es berichtet Abū Hurayra: „Der Gesandte Gottes, Allah segne ihn und schenke ihm Frieden, sprach: ‚Wenn der Gläubige im Sterben liegt, kommen die Engel mit einem Seidentuch zu ihm, in dem Moschus und ein Strauß von Basilikum sind. Sie ziehen seine Seele aus ihm heraus, wie man ein Haar aus einer Teigmasse herauszieht, und es wird zu ihm gesprochen: ‚*O du befriedete Seele*, (89:27), komm hervor, *zufrieden* [*mit Allah*] *und* [*Ihn*] *befriedigend* (89:28), zur Gnade Allahs und Seiner Großmut.‘ Und wenn seine Seele hervorgekommen ist, wird sie zu jenem Moschus und Basilikum gelegt und das Seidentuch um sie eingefaltet. Dann wird sie nach *‘Illiyyūn* (83:18 f.) geschickt. Doch wenn der Ungläubige im Sterben liegt, dann kommen zu ihm die Engel mit einem rauhen Lappen, in dem sich ein glühender Kohlenbrocken befindet, und sie zerren seine Seele gewaltsam aus ihm heraus. Dabei spricht man zu ihm: ‚O du arge Seele! Komm hervor, hassend und verhaßt, zur Schande vor Allah und zu Seiner Strafe!‘ Und wenn seine Seele hervorgekommen ist, wird sie auf die glühende, zischende Kohle gelegt, das grobe Tuch wird um sie gefaltet, und man bringt sie nach dem *Sijjīn* (83:7 f.).‘“

Man berichtet von Muḥammad ibn Ka‘b al-Quraẓī, daß er die Worte des Erhabenen vorzutragen pflegte: „*Erst wenn der Tod einem von ihnen naht, wird er sprechen:* ‚*Mein Herr, sende mich zurück, auf daß ich Gutes tue, was ich unterließ*‘ (23:99 f.). ‚Was willst du denn, und was ersehnst du dir? Willst du etwa zurückkehren, um noch mehr Besitz anzuhäufen, um Saaten zu säen, um Gebäude zu errichten und Gräben auszuheben?‘ ‚O nein‘, sprach er, ‚*vielmehr, auf daß ich Gutes tue, was ich unterließ*‘ (23:100). Doch der Allgewaltige sagte alsdann: ‚*Siehe, dies ist das Wort, das er spricht*‘ (23:100), das heißt, das er bei seinem Tode sprechen wird.“

Es berichtete Abū Hurayra, daß der Heilige Prophet, Allah segne ihn und schenke ihm Frieden, sprach: „Der Gläubige in seinem Grabe ist in einem grünen Garten; sein Grab wird für ihn um siebzig Ellen geweitet, und er bekommt Licht, bis er leuchtet wie der volle Mond. Wißt ihr, weshalb [der Vers] herabgesandt wurde: *dem sei ein Leben in Drangsal* (20:124)?" Sie sagten: „Allah und Sein Prophet wissen es am besten." Da sprach er: „Die Strafe für den Ungläubigen in seinem Grabe ist, daß neunundneunzig Ungeheuer (*tinnīn*) ihn anfallen; und wißt ihr, was diese Ungeheuer (*tinnīn*) sind? Es sind neunundneunzig Schlangen, deren jede einzelne neunköpfig ist, die ihn beißen und bedrängen und in seinen Leib hineinblasen bis zum Auferstehungstage."[118]

Auch sollte man sich nicht über solch ausdrückliche Zahlenangaben wundern, denn die Anzahl jener Vipern und Skorpione entspricht der Zahl der tadelnswerten Seelenverfassungen, wie etwa dem Stolz, der Heuchelei, dem Neid, der Bosheit, dem Haß und derlei Eigenschaften mehr. Denn diese sind verschiedenen Ursprungs, die sich in verschiedene Äste verzweigen, von denen sich wiederum weitere Abschnitte abspalten. Diese Eigenschaften sind im eigentlichen die Todsünden, die sich dann in Skorpione und Schlangen verwandeln, wobei die stärkeren mit dem Biß des Drachens (*tinnīn*) beißen und die schwächeren mit dem Stich des Skorpions, und die dazwischen liegen wie der Biß einer Schlange schmerzen. Menschen aber, deren Herzen erleuchtet sind und denen höhere Einsicht gegeben ist (*arbāb al-qulūb wa l-baṣā'ir*), vermögen aber vermittels des Lichts ihrer geistigen Wahrnehmung (*nūr al-baṣīra*) diese Todsünden mit ihren vielfachen Verzweigungen wahrzunehmen, obwohl ihre genaue Anzahl nur im Lichte prophetischer Wahrnehmung erkannt werden kann. Berichte wie diese haben durchaus gültige äußere Aspekte, daneben aber verborgene Geheimnisse, die allerdings nur jenen offenbar werden, die mit geistiger Wahrnehmung befähigt sind. Wem aber ihre wahre Natur nicht enthüllt wurde, der sollte zumindest die äußeren Aspekte nicht leugnen; denn zu bekennen und hinzunehmen gehört zum geringsten Grad des Glaubens.

Solltest du einwenden: „Wir beobachten den Ungläubigen in seinem Grabe und mustern ihn eine ganze Zeitlang, doch gewahrten wir dergleichen nicht; was ist dann der Sinn eines Bekennens, das der Beobachtung zuwiderläuft?", so wisse, daß es für dich in solchen Dingen drei Stufen des Bekennens gibt:

Die erste, welche auch die offenbarste und richtigste und einwandfreiste ist, ist, daß du bekennst, daß dieses [Ding] existiert und daß es den Toten beißt, obwohl du dies nicht bezeugen kannst. Denn unser Auge taugt nicht zur Wahrnehmung von Dingen, die der himmlischen Welt angehören, und alles, was mit dem Jenseits zusammenhängt, gehört der himmlischen Welt an. Siehst du nicht, wie die Prophetengefährten, mögen sie Allah wohlgefallen, an das Herabsteigen Jibrīls glaubten, obwohl sie selbst ihn niemals sahen? Doch glaubten sie daran, weil er, Allah segne ihn und schenke ihm Frieden, ihn sah. Wenn du daran nicht glauben kannst, dann ist es für dich wichtiger, daß du die Grundfesten deines Glaubens an die Engel und die Offenbarung bearbeitest. Wenn du aber daran glaubst und zugestehst, daß der Heilige Prophet, Allah segne ihn und schenke ihm Frieden, sehen konnte, was seine Gemeinde nicht zu sehen vermochte, wie kannst du dann nicht zugestehen, was hier über den Toten ausgesagt wird? Denn so wie ein Engel weder den Menschen noch den Tieren ähnelt, so sind auch die Schlangen und Skorpione, die im Grabe beißen, nicht von der Art der Schlangen unserer Welt; nein, vielmehr sind sie von anderer Art und werden mit anderen Sinnen wahrgenommen.

Die zweite Stufe ist die, daß du dir den Umstand des Schläfers vor Augen führst: Dieser erblickt in seinem Schlaf eine Schlange, die ihn beißt, und er empfindet den Schmerz dabei, so daß du ihn in seinem Schlaf aufschreien siehst und ihm der Schweiß auf der Stirn steht und er sich unruhig hin- und herwirft. All dieses nimmt er tatsächlich aus sich selbst heraus wahr, und er leidet daran ebenso, wie einer im Wachzustand leidet. Er sieht diese Dinge, während er dir äußerlich ruhig vorkommt; du siehst keine Schlange in seiner Nähe, obwohl die Schlange für ihn Wirklichkeit ist und die Strafe tatsächlich eintrifft, nur daß sie für dich nicht wahrnehmbar ist. Da aber die Strafe im Schmerz des Bisses liegt, besteht kein Unterschied zwischen einer in der Vorstellung gewahrten Schlange und einer tatsächlich wahrgenommenen.

Die dritte Stufe ist aber erreicht, wenn du weißt, daß nicht die Schlange selbst dir Schmerzen bereitet, sondern das, was dich von ihr befällt, nämlich ihr Gift. Fernerhin ist auch das Gift nicht der Schmerz, nein, dein Leiden entsteht aus der Wirkung, die das Gift auf dich ausübt. Käme eine ähnliche Wirkung ohne ein Gift zustande, so stellte sich das Leiden trotzdem ein. Diese Art von Leiden läßt sich aber nur beschreiben, indem man ihr die für gewöhnlich angenommene Ursache zuschreibt. Denn wäre im Menschen beispielsweise der Genuß der geschlechtlichen Vereinigung ohne unmittelbare Ursache in Gestalt des Geschlechtsverkehrs geschaffen, so wäre eine Beschreibung desselben nicht möglich, außer durch die Bezugnahme darauf, so daß die Bezugnahme auf die Ursache zu ihrer Beschreibung wird. Die Wirkung der Ursache wäre erreicht worden, selbst wenn die Ursache in ihrer Form nicht aufgetreten wäre, und die Ursache ist wegen ihrer Wirkung erwünscht, und nicht um ihrer selbst willen.

Die Eigenschaften des Verderbten werden in der Seele beim Tode zu Schmerz und Leiden verwandelt, und ihre Schmerzen sind ganz wie der Biß der Schlangen, ohne daß Schlangen eigentlich vorhanden wären; und die Verwandlung der Eigenschaften zu etwas Schmerzhaftem entspricht der Verwandlung der Liebe zu Schmerz beim Tode des Geliebten. Es war einmal ein Genuß gewesen, doch nun befällt ihn ein Zustand, da ihm der nämliche Genuß zum Schmerz wird, bis sein Herz von so vieler Arten von

Pein erfüllt ist, daß er sich wohl wünschen möchte, niemals die Freuden der Liebe und Vereinigung genossen zu haben. Dies ist in sich selbst schon eine Art von Strafe, der der Tote unterzogen wird; denn in der Welt hatte die Liebe Macht über seine Seele gehabt; er liebte seinen Reichtum und seinen Grundbesitz, seine Würde, seine Kinder, seine Verwandten und seine Bekannten. Hätte ihm bei Lebzeiten einer all dies fortgenommen, von dem er keine Rückgabe zu erhoffen gehabt hätte, was meinst du, wie sein Zustand wohl wäre? Wäre er nicht furchtbar unglücklich, litte er nicht gewaltig darunter? Würde er dann nicht sagen: „Ach, hätte ich bloß nichts besessen, hätte ich bloß keine Ehren genossen, daß ich ob der Trennung nicht so leiden müßte!" Denn der Tod bedeutet das Abschiednehmen von allem, was man in der Welt geliebt hat, mit einem Mal.

Wie ist der Zustand
dessen, der nur ein einziges besaß,
wenn dieses einzige ihm genommen wird?

Wie wird es also dem ergehen, der sich einzig und allein an dieser Welt erfreute, wenn sie von ihm genommen und seinen Feinden überlassen wird? Alsdann mehrt sich sein Leiden noch durch sein Bedauern ob der Wonnen des Jenseits, die ihm entgingen, und ob der Hüllen, die ihn von Allah, gerühmt und verherrlicht sei Er, trennen; denn wahrlich, die Liebe zu allen Dingen außer Allah verhindert seine Begegnung mit Allah und die Beglückung dadurch. Es ergreift ihn der Schmerz der Trennung von allem, was er einst liebte, und der Kummer über das, was ihm für immer und ewig von den Freuden des Jenseits entgangen ist, sowie auch die Schmach der Rückweisung und der Verhüllung vor Allah dem

Erhabenen. Das ist die Strafe, mit der er gezüchtigt wird, denn dem Feuer der Trennung kann nur das Feuer der Hölle folgen, wie es der Erhabene spricht: *Fürwahr, doch werden sie wahrlich an jenem Tage von ihrem Herrn ausgeschlossen sein. Alsdann werden sie brennen im Höllenpfuhl* (83:15 f.). Doch wer nicht an die Welt gebunden war und nichts liebte außer Allah und die Begegnung mit Allah herbeisehnte, der findet Befreiung vom Kerker dieser Welt und ihren unbeständigen Begierden. Er begibt sich zu seinem Geliebten, und alle Hindernisse und Ablenkungen werden von ihm genommen; er wird üppig umgeben sein von unvergänglicher Wonne für alle Ewigkeit, *für solches wie dies sollten die Wirkenden wirken* (37:61).

Gemeint ist damit ein Mann, der sein Pferd so sehr liebt, daß er, wenn er die Wahl hätte zwischen dem Verlust des Pferdes oder dem Biß eines Skorpions, er vorzöge, Letzteres zu erdulden, denn der Schmerz der Trennung von seinem Pferd träfe ihn härter als der Biß des Skorpions. Es ist die Liebe zu seinem Pferd, die ihn sticht, wenn es ihm genommen wird. Drum bereite er sich auf solche Stiche vor, denn der Tod wird ihm sein Pferd rauben so wie seinen Sattel, sein Haus, sein Anwesen, seine Familie, seine Kinder, Freunde und Bekannten; er wird allen Ruhm und Einfluß von ihm nehmen, sogar Gesicht und Gehör und [den Gebrauch] seiner Glieder wird er ihm nehmen, so daß ihm ihre Rückkehr völlig hoffnungslos erscheint. Wenn er nichts mehr liebte als diese Dinge, die ihm nun entrissen werden, dann ist ihm dies schmerzlicher als Skorpione und Schlangen. Gleich als würden diese Dinge bei Lebzeiten von ihm genommen, ebenso wird ihn ihr Verlust im Tode schmerzen, da, wie wir bereits darlegten, das Gebilde, das Schmerz und Freude wahrnimmt, unsterblich ist; ja, sein Leiden nach dem Tode sogar noch heftiger ist, da es sich im Leben immerhin mit Dingen zu trösten vermochte, die seine

Sinne beschäftigten, wie etwa mit dem Zusammensitzen und der Unterhaltung mit anderen. Auch mag er sich mit der Aussicht auf Wiederkehr oder mit der Hoffnung auf Ersatz trösten. Doch nach dem Tode gibt es keinen solchen Trost, da alle Wege des Trostes ihm nun versperrt sind, und er fällt der Verzweiflung anheim. Wenn ein Mensch jedes Hemd oder Tuch so liebte, daß ihm der Verlust desselben unerträglich ist, wird er deswegen bleibendes Bedauern empfinden und darunter leiden. Wenn er jedoch nur leicht beladen durch diese Welt ging, wird es ihm wohl ergehen, und das ist die Bedeutung des Spruches: „Die leicht Beladenen werden errettet." Wenn er aber schwer bepackt war, kommt ihn seine Strafe besonders hart an. Sowie der Zustand dessen, dem nur ein Dinar gestohlen wird, weniger belastend ist als der desjenigen, dem zehn Dinar gestohlen werden, so ist auch der Zustand dessen, der nur einen Dirham besitzt, leichter als derjenige dessen, der davon zwei besitzt. Dies ist aber die Bedeutung seines Ausspruchs, Allah segne ihn und schenke ihm Frieden: „Der Besitzer nur eines *dirhams* hat eine leichtere Abrechnung als der, der zwei *dirham* besitzt."[119] Alle Dinge dieser Welt, die du beim Tode hinter dir läßt, werden dir nach dem Tode zum Quell der Betrübnis; drum strebe nach viel, wenn du willst, oder strebe nach wenigem, ganz wie du willst. Wenn du aber reichlichen Besitz anstrebst, so erstrebst du eigentlich nur größeren Kummer, und wenn du nach wenigem strebst, so erleichterst du dir die Bürde, die deinem Rücken aufliegt.

Wahrhaftig, die Schlangen und Skorpione sind nur in den Gräbern der Reichen zahlreich, *die das irdische Leben dem Jenseits vorziehen und an ihm Wohlgefallen finden und sich dabei beruhigen* (10:7). Dies sind also die Abstufungen des Glaubens bezüglich der Schlangen und Skorpione des Grabes sowie jeder anderen Art von Strafe darin.

Abū Saʿīd al-Khudrī sah einmal im Traum einen seiner Söhne, der bereits verstorben war. Er sagte zu ihm: „O mein Söhnchen, erteile mir einen Rat!" Da sagte dieser: „Lehne dich nicht gegen den Willen Allahs des Erhabenen auf." Er sagte: „O mein Söhnchen, rate mir noch mehr!" „O mein Vater", sprach dieser, „du ertrügest es nicht." „Sprich!" sagte er. Da sagte jener: „Laß nicht einmal ein Hemd zwischen dich und Allah kommen!" So kam es, daß er dreißig Jahre lang kein Hemd mehr trug.

Solltest du aber fragen, welche dieser drei Abstufungen wohl die richtige ist, so wisse, daß es unter den Menschen solche gibt, die nur die erste bestätigen und alle weiteren leugnen; dann gibt es auch solche, welche die erste leugnen und die zweite anerkennen, und wiederum andere, die nur die dritte anerkennen. Doch die Wahrheit, die sich uns auf dem Wege geistiger Wahrnehmung enthüllt hat, ist, daß all dies im Bereich des Möglichen liegt. Wer dies auch nur teilweise leugnet, der beweist die Enge seines Verständnisses und seine Unkenntnis vom Ausmaß der Macht Allahs, gepriesen sei Er, und von den Wundern Seiner Fügung. Ein solcher wird alle Taten Allahs des Erhabenen leugnen, die ihm unvertraut und ungewohnt sind. Das ist aber Unwissen und ein Makel. Wahrlich, diese drei Wege der Bestrafung sind alle möglich, und es ist verbindlich und verpflichtend, dies für wahr zu halten. Wie viele Gottesknechte fallen nicht einer Art von Bestrafung anheim und wie viele andere nicht einer Verquickung aller drei Arten! Wir ersuchen Allah um Zuflucht vor der Strafe Allahs, sei sie leicht oder sei sie schwer!

Dies aber ist die Wahrheit, und du mußt es fraglos hinnehmen und wahrheißen, denn nur wenige in diesem Erdenrund vermögen dies aus eigener Erfahrung zu bestätigen. Ich rate dir, dich nicht allzusehr mit den Einzelheiten aufzuhalten und dich nicht allzusehr um das Begreifen dieser Angelegenheit zu bemühen; vielmehr solltest du alle nur erdenklichen Maßnahmen zum Abwenden der Strafe ergreifen. Ließest du nämlich die Werke und den Gottesdienst außer acht, um dich mit der Erörterung dieser Sache zu befassen, so glichest du dem, den ein König ergriff und einsperrte, um ihm die Hand abzuhacken und die Nase abzuschneiden, einem aber, der die ganze Nacht lang darüber grübelt, ob dies mit dem Messer, Schwert oder einem Rasiermesser durchgeführt werden würde, und darüber es ganz versäumt, einen Plan auszutrachten, durch den er sich der Strafe selbst entziehen könnte. Das aber ist die Höhe von Torheit. Ganz außer Zweifel steht fest, daß dem Gottesknechte nach seinem Tode unweigerlich schlimme Strafe oder ewigwährende Wonne begegnen wird. Dafür muß er seine Vorbereitungen treffen; doch die Erörterung der Einzelheiten von Belohnung und Strafe ist überflüssig und reine Zeitverschwendung.

Darlegung der Befragung durch Munkar und Nakīr, deren Erscheinung, die Beengung des Grabes und was weiterhin über die Strafe des Grabes zu sagen ist

Es berichtete Abū Hurayra: „Der Heilige Prophet, Allah segne ihn und schenke ihm Frieden, sprach: ‚Wenn der Gottesknecht gestorben ist, kommen zwei schwarzblaue Engel zu ihm, von denen der eine Munkar und der andere Nakīr gerufen wird. Diese sprechen: ‚Was hattest du über den Propheten zu sagen?‘ War der Verstorbene gläubig, so spricht er: ‚Er war ein Knecht Gottes und Sein Gesandter; ich bekenne daß es keinen Gott gibt außer Allah und daß Muḥammad der Gesandte Allahs ist.‘ Da sprechen die Engel: ‚Wir wußten schon, daß du also antworten würdest.‘

Dann wird ihm der Raum in seinem Grabe um siebzig mal siebzig Ellen geweitet, und sein Grab wird für ihn hell erleuchtet sein. Man befiehlt ihm: ‚Schlaf!' Er aber spricht: ‚Laßt mich doch zu den Meinen zurückkehren, damit ich ihnen Nachricht gebe!' Doch man befiehlt ihm: ‚Schlaf!', woraufhin er einschlummert wie ein Bräutigam, der nur von seiner allerliebsten Angetrauten geweckt wird, bis Allah ihn von seiner Ruhestatt auferstehen heißt. War er aber ein Heuchler, so antwortet er: ‚Ich weiß nicht recht; ich hörte die Leute reden und sprach es ihnen nach.' Da sagen die Engel: ‚Wir wußten schon, daß du also antworten würdest.' Und es ergeht an die Erde der Befehl: ‚Verenge dich!', und sie schnürt ihn ein, bis ihm die Rippen hervortreten. In dieser qualvollen Lage bleibt er, bis Allah ihn von seinem Lager auferstehen heißt.'"[120]

Es berichtete 'Aṭā' ibn Yasār: „Der Gesandte Gottes, Allah segne ihn und schenke ihm Frieden, sagte zu 'Umar ibn al-Khaṭṭāb, möge er Allah wohlgefallen: ‚O 'Umar, wie ergeht es dir wohl, wenn du gestorben und den Deinen entrissen bist und sie für dich drei Ellen mal eine Elle und eine Handbreit [des Leichentuches] abmessen, dann zu dir zurückkehren und dich waschen, ins Leichentuch einschlagen, mit Wohlgeruch versehen und davontragen, dich schließlich in dein Grab hineinlegen, Erde über dich streuen und dich vergraben? Wenn sie sich aber zum Gehen gewandt haben, stellen sich die beiden Prüfer des Grabes bei dir ein, Munkar und Nakīr, deren Stimmen wie Donnergrollen und deren Augen wie der blendende Blitzschlag sind; das Haar hängt ihnen wild vom Kopfe, sie suchen das Grab mit ihren Fängen ab und schrecken und ängstigen dich. Wie wird es dir dann wohl ergehen, o 'Umar?' Darauf erwiderte 'Umar: ‚Werde ich dann über einen Verstand verfügen, wie ich ihn jetzt besitze?' ‚Ja', sagte er. ‚Dann werde ich es mit ihnen aufnehmen können!'[121]

Dieser Text enthält eine klare Aussage darüber, daß der Verstand sich im Tode nicht verändert; wohl verändern sich der Leib und die Glieder, doch der Tote bleibt im Besitz seines Verstandes und seiner Wahrnehmung, und er weiß von Schmerzen und Freuden, da sich in seinem Verstand nichts verändert hat. Denn der wahrnehmende Verstand besteht nicht aus diesen Gliedern; vielmehr ist er ein verborgen Ding ohne Länge oder Ausdehnung. Das, was sich selbst nicht zerlegen läßt, ist es, was die Dinge wahrnimmt; selbst wenn alle Glieder des Menschen verstreut wären und nichts verbliebe außer diesem wahrnehmenden Teil, welcher sich weder zerteilen noch zertrennen läßt, so bliebe der verstandesbegabte Mensch in seiner Vollständigkeit erhalten und bestehen. So verhält es sich nach dem Tode, denn ebendieser Teil wird nicht vom Tode aufgelöst, noch verliert er seine Existenz.

Es sagte Muḥammad ibn al-Munkadir: „Ich habe gehört, daß den Ungläubigen in seinem Grabe ein taubblindes Ungeheuer anfallen wird, das in seiner Tatze einen Eisenprügel hält, dessen Spitze wie der Schneidezahn eines Kamels ist; damit schlägt es bis zum Tage der Auferstehung auf ihn ein. Es sieht ihn nicht, daß es ihn schone, und es vernimmt nicht seine Stimme, daß es sich seiner erbarme."

Es sagte Abū Hurayra: „Wenn der Tote in sein Grab gelegt worden ist, kommen seine redlichen Taten und scharen sich um ihn herum. Wenn sie sich ihm bei seinem Haupte nahen, tritt sein Qur'ān-Vortrag hervor. Wenn sie sich ihm aber von seinen Füßen her nahen, tritt sein im Stehen verrichtetes Gebet hervor. Wenn sie von seiten seiner Hand herkommen, sprechen seine Hände: ‚O Allah, er pflegte mich zum Verteilen von *ṣadaqa* und zur Fürbitte auszustrecken – ihr habt keine Handhabe gegen ihn!' Und wenn sie ihn aus der Richtung seines Mundes angehen, eilen sein *dhikr* und sein Fasten herbei; gleichfalls stehen ihm sein Gebet und seine

Geduld zur Seite und sprechen: ‚Selbst wenn ich eine Übertretung bemerkte, so will ich meinerseits doch zu ihm halten.'"

Es sagte Sufyān [ath-Thawrī]: „Seine redlichen Werke werden ihn schirmen, so wie ein Mensch seinen Bruder, seine Familie oder seinen Sohn schirmt. Alsdann wird zu ihm gesagt: ‚Möge Allah dich in deiner Ruhestatt segnen! Wie vorzüglich sind deine Herzensfreunde und wie trefflich deine Gefährten!'"

Ḥudhayfa berichtete: „Wir waren einmal mit dem Gesandten Gottes, Allah segne ihn und schenke ihm Frieden, auf einer Beerdigung. Er ließ sich zu Häupten des Grabes nieder, betrachtete es eingehend, dann sprach er: ‚Hier drinnen wird der Gläubige einem derartigen Druck ausgesetzt sein, daß es ihm die Hoden in den Leib zurücktreibt.'"[122]

Es sagte ʿĀ'isha, möge sie Allah wohlgefallen: „Der Gesandte Gottes, Allah segne ihn und schenke ihm Frieden, sprach: ‚Wahrhaftig, das Grab besitzt einen Druck, und wenn einer davon erlöst oder befreit wurde, so ist es Saʿd ibn Muʿādh.'"[123]

Es berichtet Anas: „Es starb Zaynab, die Tochter des Gesandten Gottes, Allah segne ihn und schenke ihm Frieden, und sie war eine kränkliche Frau gewesen. Der Gesandte Gottes, Allah segne ihn und schenke ihm Frieden, folgte [ihrem Leichenzug], und sein Zustand betrübte uns. Als wir schließlich das Grab erreicht hatten, stieg er hinein, und sein Antlitz erbleichte; doch als er wieder hervorkam, leuchtete sein Antlitz. Da fragten wir ihn: ‚O Gesandter Gottes, wir haben an dir etwas bemerkt, was war es?' Er antwortete: ‚Ich dachte an den Druck, dem meine Tochter ausgesetzt sein wird, und an die Heftigkeit der Strafe des Grabes, doch da kam sie zu mir und tat mir kund, daß Allah ihr diese Strafe erleichtert hat. Denn sie erlitt bereits [zu Lebzeiten] solchen Druck, daß alle zwischen Osten und Westen es vernahmen.'"[124]

Das achte Kapitel

Über das, was durch Enthüllungen im Traum von den Zuständen der Toten bekannt ist

Wisse, daß die erleuchtenden Einsichten, zu denen wir durch das Heilige Buch Allahs der Erhabenen und die *sunna* [das Vorbild] Seines Gesandten, Allah segne ihn und schenke ihm Frieden, sowie durch andere Methoden der Erkenntnis gelangen, uns von den allgemeinen Zuständen der Toten in Kenntnis setzen und von ihrer Einteilung in Glückselige und Unselige. Doch der besondere Umstand des Zayd oder des ʿAmr wird uns dadurch niemals enthüllt. Denn selbst wenn wir zu einem Schluß bezüglich des Glaubens des Zayd oder des ʿAmr gekommen sind, so wissen wir doch nicht, wie es in seiner Todesstunde um ihn stand und wie es für ihn ausging. Wenn wir ihn auch von außen gesehen für rechtschaffen hielten, so ist doch der Sitz der Gottesfurcht das Herz, und dieses ist unergründlich; da es sich dem Besitzer von Frömmigkeit selbst verbirgt, wie sollte es anderen einsichtig sein? Darum soll äußerliche Rechtschaffenheit niemals beurteilt werden, ohne die inwendige Gottesfürchtigkeit zu bedenken. Es spricht Allah der Erhabene: *Siehe, Allah nimmt nur von den Gottesfürchtigen an* (5:27).

Die Beurteilung eines Zayd oder ʿAmr ist nur dann zu erkennen, indem man ihn selbst und sein Tun beobachtet. Wenn er aber gestorben ist, dann ist er von der irdischen und sichtbaren Welt (*ʿālam al-mulk wa-sh-shahāda*) in die Welt des Unsichtbaren und des Geistigen (*ʿālam al-ghayb wa l-malakūt*) übergewechselt und wird nicht mehr mit dem äußeren Auge wahrgenommen, wohl aber mit einem anderen Auge, das im Herzen eines jeden Menschen geschaffen ist. Doch liegt darüber ein dichter Schleier, bestehend aus den Begierden des Menschen und seinen weltlichen Betätigungen, so daß er damit nicht schauen kann; solange aber dieser Schleier nicht von seines Herzens Auge gelüftet wird, kann er sich nicht einmal vorstellen, durch es Wahrnehmungen von der geistigen Welt zu haben.

Als aber den Propheten, Friede sei mit ihnen, dieser Schleier von den Augen gelüftet wurde, erblickten sie unweigerlich die geistige Welt und wurden Zeugen ihrer Wunder, und sie sahen auch die Toten in der geistigen Welt und brachten Kunde von ihnen. So kam es, daß der Gesandte Gottes, Allah segne ihn und schenke ihm Frieden, im Falle des Sa'd ibn Mu'ādh und im Fall seiner Tochter Zaynab die Bedrückung des Grabes wahrnahm und ebenso den Zustand des Abū Jābir, nachdem er den Märtyrertod erlitten hatte, der ihm berichtete, daß Allah ihn vor Sich setzen ließ, ohne daß ein Schleier zwischen ihnen gewesen sei. Solche und ähnliche Visionen können allein die Propheten erhoffen und solche Heilige, deren Rang dem der Propheten nahekommt.

Unseresgleichen ist lediglich eine andere, schwächere Schau möglich, wenngleich auch sie eine prophetische Wahrnehmung ist. Damit meine ich die Traumgesichte, die auch zu den prophetischen Erleuchtungen gehören. Es sprach der Gesandte Gottes, Allah segne ihn und schenke ihm Frieden: „Der Wahrtraum ist der sechsundvierzigste Teil des Prophetentums.“[125] Dieser ist ebenfalls eine Enthüllung, die nur erreicht wird, wenn der Schleier über dem Herzen gelichtet wird. Darum ist nur auf das Traumgesicht eines redlichen und wahrhaftigen Mannes Verlaß. Wer nämlich viel lügt, dessen Traum wird nicht wahr geheißen; und wer viel Sünde und Ungehorsam begeht, der hat sein Herz verdunkelt, und er schaut nur *wirre Traumgespinste* (12:44). Aus diesem Grunde befahl der Gesandte Gottes, Allah segne ihn und schenke ihm Frieden, man solle beim Schlafengehen die rituelle Waschung vollführen, damit man in einem Zustand von Reinheit einschlafe.[126] Dieses ist aber auch ein Hinweis auf die innere Reinheit, die das Zugrundeliegende ist, deren Ergänzung und Vervollkommnung die äußerliche Waschung ist. Wo aber diese innere Reinheit besteht, da enthüllt sich dem Herzensauge, was die Zukunft bringen wird. So wie im Traum dem Gesandten Gottes, Allah segne ihn und schenke ihm Frieden, der Einzug nach Mekka gezeigt wurde, bis das Wort des Erhabenen geoffenbart wurde: *Wahrlich, Allah bewahrheitete Seinem Gesandten das Gesicht.* (48:27)[127] Es ist eher selten, daß ein Mensch der Traumhinweise entbehrt, die sich später bewahrheiten. Der Traum und das Wissen von der unsichtbaren Welt durch den Schlaf gehören zu den Wundern, die Allah der Erhabene geschaffen hat, und zum Mysterium der menschlichen Natur (*fiṭra*), und es ist dies der deutlichste Hinweis auf die spirituelle Welt, doch die Menschen wissen gemeinhin nichts davon, so wie sie auch von den übrigen Wundern des Herzens und den Wundern der Welt nichts wissen. Die Erörterung der Wahrhaftigkeit der Traumgesichte gehört zu den Feinheiten der Wissenschaft von den Enthüllungen (*mukāshafāt*), die nicht im Rahmen der Wissenschaft des Betragens (*ʿilm al-muʿāmala*) erörtert werden können, doch insofern es sich überhaupt ausdrücken läßt, sei hier ein Gleichnis angeführt, das dir begreiflich machen soll, was gemeint ist.

Du mußt wissen, daß das Gleichnis des Herzens das eines Spiegels ist, in dem sich die Abbilder und Wirklichkeiten der Dinge spiegeln, und daß alles, was Allah der Erhabene von Anbeginn der Schöpfung der Welt bis zu ihrem Ende bestimmt hat, in einer Erschaffung Allahs des Erhabenen verzeichnet und erhalten ist, die Er einmal als ‚*Tafel*' (85:22), einmal als ‚*klare Schrift*' (6:59; 10:61 usw.), ein anderes Mal als ‚*deutliches Vorbild*' (36:12) bezeichnet, wie sie im Heiligen Qur'ān erwähnt wird. Alles, was in der Welt geschehen ist und was sich noch zutragen wird, ist darauf verzeichnet und geprägt in einer Prägung, die das Auge nicht wahrnehmen kann. Doch glaube nicht, daß diese Tafel aus Holz oder Eisen oder Knochen besteht oder daß das Buch aus Papier oder Pergament ist, nein, du mußt durchaus begreifen, daß die Tafel Allahs keiner anderen Tafel der Schöpfung gleicht und daß die Schrift Allahs keiner Schrift der Schöpfung gleicht, ebenso wie Sein Wesen und Seine Attribute keinem Wesen der Schöpfung und dessen Eigenschaften gleichen.

Solltest du ein Gleichnis verlangen, das diesen Tatbestand deinem Verständnis näherbringt, so wisse vielmehr, daß die Beständigkeit der Geschicke auf der Tafel der Beständigkeit der Worte und Buchstaben des Heiligen Qur'ān im Kopf und im Herzen eines *ḥāfiẓ* entspricht [d. h. eines, der den Heiligen Qur'ān auswendig gelernt hat]. Dieser ist darin nämlich so verzeichnet, daß es ihm beim Vortrag scheint, als schaue er darauf; doch wolltest du sein Gehirn Stück für Stück untersuchen, fändest du darin keinen einzigen Buchstaben dieser Schrift. Wie dort keine Schrift vorhanden ist, auf die er blickt, und kein Buchstabe, den er abliest, ebenso mußt du verstehen, wie die Tafel mit allem, was Allah der Erhabene bestimmt und beschlossen hat, geprägt ist. Die Tafel in diesem Gleichnis ist aber wie der Spiegel, in dem die Bilder erscheinen. Stellte man gegenüber des Spiegels einen weiteren Spiegel auf, so erschiene das Bild dieses Spiegels in jenem, vorausgesetzt es läge kein Hindernis zwischen beiden Spiegeln. Das Herz ist aber ein Spiegel, das Bilder des Wissens empfängt, und die Tafel ist ein Spiegel, in dem die Bilder alles Wissens enthalten sind. Die Beschäftigung des Herzens mit seinen Begierden und den Forderungen der Sinne wird zum Schleier, der sich zwischen das Herz und die Betrachtung der Tafel senkt; jener Tafel, die der spirituellen Welt angehört. Wenn nun ein Wind weht, so bewegt er diesen Schleier und hebt ihn ein wenig; da leuchtet im Spiegel des Herzens etwas auf wie ein plötzlicher Blitz aus der spirituellen Welt, der entweder anhaltend bestehen bleibt oder aber nicht bleibt, was zumeist der Fall ist. Solange einer wach ist, beschäftigt er sich mit dem, was ihm die Sinne von der hiesigen, sichtbaren Welt der Dinge zutragen, und dies wird zum Schleier vor der Welt des Geistigen.

Die Bedeutung des Schlafs aber ist, daß die Sinne ruhiggestellt sind und dem Herzen nichts mehr zutragen. Wenn es dann frei ist von der Eingabe der Sinne und der Vorstellungsskraft, und vorausgesetzt, es ist in seinem eigentlichen Wesen rein, so lüftet sich der Schleier zwischen ihm und der wohlverwahrten Tafel, und etwas von dem auf der Tafel Verzeichneten fällt in das Herz, so wie das Bild im Spiegel auf den anderen [gegenüberliegenden] Spiegel fällt, wenn der Schleier zwischen ihnen gelüftet wird. Der Schlaf jedoch, der die übrigen Sinne am Arbeiten hindert, verhindert nicht das Arbeiten und Wirken der Vorstellungskraft. Sie nimmt vorweg, was ins Herze fallen mag, und bildet etwas nach, das diesem in etwa ähnelt. Die Vorstellungen erweisen sich im Gedächtnis als beständiger als alles andere; es ist die Vorstellung, die im Gedächtnis verbleibt, und beim Erwachen entsinnt man sich nur noch dieser Vorstellung. Daher muß der Traumdeuter diese Vorstellung als ein ‚Imitat', eine Nachbildung betrachten, das heißt, als eine Deutung von Bedeutungsinhalten; dann findet er entsprechend der Beziehung zwischen dem Vorgestellten und dem Bedeutungsinhalt zu einer Deutung. Wer sich mit der Wissenschaft der Traumdeutung befassen will, findet hierfür zahlreiche deutliche Beispiele, doch dir soll ein Beispiel genügen. Es sagte einmal ein Mann zu

Ibn Sīrīn: „Ich sah im Traum, wie ich in meiner Hand ein Siegel hielt, mit dem ich den Männern den Mund und den Weibern die Scham versiegelte.“ Darauf antwortete dieser: „Dann bist du ein *mu'adhdhin*, der im Ramadan vor Tagesanbruch zum Gebet ruft!“ Was dieser bestätigte: „Es ist eben, wie du sagst.“ Erkenne also, daß das Wesentliche (*rūḥ*) des Versiegelns ein Verhindern ist, um das es hier beim Versiegeln geht. Wahrlich, dem Herzen werden die Umstände der Person so enthüllt, wie sie auf der Wohlverwahrten Tafel stehen, hier also seine Eigenschaft, die Menschen am Essen und Trinken zu hindern. Die Kraft der Vorstellung aber verbindet das Verhindern beim Versiegeln mit dem Siegel selbst und stellt dies in Form des imaginären Bildes dar, welches das Wesentliche des Bedeutungsinhalts wiedergibt. Doch im Gedächtnis bleibt nur das imaginäre Bild.

Dies ist nur ein winziger Tropfen aus dem Meer der Traumdeutung, dessen Wunder grenzenlos sind, – und wie sollte dem auch anders sein, wo er [der Schlaf] doch der Bruder des Todes ist! Der Tod ist doch ein wundersames Ding, indem er eine leise Ähnlichkeit mit dem Schlaf besitzt, welcher bewirkt, daß sich die Hülle von der unsichtbaren Welt lüftet, so daß der Schläfer erkennen kann, was die Zukunft birgt. Wie, glaubst du, wird es dann erst im Tode sein, da er den Schleier gänzlich zerreißt und die Hüllen insgesamt entfernt werden, so daß der Mensch gleich nach seinem letzten Atemzug sich selbst erblickt, umgeben von Pein, Demütigung und Schande – wovor Allah uns bewahren möchte – oder aber beherbergt in ewiger Wonne und großem, nie endendem Besitz.

Alsdann, wenn die Hüllen entfernt sind, wird zu den Übeltätern gesprochen: *Wahrlich, du warst dessen achtlos, und Wir nahmen deinen Schleier von dir, und dein Blick ist heute scharf!* (50:22); ebenso wird zu ihnen gesagt: *Ist dies etwa Zauberei, oder sehet ihr nicht? Brennet in ihm und haltet aus oder haltet nicht aus, es ist gleich für euch; ihr werdet nur für euer Tun belohnt* (52:15 f.). Ein weiterer Hinweis auf sie findet sich im Worte des Erhabenen: *Aber es wird ihnen von Allah erscheinen, was sie nie in Rechnung zogen* (39:47).

So werden dem Gelehrtesten aller Gelehrten und dem Weisesten aller Weisen nach dem Tode Zeichen und Wunder aufgetan, wie sie ihm niemals in den Sinn kamen und niemals sein Herz bewegten. Hätte der verständige Mensch keinen anderen Gram oder Kummer als den Gedanken an den gefahrvollen Zustand, da der Schleier gelüftet und was sodann zum Vorschein kommen wird, wenn die Hüllen einmal abgestreift sind, an unabwendbarem Leid oder an ewiglicher Glückseligkeit: Das allein reichte aus, um ihn sein ganzes Leben lang vollauf zu beschäftigen.

Wunderlich ist daher unsere Achtlosigkeit, wo solch große Dinge vor uns liegen, und was noch verwunderlicher ist, daß wir uns unserer Reichtümer und Familien so erfreuen, unseres Hausstands und unserer Nachkommenschaft, ja, selbst unserer Glieder, unseres Gehörs und unseres Gesichts, obwohl wir doch genau wissen, daß wir all dieses ganz gewißlich zurücklassen müssen. Wo aber ist der Mensch, in dessen Herz der heilige Geist hineinhaucht und spricht, was er zum Fürsten der Propheten sprach: „Liebe, wen immer du lieben magst, denn unweigerlich wirst du von ihm getrennt; und lebe, wie du leben willst, denn sicherlich wirst du sterben; und handle, wie du willst, denn gewißlich wird es dir vergolten werden.“[128] Wem dies mit dem Auge der Gewißheit enthüllt wird, wird sicherlich in dieser Welt sein wie ein Landfahrer[129], der nicht Stein auf Stein legt, noch Halm auf Halm von Stroh; er hinterläßt weder *dīnār* noch *dirham* und nimmt sich keinen zum Geliebten oder Herzensfreund. Fürwahr, er sprach, Allah segne ihn und schenke ihm Frieden: „Sollte ich mir einen Herzensfreund nehmen, so wählte ich mir den Abū Bakr; doch euer Gefährte ist der Herzensfreund des Allbarmherzigen."[130] Damit verdeutlichte er, daß die innige Gottesliebe sein innerstes Herz durchdrungen hatte und daß die Liebe zu Ihm sich im Kern seines Herzens festgesetzt hatte und keinen Raum ließ für einen anderen Freund oder Geliebten. Er, Allah segne ihn und schenke ihm Frieden, sprach zu seiner Gemeinde: „*So ihr Allah liebet, so folget mir; lieben wird euch Allah.*"(3:31)

Denn seine Gemeinde besteht aus denen, die ihm folgen, und es folgen ihm nur die, die sich von der Welt abgewendet und dem Jenseits zugewendet haben. Denn sein Ruf war nur zu Allah und zum Jüngsten Tage, und er lenkte sie nur von der Welt und ihrer flüchtigen Geschicke ab. So sehr du dich von der Welt abkehrst und dich dem Jenseits zuwendest, in dem Maße folgst du auf seinem Wege; und so sehr du auf seinem Wege folgst, in dem Maße folgst du ihm nach; und so sehr du ihm nachfolgst, in dem Maße wirst du zu seiner Gemeinde gehören; so sehr du dich aber der Welt zuwendest, in dem Maße wendest du dich von seinem Wege und von dem Verlangen, ihm zu folgen, ab, und du gesellst dich zu denen, über die Allah der Erhabene sagt: *Dann, was den anlangt, der (das Maß) überschreitet und das irdische Leben vorzog, siehe, der Höllenpfuhl ist seine Wohnung* (79:37-39).

O Mensch – und wir alle sind dieser Mensch –, kämest du nur aus dem Versteck deiner Täuschung hervor und würdest du dir selbst gerecht, so wüßtest du, daß du vom Augenblick deines Erwachens am Morgen bis zu deinem Feierabend nichts als flüchtigen Freuden nachläufst und daß all dein Tun und Lassen nur um dieser vergänglichen Welt willen geschieht; und doch hoffst du, morgen zu seiner Gemeinde und zu seinem Gefolge zu gehören! Weit gefehlt ist deine Vorstellung und einfältig deine Hoffnung! *Sollen Wir etwa die Muslime wie die Sünder halten? Was fehlt euch? Wie urteilt ihr?* (68:35 f.)

Doch wollen wir nun zu unserem ursprünglichen Thema zurückkehren. Denn im Verlauf unserer Erörterung sind wir auf unbeabsichtigtes Gebiet abgeschweift. Wir wollen nun die Traumgesichte erwähnen, welche die Zustände der Toten erhellen, die von besonderem Belang sind. Vergangen ist das Prophetentum, geblieben sind uns die frohen Verkündungen (*mubashshirāt*), und diese sind nichts anderes als die Visionen im Traum.

Darlegung der Traumvisionen, welche die Zustände der Toten erhellen, sowie von den Handlungen, die im Jenseits von Wert sind

Zu diesen zählt ein Traum vom Gesandten Gottes, Allah segne ihn und schenke ihm Frieden, denn er, auf dem Friede sei, sagte einmal: „Wer mich im Traume sieht, der sieht mich wirklich; denn der Satan nimmt nicht meine Form an.“[131]

'Umar ibn al-Khaṭṭāb, möge er Allah wohlgefallen, berichtet: „Ich sah einmal im Traum den Gesandten Allahs, Allah segne ihn und schenke ihm Frieden, und in meinem Traum blickte er mich nicht an. Da sagte ich zu ihm: ‚O Gesandter Allahs, was habe ich getan?‘ Er wandte sich zu mir um und sprach: ‚Hast du nicht geküßt, während du gefastet hast?‘“ Er ('Umar) sagte: „Bei Ihm, in dessen Hand meine Seele liegt, nie wieder will ich eine Frau küssen, während ich faste.“

Es sagte 'Abbās, möge er Allah wohlgefallen: „Ich war ein enger Freund des 'Umar, und es verlangte mich, ihn [nach seinem Tode] im Traum zu sehen. Doch ich erblickte ihn erst zu Beginn des neuen Jahres und sah ihn, wie er sich den Schweiß von der Stirn wischte, indes er sprach: „Dies ist meine Ruhezeit; und wahrlich, mein Schattendach wäre zusammengebrochen, hätte ich Ihn nicht als Allvergebend und Allbarmherzig erfahren."

Es berichtet al-Ḥasan ibn ʿAlī: „ʿAlī, möge er Allah wohlgefallen, sagte zu mir: ‚Der Gesandte Gottes, Allah segne ihn und schenke ihm Frieden, erschien mir heute Nacht im Traum, und ich fragte ihn: ‚O Gesandter Gottes! Wie findest du deine Gemeinde?' Er antwortete: ‚Verwünsche sie!' Da sagte ich: ‚O mein Gott, setze an meiner Statt einen anderen über sie, der besser ist, als ich es bin, und ersetze ihnen mich durch einen anderen, der schlechter für sie ist, als ich es bin!' Dann ging er hinaus, und es erschlug ihn Ibn Muljam.'"

Einer der *shuyūkh* sprach: „Ich sah einmal den Gesandten Gottes, Allah segne ihn und schenke ihm Frieden, [im Traum] und sagte zu ihm: ‚O Allahs Gesandter, bitte Allah für mich um Vergebung!' Doch er wandte sich von mir ab, und ich rief: ‚O Gesandter Allahs, Sufyān ibn ʿUyayna berichtete uns von Muḥammad ibn al-Munkadir, der es von Jābir ibn ʿAbdullāh hatte, daß du niemals eine Bitte ablehntest, die dir vorgetragen wurde.' Da näherte er sich mir und sprach: ‚Möge Allah dir Vergebung schenken.'"

Es wird berichtet, daß ʿAbbās ibn ʿAbd al-Muṭṭalib einmal sagte: „Ich war dem Abū Lahab so nah wie ein Bruder und gab mich viel mit ihm ab. Als er gestorben war und Allah über ihn bekanntgab, was Er bekanntgab [111:1-4], dauerte es mich um ihn, und ich machte mir viele Sorgen um seinen Zustand. Ich bat Allah den Erhabenen ein ganzes Jahr lang, daß Er ihn mir im Traume zeigte", sagte er, „und da sah ich ihn im Feuer brennen. Ich fragte ihn nach seinem Befinden, und er antwortete mir: ‚Ich bin der Höllenpein anheimgefallen, deren Qual mir von allen Tagen und Nächten lediglich in der Nacht zum Montag erleichtert und gelindert wird.' Ich fragte ihn: ‚Wie kommt das?', und er erwiderte:

,In jener Nacht von Sonntag auf Montag kam Muḥammad, Allah segne ihn und schenke ihm Frieden, zur Welt. Eine kleine Sklavin war zu mir gekommen, die mir die freudige Nachricht von Āminas Niederkunft brachte. Ich freute mich darüber sehr, und in meiner großen Freude schenkte ich einer meiner Sklavinnen die Freiheit. Dafür belohnt mich Allah, indem in einer jeden Sonntagnacht die Strafe mir erlassen wird.'"

Es sagte ʿAbd al-Wāḥid ibn Zayd: „Ich zog einmal auf Pilgerfahrt aus, und es begleitete mich ein Mann, der weder stehen, sitzen, sich regen noch rasten mochte, ohne Segenswünsche auf den Heiligen Propheten auszusprechen, Allah segne ihn und schenke ihm Frieden. Ich befragte ihn darüber, und er antwortete mir: ,Ich werde es dir erklären: Das erste Mal, daß ich nach Mekka auszog, war mein Vater mit mir. Und wie wir so dahinzogen, schlief ich bei einer der Rastplätze ein. Während ich da lag und schlief, erschien mir einer, der zu mir sagte: ,Steh auf! Allah hat soeben deinen Vater sterben lassen und sein Gesicht geschwärzt!' Da sprang ich erschreckt auf, nahm ihm das Gewand vom Gesicht, und siehe, er war tatsächlich gestorben, und sein Gesicht war schwarz. Darüber befiel mich große Furcht. Während ich mich in einem solch kummervollen Zustand befand, überkam mich ein Schlummer, und ich schlief ein. Da sah ich [im Traum] meinem Vater zu Häupten vier Schwarze stehen, die Eisenstäbe in der Hand hielten. Ein schöner Mensch trat hervor, der in zwei grüne Gewänder gekleidet war, und befahl ihnen: ,Tretet beiseite!' Dann strich er meinem Vater übers Gesicht. Danach trat er an mich heran und sprach: ,Erhebe dich, denn Allah hat soeben deines Vaters Antlitz weiß werden lassen!' ,Wer bist du', fragte ich ihn, ,Vater und Mutter seien mein Unterpfand?' Er antwortete: ,Ich bin Muḥammad.' Da erhob ich mich, hob das Tuch von meines Vaters Antlitz, und siehe, es war weiß geworden. Seitdem erflehe ich unablässig Segenswünsche auf den Heiligen Propheten, Allah segne ihn und schenke ihm Frieden.'"

Es heißt, daß 'Umar ibn 'Abd al-'Azīz einmal gesagt habe: „Ich sah einmal [im Traum] den Gesandten Gottes, Allah segne ihn und schenke ihm Frieden, mit Abū Bakr und 'Umar, mögen sie beide Allah wohlgefallen, zusammensitzen. Ich entbot ihnen den Friedensgruß und setzte mich. Während ich so saß, brachte man 'Alī und Mu'āwiya, führte sie in ein Zimmer hinein, dessen Tür von innen geschlossen wurde, indes ich zusah. Sehr bald schon kam 'Alī, möge er Allah wohlgefallen, hervor und sagte: ‚Der Schiedsspruch ist zu meinen Gunsten ausgefallen, beim Herrn der Ka'ba!' Gleich nach ihm kam auch Mu'āwiya heraus und sagte: ‚Mir ist vergeben worden, beim Herrn der Ka'ba!'"

Ibn 'Abbās, Allah sei zufrieden mit ihm und seinem Vater, erwachte einmal aus seinem Schlummer und sprach die Worte: *„Siehe, wir sind Allahs, und siehe, zu Ihm kehren wir heim"* (2:156). Dann sprach er: „Al-Ḥusayn ist ermordet worden, bei Allah!" Dies aber trug sich zu, bevor er erschlagen wurde. Seine Gefährten machten ihm deshalb Vorhaltungen, doch er sprach: „Ich sah den Gesandten Gottes, Allah segne ihn und schenke ihm Frieden, wie er ein Glas voll Blut hielt und sprach: ‚Weißt du nicht, was meine Gemeinde nach mir tat? Sie ermordeten meinen [Enkel] Sohn Ḥusayn, hier ist sein Blut und das Blut seiner Gefährten, welches ich hier zu Allah dem Erhabenen emporhebe!'" Nach vierundzwanzig Tagen traf die Nachricht ein, daß er an selbigem Tage erschlagen wurde, da er diesen Traum sah.

Man sah aṣ-Ṣiddīq, möge er Allah wohlgefällig sein, einmal [im Traum] und fragte ihn: „Du sagtest immer über deine Zunge: ‚Möge diese mich zu den Zielorten [*al-mawārid*] bringen!' Wie verfuhr Allah also mit dir?" Er antwortete: „Ich sprach mit ihr die Worte *lā ilāha ill-Allāh*, und so brachte sie mich ins Paradies."

Darlegung der Traumvisionen der mashayikh, Allah sei ihnen allen gnädig

Es berichtete einmal einer der *mashayikh*: „Ich sah einmal Mutammim ad-Dawraqī im Traum und sagte zu ihm: ‚O mein Meister, wie verfuhr Allah mit dir?' Er antwortete: ‚Man führte mich durch die Paradiesgärten und fragte mich: ‚O Mutammim, gibt es hier irgend etwas, das dir gefällt?' Darauf antwortete ich: ‚Nein, mein Herr.' Er sprach: ‚Hätte dir davon irgend etwas gefallen, Ich hätte dich dem überlassen und dich nicht zu Mir geholt.'"

Man erblickte einmal den Yūsuf ibn al-Ḥusayn in einem Traume und fragte ihn: „Wie verfuhr Allah mit dir?" „Er hat mir vergeben", antwortete dieser. „Aus welchem Grunde?" fragte man weiter. Er antwortete: „Weil ich nie Ernst mit Scherz vermengte."

Manṣūr ibn Ismāʿīl berichtete: „Ich sah einmal ʿAbdullāh bin al-Bazzār im Traum und fragte ihn: ‚Wie verfuhr Allah mit dir?' Er antwortete: ‚Er ließ mich vor Sich treten und vergab mir alle Sünden, die ich gestand, mit Ausnahme einer einzigen Sünde, die einzugestehen ich mich schämte. Da ließ Er mich in meinem Schweiße stehen, bis mir das Fleisch vom Gesicht abfiel.' Ich fragte ihn: ‚Was war das für eine Sünde?' Er antwortete mir: ‚Ich blickte einmal nach einem schönen Jüngling, der mir sehr gefiel, und ich schämte mich vor Allah, dies zu erwähnen.'"

Es sagte Abū Jaʿfar aṣ-Ṣaydalānī: „Ich sah einmal den Gesandten Gottes, Allah segne ihn und schenke ihm Frieden, im Traum und um ihn herum eine Gruppe von Derwischen [*fuqarāʾ*]. Während wir so dastanden, siehe, da tat sich der Himmel auf, und zwei Engel stiegen herab, deren einer eine Waschschüssel in der Hand hielt, indes der andere einen Krug trug. Die Waschschüssel wurde vor den Heiligen Propheten gestellt, Allah segne ihn und schenke ihm Frieden, und er wusch sich die Hände. Dann befahl er ihnen, sich zu waschen. Da wurde die Schüssel vor mich hingestellt, und einer von beiden sprach zum anderen: ‚Gieß ihm kein Wasser über die Hände, denn er gehört nicht zu ihnen.' Da sagte ich: ‚O Gesandter Gottes, ist es nicht berichtet, daß du gesagt habest: ‚Der Mensch gehört zu denen, die er liebte'?'[132] ‚In der Tat', antwortete er mir, und ich sagte: ‚O Gesandter Allahs, wahrlich, ich liebe dich, und ich liebe diese Derwische.' Da sagte er, Allah segne ihn und schenke ihm Frieden: ‚Gieß ihm Wasser über die Hände, denn er gehört zu ihnen.'"

Es sagte al-Junayd: „Ich sah mich im Traum vor dem Volke sprechen. Ein Engel erschien mir und sprach: ‚Was ist es, wodurch die Allah Nahegebrachten sich Ihm am leichtesten nähern?' Ich antwortete: ‚Eine heimliche Handlung in schöner Ausgewogenheit.' Der Engel wandte sich ab und sprach. ‚Bei Gott, ein trefflich' Wort!'"

Einmal wurde Mujammi' im Traum gesehen, und man fragte ihn: „Wie erscheint dir die Angelegenheit?" Er antwortete: „Ich sehe, daß es denen, die sich der Welt enthalten, in dieser Welt und dem Jenseits am besten ergeht."

Es sagte einmal ein Mann aus Syrien zu al-'Alā' ibn Ziyād: „Ich sah dich im Traum, und du warst im Paradies." Da stieg dieser von seinem Sitzplatz herab, trat auf ihn zu und sagte: „Es scheint, daß der Teufel etwas wollte, doch vor ihm war ich behütet; da entsandte er einen Menschen, um mich zu vernichten."

Es sagte Muḥammad ibn Wāsi': „Der Wahrtraum erfreut den Gläubigen, ohne ihn irrezuführen."

Es sagte Ṣāliḥ ibn Bashīr: „Ich sah einmal 'Aṭā' as-Salīmī im Traum und sagte zu ihm: ‚Allah sei dir gnädig! Du hattest viel

Kummer in der Welt!' Er aber sagte: ,Bei Allah, so war es, doch dieser Kummer trug mir eine lange Muße und unaufhörliche Freude ein.' ,Bei welcher Gradstufe bist du angelangt?' fragte ich ihn. Er antwortete: *,Bei denen von den Propheten und den Gerechten und den Märtyrern und den Frommen, denen Allah gnädig gewesen; das ist eine schöne Kameradschaft!* (4:69).'"

Man fragte den Zurāra ibn Abī Awfā [nach seinem Tode] im Traume: „Welche eurer Handlungen erwies sich für euch als die zuträglichste?" Er antwortete: „Die Zufriedenheit und die kurzgehaltenen Hoffnungen."

Es sagte einmal Yazīd ibn Madh'ūr: „Ich sah einmal den al-Awzā'ī im Traum und sagte zu ihm: ,O Abū 'Amr! Weise mir eine Handlung, durch die ich mich Allah dem Erhabenen nähern kann.' Er antwortete: ,Ich sah dort keine höhere Stufe als die Stufe der Gottesgelehrten; gleich darunter kam die Stufe der Gramvollen.'" Yazīd war aber ein alter Mann und weinte solange, bis sein Auge matt wurde.

Es sagte Ibn 'Uyayna: „In einem Traum sah ich meinen Bruder, und ich sagte zu ihm: ,O mein Bruder, wie verfuhr Allah mit dir?' Er antwortete: ,Er verzieh mir jede Sünde, für die ich Ihn um Vergebung bat, doch die, für die ich Ihn nicht um Vergebung bat, die verzieh Er mir nicht.'"

Es sagte 'Alī aṭ-Ṭalḥī: „Im Traum sah ich ein Weib, das keine Ähnlichkeit mit den Weibern dieser Welt hatte. Ich fragte sie: ,Wer bist du?', und sie antwortete: ,Eine Huri.' Ich bat sie: ,Vermähle dich mit mir!', doch sie erwiderte: ,Halte bei meinem Herrn um meine Hand an und zahle den Brautpreis!' Da fragte ich sie: ,Und was ist dieser?' Sie sprach: ,Daß du die Schwächen deiner niederen Seele im Zaum hältst.'"

Es sagte Ibrāhīm ibn Isḥāq al-Ḥarbī: „Ich sah im Traum einmal Zubayda und fragte sie, wie Allah mit ihr verfahren habe. Sie antwortete: ‚Er hat mir vergeben.' Da fragte ich sie weiter: ‚Wegen dessen, was du auf die Straße nach Mekka verwendet hast?' Sie erwiderte: ‚Die Belohnung für meine Ausgaben kam ihren rechtmäßigen Eigentümern zu; Vergebung erlangte ich allein auf Grund meiner Absicht.'"[133]

Als Sufyān ath-Thawrī verstarb, wurde er im Traum gesehen, und man fragte ihn: „Wie erging es dir?" Er antwortete: „Mit meinem ersten Schritt trat ich auf die *ṣirāṭ* Brücke, und mit dem zweiten war ich schon im Paradies."

Es sagte Aḥmad ibn Abi l-Ḥawārī: „Ich sah einmal in dem, was der Schläfer erblickt, eine Sklavin, so schön, wie ich noch keine je gesehen hatte. Ihr Antlitz funkelte mit Licht. Ich fragte sie: „Woher kommt das Licht auf deinem Antlitz?" „Entsinnst du dich der Nacht, da du weintest?" erwiderte sie. „Ja", sagte ich, und sie sagte: „Deine Zähren wurden aufgefangen, und mein Gesicht damit bestrichen. Daher stammt das Licht auf meinem Antlitz, das du jetzt wahrnimmst."

Es sagte al-Kattānī: „Ich sah einmal al-Junayd im Traum und fragte ihn: ‚Was hat Allah mit dir getan?' ‚Die Andeutungen [*ishārāt*] sind geschwunden, und verflogen sind die Hinweise [*'ibārāt*], und nichts haben wir erreicht, außer den zwei *rak'as*, die wir des nachts zu beten pflegten.'"

Zubayda wurde einmal im Traum gesehen und gefragt, wie Allah mit ihr verfahren sei. Sie antwortete: „Mir wurde aufgrund dieser vier Worte vergeben: *Lā ilāha ill-Allāh*, damit hauche ich mein Leben aus; mit *lā ilāha ill-Allāh* steige ich in mein Grab; mit *lā ilāha ill-Allāh* bin ich allein; mit *lā ilāha ill-Allāh* begegne ich meinem Herrn, gerühmt und verherrlicht sei Er."

Bishr wurde einst im Traum gesehen, und man fragte ihn: „Wie behandelte dich Allah?" Er sagte: „Mein Herr, gerühmt sei Er und verherrlicht, ließ mir Gnade angedeihen, indem Er sprach:

‚O Bishr, schämst du dich nun vor Mir, da du zuvor solche Furcht vor Mir empfandest?'"

Man erblickte den Abū Sulaymān in einem Traum und fragte ihn: „Was tat Allah mit dir?" „Er vergab mir", antwortete dieser, „und nichts war schädlicher für mich, als daß die Leute auf mich zeigten."

Es sagte einmal Abū Bakr al-Kattānī: „Ich sah im Traum einen so schönen Knaben, wie ich nie einen schöneren sah. Ich fragte ihn: ‚Wer bist du?' Er erwiderte: ‚Die Gottesfürchtigkeit.' ‚Und wo ist deine Bleibe?' fragte ich ihn. Er sprach: ‚In jedem gramerfüllten Herzen.' Dann wandte ich mich um, und siehe, da stand ein schwarzes Weib. Ich fragte sie, wer sie sei. Sie sagte: ‚Ich bin die Krankheit.' ‚Und wo weilst du?' fragte ich sie. ‚In jedem heiteren, ausgelassenen Herzen.' Da erwachte ich und gelobte nie wieder zu lachen, es sei denn, ich würde dazu gezwungen."

Es berichtet Abū Sa'īd al-Kharrāz: „Ich sah einmal im Traum, wie der Teufel mich anfiel. Da nahm ich einen Stock, um ihn zu schlagen, doch er schreckte davor nicht zurück. Da erreichte mich eine Stimme aus dem Verborgenen (*hātif*), die zu mir sprach: ‚Er fürchtet sich nicht vor solchen Dingen, doch er fürchtet sich vor dem Licht, das im Herzen wohnt.'"

Es sagte al-Masūḥī: „Ich erblickte einmal im Traum den Teufel, der ganz nackt daherging. Ich sagte zu ihm: ‚Schämst du dich nicht vor den Leuten?' Er antwortete: ‚Bei Allah, sind das Leute? Wären es wirklich Leute, so könnte ich nicht morgens und abends mein Spiel mit ihnen treiben, so wie Kinder mit einem Ball spielen. Nein, ‚Leute', die sind ganz anders als diese; sie haben meinen Leib erkranken lassen', und mit der Hand wies er auf unsere Gefährten, die Sufis."

Es sagte Abū Sa'īd al-Kharrāz: „Ich war einmal in Damaskus; da hatte ich einen Traum, in dem der Heilige Prophet, Allah segne ihn und schenke ihm Frieden, auf mich zukam, gestützt auf Abū Bakr und ʿUmar, Allah sei ihnen beiden wohlgefällig. Er kam zu mir und blieb vor mir stehen, während ich verschiedene Töne von mir gab und mir auf die Brust schlug. Da bemerkte er: ‚Das Schlechte an dieser Sache übertrifft das Gute daran.'"

Es berichtet Ibn ʿUyayna: „Ich sah einmal Sufyān ath-Thawrī im Traum, als wäre er im Paradies und flöge von einem Baum zum anderen. Er sprach dabei: ‚*Für solches wie dies sollen die Wirkenden wirken*' (37:61). Ich bat ihn, mir einen Rat zu geben, und er sprach: ‚Verringere deinen Umgang mit den Menschen.'"

Abū Ḥātim ar-Rāzī berichtet, daß Qabīṣa ibn ʿUqba einmal sagte: „Ich sah Sufyān ath-Thawrī und fragte ihn: ‚Wie hat Allah an dir gehandelt?' Darauf antwortete er: ‚Ich sah unmittelbar zu meinem Herrn, indes Er zu mir sprach:

‚Sei wohlgemut, o Ibn Saʿīd, Mein Wohlgefallen ist mit dir;
du verbrachtest stehend viel Zeit (im Gebet),
da die Dämmerung dunkelte;
mit sehnsüchtiger Zähre und entschlossenem Herzen;
jetzt ist es dein, wähle das Schloß,
das deinen Wünschen taugt,
und suche Mich auf, denn Ich bin dir nicht fern.'''"

Ash-Shiblī wurde drei Tage nach seinem Tode im Traum gesehen. Man fragte ihn: „Was tat Allah mit dir?" Er antwortete: „Er stritt mit mir, bis ich verzweifelte, und als Er mich verzweifeln sah, umhüllte Er mich mit Seiner Barmherzigkeit."

Thawān (Majnūn) von den Banū ʿĀmir wurde nach seinem Tode im Traum gesehen, und man fragte ihn: „Was tat Allah mit dir?" Er antwortete: „Er vergab mir und machte mich zum Anwalt [*ḥujja*] der Liebenden."

Ath-Thawrī wurde einmal im Traum gesehen, und man fragte ihn: „Wie verfuhr Allah mit dir?“ Er antwortete: „Er vergab mir.“ Man fragte ihn weiter: „Und wie ist der Zustand des ʿAbdullāh ibn al-Mubārak?“ Er sagte darauf: „Er gehört zu denen, die zweimal am Tage vor ihren Herrn treten.“

Man sah einen von ihnen [im Traum] und fragte ihn nach seinem Befinden. Er antwortete:

„Sie riefen uns zur Rechenschaft und prüften uns;
dann erwiesen sie uns Nachsicht und ließen uns ziehen.“

Mālik ibn Anas wurde einmal im Traum gesehen und gefragt, was Allah mit ihm getan habe. Er antwortete: „Er vergab mir aufgrund eines Wortes, das ʿUthmān ibn ʿAffān, möge er Allah wohlgefallen, sprach, sooft er eine Beerdigung sah: ‚*Subḥāna l-ḥayy alladhī lā yamūt* – Gepriesen sei der Lebende, der niemals stirbt!‘“

In der Nacht, in der er starb, wurde Ḥasan al-Baṣrī im Traum gesehen. Es war, als hätten sich die Himmelstore geöffnet und als riefe ein Ausrufer: „Al-Ḥasan al-Baṣrī ist zu Allah gelangt, und Er ist mit ihm wohlzufrieden.“

Al-Jāḥiẓ wurde im Traum gesehen, und man fragte ihn: „Wie hat Allah an dir gehandelt?“ Er antwortete in Versen:

„Schreib in deiner Schrift nichts nieder,
dessen Anblick am Jüngsten Tag dich nicht erfreuen wird.“

Al-Junayd sah einmal im Traum den Teufel nackt vor sich. Er fragte ihn: „Schämst du dich nicht vor den Leuten?“ Dieser sagte: „Was, dies sollen Leute sein? In der Moschee ash-Shūnīziyya [in Baghdad], da sind Leute! Die haben meinen Leib entkräftet und meine Leber ausgebrannt.“ Al-Junayd berichtet: „Als ich wach wurde, begab ich mich zu besagter Moschee und sah dort eine Gruppe von Leuten, die in tiefer Besinnlichkeit den Kopf auf die

Knie gelegt hatten. Als sie mich erblickten, riefen sie: ‚Laß dich nicht von des Unreinen Rede in die Irre führen!'"

Nach seinem Tode sah man an-Naṣr Ābādhī in Mekka in einem Traum, und man fragte ihn: „Wie hat Allah an dir gehandelt?" Er antwortete: „Mir wurden in ehrsamster Weise Vorwürfe gemacht, alsdann rief man mir zu: ‚O Abū l-Qāsim, soll es nach der Vereinigung eine Trennung geben?' Ich antwortete: ‚Nein, o Herr von gewaltiger Majestät!' Kaum lag ich in meinem Grabe, da war ich auch schon mit meinem Herrn vereint."

In einem Traum erblickte ʿUtba al-Ghulām eine *ḥūrī* von allerschönster Gestalt, die sprach zu ihm: „O ʿUtba, ich sehne mich nach dir! Sieh zu, was du an Taten vollbringst, auf daß nicht eine davon uns trenne!" Da sagte ʿUtba: „Ich habe mich dreimalig von dieser Welt geschieden und kehre nicht zu ihr zurück, bis daß ich dir begegnet bin."

Es heißt, daß Ayyūb as-Sakhtiyānī einmal den Beerdigungszug eines Sünders sah und in einen Hauseingang einbog, um nicht für ihn beten zu müssen. [Später] sah einer einmal den Toten im Traum und fragte ihn: „Wie verfuhr Allah mit dir?" Er antwortete: „Er vergab mir." Und dann sagte er: „Saget dem Ayyūb, er soll diesen Vers sagen: ‚*Sprich: ‚Besäßet ihr die Schätze der Barmherzigkeit meines Herrn, wahrlich, ihr würdet sie festhalten aus Furcht, sie auszugeben*' (17:100).'"

Es berichtet einer von ihnen: „In der Nacht, in der Dāwūd aṭ-Ṭāʾī starb, gewahrte ich ein Leuchten, und ich sah Engel, die herabstiegen, sowie Engel, die hinaufstiegen. Da fragte ich: ‚Welche Nacht ist dies?', und man antwortete mir: ‚Es ist die Nacht, in der Dāwūd aṭ-Ṭāʾī verstarb, und der ganze Himmel ist für die Ankunft seiner Seele ausgeschmückt.'"

Es sagte Abū Saʿīd ash-Shaḥḥām: „Ich sah im Traum einmal Sahl aṣ-Ṣuʿlūkī und sagte zu ihm: ‚O *shaykh*!' Er erwiderte: ‚Laß ab davon, mich als *shaykh* zu bezeichnen!' Ich sagte: ,Trotz der Zustände, die ich [an dir] bezeugt habe?' Er sagte: ,Sie haben mir nichts eingebracht.' Und ich fragte ihn: ,Was hat Allah mit dir getan?' ,Er vergab mir aufgrund von Fragen, die mir von Hilfsbedürftigen gestellt wurden.'"

Es sagte Abū Bakr ar-Rashīdī: „Ich sah einmal Muḥammad aṭ-Ṭūsī, den Lehrer, im Traum, der zu mir sprach: ,Sag dem Abū Sa'īd aṣ-Ṣaffār al-Mu'addib:

,Unser Brauch war es nicht, von der Liebe uns abzukehren;
beim Leben der Liebe, nicht wir wandten uns ab, ihr wart es.''

Als ich erwachte, erzählte ich ihm davon, und er sprach: ,Es war meine Gepflogenheit, an einem jeden Freitag sein Grab zu besuchen, aber an diesem Freitag habe ich es versäumt.'"

Es sagte Ibn Rashīd: „Nach seinem Tode sah ich den Ibn al-Mubārak in einem Traum und fragte ihn: ,Bist du denn nicht gestorben?' ,Ja doch', antwortete er. ,Und was tat Allah mit dir?' fragte ich ihn. ,Er vergab mir mit einer Vergebung, die alle Sünden umfaßte.' Ich fragte weiter: ,Und was ist mit Sufyān ath-Thawrī?' Darauf sagte er: ,Es steht vortrefflich um ihn! Er gehört zu *denen von den Propheten und den Gerechten und den Märtyrern und den Frommen, denen Allah gnädig gewesen* (4:69)', bis zum Ende des Verses."

Es sagte ar-Rabī' ibn Sulaymān: „Ich sah ash-Shāfi'ī, Allah sei ihm gnädig, nach seinem Tode im Traum und fragte ihn: ,O Abū 'Abdullāh! Wie verfuhr Allah mit dir?' Er antwortete: ,Er setzte mich auf einen goldenen Thron und überschüttete mich mit feucht-glitzernden Perlen.'"

In der Nacht, da Ḥasan al-Baṣrī starb, erblickte ihn einer seiner Gefährten im Traum. Er hörte, wie ein Rufer rief: *„Siehe, Allah erwählte Adam und Noah und das Haus Ibrāhīm und das Haus 'Imrān vor allen Menschen* (3:33), und Er erwählte Ḥasan al-Baṣrī vor allen anderen Menschen seiner Zeit."

Es sagte Abū Yaʿqūb al-Qāri' ad-Daqīqī: „Ich sah in meinem Traume einen hochgewachsenen Menschen, dem die Menschen nachliefen. Ich fragte: ‚Wer ist das?' Sie sagten: ‚Das ist Uways al-Qaranī.' Da trat ich auf ihn zu und bat ihn: ‚Gib mir einen Rat, Allah sei dir gnädig.' Er blickte mich mit finsterer Miene an, und ich sagte: ‚Ich bin einer, der nach rechter Leitung sucht, drum gewähre sie mir, und möge Allah auch dich rechtleiten.' Dann wandte er sich mir zu und sprach: ‚Folge der Barmherzigkeit deines Herrn, wenn du Ihn liebtest, hüte dich vor Seiner Rache, wenn du ungehorsam gegen Ihn warst, und gib bei alldem niemals dein Hoffen auf Ihn auf.' Dann wandte er sich ab und ließ mich stehen."

Es sagte Abū Bakr ibn Abī Maryam: „Ich sah im Traum den Waraqā' ibn Bishr al-Ḥaḍramī und fragte ihn: ‚Was tatest du, o Waraqā'?' Er antwortete: ‚Ich weinte aus Furcht vor Allah.'"

Es sagte Yazīd ibn Nuʿāma: „Während der großen Seuche[134] starb eine Sklavin, und ihr Vater erblickte sie in einem Traum. Er sagte zu ihr: ‚O mein Töchterchen, gib mir Kunde vom Jenseits!' Sie antwortete: ‚O mein lieber Vater! Wir befinden uns in einer schrecklichen Lage: Wir wissen, können aber nicht handeln, während ihr handelt, aber nicht wißt. Bei Allah, die Möglichkeit, ein oder zweimal die Formel ‚Gelobt sei Allah!' sprechen zu können oder ein oder zwei *rakʿas* zu beten, wäre mir lieber als die ganze Welt und was darinnen ist.'"

Einer der Gefährten des ʿUtba al-Ghulām berichtete : „Ich sah einmal den ʿUtba im Traum und fragte ihn: ‚Wie verfuhr Allah mit dir?' Er antwortete: ‚Ich ging ein ins Paradies aufgrund jenes Gebets, das in deinem Hause geschrieben steht.' Als ich erwachte, ging ich zu meinem Hause, und dort an der Wand stand in ʿUtba al-Ghulāms Schrift zu lesen: ‚O Führer der Verirrten, und o Du, der du den Sündern gnädig bist! Der Du die Fehltritte der

Strauchelnden begradigst! Erbarme Dich Deines Knechtes, der sich in großer Gefahr befindet, sowie aller Muslime, und laß uns zu den Lebenden und Versorgten gehören, denen Du Dich gnädig erweist, *von den Propheten und den Gerechten und den Märtyrern und den Frommen* (4:69), *āmīn*, o Herr der Welten!‘“

Es sagte Mūsā ibn Ḥammād: „Ich sah einmal [im Traum] den Sufyān ath-Thawrī im Paradiese von einer Palme zur nächsten fliegen und von einem Baum zum anderen. Ich fragte ihn: ‚O Abū ʿAbdullāh, wie hast du dieses erreicht?‘ Er antwortete: ‚Durch achtsame Frömmigkeit (*waraʿ*).‘ Ich fragte: ‚Und wie erging es ʿAlī ibn ʿĀṣim?‘ Er antwortete: ‚Den kann man kaum erblicken, es sei denn, wie man einen Stern erblickt.‘“

Einer aus der Nachfolgegeneration (*tābiʿīn*) sah einmal den Heiligen Propheten, Allah segne ihn und schenke ihm Frieden, im Traum und sagte: ‚O Gesandter Gottes, so berate mich doch!‘ Er sprach: ‚Wohl denn: Wer nicht den Verlust [d. h., die Abkehr vom Weltlichen] sucht, der ist ein Verlierer; wer aber ein Verlierer ist, für den ist der Tod der bessere Umstand.‘“

Es sagte ash-Shāfiʿī, Allah sei ihm gnädig: „In jenen Tagen wurde ich von etwas befallen, worunter ich sehr litt und was mich sehr bedrückte, und keiner sah es, außer Allah dem Allmächtigen, gerühmt und verherrlicht sei Er. Gestern aber erschien mir einer im Traum und sprach zu mir: ‚O Muḥammad ibn Idrīs! Sprich: ‚O mein Gott, wahrlich, ich vermag meiner Seele *weder zu schaden noch zu nützen*, noch habe ich *Macht über Leben und Tod und Erweckung* (25:3). Auch vermag ich mich nur dessen zu bemächtigen, das Du mir beschert hast, und ich kann mich nur dessen erwehren, wovor Du mir Schutz vergönnt hast. O mein Herr, gewähre mir Gelingen in Wort und Werk in allem, was Du liebst und was Dir gefällt, in guter Gesundheit.‘‘ Als ich erwachte, wiederholte ich diese Worte. Später am selben Morgen erfüllte Allah, gerühmt und verherrlicht sei Er, mir mein Verlangen und erleichterte mir das Entrinnen aus meiner Bedrängnis. Darum sollt ihr euch dieser Gebetsformeln befleißigen und ihrer nicht achtlos sein."

Dies ist eine Zusammenstellung der Enthüllungen, die auf die Zustände der Toten verweisen und auf die Werke, die uns Allah nahezubringen vermögen. Im folgenden werden wir von den Dingen sprechen, die sich vor dem Toten abspielen, vom ersten Posaunenstoß bis zu seiner endgültigen Bleibe, sei diese das Paradies oder aber die Hölle.

Gelobt sei Allah mit dem Lob derer, die zu danken wissen!

*

Es folgt der ZWEITE TEIL des Buches der Erinnerung an den Tod: die Zustände des Toten betreffend, vom Augenblick des Posaunenstoßes bis zu seiner endgültigen Bleibe im Paradies oder in der Hölle, sowie eine ausführliche Beschreibung der Schrecknisse und Gefahren, die vor ihm liegen.

Darin findet sich: eine Erklärung des Posaunenstoßes; eine Beschreibung des Versammlungsplatzes und der dort Versammelten; eine Beschreibung des Schweißes; eine Beschreibung der Länge des Auferstehungstages; eine Beschreibung des Auferstehungstages, seiner Heimsuchungen und seiner Namen; eine Beschreibung der Befragung wegen der Sünden; eine Beschreibung der Waage; eine Beschreibung der Widersacher und der Vergeltung von Unrecht; eine Beschreibung der *ṣirāṭ* Brücke; eine Beschreibung der Fürsprache; eine Beschreibung des heiligen Wasserbeckens; eine Beschreibung der Hölle, ihrer Schrecknisse und Qualen, ihrer Schlangen und Skorpione; eine Beschreibung des Paradieses und seiner mannigfachen Arten von Wonnen; die Zahl der Paradiesgärten und ihrer Tore sowie ihrer Gemächer, ihrer Mauern, Flüsse und Bäume; der Tracht ihrer Bewohner, ihrer Ausstattung und ihrer Lagerstätten; eine Beschreibung ihrer Speise; eine Beschreibung der schwarzäugigen *Ḥūrīs* und *Wildān* (Paradiesknaben); eine Beschreibung der Schau des göttlichen Antlitzes Allahs des Erhabenen; sowie ein Kapitel über das Ausmaß der Barmherzigkeit Allahs des Erhabenen, womit dieses Buch beschlossen sein soll, so Allah der Erhabene es will.

ZWEITER TEIL

Der Posaunenstoß

Im Vorausgehenden erfuhrst du von den Zuständen des Sterbenden im Todeskampf und von der Gefahr, in der er schwebt, während er furchtsam sein Schicksal erwartet; zudem von seinen Leiden in der Nacht des Grabes und dessen Würmern; alsdann von seiner Drangsal bei der Befragung durch [die Engel] Munkar und Nakīr und von den Gefahren der Strafe des Grabes, sollte er sich den göttlichen Zorn zugezogen haben.

Um vieles gewaltiger jedoch sind die Gefahren, die ihn beim Posaunenstoß und bei der Erweckung am Versammlungstage erwarten, wenn er vor den Allmächtigen gebracht und zu Geringem wie Bedeutendem vernommen werden wird; beim Errichten der Waage, wenn die Geschicke der Menschen erkennbar werden, und bei der Überquerung der *ṣirāṭ* Brücke, die doch so schmal und scharfkantig ist; beim Warten sodann auf den Ruf zum endgültigen Schiedsspruch, sei er zur Glückseligkeit oder zum Verderben. Doch ist es unbedingt erforderlich, daß du von diesen Umständen und furchtbaren Ereignissen Kunde hast, dein Glaube daran auf fester Überzeugung fußt und du gründlich darüber nachdenkst, so daß in deinem Herzen der Wunsch entsteht, dich darauf vorzubereiten. Der Glaube an den Jüngsten Tag ist nämlich bei den meisten Menschen nicht bis in den innersten Winkel ihres Herzens eingedrungen und hat sich nicht im Kern ihres Gemüts eingebettet. Das beweisen ihre hurtigen Maßnahmen und Vorkehrungen angesichts der Hitze des Sommers und der Kälte des Winters und ihr Leichtsinn hinsichtlich der brennenden Glut der Hölle und der grausamen Kälte der Eishölle sowie alle Schwierigkeiten und Schrecknisse, die sie enthält.

Allerdings, wenn sie über den Jüngsten Tag befragt werden, so pflichten sie mit ihrer Zunge bei, allein ihre Herzen verhalten sich ganz achtlos. Wenn ein Mensch erfährt, daß das ihm vorgesetzte Essen vergiftet ist, und zu dem Freund, der ihm diese Mitteilung machte, sagt: „Du hast wahr gesprochen“, dann aber die Hand danach ausstreckt, um es zu sich zu nehmen, so hat ihm dieser Mensch zwar mit seiner Zunge Glauben geschenkt, ihn aber durch sein Handeln der Lüge geziehen. Das Leugnen durch Handeln ist aber beredter als das Leugnen durch Worte. So sprach der Heilige Prophet, Allah segne ihn und schenke ihm Frieden: „Allah der Erhabene sprach: ‚Der Sohn Adams beleidigt Mich, obwohl es sich nicht schickt, daß er Mich beleidige, und er zeiht Mich der Lüge, obwohl es sich nicht ziemt, daß er Mich der Lüge zeihe. Was seine Beleidigung betrifft, so besteht sie in seiner Behauptung, Ich hätte einen Sohn; und sein Lügenzeihen besteht in seiner Aussage: ‚Er wird mich kein zweites Mal hervorbringen, wie Er mich das erste Mal erschuf.‘‘“[135]

Die innere Gleichgültigkeit gegenüber der Glaubensgewißheit und dem Bekenntnis der Auferstehung und Versammlung liegt an dem allzu geringen Verständnis für derlei Dinge in dieser Welt. Wäre ein Mensch noch nie Zeuge der Fortpflanzung von Tieren geworden und sagte man zu ihm: „Wahrlich, ein Schöpfer erschafft den Menschen aus einem trüben Wassertropfen wie diesem und macht ihn vernunft- und redebegabt und bewegungsfähig“, so würde er im Innersten entschieden ablehnen, dem beizupflichten. Darum spricht auch Allah der Erhabene: „*Will denn der Mensch nicht einsehen, daß Wir ihn aus einem Samentropfen erschufen? Und siehe da, er ist ein offenkundiger Bestreiter* (36:77).“ Und es spricht der Erhabene: „*Wähnt der Mensch etwa, unbeachtet gelassen zu werden? War er denn nicht ein Tropfen fließenden Samens? Alsdann war er ein Blutklumpen, und so erschuf Er ihn und bildete ihn, und machte von ihm das Paar, den Mann und das Weib* (75:36-39)." Denn die menschliche Schöpfung mit ihren vielfältigen Wundern und der unterschiedlichen Anordnung ihrer Einzelteile enthält mehr an Wundern als das Wunder der Auferstehung und Wiederbelebung. Wie kann einer, der Zeuge Seiner Fähigkeit und Macht wurde, leugnen, daß solches innerhalb der schöpferischen Kraft und der Weisheit Allahs des Erhabenen liegt? So du an Glaubensschwäche leidest, kräftige deinen Glauben, indem du die erstmalige Entstehung [des Menschen] betrachtest, denn die zweite ist dieser durchaus ähnlich und sogar einfacher als jene. Wenn dein Glaube daran stark ist, so mach deinem Herzen jene Schrecknisse und Gefahren bewußt und erwäge diese reichlich und eingehend, damit Ruhe und Gleichmut dein Herz verlassen und du dich darauf einrichtest, vor den Allmächtigen geführt zu werden.

Als erstes sollst du bedenken, mit welcher Gewalt der Posaunenstoß auf das Gehör der Bewohner der Gräber fallen wird, denn siehe, es ist *nur ein einziger Schrei* (36:29), wodurch sich die Gräber über den Häuptern der Verstorbenen auftun werden, und sie brechen mit einem Mal daraus hervor. Stell dir dich selbst vor, wie du mit entstelltem Antlitz hervorgeschnellt bist, dein Leib von Kopf bis Fuß mit dem Staub deines Grabes befleckt, von der Gewalt des Schreis verdutzt, das Auge starr darauf gerichtet, woher der Ruf erscholl. Die Schöpfung wird in einer einzigen Erhebung aus ihren Gräbern auferstehen, in denen ihnen ihre Leiden lang geworden, arg geplagt von Furcht und Schrecken, überdies noch von Kummer und Sorgen sowie vom harten Zwang der Erwartung des endgültigen Ergebnisses. So wie der Erhabene spricht: *„Und gestoßen wird in die Posaune, und ohnmächtig sollen alle in den Himmeln und auf Erden werden, außer denen, welche Allah belieben. Alsdann wird ein andermal in sie gestoßen, und siehe, sie stehen auf und schauen aus.*" (39:68) – Und es spricht der Erhabene: *„Und wenn ins*

Horn geblasen wird, so ist das an jenem Tage ein schwerer Tag, für die Ungläubigen nicht leicht!“ (74:8-10) – Und der Erhabene spricht: *„Und sie sprechen: ‚Wann trifft diese Drohung ein, so ihr wahrhaftig seid?‘ Sie mögen nur einen Posaunenstoß erwarten, der sie erfassen wird, wenn sie noch streiten; und sie sollen nicht imstande sein, ein Vermächtnis zu treffen, und sie werden nicht zu ihren Angehörigen zurückkehren. Und in die Posaune wird gestoßen werden, und siehe, aus ihren Gräbern sollen sie zu ihrem Herrn eilen. Sie werden sprechen: ‚O wehe uns! Wer hat uns aus unserer Ruhestätte erweckt? Das ist's, was der Erhabene verhieß, und die Gesandten sprachen die Wahrheit.‘“* (36:48-52)

Gäbe es drum für die Toten keinen weiteren Schrecken als diesen Posaunenstoß, so wäre es dennoch angezeigt, daß sie diesen fürchten, denn es ist ein Stoß und ein Laut, der alles, was in Himmeln und auf Erden ist, niederschmettern wird, das heißt, sie werden daran sterben, mit Ausnahme derer, die der Wille Allahs verschont, und dies sind nur einige Engel. So sprach der Gesandte Gottes, Allah segne ihn und schenke ihm Frieden: „Wie kann ich mich erfreuen, wo doch der Posaunenengel das Horn schon ansetzt, die Stirn darüber beugt und aufmerksam auf den Befehl horcht, daß er hineinblase?“[136]

Es sagte Muqātil: „Die Posaune ist das Horn. Es wird so sein, daß Isrāfīl, Friede sei auf ihm, seinen Mund an das Horn anlegen wird, als wäre es eine Trompete. Der Umfang des Mundstücks dieses Horns umspannt Himmel und Erde; und er starrt unverwandt auf den göttlichen Thron in Erwartung des Augenblicks, da ihm das Blasen des ersten Posaunenstoßes geheißen wird. Wenn er aber dann bläst, *so sollen alle in den Himmeln und auf Erden ohnmächtig werden* (39:68), das heißt, jedes lebende Wesen stirbt an der Heftigkeit des Schreckens, *außer denen, welche Allah belieben* (39:68), und es sind diese Jibrīl, Mikā'īl, Isrāfīl und der Engel des Todes. Alsdann befiehlt Er dem Todesengel, die Seele Jibrīls zu ergreifen, danach die Seele Mikā'īls und danach die Seele Isrāfīls. Dann ergeht Sein Befehl an den Todesengel selbst, und auch dieser wird sterben. Nach dem ersten Posaunenstoß verbleibt die ganze Schöpfung vierzig Jahre lang im Zwischenreich [*barzakh*, dem Leben im Grabe], dann erweckt Allah der Erhabene den Isrāfīl wieder zum Leben und befiehlt ihm den zweiten Posaunenstoß. Also spricht der Erhabene: *Alsdann wird ein andermal in sie gestoßen, und siehe, sie stehen auf und schauen aus* (39:68), auf ihren Füßen aufrecht stehend werden sie der Auferstehung beiwohnen.

Es sprach der Gesandte Gottes, Allah segne ihn und schenke ihm Frieden: „Als meine Sendung mir erteilt wurde, wurde nach dem Posaunenengel geschickt; er hob die Posaune an seine Lippen, setzte einen Fuß vor den anderen und erwartet so den Zeitpunkt, an dem der Befehl zu blasen an ihn ergeht. Drum hütet euch vor dem Posaunenstoß!"[137]

Denke also an alle Wesen der Schöpfung, an ihre Erniedrigung und Verzagtheit und ihre Niedergeschlagenheit bei der Auferstehung aus Furcht vor jenem Donnerschlag und in Erwartung des Schiedsspruchs, der Glückseligkeit oder Verdammnis über sie verhängen wird. Auch du wirst unter ihnen sein, ebenso verzagt und verwirrt wie sie. Gehörtest du aber in dieser Welt zu denen, die im Luxus schwelgten, und zu den verhätschelten Reichen – an jenem Tage aber werden es die Könige dieser Welt sein, die unter allem Volk dieser Erde am meisten erniedrigt, geringgeachtet und geschmäht sein werden und wie Staubkörner unter den Füßen zertrampelt werden. Gleichzeitig werden die wilden Tiere aus den Wüsten und Gebirgen herbeikommen, gebeugten Hauptes, und sich trotz ihrer vormaligen Wildheit unter das Volk mischen, niedergeschlagen vom Tag der Versammlung. Obwohl ihnen doch keine verunreinigenden Sünden anhaften, kommen sie aufgrund der Gewalt des Donnerschlags und des Schreckens des Posaunenstoßes herbeigelaufen und verlieren dadurch jegliche Flucht oder Furcht vor den Menschen. So das Wort des Erhabenen: *Und wenn die wilden Tiere sich [schutzsuchend] versammeln* (81:5). Dann kommen auch die aufsässigen Teufel in Ergebenheit und Demut herbei, bar all ihres vormaligen Starrsinns und Trotzes, voller Ehrfurcht vor der Aufstellung vor Allah dem Erhabenen, so wie es im Worte des Erhabenen heißt: *Und bei deinem Herrn, wahrlich, versammeln werden Wir sie und die Satane; alsdann werden Wir sie auf den Knien um Jahannam setzen* (19:68). Darum bedenke, wie dein Zustand und das Befinden deines Herzens an jenem Orte sein werden.

Beschreibung des Versammlungsplatzes und der dort Versammelten

SIEHE dann, wie sie nach der Erweckung und Auferstehung zum Gelände der Versammlung getrieben werden, barfuß, nackt und unbeschnitten! Dieses Gelände ist ganz weiß, seine Bodenfläche völlig eben und leer, *nicht sollst du schauen in ihm Krümme noch Unebenheit* (20:107). Noch wirst du darauf irgendeine Erhebung finden, hinter der sich ein Mensch verstecken könnte, und keine Senke, in der er aus den Augen verschwinden könnte. Es ist vielmehr eine einzige ununterbrochene Ebene, völlig ohne Unebenheiten, zu der sie nun in Gruppen hingetrieben werden. Gepriesen sei Er, der die Schöpfung aus allen Enden der Welt versammeln wird, ungeachtet ihrer unterschiedlichen Gattungen, wenn Er sie vorantreibt *mit der Dröhnenden* [*ar-rājifa*], *gefolgt von der Drauffolgenden* [*ar-rādifa*] (79:6 f.). *Ar-rājifa* ist der erste Posaunenstoß [*an-nafkha al-ūlā*], während *ar-rādifa* der zweite Stoß der Posaune ist [*an-nafkha ath-thāniya*].

Zu Recht werden *an jenem Tage die Herzen erbeben* (79:8) und *die Blicke gesenkt sein* (79:9). Es sprach der Gesandte Gottes, Allah segne ihn und schenke ihm Frieden: „Am Tage der Auferstehung soll die Menschheit versammelt werden auf einem Gelände von nahezu weißer Färbung, wie ein runder Brotfladen aus reinem Mehl, auf dem noch keiner ein Zeichen gesetzt hat.“[138]

Der Berichterstatter bemerkt dazu: „*Al-ʿufra*, das nahezu Weiße, ist ein nicht ganz reines Weiß; während *an-naqī*, rein, rein von Hülsen und Schalen bedeutet. Das Wort *maʿlam*, Zeichen, bedeutet, daß dort kein Bauwerk sein wird, das zu verbergen vermöchte, und keine Unebenheit, die den Blick beschränkte. Denke nur nicht, daß jenes Gefilde irgendeiner Gegend dieser Erde gleicht! Nein, es entspricht ihr nur dem Namen nach. So spricht der Erhabene: *An jenem Tage, an welchem die Erde und die Himmel verwandelt werden* (14:48).

Es sagte Ibn ʿAbbās: „Es wird ihr hinzugefügt und von ihr fortgenommen werden, so daß ihre Bäume, Berge und Täler und was darinnen ist vergehen werden; sie wird gedehnt werden wie das Leder von ʿUkāẓ, eine Gegend so weiß wie Silber, auf der kein Blut vergossen und auf der nicht gesündigt wurde. Sonne, Mond und Sterne werden vom Himmel verschwunden sein."

Betrachte daher, o Elender, das Grauen und die Gewalt jenes Tages, wenn alle Geschöpfe auf jenem Feld versammelt sind, indes die Sterne des Himmels über ihnen zerstieben und Sonne und Mond verglimmen und die Erde durch das Verlöschen ihrer Lichter in Dunkelheit getaucht ist. Während sie sich in diesem Zustand befinden, beginnt sich der Himmel über ihren Häuptern zu drehen und bricht trotz seiner Stärke und Festigkeit für fünfhundert Jahre auf, während die Engel an seinen Rändern und entlang seiner ganzen Ausdehnung aufgestellt sind. Wie schrecklich der Klang seines Berstens dir in den Ohren tönt, welch Ehrfurchtsschauern an jenem Tage, an dem die Himmel trotz ihrer Stärke und Dauer aufbrechen! Dann zerfließen und verströmen sie wie geschmolzenes Silber, dem etwas Gelb beigemischt ist, so daß er *rosig wird gleich rotem Leder* (55:37), und *der Himmel wird sein wie geschmolzenes Erz* (70:8), und *die Berge werden sein wie gefärbte Wolle* (70:9), und die Menschen vermengen sich *gleich verstreuten Motten* (101:4), barfüßig, nackt und zu Fuß. Es sprach der Gesandte Gottes, Allah segne ihn und schenke ihm Frieden: „Die Menschen werden barfüßig, nackt und unbeschnitten auferstehen, versunken in Schweiß, der ihnen bis zu den Ohrläppchen reichen wird."

Und es sagte Sawda, die Gemahlin des Heiligen Propheten, Allah segne ihn und schenke ihm Frieden, die dieses *ḥadīth* übermittelte: „Ich sagte: ‚O Gesandter Allahs, wie beschämend! Werden wir dann alle einander ansehen?' Doch er erwiderte: ‚Die Menschen werden dazu viel zu beschäftigt sein. *Jedermann hat an jenem Tag genug an seinem Geschäft.* (80:37)'"[139]

Drum sei jenes Tages in Ehrfurcht eingedenk, an dem die Scham der Menschen enthüllt werden soll, wobei das Schauen und Betrachten derselben nicht zu schaden vermag. Wie könnte es auch anders sein, da so mancher auf dem Bauche angekrochen kommt oder auf seinem Angesicht und gar keine Kraft hat, irgendeinen anderen zu betrachten!

Es berichtete Abū Hurayra, Allahs Wohlgefallen sei auf ihm, der Gesandte Gottes, Allah segne ihn und schenke ihm Frieden, habe gesagt: „Am Auferstehungstage werden die Menschen in drei Gruppen versammelt werden: Die einen werden beritten sein, die anderen zu Fuß, und wieder andere werden auf ihrem Angesicht gelaufen kommen." Da fragte einer der Anwesenden: „O Gesandter Gottes, wie könnten sie denn auf ihrem Angesicht laufen?" Darauf antwortete er: „Derjenige, der sie auf ihren Füßen laufen ließ, vermag sie ebenso auf ihrem Angesicht laufen zu lassen."[140]

Es liegt in der Natur des Menschen, daß er alles, womit er nicht vertraut ist, leugnet. Hätte der Mensch nicht die Schlange gesehen, die auf ihrem Bauch urplötzlich hervorschnellt wie ein Blitz, so leugnete er die Vorstellung, daß man anders als mit einem Fuße laufen könne. Auch das Laufen mit einem Fuß muß einem, der es nie gesehen hat, befremdlich erscheinen. Drum hüte dich, die Wunder des Auferstehungstages wegen ihrer Unvergleichlichkeit mit den Dingen dieser Welt zu leugnen! Denn wahrlich, hättest du niemals die Wunder dieser Welt gesehen und würden sie dir dann vorgeführt, bevor du sie noch geschaut hättest, würdest du sie sogar noch heftiger leugnen! Führe dir ein Bild deiner selbst vor Augen, wie du nackt und bloß dastehst, erniedrigt und verstoßen, wirr und fassungslos in Erwartung des Schiedsspruchs, der dich zur Glückseligkeit oder zur Verdammnis verurteilen wird. Drum erachte diesen Zustand für gewichtig, denn er ist von gewaltiger Bedeutsamkeit.

Beschreibung des Schweißes

Stell dir sodann das Gedränge bei der Versammlung aller geschaffenen Wesen vor, wenn die Bewohner der sieben Himmel und der sieben Erden sich am Aufstellungsort drängen werden, Engel, Dschinn, Menschen, Dämonen, wilde Tiere, Raubtiere und Vögel. Die Sonne wird über ihnen aufgehen und, entgegen ihrer vormaligen Milde, nun mit zweifacher Hitze niederbrennen. Sie wird dann auf eine Entfernung von *zwei Bögen* (53:9) auf die Köpfe der Weltenbewohner herabgelassen, und es verbleibt auf Erden kein Schatten außer dem Schatten des Herrn der Welten, doch nur die Ihm Nahegebrachten kommen in den Genuß dieses Schattens. So werden sie entweder unter dem Thron Schatten finden, oder sie werden der Sonnenglut ausgesetzt sein, unter deren Hitze sie zerschmilzen und angesichts derer sich ihr Kummer und Elend gewaltig verstärkt. Dann drängt sich das Gemenge von Geschöpfen aneinander, einer gegen den anderen gepreßt, unter dem starken Druck der Menge, in einem wirren Chaos von Füßen, verstärkt noch durch die gewaltige Schande und Beschämung, da sie bloßgestellt und gedemütigt vor den Allgewaltigen des Himmels geführt werden. Die sengende Sonnenglut und die Hitze ihres Atems verbinden sich mit dem Brand ihrer Herzen, in denen ein Feuer von Scham und Angst lodert, und der Schweiß bricht aus jeder einzelnen Haarwurzel hervor, bis er sich über die Ebene der Auferstehung ergießt; dann steigt er entsprechend dem Stand ihrer Gunst bei Allah an ihren Leibern empor. Einigen reicht der Schweiß bis an die Knie, einigen andern bis zu ihren Lenden, wieder anderen bis an ihre Ohrläppchen, während andere darin gänzlich zu versinken drohen.

Ibn ʿUmar berichtete: „Es sprach der Gesandte Gottes, Allah segne ihn und schenke ihm Frieden: ‚*An dem Tage, an dem die Leute vor dem Herrn der Welten stehen* (83:6), bis einer von ihnen bis über die halbe Höhe seiner Ohren in seinem Schweiß verschwinden wird.‘“[141]

Es berichtete Abū Hurayra: „Der Gesandte Gottes, Allah segne ihn und schenke ihm Frieden, sprach: ‚Am Auferstehungstage werden die Menschen so sehr schwitzen, daß ihr Schweiß siebzig Spannen über der Erde steht und sie umfließt und ihnen bis ans Kinn reicht.‘“ So überliefern es al-Bukhārī und Muslim in ihren *Ṣaḥīḥ*-Sammlungen.[142]

In einem anderen *ḥadīth* heißt es: „Sie werden vierzig Jahre lang mit starr zum Himmel verdrehten Augen aufrecht stehen, umschlossen vom Schweiß, den sie des heftigen Leidens wegen vergießen.“[143]

Es berichtet ʿUqba ibn ʿĀmir: „Es sprach der Gesandte Gottes, Allah segne ihn und schenke ihm Frieden: ‚Am Auferstehungstage wird sich die Sonne der Erde nähern, und die Menschen werden zu schwitzen beginnen. Einigen von ihnen wird ihr Schweiß bis an die Knöchel reichen, anderen geht er bis an die Mitte ihres Schienbeins, anderen bis an die Knie, wieder anderen bis an die Schenkel, anderen geht er bis zur Hüfte, anderen wiederum reicht er bis zum Mund.‘ Und er wies mit seiner Hand und führte sie an seinen Mund. ‚Und andere sind unter ihnen, die ihr Schweiß gänzlich bedeckt‘, wobei er sich mit der Hand auf sein Haupt schlug und sagte: ‚So.‘“[144]

Drum denke nach, o Unseliger, über den Schweiß der Menge am Versammlungsort und über die Heftigkeit ihres Leidens! Unter ihnen gibt es wohl manche, die laut aufschreien und sagen: „Herr, erlöse mich von dieser Pein und diesem Warten, selbst wenn es die Hölle bedeutet!“[145] All dies trägt sich aber zu, bevor sie noch

Rechenschaft und Strafe erhalten haben. Du wirst einer von ihnen sein, und du weißt nicht, wie hoch dir der Schweiß stehen wird.

Drum wisse, daß aller Schweiß, den du nicht durch Bemühung auf Allahs Wegen vergossen hast – sei es auf der Pilgerfahrt, im heiligen Krieg, beim Fasten oder beim Stehen [im Gebet bei der Nacht], oder im regelmäßigen Versorgen eines bedürftigen Muslims, oder beim Erdulden von Schwierigkeiten beim Anordnen von Gutem und Verbieten von Schlechtem [*amr bi l-maʿrūf wa n-nahiyy ʿan al-munkar*] –, daß dereinst Scham und Angst ebendiesen Schweiß auf dem Gefilde der Auferstehung hervortreiben werden, wodurch sich dein Leiden verlängert. Wäre der Sohn Adams nur vor Unwissenheit und Verblendung sicher, so wüßte er, daß der durch schwierige Werke des Gehorsams vergossene Schweiß viel leichter zu ertragen und von geringerer Dauer ist als der Schweiß der Pein und der bangen Erwartung am Tag der Auferstehung; denn wahrlich, dies ist ein Tag von großer Gewalt und von langer Dauer.

Beschreibung der Länge des Auferstehungstages

An jenem Tage wird alle Kreatur mit starrem Blick und gebrochenem Herzen dastehen. Sie werden nicht sprechen, noch wird ihren Umständen Beachtung gewährt; dreihundert Jahre lang bleiben sie so stehen, währenddem sie keinen Krümel essen, keinen Tropfen trinken und keinen kühlenden Hauch verspüren werden. Es sagten Ka'b und Qatāda: „*An dem Tage, an dem die Leute vor dem Herrn der Welten stehen* (83:6), da werden sie dreihundert Jahre lang stehen."

Nun sagte aber 'Abdullāh ibn 'Amr: „Einst trug der Gesandte Gottes, Allah segne ihn und schenke ihm Frieden, diesen Vers vor und fragte dann: ‚Wie wird es euch ergehen, wenn Allah euch versammelt, wie Pfeile fünfzigtausend Jahre lang in einem Köcher gesammelt werden, und euch nicht ansieht?'"[146]

Al-Ḥasan sagte: „Wie denkst du über einen Tag, an dem die Menschen fünfzigtausend Jahre lang auf ihren Füßen stehen und weder einen Bissen essen, noch einen Tropfen trinken werden, und wenn ihnen vor Durst die Kehle reißt und der Bauch vor Hunger verbrannt ist, sie in die Hölle getrieben werden, wo sie aus einer *siedenden Quelle* (88:5) getränkt werden, deren Hitze schon entfacht ist und deren Glut schon jetzt heftig brennt? Und wenn ihre Leiden einen Punkt erreichen, der ihre Kraft übersteigt, da fragen sie einander und suchen nach einem, der in der Gunst seines Herrn stehen möchte, auf daß er um ihretwillen Fürbitte tue. Doch sobald sie sich um einen Propheten scharen, weist dieser sie ab und sagt: ‚Laßt mich! Ich! Ich! Mein eigenes Los lenkt mich vom Los aller anderen ab!' Wegen des gewaltigen Zorns

Allahs des Erhabenen will ein jeder von ihnen [von der Pflicht der Fürbitte] entschuldigt werden und spricht: ‚Heute zürnt unser Herr mit einem Zorn, wie Er zuvor noch nie gezürnt hat und wie Er hinfort nie wieder zürnen wird!' Dann leistet unser Heiliger Prophet, Allah segne ihn und schenke ihm Frieden, für die, denen es gestattet ist, Fürbitte; keiner hat das Recht auf Fürbitte, außer dem, *dem es der Erbarmer erlaubt und dessen Wort Ihm wohlgefällig ist.* (20:109)" Drum bedenke die Länge und die bange Erwartung jenes Tages, so daß dir das Ausharren in Geduld angesichts der Schwierigkeiten deines kurzen Erdenlebens leichtfalle.

Und wisse auch, daß der, der in dieser Welt lange auf den Tod zu warten hatte, aufgrund seiner starken Haltung im Widerstehen von Begierden, daß dessen Ausharren an jenem Tage von besonders kurzer Dauer sein wird. Es sprach der Gesandte Gottes, Allah segne ihn und schenke ihm Frieden, als er über die Länge jenes Tages befragt wurde: „Bei Ihm, in dessen Hand meine Seele liegt, wahrlich er soll dem Gläubigen leicht gemacht werden, so daß er ihm leichter fällt als das vorgeschriebene Gebet, das er in dieser Welt zu verrichten pflegte."[147]

Drum strebe danach, zu jenen Gläubigen zu gehören. Solange dir auch nur ein Atemzug an Lebenszeit verbleibt, liegt die Angelegenheit und die Vorbereitung darauf in deiner Hand. Treffe in den kurzen Tagen Vorkehr für Tage, die lang sein werden, denn so wirst du den Gewinn unendlicher Freuden erzielen. Erachte dein Leben für gering, ja, selbst das Leben dieser Welt, welches doch siebentausend Jahre beträgt; denn würdest du beispielsweise siebentausend Jahre geduldig ausharren, um einem Tage zu entgehen, dessen Länge fünfzigtausend Jahre beträgt, so hättest du doch bei geringer Mühe einen reichen Gewinn davongetragen.

Beschreibung des Auferstehungstages, seiner Heimsuchungen und seiner Namen

BEREITE dich also, Armseliger, auf jenen Tag ungeheurer Gewichtigkeit, unermeßlicher Dauer, unwiderstehlicher Macht und unmittelbar bevorstehender Nähe. An jenem Tage wirst du sehen, wie *der Himmel sich spaltet* (82:1) und die Wandelsterne vor seinem Schrecken *sich zerstreuen* (82:2), die strahlenden Gestirne *herabfallen* (81:2) und die Sonne *zusammengefaltet wird* (81:1), *die Berge sich rühren* (81:3) und *die im zehnten Monat trächtigen Kamelstuten vernachlässigt werden* (81:4), *die wilden Tiere sich versammeln* (81:5), *die Meere anschwellen* (81:6) *und die Seelen mit ihren Leibern erneut gepaart werden* (81:7); *wie der Höllenpfuhl entflammt wird* (81:12) *und das Paradies nahegebracht wird* (81:13); *wie die Berge sich zerstäuben* (77:10) und *die Erde sich streckt* (84:3).

An jenem Tage gewahrst du, wie die Erde erbebt *in ihrem Beben* und wie *die Erde herausgibt ihre Lasten* (99:1 f.), *an jenem Tage werden die Menschen in Haufen hervorkommen, um ihre Werke zu schauen* (99:6). *Und von hinnen gehoben werden die Erde und die Berge und zerstoßen mit einem einzigen Stoß; dann wird an jenem Tage sich ereignen das Ereignis* [*die Stunde*], *und spalten wird sich der Himmel, denn an jenem Tage wird er zerreißen, und die Engel werden zu seinen Seiten sein, und acht werden den Thron deines Herrn ob ihnen tragen an jenem Tage. An jenem Tage werdet ihr vorgeführt werden, nichts Verborgenes von euch soll verborgen sein* (69:14-18). *Und eines Tages werden Wir die Berge vergehen lassen, und schauen wirst du eben die Erde hervorragen* (18:47). Und *die Erde erbebt in Beben, und die Berge zerstieben in Staub und werden gleich zerstreuten Atomen* (56:4-6); *an dem Tag, da die Menschen gleich verstreuten Motten sind und die Berge gleich bunter zerflockter Wolle* (101:4 f.). *An dem Tage, den ihr schauen werdet, wird jede Säugende vergessen ihres Säuglings, und ablegen wird jede Schwangere ihre Last, und schauen wirst du die Menschen als Trunkene, wiewohl sie nicht trunken sind; doch Allahs Strafe ist streng* (22:2). *An jenem Tage, an welchem die Erde und die Himmel verwandelt werden und sie vor Allah treten, den Einigen, den Allmächtigen* (14:48). An jenem Tage werden die Berge zu Staub zerpulvert *und gemacht zu einem ebenen Plan, nicht sollst du schauen in ihnen Krümme noch Unebenheit* (20:105-107); an jenem Tage *wirst du die Berge, die du für fest hältst, wie Wolken dahingehen sehen* (27:88); an jenem Tage wird der Himmel sich spalten und rosig werden *gleich rotem Leder* (55:37); *an jenem Tage wird weder Mensch noch Jinn nach seiner Schuld befragt* (55:39).

An jenem Tag wird es dem Sünder die Sprache verschlagen, und er wird nicht seiner Verbrechen wegen verhört werden, *vielmehr* an seinen *Stirnlocken und Füßen* wird er *erfaßt werden* (55:41). *An jenem Tage wird jede Seele bereit finden, was sie an Gutem getan und was sie an Bösem getan; wünschen wird sie, daß zwischen ihr und diesem ein weiter Raum sei* (3:30). An jenem Tage *wird jede Seele wissen, was sie getan hat* (81:14), und wird bezeugen, *was sie vorausgeschickt und was sie unterlassen hat* (82:5). An jenem Tage werden die Zungen verstummen, und sprechen werden die Glieder.

Es ist der Tag, dessen bloße Erwähnung das Haar des Fürsten aller Gesandten ergrauen ließ, als aṣ-Ṣiddīq [Abū Bakr], auf ihm sei Allahs Wohlgefallen, zu ihm sagte: „Ich sehe, daß du ergraut bist, o Gesandter Gottes!“, und er antwortete: „Ergrauen ließen mich [die Sure] *Hūd* und ihre Schwestern.“[148] Diese aber sind: Hūd (11), Die Eintreffende (56), Die Entsandten (77), Wonach befragen sie einander? (78), Wenn die Sonne zusammengefaltet wird (81). O unvermögender [Qur'ān]Leser! Dein Vortrag des Qur'ān ist nicht mehr als ein Gemurmel von Worten und ein Zungenwackeln! Würdest du nur über das Gelesene nachsinnen, so bräche dir das Herz darob, wie es das Haupt des Fürsten aller Gesandten ergrauen ließ; doch wenn du dich mit bloßem Zungenwedeln zufriedengibst, so ist dir die Frucht des Qur'ān verwehrt. Denn die Auferstehung ist das allerschlimmste von dem, was über sie gesagt wird. Allah hat nur einige ihrer Übel beschrieben nebst einer großen Menge ihrer Namen, damit wir durch die Fülle von Bezeichnungen zu einem Verständnis der großen Vielfalt des dadurch Bezeichneten gelangen. Die Absicht für diese Vielzahl von Bezeichnungen besteht jedoch nicht in der wiederholsamen Aufzählung dieser Namen und Bezeichnungen, nein, die Absicht ist, den Verständigen wachzurütteln. Hinter jedem Namen des Auferstehungstages liegt ein Geheimnis, und in jeder seiner Eigenschaften liegt eine Bedeutung. Strebe danach, diese Bedeutungen zu begreifen!

Wir werden jetzt seine Namen für dich zusammenstellen: der Tag der Auferstehung; der Tag der Trauer; der Tag der Reue; der Tag der Gewissensprüfung; der Tag der Befragung; der Tag des Wettlaufs; der Tag des Wortstreits; der Tag des Wettstreits; der Tag des Erdbebens; der Tag der Tilgung; der Tag der Ohnmacht; der Tag des Ereignisses; der Tag der Pochenden [Stunde]; der Tag des ersten Dröhnens; der Tag des nachfolgenden (des zweiten) Dröhnens; der Tag der Verhüllenden [Stunde]; der Tag der Katastrophe; der Tag des anbrechenden Ereignisses; der Tag der Unvermeidlichen; der Tag der Überwältigenden; der Tag des Schreiers; der Tag des Treffens; der Tag der Trennung; der Tag des Treibens; der Tag der Vergeltung; der Tag des Zurufs; der Tag der Abrechnung; der Tag der Rückkehr; der Tag der Qual; der Tag der Flucht; der Tag des Verharrens;

der Tag der Begegnung; der Tag der dauerhaften Bleibe; der Tag des Schiedsspruchs; der Tag der Strafe; der Tag der Prüfungen; der Tag des Weinens; der Tag der Versammlung; der Tag der Androhung; der Tag der Vorführung; der Tag des Gewichts; der Tag der Wahrheit; der Tag des Urteils; der Tag der Trennung; der Tag des Zusammenschlusses; der Tag der Erweckung; der Tag der Eröffnung; der Tag der Schande; der Mächtige Tag; der Unfruchtbare Tag; der Mühselige Tag; der Tag des Gerichts; der Tag der Gewißheit; der Tag der Wiedererstehung; der Tag der Heimkehr; der Tag des Posaunenstoßes; der Tag des Brüllens; der Tag des Erbebens; der Tag des Rüttelns; der Tag der Vorhaltungen; der Tag der Trunkenheit; der Tag des Schreckens; der Tag des Äußersten; der Tag der Sorge; der Tag der Zuflucht; der Tag der bestimmten Frist; der Tag des festgelegten Stunde; der Tag des Hinterhalts; der Tag der Rastlosigkeit; der Tag des Schweißes; der Tag der Bedürftigkeit; der Tag des Herabfallens; der Tag der Streuung; der Tag der Spaltung; der Tag des Stehens; der Tag des Aufbruchs; der Tag der Ewigkeit; der Tag des gegenseitigen Betrugs; der Tag des finsteren Blicks, der Wohlbekannte Tag; der Tag der Stunde; der Bezeugte Tag; der Tag, *an dem kein Zweifel ist* (2:2); der Tag, *da die Geheimnisse geprüft werden* (86:9); der Tag, *an dem eine Seele für eine andre nichts leisten kann* (2:48); der Tag, *an dem die Blicke stier werden* (14:42); der Tag, *an dem der Herr nichts für den Diener leisten kann* (44:41); der Tag, an dem *eine Seele für die andre nichts vermag* (82:19); der Tag, an dem *sie ein Ruf zum Feuer der Hölle bestellen wird* (52:13); der Tag, da *sie auf ihren Angesichtern ins Feuer geschleift werden* (54:48); der Tag, *da sie mit ihren Angesichtern ins Feuer gestürzt werden* (33:66); der Tag, *wo der Vater nichts für den Sohn* leisten kann (31:33); der Tag, *da der Mann vor seinem Bruder* flieht *und vor seiner Mutter und seinem Vater* (80:34 f.); der Tag, *an dem sie nicht sprechen und da ihnen nicht erlaubt wird, sich zu entschuldigen* (77:35 f.); der Tag, *an dem es keine Zuflucht gibt vor Allah* (30:43; 42:47); der Tag, *an dem sie heraustreten* (40:16); der Tag, an dem *sie im Feuer versucht werden sollen* (51:13); der Tag, *da weder Gut noch Söhne frommen* (26:88); *der Tag, da den Ungerechten ihre Entschuldigung nicht frommt, sondern der Fluch ist für sie, und für sie ist eine üble Wohnung* (40:52); der Tag, an dem die Rechtfertigungen zurückgewiesen werden, an dem das Verborgene geprüft und das Innerste offenkundig wird und an dem die Schleier gelüftet werden; der Tag, an dem die Blicke niedergeschlagen werden und die Stimmen verstummen; an dem wenig Rücksicht genommen wird, an dem das Verborgene hervortritt und die Fehler sichtbar werden; der Tag, an dem die Knechte mit ihren Zeugen dahergetrieben werden, an dem das Kind ergraut und der Erwachsene trunken ist; an ebenjenem Tage soll die Waage errichtet und das Schuldenregister aufgeschlagen werden; die Höllenglut wird herangetragen und ihr siedendes Wasser zum Kochen gebracht. Das Höllenfeuer stöhnt, und die Ungläubigen müssen verzweifeln. Die Flammen flackern auf mit wechselnden Farben; die Zungen verstummen, und es sprechen die Glieder des Menschen.

O Mensch, was hat dich von deinem hochsinnigen Herrn abwendig gemacht (82:6), wenn die Tore verschlossen und die Vorhänge gezogen waren, so daß du dich vor den Geschöpfen verbargst, währenddem du dich Schamlosigkeiten hingabst? Was fängst du jetzt an, da deine eigenen Glieder gegen dich Zeugnis ablegen? Weh, wehe uns allen, uns Schar von Achtlosen!

Allah entsendet uns den Fürsten aller Gesandten und schickt auf ihn herab die Deutliche Schrift, und gibt uns Kunde von den Eigenschaften des Jüngsten Tages. Dann macht Er uns unserer eigenen Achtlosigkeit bewußt und spricht: *Genaht ist den Menschen ihre Abrechnung, aber in Achtlosigkeit kehren sie sich ab. Die jüngste*

Ermahnung, die zu ihnen kam von ihrem Herrn, hören sie nur spottend an, spaßend in ihren Herzen. (21:1-3). Er macht uns die Nähe des Auferstehungstages klar, indem Er spricht: *Genaht ist die Stunde und gespalten der Mond!* (54:1) Und: *Siehe, sie sehen ihn ferne, und Wir sehen ihn nahe* (70:6 f.). *Und was läßt dich wissen, daß die Stunde vielleicht nahe ist?* (33:63)

Drum ist für uns das allerbeste, die Tätigkeit des Qur'ānstudiums aufzunehmen. Denn wir bedenken nicht seine Bedeutungen, noch betrachten wir die Vielfalt der Beschreibungen und Namen jenes Tages. Wir treffen keine Vorkehrungen, von seinen Schrecken befreit zu werden. Wir ersuchen Allah um Zuflucht vor solcher Achtlosigkeit, sofern Er uns nicht in Seiner unermeßlichen Gnade auffangen wollte.

Beschreibung der Befragung

BEDENKE, Armseliger, nach diesen Befindlichkeiten alsdann die Befragung, die auf dich zukommt und die mündlich und ohne Vermittler vollzogen wird. Denn du sollst zu Geringem wie zu Gewichtigem, bis in die geringsten Einzelheiten befragt werden. Während du in der Bedrängnis der Auferstehung mit ihrem Schweiß und dem Aufruhr ihrer gewaltigen Ereignisse befangen bist, werden aus himmlischen Gefilden Engel von hoher Gestalt und mächtigem Wuchs und unerbittlicher Strenge herniedersteigen. Befohlen ist ihnen, die Übeltäter bei der Stirnlocke zu ergreifen und zum Standort zu zerren, an dem sie dem Allgewaltigen vorgeführt werden sollen.

Es sprach der Gesandte Gottes, Allah segne ihn und schenke ihm Frieden: „Wahrlich, Allah, gerühmt sei Er und verherrlicht, hat einen Engel, zwischen dessen Augenrändern eine Wegstrecke von einhundert Jahren liegt."[149] Wie stellst du dir dich beim Anblick dieser Engel vor, die dir geschickt sind, um dich zum Platz des Verhörs zu bringen, wenn du siehst, wie selbst sie trotz ihrer mächtigen Größe ob der Gewalt jenes Tages bestürzt sind, da sie wahrnehmen, was der Zorn des Allgewaltigen über Seine Knechte hereinbrechen läßt. Wenn sie herabsteigen bleibt kein Prophet, kein Heiliger und kein Rechtschaffener aufrecht stehen, sondern wirft sich aus Furcht, derjenige zu sein, der nun ergriffen werden soll, auf sein Angesicht nieder. Wenn aber dies der Zustand der in Gottesnähe Wandelnden ist, wie glaubst du, wird es erst den unfolgsamen Übeltätern ergehen? Getrieben von schrecklicher Angst hasten nun Gruppen von Menschen heran und, beirrt von der Majestät ihres Aufzugs und ihrer ehrfurchterregenden Gestalt, fragen sie die Engel: „Ist unser Herr unter euch?“ Doch die Engel sind über ihre Frage entsetzt, verehren sie doch ihren Schöpfer als allzu erhaben, als daß Er mitten unter ihnen sein könnte. Sie erheben laut ihre Stimmen und erklären ihren König für weit erhaben über alle Vorstellungen der Erdenbewohner und rufen: „Preis sei unserem Herrn! Er ist nicht unter uns, doch wird Er noch kommen!“ Währenddem formieren sich die Engel in Reihen und betrachten die Schöpfung aufmerksam von allen Seiten, und alle tragen die Zeichen von Demütigung und Schmach, und auf ihren Zügen zeichnet sich Furcht und Scheu ob der Gewalt jenes Tages.

Da bewahrheitet sich das Wort Allahs des Erhabenen: *Und wahrlich, zur Rechenschaft ziehen wollen Wir diejenigen, zu denen Wir sandten, und wahrlich, zur Rechenschaft ziehen wollen Wir auch die Gesandten. Und wahrlich, mit Wissen wollen Wir ihnen aufzählen, denn nicht waren Wir abwesend.* (7:6 f.) Und Sein Wort: *Und bei deinem Herrn! Wahrlich zur Rechenschaft ziehen wollen Wir sie insgesamt für ihr Tun* (15:92 f.).

Er, Preis sei Ihm, beginnt alsdann mit den Propheten: *Eines Tages wird Allah versammeln die Gesandten und wird sprechen: „Was ward euch geantwortet?“ Sie werden sprechen: „Uns ist kein Wissen, siehe, Du bist der Wisser der Geheimnisse“* (5:109). O weh, ob der Gewalt eines Tages, da vor überwältigendem Grauen selbst der Verstand der Propheten sich verwirrt und ihr Wissen ausgelöscht wird! Da zu ihnen gesprochen wird: *„Welche Antwort erhieltet ihr, da ihr zu der Schöpfung entsandt wurdet?“*

Zuvor wußten sie es, nun aber bemächtigt sich der Schrecken ihres Verstandes, und sie wissen nicht, was sie antworten sollen. In maßloser Ehrfurcht erwidern sie: *„Uns ist kein Wissen, siehe, Du bist der Wisser der Geheimnisse“* (5:109). Damit sprechen sie an diesem Zeitpunkt durchaus die Wahrheit, da ihr Verstand ihnen entfleucht ist und ihr Wissen sich verflüchtigt hat, bis ihnen Allah der Erhabene ihre Kraft wiedergibt.

Da wird Nūḥ, Friede sei auf ihm, aufgerufen und gefragt werden: „Hast du deine Botschaft ausgeführt?“ „Ja“, wird er antworten. Dann wird seine Gemeinde gefragt: „Hat euch die Botschaft erreicht?“ Sie werden antworten: „Es kam zu uns kein Warner.“ Dann wird ʿĪsā, Friede sei auf ihm, gebracht, und Allah der Erhabene fragt ihn: *„Hast du zu den Menschen gesprochen: ‚Nehmet mich und meine Mutter als zwei Götter neben Allah an?‘“* (5:116) Die Schwere dieser Frage wird ihn für viele Jahre zu Boden drücken. Weh ob der Majestät eines Tages, an dem selbst die Propheten durch solche Befragung zur Rechenschaft gezogen werden! Dann treten die Engel hervor und rufen einzeln einen jeden auf: „O Sowieso, Sohn der Sowieso, spute dich zum Platz des Verhörs!“ Bei diesem Aufruf wird derjenige von heftiger Erregung gebeutelt, die Glieder geraten in Unordnung und der Verstand in Verwirrung. Da wünschen sich einige Gruppen von Menschen, unverzüglich ins Höllenfeuer gestoßen zu werden, so daß dem Allgewaltigen die Abscheulichkeit ihrer Werke nicht vorgeführt und ihr Schleier nicht vor versammelter Schöpfung gelüftet werde.

Vor Beginn der Befragung tritt das Licht des göttlichen Throns in Erscheinung, *und leuchten wird die Erde von dem Licht ihres Herrn* (39:69), und ein jeder Gottesknecht wird mit Gewißheit wissen, daß der Allgewaltige naht, um Seine Knechte zu vernehmen. Jeder einzelne von ihnen wird meinen, daß außer ihm kein anderer Ihn gewahrt und daß von allen nur er allein zum Verhör ausersehen ist. Dann spricht der Allgewaltige, verherrlicht und gepriesen sei Er: „O Jibrīl, bring Uns das Feuer!“ Und Jibrīl begibt sich zur Hölle und sagt: „O Jahannam, folge dem Geheiß deines Schöpfers und Gebieters!“ Jibrīl stößt auf ihr wütendes Brausen und Toben, und bald schon nachdem sie gerufen ward, schäumt sie siedend auf und stöhnt und ächzt nach den Geschöpfen, welche ihr Getöse und Gestöhn nun auch vernehmen. Dann kommen hervor die Wächter der Hölle und stürzen auf die Menschheit zu, in rasendem Zorn auf alle, die ungehorsam waren gegen Allah den Erhabenen und Seine Gebote mißachteten. Bedenke daher gut und gründlich und vergegenwärtige dir in deinem Herzen den Zustand der Herzen der Gottesknechte, die sich sodann mit Furcht und Grauen füllen, welche selbst in die Knie sinken oder sich zur Flucht wenden. An jenem Tage *wirst du das Volk knien sehen* (45:28), während einige von ihnen verzweifelt vornüber auf ihr Angesicht fallen und die Ungehorsamen und die Missetäter in lautes Wehklagen ausbrechen und selbst die Rechtschaffenen rufen: „Ich! Ich!" Während sie noch in diesem Zustand verharren, da stöhnt das Höllenfeuer ein zweites Mal auf, und ihre Furcht verdoppelt sich, und ihre Kraft versiegt, da sie nun glauben, von ihm erfaßt zu werden. Dann stöhnt es zum dritten Mal, und alle Schöpfung fällt auf ihr Antlitz nieder, stier wird ihr Blick, verstohlen und unterwürfig. Dann aber vergehen die Herzen der Übeltäter, *da die Herzen ihre Kehlen würgen* (40:18), und benommen ist der Verstand der Glückseligen wie der Unseligen gleichermaßen.

Danach naht sich Allah der Erhabene den Gesandten und spricht: *„Was ward euch geantwortet?"* (5:109) Da aber die Sünder sehen, welchem Tribunal sich die Propheten zu stellen haben, verstärkt sich ihre Furcht noch mehr. Es flieht der Vater vor seinem Sohne, der Bruder vor dem Bruder, der Ehgemahl vor der Gemahlin, und jeder einzelne verharrt in Erwartung, daß er an die Reihe kommt. Dann werden sie alle einzeln herangenommen, und Allah der Erhabene befragt mit Seiner eigenen Stimme einen jeden zu seinen gewichtigen und geringen Taten, zu seinen geheimen und öffentlichen Werken und zu all seinen Gliedern und Gliedmaßen.

Abū Hurayra berichtete: „Sie fragten einmal: ‚O Gesandter Allahs, werden wir am Auferstehungstage unseren Herrn erblikken?‘ Er antwortete: ‚Werdet ihr an der Sicht der Sonne zu Mittag gehindert, wenn keine Wolke dazwischen steht?‘ Sie antworteten: ‚Nein.‘ Er sprach: ‚Und werdet ihr an der Ansicht des vollen Mondes gehindert, wenn keine Wolke dazwischengeht?‘ Wieder antworteten sie: ‚Nein.‘ Da sprach er: ‚Bei dem, in dessen Hand meine Seele liegt, ihr werdet nicht an der Sicht auf euren Herrn gehindert werden. Er wird dem Gottesknecht begegnen und ihn fragen: ‚Habe Ich dich nicht geehrt und dir Befehlsgewalt und Gattinnen gewährt? Unterstellte Ich dir nicht Pferde und Kamele, und erhob Ich dich nicht zu Herrschaft und Macht?‘ Da antwortet der Knecht: ‚Ja, so ist es.‘ Er spricht darauf: ‚Dachtest du daran, Mir einstmals zu begegnen?‘, und er antwortet: ‚Nein.‘ Da spricht Er: ‚So werde Ich dich nun vergessen, wie du Mich vergessen hast.‘‘“[150]

Drum, o Unglückseliger, denk dir dich selbst, wie die Engel dich bei deinen Oberarmen greifen und du nun vor Allah dem Erhabenen stehst, der dich nun mit Seiner eigenen Stimme befragt und zu dir sagt: „Segnete Ich dich nicht mit Jugend – wozu hast du sie verwandt? Längte Ich dir nicht deine Lebenszeit – wie hast du sie zugebracht? Bescherte Ich dir nicht Reichtum – wie verdientest du ihn, und wofür gabst du ihn aus? Ehrte Ich dich nicht durch Wissen – worin handeltest du entsprechend deinem Wissen?“ Wie, glaubst du, wird dann deine Beschämung und Schande sein, indes Er dir Seine Wohltaten aufzählt und deinen Ungehorsam gegen Ihn, Seinen Beistand und deine Missetaten? Solltest du diese aber leugnen, so werden deine eigenen Glieder wider dich zeugen.

Anas, Allahs Wohlgefallen sei auf ihm, sagte: „Wir waren einmal mit dem Gesandten Gottes, Allah segne ihn und schenke ihm Frieden, als dieser auflachte. Dann fragte er uns: ‚Wißt ihr, worüber ich lachte?' Wir antworteten: ,Allah und Sein Gesandter wissen es am besten.' Da sprach er: ,Über die Rede des Knechtes an seinen Herrn, wenn er sagt: ,O Herr! Hast Du mich nicht vom Frevel zurückgehalten?' Da wird Er sprechen: ,Ja, das tat Ich.' Darauf sagt er: ,Ich lasse nur einen meiner eigenen Zeugen zu, daß er gegen mich Zeugnis ablege.' Er aber erklärt: ,*Du selber sollst heute Rechenschaft wider dich ablegen* (17:14) sowie die ehrenvollen schriftführenden Engel.' Dann wird sein Mund versiegelt, und seinen Grundstoffen wird die Rede befohlen, und sie geben seine Werke kund. Alsdann läßt man ihn wieder zu Wort kommen, und er spricht zu seinen Gliedern: ,Fort mit euch, seid verflucht! Ich sprach doch zu eurer Verteidigung!'''[151]

Wir nehmen Zuflucht bei Allah, vor der versammelten Schöpfung durch das Zeugnis unserer Glieder bloßgestellt zu werden! Doch Allah der Erhabene hat dem Gläubigen zugesichert, daß Er ihn bedecken wird und daß kein anderer auf ihn schauen wird.

Ein Mann fragte einmal Ibn 'Umar: „Was vernahmst du vom Gesandten Gottes, Allah segne ihn und schenke ihm Frieden, im Vertrauen?" Er antwortete: „Der Gesandte Gottes, Allah segne ihn und schenke ihm Frieden, sagte: ,Einer von euch wird sich seinem Herrn nahen, bis Er ihm Seinen Schutz gewährt.' Er spricht: ,Du begingst diese und jene Tat.' ,Ja', antwortet er darauf. Dann spricht Er: ,Und auch dies und jenes tatest du', und er bejaht auch dies. Dann erklärt Er: ,Wahrlich, Ich bedeckte diese Dinge für dich in der Welt, und heute will Ich sie dir vergeben.'"[152]

Es sprach der Gesandte Gottes, Allah segne ihn und schenke ihm Frieden: „Wer die Blößen eines Gläubigen bedeckt, dessen Blößen wird Allah am Jüngsten Tage bedecken."[153]

Daher steht zu hoffen, daß der gläubige Gottesknecht die Makel anderer Menschen bedeckt und ihre Unzulänglichkeiten, so weit sie ihn selbst betreffen, erträgt; daß er seine Zunge nicht mit der Erwähnung ihrer Untugenden beschäftigt und in ihrer Abwesenheit nicht über sie spricht, was sie verdrösse, käme es ihnen zu Ohren. Solches verdient bei der Auferstehung den entsprechenden Lohn. Angenommen, einer hätte solches vor allen anderen außer dir verborgen, dringt nicht der Aufruf zum Verhör auch an dein Ohr? Ein solcher Schreckenslaut genügte dir schon als Strafe für deine Sünden, wenn du bei deiner Stirnlocke gefaßt und davongeführt wirst, indes dein Herz hämmert und dein Sinn sich verwirrt, dein Verstand herumschwirrt und vor großer Erregung dir die Glieder schlottern, deine Hautfarbe umschlägt und die Welt sich dir ob des heftigen Grauens verfinstert. Urteile selbst über dich in dieser Lage: Du steigst über die Schultern der anderen und durchbrichst die Reihen, dahergeführt wie ein gefügiges Pferd, während alle Geschöpfe zu dir aufschauen. Stell dir dich in der Gewalt derer vor, die für dich in dieser Situation zuständig sind, bis du endlich beim Thron des Allbarmherzigen anlangst, wo sie dich aus ihrem Griff entlassen. Da ruft dir Allah, gepriesen ist Er und erhaben, Sein erlauchtes Wort zu: „O Sohn Adams, nahe dich Mir!" Du trittst vor Ihn hin, mit wild klopfendem Herzen, furchtsam und betrübt, mit demütig gesenktem Blick und gebrochenem Mut. Dann wird dir dein Buch gereicht, *welches nicht die kleinste und nicht die größte* [Sünde] *unaufgeschrieben ließ* (18:49). Wie viele Schandtaten, die du doch vergessen hattest, werden dir jetzt in Erinnerung gebracht! Wie viele Werke des Gehorsams, deren Mangelhaftigkeit du übersahst, werden dir nun in ihrer Unzulänglichkeit enthüllt! Wie oft warst du nicht feige und bangherzig, wie oft gehemmt und unfähig! Ach, wüßte ich nur, mit welchem Fuß du vor Ihm stehen und mit welcher Zunge du Ihm Antwort geben wolltest, und mit welchem Herzen du begreifen wolltest, was du sprichst! Bedenke also, wie entsetzlich groß deine Beschämung wird sein, wenn Er dir mit Seiner

Stimme deine Sünden in Erinnerung ruft und spricht: „O Mein Knecht! Schämst du dich nicht vor Mir? Du fordertest Mich mit Schändlichem heraus, während du dich vor Meiner Schöpfung schämtest und dich ihr nur von deiner besten Seite zeigtest. War Ich dir etwa weniger wert als all Meine Knechte? Du machtest dir wenig daraus, daß Ich auf dich sah, und maßest dem wenig Wert bei, während du dich sehr um die Blicke anderer bekümmertest. Bin Ich es denn nicht, der dich mit Gnadengaben versorgte? Was also hat dich von Mir abgelenkt? Glaubtest du etwa, daß Ich dich nicht sähe oder daß du Mir niemals begegnen würdest?"

Es sprach der Gesandte Gottes, Allah segne ihn und schenke ihm Frieden: „Es ist keiner von euch, den Allah, der Herr der Welten, nicht befragen wird, ohne daß ein Schleier oder Vermittler zwischen Ihm und ihnen ist."[154]

Auch sprach der Gesandte Gottes, Allah segne ihn und schenke ihm Frieden: „Fürwahr, jeder einzelne von euch wird vor Allah, gerühmt sei Er und verherrlicht, zu stehen kommen, ohne daß zwischen Ihm und ihnen ein Schleier ist. Da spricht Er zu ihm: ‚Habe Ich dich nicht mit Segnungen bedacht? Habe ich dich nicht mit Reichtum versehen?' Darauf antwortet der Knecht: ‚Ja doch, gewiß.' Weiter spricht Er, der Herr: ‚Habe Ich dir nicht einen Gesandten geschickt?' Er antwortet: ‚Doch, Du tatest es.' Dann blickt er nach seiner Rechten und sieht nichts als das Höllenfeuer, dann blickt er nach seiner Linken und sieht ebenfalls nur das Höllenfeuer. Drum hüte ein jeder von euch sich vor dem Höllenfeuer, und sei es mit einer halben Dattel; so er aber keine findet, sei es mit einem freundlichen Wort."[155]

Es sagte Ibn Masʿūd: „Es ist keiner unter euch, der nicht mit Allah, gerühmt sei Er und verherrlicht, allein sein wird, so wie einer in einer Vollmondnacht mit dem Mond allein ist. Dann wird Er fragen: ‚O Sohn Adams, was hat dich in bezug auf Mich getäuscht? O Sohn Adams, worin hast du nach deinem Wissen gehandelt? O Sohn Adams, was hast du den Gesandten geantwortet? O Sohn Adams! Wachte Ich nicht über deine Augen, als du schautest, was zu betrachten dir nicht zustand? Und wachte Ich nicht auch über deine Ohren?' Und in dieser Weise fährt Er fort, bis Er ihm all seine Glieder aufgezählt hat."

Es sagte Mujāhid: „Am Jüngsten Tage wird der Fuß des Gottesknechtes nicht eher aus der Gegenwart Allahs weichen, gerühmt sei Er und verherrlicht, bevor er nicht über vier Dinge befragt worden ist: seine Lebensspanne und wie er sie verbrachte; sein Wissen und wie er es anwandte; seinen Leib und wie er mit ihm umging; sein Hab und Gut und wie er es erwarb und wofür er es verwendete."

Drum erbleiche, Elendiger, ob der Beschämung, die du dabei empfinden wirst, und der Gefahr, in der du schwebst! Denn wenn dir verkündet wird: „Ich bedeckte in der Welt diese Dinge für dich, und heute will Ich sie dir vergeben", dann werden deine Freude und dein Entzücken ohnegleichen sein, und die Ersten und die Letzten werden dich beneiden. So aber den Engeln befohlen wird: *„Nehmt diesen üblen Gottesknecht und fesselt ihn, alsdann im Höllenpfuhl laßt ihn brennen!"* (69:30-31), dann gebührte es Himmel und Erde, um dich zu weinen angesichts der Ungeheuerlichkeit deines Unglücks und der Heftigkeit deines Bedauerns, daß du den Gehorsam gegen Allah vernachlässigt und dein jenseitiges Leben veräußert hast gegen diese niedere Welt, die dir doch nicht erhalten blieb.

Beschreibung der Waage

VERSÄUME nun nicht, auch über die Waage nachzudenken und über das Fliegen der Bücher zur Rechten und zur Linken. Denn nach der Befragung werden die Menschen in drei Gruppen eingeteilt sein. Eine Gruppe besteht aus denen, die nicht eine gute Tat vorweisen können; ein schwarzes Geschöpf [*ʿunuq aswad*] entsteigt der Hölle, das sie erhascht, wie ein Vogel ein Korn aufpickt, sie umschlingt und ins Feuer schleudert, welches sie alsbald verschluckt. Da ertönt ihnen ein Ruf: „Trostloses Leid, nach dem keine Freude sein wird!" Eine andere Gruppe besteht aus solchen, die überhaupt keine schlechte Tat aufweisen. Es ertönt ein Ruf: „Erheben sollen sich die, die Allah in jeder Lebenslage priesen!" Sie stehen auf und schreiten auf das Paradies zu. So ergeht es dann auch denen, die sich in der Nacht zum Gebet zu erheben pflegten, und jenen, *die weder weltliche Ware noch Handel vom Gedanken an Allah* (24:37) den Erhabenen abhalten konnten. Ein Ruf erschallt ihnen: „Glückseligkeit, niemals durch ein Leid getrübt!"

Doch bleibt noch eine dritte Gruppe, der die meisten angehören, die rechtschaffene Werke mit anderen, schlechten Werken vermengten. Ihnen bleibt zwar verborgen, ob ihre guten oder schlechten Werke überwiegen, nicht aber Allah dem Erhabenen. Doch Allah unterläßt es, sie davon in Kenntnis zu setzen, auf daß Seine Großmut in der Vergebung und Seine Gerechtigkeit in der Sühne offenkundig werde. Also fliegen die Schriftrollen und Bücher, welche die guten und schlechten Werke enthalten, herum, indes die Waage errichtet wird. Aller Augen starren unverwandt auf die Bücher, ob sie wohl in die rechte oder die linke

[Waagschale] fallen werden; dann auf das Zünglein der Waage, ob sie zur Seite der schlechten Taten oder zur Seite der guten Taten ausschlagen wird. Dieser Zustand ist ein so schrecklicher, daß der Verstand aller Geschöpfe davon benommen sein wird.

Es berichtete al-Ḥasan, daß der Gesandte Gottes, Allah segne ihn und schenke ihm Frieden, einmal mit dem Kopf im Schoß der ʿĀ'isha, Allahs Wohlgefallen sei auf ihr, einschlummerte. Da entsann sie sich des Lebens nach dem Tode und begann zu weinen, so daß ihr die Tränen flossen und auf die Wange des Gesandten Gottes herabtropften, Allah segne ihn und schenke ihm Frieden. Er erwachte und fragte sie: „Warum weinst du, o ʿĀ'isha?" Sie erwiderte: „Ich entsann mich des Lebens nach dem Tode; wirst du am Auferstehungstage wohl deiner Familie gedenken?" Er antwortete: „Bei dem, der meine Seele in Händen hält, es werden drei Gelegenheiten sein, da keiner eines anderen als seiner selbst gedenkt: da die Waage errichtet und die Taten gewogen werden und der Sohn Adams zusieht, ob seine Waagschale sich hebt oder senkt; bei den Schriftrollen, da er achtgibt, ob ihm sein Buch in die Rechte gegeben wird oder in die Linke; und an der *ṣirāṭ* Brücke."[156]

Es berichtet Anas: „Am Tag der Auferstehung wird jeder Sohn Adams herbeigebracht, so daß er zwischen den beiden Waagschalen zu stehen kommt, und ein Engel ist ihm zugeteilt. Wenn aber seine Waage sich senkt, so ruft der Engel mit einer Stimme, die für alle Geschöpfe vernehmbar ist: ‚Dem So-und-so ist Glückseligkeit, nimmermehr wird er bekümmert sein!' Wenn aber seine Waagschale leicht ist, ruft er mit einer Stimme, die alle Geschöpfe hören: ‚Leid ist dem So-und-so, nimmermehr wird er glücklich sein!' Wenn die Waagschale mit guten Werken leicht ist, so kommen die Höllenwächter heran, in ihren Händen *eiserne Keulen* (22:21) und gekleidet in Gewänder von Feuer, und treiben, was der Hölle zukommt, zur Hölle hin."

Der Gesandte Gottes, Allah segne ihn und schenke ihm Frieden, sagte über den Tag der Auferstehung: „Es ist der Tag, an dem Allah der Erhabene den Adam, Friede sei mit ihm, zu sich rufen und zu ihm sprechen wird: „O Adam, rufe die Abteilung der Hölle hervor!“ Er wird fragen: „Wie viele gehören zur Abteilung der Hölle?“ Er aber spricht: „Von jedem Tausend sind es neunhundertundneunundneunzig.“ Als die Gefährten dies vernahmen, waren sie niedergeschlagen, und keiner von ihnen war mehr lustig. Als der Gesandte Gottes, Allah segne ihn und schenke ihm Frieden, sah, was mit seinen Gefährten geschah, sprach er: „Handelt und seid fröhlich! Denn wahrlich, bei Ihm, in dessen Hand die Seele Muḥammads liegt, es werden zwei Geschöpfe bei euch sein, die jeweils die Gruppe derer mehren, die dem Untergang geweiht sind, von den Söhnen Adams und den Söhnen des Iblīs.“ Sie fragten: „Und wer sind diese beiden, o Gesandter Gottes?“ Er sprach: „Es sind Yā'jūj und Mā'jūj [Gog und Magog].“ Da lichtete sich ihr Unmut, und er sprach: „Handelt und seid fröhlich! Denn bei Ihm, in dessen Hand die Seele Muḥammads liegt, ihr werdet am Auferstehungstage unter den Menschen nicht mehr sein als ein Brandmal auf der Flanke des Kamels oder das Zeichen auf dem Vorderlauf des Reittiers.“[157]

Beschreibung der Widersacher und die Vergeltung von Unrecht

Nun hast du vom Schrecken der Waage und ihrer Gefahren erfahren und wie die Augen unverwandt auf das Zünglein der Waage gerichtet sein werden. *Dann wird der, dessen Waage schwer ist, im angenehmen Leben sein; doch der, dessen Waage leicht ist – sein Wohnort wird der Höllenschlund sein. Und was macht dich wissen, was er ist? Ein glühend Feuer!* (101:6-11)

Wisse nun, daß nur der der Gefahr der Waage entgeht, der in dieser Welt sich selbst zur Rechenschaft zog und seine eigenen Werke, Worte, Gedanken und Stunden mit der Waage des Gesetzes abwog, so wie ʿUmar, Allahs Wohlgefallen sei auf ihm, sprach: „Zieht euch selbst zur Rechenschaft, bevor ihr zur Rechenschaft gezogen werdet; wiegt euch selbst, bevor ihr gewogen werdet."

Das Abwägen seiner Selbst besteht aber darin, daß sich einer vor seinem Tode von jeder Sünde wahrhaft reuig bekehrt und indem er seine versehentlich begangenen Unzulänglichkeiten in der Erfüllung seiner Pflichten gegen Allah den Erhabenen beseitigt, und indem er verübtes Unrecht Stück um Stück wiedergutmacht, und indem er sich mit jedem aussöhnt, dem er mit seiner Zunge, seiner Hand oder mit einer schlechten Meinung in seinem Herzen zusetzte. Er sollte ihre Herzen besänftigen, so daß bei seinem Tode kein einziges Unrecht und keine Verpflichtung zu seinen Ungunsten verbleibt. Ein solcher Mensch wird ohne Abrechnung ins Paradies eingehen. So er jedoch stirbt, bevor er das verübte Unrecht wiedergutmachen konnte, kommen seine Widersacher und umstellen ihn; einer greift ihn bei der Hand, ein anderer erfaßt seine Stirnlocke, der nächste geht ihm an die Kehle. Einer von ihnen sagt: „Du tatest mir Unrecht!“ Ein anderer sagt: „Du hast mich beleidigt!“ Ein weiterer sagt: „Du hast dich über mich lustig gemacht!“ Wieder ein anderer sagt: „Du hast in meiner Abwesenheit schlecht über mich gesprochen!“ Einer sagt: „Du warst mein Nachbar, hast mich aber schlecht behandelt!“ Einer sagt: „Du hattest mit mir einen Handel, hast mich aber dabei hintergangen!“ Noch einer sagt: „Du verkauftest mir etwas, hast mich dabei aber übervorteilt und mir die Mangelhaftigkeit deiner Ware verheimlicht!“ Ein anderer sagt: „Du hast gelogen, was den Preis deines Handelsguts betrifft!“ Und einer sagt: „Du sahst, daß ich bedürftig war, und obwohl du vermögend warst, hast du mich nicht gespeist!“ Ein anderer sagt: „Du sahst, wie mir Unrecht getan wurde, und obwohl du imstande warst, dem Unrecht zu wehren, hast du den Peiniger gewähren lassen und mich nicht beschützt.“ Während du dich in dieser Lage befindest, heften sich die Widersacher mit ihren Klauen an dich und klammern sich mit ihren Händen fest an deinen Kragen; du bist ob ihrer großen Zahl bestürzt und verwirrt, denn es ist da keiner, mit dem du im Laufe deines Lebens ein Geschäft von auch nur einem *dirham* beschlossest oder mit dem du Umgang pflegtest, der nichts gegen dich vorzubringen hätte, was du gegen ihn verübt hast, sei es durch üble Nachrede oder Betrug oder durch einen abfälligen Blick. Du wirst ganz schwach vor ihrer Übermacht und streckst den Hals vor, in der Hoffnung, dein Herr und Meister möchte dich aus ihren Händen erlösen.

Da schallt der Ruf des Allgewaltigen, herrlich ist Seine Majestät, an dein Ohr: *„An jenem Tage wird jede Seele nach Verdienst belohnt werden, keine Ungerechtigkeit an jenem Tage!“* (40:17) Bei diesen Worten wird dein Herz jeglicher Würde beraubt, du bist restlos überzeugt, daß deine Seele dem Verderben geweiht ist, und du entsinnst dich all dessen, wovor Allah der Erhabene dich durch die Rede Seines Gesandten gewarnt hat, als Er sprach: *Und wähne nicht, daß Allah achtlos ist des Tuns der Ungerechten. Siehe, Er säumt nur mit ihnen bis zum Tage, an dem die Blicke stier werden. Herbeigeeilt kommen sie gereckten Hauptes mit leerem Aug' und ödem Herzen. Drum warne die Menschen!* (14:42-44)

Welch großes Vergnügen es dir heute macht, den guten Ruf von Leuten zu untergraben und dir ihren Besitz anzueignen! Welch großen Jammer wirst du an jenem Tage erleben, da dein Herr auf dem Richtstuhl Gerechtigkeit wird walten lassen und du aufgefordert wirst, zu deiner eigenen Verteidigung zu sprechen, wobei du völlig überschuldet, mittellos, unvermögend und entwürdigt sein wirst, unfähig, ein Recht zu erstatten oder eine Rechtfertigung vorzubringen. Indessen werden dir die guten Taten genommen, um die du dich zeitlebens abgemüht hast, und deinen Widersachern übergeben, als Erstattung für ihre Ansprüche [an dich].

Abū Hurayra berichtete: „Der Gesandte Gottes, Allah segne ihn und schenke ihm Frieden, sagte: ‚Wißt ihr, wer der völlig Überschuldete ist?' Wir antworteten: ‚Bei uns ist der Überschuldete der, der weder *dirham* noch *dīnār* besitzt, noch irgendein Gebrauchsgut, o Gesandter Gottes!' Doch er sprach: ‚Der Überschuldete meiner Nation ist der, welcher am Tage der Auferstehung sein Gebet, sein Fasten und seine Armenabgabe [*zakāt*] herbeibringt; er trägt sie vor, doch hat er den einen geschmäht, den anderen verleumdet, eines anderen Besitz verzehrt, eines anderen Blut vergossen und wieder einen anderen geschlagen. Diesem wird von dem Verdienst seiner guten Werke gegeben, und jenem wird davon gegeben, und wenn all seine guten Werke verteilt worden sind, bevor er den vorgetragenen Verbindlichkeiten genügt hat, so werden ihm einige ihrer Vergehen noch zusätzlich aufgebürdet. Dann wird er in die Hölle geworfen.'"[158]

Sieh nur, wie groß deine Bedrängnis an einem solchen Tag sein wird, da dir nicht ein einzig gutes Werk verbleibt, das vom verhängnisvollen Übel der Augendienerei oder den Ränken des Teufels unbesudelt wäre. Konntest du auch über die ganze lange Zeit ein einziges gutes Werk sicherstellen, so stürzen nun deine Widersacher darauf zu, um es zu ergreifen. Zögest du dich selbst zur Rechenschaft, während du dich anhaltend dem Fasten während des Tages und dem Gebet während der Nacht widmest, so würdest du vielleicht erfahren, daß kein einziger Tag verstreicht, an dem nicht eine üble Nachrede gegen die Muslime dir von der Zunge fällt, die all deine guten Taten aufwiegt! Wie verhält es sich dann mit den übrigen Sünden, wie dem Essen von Nicht-Erlaubtem [*ḥarām*] und Zweifelhaftem und den Unvollkommenheiten deiner Werke des Gehorsams? Wie kannst du an jenem Tage dem verübten Unrecht zu entrinnen hoffen, da das ungehörnte Schaf vom gehörnten Schaf Rechenschaft fordert? Denn es berichtete Abū Dharr, daß der Gesandte Gottes, Allah segne ihn und schenke ihm Frieden, einmal zwei Schafe sah, die mit den Köpfen gegeneinander stießen. Da sprach er: „O Abū Dharr! Weißt du, warum sie sich die Köpfe stoßen?“ „Nein“, antwortete ich. Er sprach: „Aber Allah weiß es und wird am Tag der Auferstehung zwischen ihnen richten.“[159]

Es erklärte Abū Hurayra zu Seinem Wort, groß und herrlich ist Er: *Kein Getier gibt's auf der Erde und keinen Vogel, der mit seinen Schwingen fliegt, die nicht wären Völker gleich euch* (6:38). „Am Tage der Auferstehung wird Er die gesamte Schöpfung versammeln, die Weidetiere, die Reittiere und die Vögel, und jedes andere Ding; und die Gerechtigkeit Allahs des Erhabenen wird wirken, indem Er Sich für das hornlose Vieh einsetzt gegen das gehörnte. Dann wird Er sprechen: ‚Werde zu Staub!‘, und dies ist der Augenblick, *da der Ungläubige sprechen wird: ‚O daß ich doch Staub wäre!‘*“ (78:40)

O Unseliger, du wirst an jenem Tage deine Schriftrolle erblicken, bar der guten Werke, um die du dich so lang bemüht hattest, und du wirst fragen: „Wo sind meine guten Werke geblieben?“ Es wird dir aber geantwortet: „Sie sind der Schriftrolle deiner Widersacher zugeschrieben worden.“ Dein Blatt wirst du sehen, vollgeschrieben mit den Sünden, die zu vermeiden so lange dein Bemühen war und derer dich zu enthalten dich so viel Mühe kostete. Da wirst du sagen: „O mein Herr, dies sind schlechte Taten, durch die ich doch niemals versucht worden bin!“ Dir wird aber geantwortet: „Es sind die Sünden derer, die du verleumdet und beleidigt hast und gegen die du böse Absicht hegtest, denen du bei einem Geschäft oder im nachbarlichen Umgang Unrecht tatest, im Gespräch oder im Wortstreit, in einer Verhandlung oder beim gemeinsamen Unterricht, oder in jeglicher anderen Beziehung mit ihnen.“

Es sagte Ibn Mas‘ūd: „Der Gesandte Gottes, Allah segne ihn und schenke ihm Frieden, sagte einmal: ‚Der Satan verzweifelte daran, daß im Land der Araber jemals wieder Abgötter verehrt würden; doch wird er mit euch zufrieden sein aufgrund dessen, was ihr außerdem an schändlichen Handlungen begeht, und dieses sind die Todsünden. Hütet euch darum vor dem Unrecht, so sehr ihr nur könnt! Denn wahrlich, am Tage der Auferstehung wird der Gottesknecht berghoch bepackt mit Werken des Gehorsams ankommen in der Meinung, sie könnten ihn erretten. Doch wird ein Gottesknecht nach dem anderen hervortreten und sprechen: ‚Herr, der Sowieso hat mir ein Unrecht angetan!‘ Da wird Er sprechen: ‚Löscht ihm einige seiner guten Werke!‘ So wird es in einem fort weitergehen, bis ihm keines seiner guten Werke mehr verbleibt. Das Gleichnis hierfür ist das der Reisenden, die in einer wasserlosen Wüste absteigen und kein Brennholz mit sich führen; sie schwärmen aus, um Brennholz zu suchen, und nach kurzer Zeit haben sie ein großes Feuer entfacht, womit sie zubereiten, was ihnen beliebt."[160] Ebenso wird es mit den Sünden gehen.

Als das Wort des Erhabenen offenbart wurde: *Siehe, du bist sterblich, und siehe, sie sind sterblich; alsdann am Tage der Auferstehung werdet ihr vor eurem Herrn miteinander rechten* (39:30 f.), fragte az-Zubayr: „O Gesandter Gottes! Sollen denn die ärgsten Sünden, die in der Welt zwischen uns geschahen, uns zurückgegeben werden?" „Ja", antwortete er darauf, „Sie werden euch solange zurückgegeben werden, bis ihr jedem, der rechtens einen Anspruch über euch hat, sein Recht gegeben habt." Darauf sagte az-Zubayr: „Bei Allah, die Sache ist wahrlich schwer!"[161]

Drum miß der Gewalt jenes Tages große Bedeutung zu, an dem kein Schritt übergangen und kein Schlag und kein Wort unbeachtet bleibt, bis der, dem Unrecht widerfuhr, sich an dem, der ihm das Unrecht antat, gerächt hat. Es sagte Anas: „Ich hörte den Gesandten Gottes, Allah segne ihn und schenke ihm Frieden, sagen: ‚Allah wird die Gottesknechte nackt, staubig und *buhm* versammeln.' Wir fragten ihn: ‚Was heißt das Wort *buhm*?' ‚Sie werden nichts bei sich haben', antwortete er. ‚Dann wird ihnen ihr Herr mit einer Stimme, die nah und fern zu vernehmen ist, zurufen: ‚Ich bin der König! Ich bin der Gläubiger (*ad-dayyān*)! Ein Paradiesgeweihter darf nicht ins Paradies eingehen, solange einer der Hölleninsassen ihn eines erlittenen Unrechts bezichtigt, bis daß es gesühnt ist. Auch soll ein Höllenbewohner nicht ins Feuer eingehen, solange er gegen einen der Bewohner des Paradieses erlittenen Unrechts wegen Klage führt, bis dieses vergolten ist, und sei es auch nur ein einziger Schlag.' Darauf sagten wir: ‚Wie soll das gehen, wo wir doch nackt und staubig und mittellos (*buhm*) vor Allah, gerühmt sei Er und verherrlicht, hintreten?' Er antwortete darauf: ‚Mit den guten und schlechten Werken.'"[162]

Drum fürchtet Allah, ihr rechtschaffenen Gottesknechte! Und hütet euch davor, den Gottesknechten ein Unrecht anzutun, sei es, daß ihr euch an ihrem Gut vergreift, ihr Ansehen kompromittiert, ihnen Kränkung zufügt oder euch im Umgang schlecht gegen sie betragt. Am schnellsten findet Vergebung, was lediglich zwischen dem Gottesknecht und Allah ist. Wer aber insgesamt viel Unrecht verübt hat und sich davon reuig abwendet, den es aber schwer ankommen würde, all jenen Genugtuung zu geben, denen er übel mitgespielt hat, der soll nur recht viele gute Werke für den Tag der Vergeltung zurechtlegen, und einige seiner guten Werke sollen in völlig reiner Absicht zwischen ihm und seinem Herrn ein Geheimnis bleiben, so daß außer Allah keiner sie zu sehen bekommt. Es mag sein, daß ihn ebendies näher zu Allah dem Erhabenen bringt und daß er dadurch jene Gunst erlangt, die Allah Seinen geliebten Freunden, den gläubigen Menschen, vorbehalten hat, indem die Übeltaten, die diese Knechte verübten, von ihnen abgewendet werden.

So wie Anas vom Gesandten Gottes, Allah segne ihn und schenke ihm Frieden, überlieferte: „Einmal sahen wir den Gesandten Gottes, Allah segne ihn und schenke ihm Frieden, im Sitzen so sehr lachen, daß seine Schneidezähne sichtbar wurden. Es fragte ihn ʿUmar: ‚Was läßt dich derart lachen, o Allahs Gesandter, beim Leben meiner beiden Eltern?' Er erwiderte: ‚Zwei Männer meiner Nation, die vor dem Herrn der Macht niederknien werden. Einer von ihnen wird sagen: ‚O Herr, gewähre mir [Genugtuung für] die erlittene Missetat von meinem Bruder.' Da spricht Allah der Erhabene: ‚Gib deinem Bruder [Genugtuung für] die Missetat.' ‚O Herr', sagt dieser, ‚es verbleibt nichts von meinen guten Taten.' Da spricht Allah der Erhabene zu dem Mann, der die Forderung stellte: ‚Wie wirst du mit deinem Bruder verfahren, da er nun keine guten Taten mehr hat?' ‚O Herr', antwortet dieser, ‚so soll er mir doch etwas von meiner Last abnehmen.‘‘ Da gingen dem Gesandten Gottes, Allah segne ihn und schenke ihm Frieden, die Augen über, und er weinte; dann sprach er: ‚Wahrlich, ein gewaltiger Tag wird es sein, an dem die Menschen anderer bedürfen, die ihnen ihre Last abnehmen.‘ Dann fuhr er fort: ‚Da spricht Allah zu dem, der die Forderung stellte: ‚Erhebe dein Haupt und schau auf die Gärten!‘ Dieser hebt sein Haupt und spricht: ‚O Herr, ich sehe hohe Städte von Silber und Schlösser von Gold umrankt mit Perlen; für welchen Propheten, Heiligen oder Märtyrer sind sie vorgesehen?‘ Er aber antwortet: ‚Sie sind für den, der Mir den Preis dafür zahlt.‘ ‚O mein Herr‘, sagt er da, ‚wer vermöchte ihren Preis zu zahlen?‘ ‚Du vermagst es‘, spricht Er. ‚Und was ist ihr Preis?‘ fragt er dann, und Allah erwidert: ‚Daß du deinem Bruder vergeben sollst!‘ Da sagt er: ‚O Herr! Ich habe ihm schon vergeben!‘ Da spricht Allah der Erhabene: ‚Nimm deinen Bruder bei der Hand und führe ihn hinein in den Paradiesgarten!‘‘ Danach sprach der Gesandte Gottes, Allah segne ihn und schenke ihm Frieden, noch: ‚*Drum fürchtet Allah und ordnet dies untereinander in Eintracht* (8:1), denn wahrlich Allah schafft Eintracht unter den Gläubigen.‘“[163]

Dies ist ein Fingerzeig, daß dies durchaus zu erreichen ist, indem man die Eigenschaften Allahs in sich selbst nachzuvollziehen sucht; das bedeutet Versöhnung zwischen Zerstrittenen sowie andere [göttliche] Eigenschaften.

Denke nun über dich selbst nach: Wenn deine Schriftrolle keine Missetaten aufweist oder wenn dir die göttliche Gnade zuteil wird, daß dir vergeben wurde, so daß du der ewigen Glückseligkeit gewiß bist, welche Freude wirst du verspüren, da du nun den Ort des Schiedsspruchs verlassen darfst und dir das Ehrenkleid des göttlichen Wohlgefallens angelegt und Glückseligkeit verheißen wird, der kein Leiden je folgen soll, und eine Wonne, die nirgends von Vergänglichkeit bedroht sein soll. Dabei wird dein Herz vor Glück und Freude hoch auffliegen, dein Antlitz wird hell erstrahlen und leuchten wie der volle Mond in der Nacht seiner Fülle. Denk dir nur, wie du mit stolz erhobenem Haupt vor allen Geschöpfen einherschreiten wirst, dein Buckel aller Lasten ledig, indes der freudige Ausdruck der Wonne und die Frische des Wohlbefindens auf deiner Stirn funkeln und die Geschöpfe der früheren und späteren Geschlechter auf dich und dein Befinden schauen und dich um deine Vorzüglichkeit und Schönheit beneiden. Die Engel werden vor dir und hinter dir herschreiten und über die Köpfe aller Anwesenden hinwegrufen: „Seht hier den Sowieso, Sohn des Sowieso, Allah erfreut sich seiner und erfüllt ihn mit Freude. Ihm geschieht ein Glück, dem kein Leid je folgen wird!“ Glaubst du denn nicht, daß dieser Ehrenrang erlauchter ist als die Stufe, die du in der Welt in den Herzen der Menschen durch deine Heuchelei, Kriecherei, Scheinheiligkeit und Schönfärberei erreichtest? So du aber weißt, daß dies besser ist als jenes, vielmehr, daß gar kein Vergleich dazwischen zulässig ist, dann bemühe dich, diesen Rang zu erreichen mit reinem Sinn und getreuer Absicht in deinem Betragen gegen Allah, denn nur dadurch wirst du ihn erlangen.

Doch sollte es sich anders verhalten – wovor wir Allah um Schutz ersuchen – und sollte sich auf deiner Schriftrolle ein Verbrechen zeigen, welches *ihr für ein Leichtes hieltet, wo es vor Allah schwer ist* (24:15), dann sollst du darum verhaßt sein, und Er wird zu dir sprechen: „Mein Fluch sei auf dir, du Knecht des Bösen! Deinen Dienst will Ich nicht annehmen.“ Kaum hast du diesen Ruf vernommen, da ist dein Gesicht auch schon schwarz geworden, und die Engel zürnen ob des Zorns Allahs des Erhabenen und sagen: „Auf dir sei auch unser Fluch und der Fluch der gesamten Schöpfung!“ Bei diesen Worten umschwärmt dich die Höllenwache, zornig ob des Zorns ihres Schöpfers. Sie nahen dir in all ihrer Roheit, Rachsucht und in schauriger Gestalt, ergreifen dich bei deiner Stirnlocke und schleifen dich auf deinem Angesicht entlang der gesamten versammelten Schöpfung, welche die Schwärze deines Antlitzes und den Anblick deiner Schande betrachtet. Da brichst du in lautes Ach- und Wehgeschrei aus, indes man dir zuruft: *„Rufet heute nicht nach einer Vernichtung, sondern rufet nach vielen Vernichtungen"* (25:14). Die Engel werden laut ausrufen: „Seht hier den Sowieso, den Sohn des Sowieso, Allah hat seine schandhaften und schmählichen Werke bloßgelegt und ihn seines abscheulichen Frevels wegen verflucht! Es erwartet ihn Leiden, dem keine Freude je folgen wird!"

Dies kann aber geschehen wegen einer Sünde, die du aus Furcht vor Gottes Dienern begingst oder aus Verlangen nach einem Platz in ihren Herzen, oder aus Furcht, vor ihnen gedemütigt zu werden. Wie groß ist doch die Unwissenheit, da du vor der Demütigung durch eine kleine Schar von Gotteskenchten in dieser vergänglichen Welt fliehst, die mächtige Demütigung vor der gewaltigen Versammlung aber nicht fürchtest, da du dem Zorn Allahs und Seiner peinvollen Züchtigung ausgeliefert bist, sodann den Händen der Höllenengel überantwortet wirst, die dich ins Herz der Höllenglut hineintreiben werden. Dieses also sind deine Umstände, wiewohl du von der größeren Gefahr noch nichts ahnst, welche da ist das Fährnis der *ṣirāṭ* Brücke.

Beschreibung der *ṣirāṭ* Brücke

BEDENKE nach diesen Schrecken das Wort Allahs des Erhabenen: *Eines Tages versammeln Wir die Gottesfürchtigen zum Erbarmer in hohem Empfang und treiben die Missetäter nach Jahannam wie eine Herde zur Tränke.* (19:85 f.) sowie auch dieses Wort des Erhabenen: *Und leitet sie zum Pfad der Hölle und stellet sie hin, siehe, sie sollen zur Rechenschaft gezogen werden.* (37:23 f.). Nach all diesen Schrecken werden die Menschen zu der *ṣirāṭ* Brücke hingetrieben, welche aber eine Brücke ist, die sich über das Kernstück des Feuers erstreckt und schärfer ist als ein Schwert und feiner als ein Haar. Wer aber in dieser Welt in Rechtschaffenheit auf dem geraden Weg wandelte, der wird leichten Schrittes auf die *ṣirāṭ* Brücke des Jenseits treten und errettet werden. Wer aber in der Welt vom Weg der Rechtschaffenheit abwich, sich viele Lasten aufbürdete und sich [gegen Allah] auflehnte, der stolpert schon beim ersten Schritt auf der *ṣirāṭ* Brücke und stürzt hinab. Bedenke nun, welches Entsetzen sich deines Herzens beim Anblick der *ṣirāṭ* Brücke und ihres schmalen Grats bemächtigen wird; alsdann, wenn dein Auge auf den innersten Kern des Höllenpfuhls unter ihr fällt und wenn das Ächzen und Tosen des Feuers an dein Ohr dringt. Du bist aber genötigt, diese *ṣirāṭ* Brücke zu überqueren, trotz deines schwachen Zustandes und des Aufruhrs in deinem Herzen, trotz deines zittrigen Fußes und deines schwerbeladenen Buckels, der dir selbst den Gang auf ebener Erde beschwerlich machte, wie dann erst auf dem scharfen Grat der *ṣirāṭ* Brücke?

Wie wird dir in dem Augenblick sein, da du den ersten Schritt auf sie setzest und ihre schneidende Schärfe empfindest, du aber gezwungen bist, auch den anderen Fuß zu heben, während vor dir die Leute ausgleiten und hinabstürzen, um dort von den Höllenengeln mit ihren Haken und Angeln hinuntergezogen zu werden, indes du zusiehst, wie sie kopfüber hinabstürzen und Kopf zuunterst in das Feuer hineinfallen, die Füße in der Höh. Welch schauriger Anblick, welch mühsamer Aufstieg, welch schmaler Übergang! Drum betrachte deinen Zustand, wenn du auf sie zukriechst und unter der Last, die deinen Rücken beschwert, auf ihr emporklimmst; da du dich rechts und links nach den Leuten umwendest, derweil sie ins Höllenfeuer hinabstürzen! Der Heilige Prophet, Allah segne ihn und schenke ihm Frieden, wird rufen: „O Herr, erlöse, erlöse!“, während ein Geheul von Ach und Weh aus der Tiefe des Höllenpfuhls von der großen Menge Volkes zu dir emporsteigt, das bereits auf der *ṣirāṭ* Brücke ausgeglitten ist.

Wie wird dir sein, wenn dein eigener Fuß ausgleitet und deine Reue dir nichts mehr nutzt und du nur noch voll Leid und Betrübnis ausrufst: „Dies ist es, was ich befürchtete! *O daß ich doch für mein Leben etwas vorausgeschickt hätte!* (89:24) *O daß ich doch einen Weg mit dem Gesandten genommen hätte! O weh, daß ich doch nicht den und den zum Freunde genommen hätte!* (25:27 f.) *O daß ich doch Staub wäre!* (78:40) *O daß ich doch vergessen und verschollen wäre!* (19:23) O daß meine Mutter mich nie geboren hätte!“ Alsdann wird dich die Feuersbrunst erwischen – möge Allah uns davor bewahren –, und der Rufer wird künden: *„Hinein mit euch ins Feuer und redet nicht mit mir!“* (23:108) So bleibt nichts als Schreien, Stöhnen, Atemholen und um Hilfe rufen.

Wie erscheint dir nun dein Verstand, wo diese Gefahren vor dir liegen? Wenn du nicht daran glaubtest, wie lang wird dir dein Aufenthalt mit den Ungläubigen im Höllenpfuhl währen! Glaubtest du aber daran, warst jedoch achtlos und gleichgültig in deinen Vorbereitungen darauf, wie gewaltig wird dein Verlust und dein innerer Aufruhr sein! Was nutzt dir all dein Glaube, wenn er dich nicht veranlaßt, nach des Erhabenen Wohlgefallen zu verlangen, indem Du gegen Ihn Gehorsam übst und das Aufbegehren gegen Ihn unterläßt! Läge vor dir kein weiterer Schrecken als der der *ṣirāṭ* Brücke und das Grauen deines Herzens vor der Gefahr ihrer Überquerung, so genügte dir auf ewig der Schrecken, das Entsetzen und die Angst davor, selbst wenn du errettet würdest.

Es sprach der Gesandte Gottes, Allah segne ihn und schenke ihm Frieden: „Die *ṣirāṭ* Brücke soll errichtet werden zwischen beiden Höllenrändern, und ich werde der erste aller Gesandten sein, der mit seiner Nation darübergeht. An jenem Tage werden allein die Gesandten sprechen, und der Gesandten Bittgebet an jenem Tage wird sein: ‚O Allah, erlöse! O Herr unser Gott, erlöse!' In der Hölle aber sind Haken, die den Dornen des *sa'dān* Baumes gleichen. Habt ihr je die Dornen des *sa'dān* Baumes gesehen?" Sie antworteten: „Ja, o Gesandter Gottes!" Er sprach weiter: „Wahrlich, sie sind wie die Dornen des *sa'dān* Baumes, mit dem einzigen Unterschied, daß allein Allah der Erhabene ihre gewaltige Größe kennt. Sie greifen nach den Menschen gemäß ihren Werken, wobei die einen an ihren Werke zugrundegehen, während andere durch sie zerfetzt, zuletzt aber doch errettet werden."[164]

Es berichtet Abū Sa'īd al-Khudrī: „Es sprach einmal der Gesandte Gottes, Allah segne ihn und schenke ihm Frieden: ‚Die Menschen werden die Höllenbrücke überqueren, welche Spitzen, Haken und Greifer hat, die von rechts und von links nach den Menschen schnappen. Zu beiden Seiten werden Engel sein, die rufen: ‚O Allah, erlöse! O Herr unser Gott, erlöse!' Einige Menschen überqueren [die Brücke] wie der Blitz, andere wie der Wind, wieder andere wie ein schnellfüßiges Pferd, während andere hinüber laufen oder wie Fußgänger gehen; wieder andere darüber kriechen oder sich gar bäuchlings hinüber schleppen. Die Höllengeweihten aber, die ihr Los verdient haben, weder sterben werden sie noch leben. Darunter sind solche, die ihrer Sünden und Verfehlungen wegen ergriffen und verbrannt werden, bis sie verkohlt sind; danach erst wird die Fürbitte für sie erlaubt sein.'" Und er gab das *ḥadīth* bis ans Ende wieder.[165]

Ibn Mas'ūd, ihm sei Allahs Wohlgefallen, berichtet, daß er, Allah segne ihn und schenke ihm Frieden, sprach: „*Wahrlich, Allah versammelt* die *Früheren und die Späteren zum Zeitpunkt eines bestimmten Tages* (56:49 f.). Vierzig Jahre lang werden sie dastehen mit unverwandt gen Himmel gerichtetem Blick und auf den endgültigen Schiedsspruch warten." Er überliefert das *ḥadīth* weiter, bis zu der Stelle, da es heißt, daß die Gläubigen sich niederbeugen und mit der Stirn den Boden berühren (*sujūd*), und er sagt: „Da wird zu den Gläubigen gesprochen: ‚Erhebt euer Haupt!' Sie heben ihre Häupter, und jedem von ihnen wird das Licht gegeben, das seinen Werken entspricht. Die einen erhalten ein Licht wie ein gewaltiger Berg, das vor ihnen herläuft; andere erhalten ein Licht, das etwas kleiner ist; wieder andere bekommen ein Licht von der Größe einer Dattelpalme, während das Licht anderer noch geringer ist als dies, bis zuletzt ein Mann kommt, der sein Licht nur auf seinem großen Zeh trägt und das mal leuchtet und mal verlischt. Wenn es aufleuchtet, setzt er seinen Fuß voran und tut einen Schritt, wenn es verlischt, so bleibt er stehen." Dann erwähnt er die Überquerung der *ṣirāṭ* Brücke, die entsprechend diesen Lichtern stattfinden wird. Einige überqueren sie in einem einzigen Augenblick, während andere darüber schnellen wie der Blitz. Andere wiederum werden wie die Wolken darüber gleiten, wieder andere wie Sternschnuppen und andere wie ein schnellfüßiges Roß. Einige überqueren sie wie ein eilig laufender Mensch, bis hin zu demjenigen, dem sein Licht auf seinen großen Zeh gesetzt wurde und der die Brücke auf seinem Gesicht, seinen Händen und seinen Füßen kriechend überquert, indem er sich je mit einer Hand entlangzieht und sich mit der anderen festhält, sich mit einem Fuß festhält und den anderen hinterherzieht, während ihm das Feuer die Flanken leckt." Er sagte: „So fährt er immer fort, bis er die Überquerung vollbracht hat. Wenn er es geschafft hat, wird er auf ihr innehalten und sagen: ‚*Al-ḥamdu li-llāh*, Preis sei Allah, der mir gegeben hat, was Er keinem anderen gab, indem Er mich vor der Hölle bewahrte, nachdem ich sie schon gesehen hatte!' Dann führt man ihn zu einem Becken am Tor des Paradieses, darin er sich badet."[166]

Es sagte Anas ibn Mālik: „Ich hörte den Gesandten Gottes, Allah segne ihn und schenke ihm Frieden, sagen: ‚Die *ṣirāṭ* Brücke ist wie die Klinge des Schwertes oder so scharf wie ein Haar. Wahrlich, die Engel werden die gläubigen Männer und Frauen erretten, und Jibrīl, Friede sei mit ihm, wird mich um die Mitte fassen[167], indes ich rufe: ‚O mein Herr, erlöse, erlöse!' Es werden an jenem Tage viele Männer und Frauen sein, deren Fuß ausgleitet.'"[168]

Dieses sind die Schrecken und gewaltigen Dinge, die mit der *ṣirāṭ* Brücke einhergehen. Drum sinne eingehend darüber nach, denn wahrlich, vor den Schrecken des Jüngsten Tages ist derjenige am sichersten, der sie in dieser Welt ausgiebig bedacht hat. Wahrlich, Allah vereint nicht beide Arten von Furcht in Seinem Knecht: Wer diese Schrecken schon in dieser Welt fürchtete, wird im Jenseits davor sicher sein. Mit ‚Furcht' meine ich jedoch nicht ein Zartgefühl wie das Zartgefühl der Frauen, wodurch dein Auge zu Tränen gerührt und dein Herz zum Schmelzen gebracht wird durch etwas, was du hörtest, was du aber ebenso rasch wieder vergessen hast, und du zu deiner gewohnten Kurzweil und deinen Zerstreuungen zurückkehrst. Das hat mit Furcht nichts zu tun. Vielmehr, wer eine Sache fürchtet, der flieht davor, und wer eine Sache erhofft, der strebt sie an. Dich errettet nur eine Furcht, die dich am Ungehorsam gegen Allah den Erhabenen hindert und die dich dazu treibt, Ihm gehorsam zu sein.

Noch weniger als das Zartgefühl der Frauen gilt die Furcht der Narren, die, wenn sie von den Schrecken hören, schnell mit der Zunge ihre Zuflucht zu Allah nehmen, indem sie sagen: „Ich ersuche Allah um Beistand! Wir nehmen Zuflucht bei Allah! O unser Herr, erlöse! Erlöse!", während sie weiterhin in ihrer Sündhaftigkeit verharren, welche doch die Ursache ihres Untergangs sein wird. Satan lacht über ihr Zufluchtnehmen bei Allah, so wie er über einen lacht, der in der Wüste von einem gefährlichen Raubtier verfolgt wird, während hinter ihm eine Festung liegt. Wenn er nun von weitem die Fänge des Raubtiers und seine blutrünstige Wildheit erblickt, spricht er: „Ich nehme Zuflucht bei jener festen Burg, und ich suche Hilfe bei jenem trutzigen Bauwerk mit seinen mächtigen Festen." Doch spricht er diese Worte nur mit seinem Mund, indes er auf der Stelle sitzen bleibt; wie sollte ihm das gegen das Raubtier von Hilfe sein?

So verhält es sich auch mit den Schrecken des Jenseits: Es gibt gegen sie keine Festung außer der aufrichtigen Erklärung *lā ilāha ill-Allāh*, es gibt keine Gottheit außer Allah. Solche Aufrichtigkeit aber bedeutet, daß man kein anderes Ziel hat außer Allah dem Erhabenen und keinen anderen Gegenstand der Anbetung außer Ihm. *Wer als seinen Gott sein Gelüst annimmt* (25:43; 45:23), der ist weit entfernt von Aufrichtigkeit in seinem Bekenntnis der Einheit Gottes, und sein Zustand ist für seine Seele eine große Gefahr. Bist du dazu aber insgesamt nicht fähig, so hege Liebe für den Gesandten Gottes, Allah segne ihn und schenke ihm Frieden, und zeige Eifer in der Ehrung seines Brauchs; würdige voll Inbrunst die Herzen der Rechtschaffenen seiner Gemeinde und suche durch ihre Gebete Segnungen zu empfangen. Es mag sein, daß du dadurch seine oder ihre Fürbitte erlangst und daß du durch Fürbitte errettet wirst, solltest du selbst nur über wenig Handelsgut verfügen.

Beschreibung der Fürsprache

So wisse: Wenn Gruppen von Gläubigen den Eingang in die Hölle rechtens verdient haben, nimmt Allah der Erhabene in Seiner Gnade für sie die Fürsprache der Propheten und Heiligen an, ja sogar auch die Fürsprache der Gottesgelehrten und Rechtschaffenen. Alle, die in den Augen Allahs des Erhabenen Ansehen genießen und in guter Beziehung stehen, erhalten das Recht der Fürsprache für ihre Familie und Angehörigen, Freunde und Bekannten. Sei darum eifrig bemüht, dir den Rang der Fürsprache um ihretwillen zu erwerben. Dies erreichst du dadurch, daß du kein menschliches Wesen je verachtest, denn wahrlich, Allah der Erhabene hat die Heiligkeit unter Seinen Knechten verborgen, und es mag sein, daß eben derjenige, der in deinen Augen verächtlich ist, einer der Heiligen Allahs ist. Ebenso sollst du keine Übertretung je für gering halten, denn wahrlich, Allah der Erhabene hat Seinen Zorn in den Vergehen gegen Sich verborgen, und es könnte sein, daß der Abscheu Allahs gerade auf dieser lastet. Verachte niemals ein Werk des Gehorsams als allzu geringfügig, denn Allah der Erhabene hat Sein Wohlgefallen unter den Werken des Gehorsams gegen Sich verborgen, und es möchte auf ebendieser Handlung liegen, sei es auch nur ein freundliches Wort oder eine gute Absicht, oder ähnliches von dieser Art.

Im Heiligen Qur'ān und in den Überlieferungen gibt es viele Belege für die Fürsprache. So spricht Allah der Erhabene: *Und wahrlich, geben wird dir dein Herr, und du wirst zufrieden sein.* (93:5)

Es berichtet ʿAmr ibn al-ʿĀṣ, daß der Gesandte Gottes, Allah segne ihn und schenke ihm Frieden, den Spruch des Ibrāhīm, Friede sei mit ihm, zitierte: „*Mein Herr, siehe, irreführten sie viele*

Menschen, aber wer mir folgt, siehe, der gehört zu mir, und wer sich wider mich empört – siehe, so bist Du der Verzeihende, Barmherzige." (14:36) und den Ausspruch des 'Īsā, Friede sei mit ihm: „*Wenn Du sie strafst, so sind sie Deine Diener.*" (5:118) Dann hob er seine Hände und sprach: „Meine Nation! Meine Nation!" und weinte. Da sprach Allah, groß und herrlich ist Er: „O Jibrīl, geh zu Muḥammad und frage ihn, weswegen er weint." Jibrīl kam zu ihm und fragte ihn, und er sagte es ihm, wiewohl Allah es doch am besten weiß. Da sprach Er: „O Jibrīl, geh zu Muḥammad und sag ihm: ‚Wir werden dich hinsichtlich deiner Nation zufriedenstellen, und Wir werden dir nichts Schlechtes tun.'"[169]

Er sprach, Allah segne ihn und schenke ihm Frieden: „Mir wurden fünf Dinge gegeben, die keinem vor mir je gegeben wurden: Ich siegte durch die Furcht, die sich im Umkreis der Wegstrecke eines ganzen Monats verbreitet; mir wurde die Kriegsbeute statthaft gemacht, die keinem vor mir gestattet war; die ganze Erde wurde mir zur Gebetsstatt gemacht, indem ihr Staub als rein gilt, so daß ein jeder von meiner Nation, der sein Gebet verrichten muß, auf ihr beten mag; und mir wurde die Fürsprache gegeben. Während aber alle anderen Propheten nur zu ihrem eigenen Volk entsandt wurden, wurde ich zu der ganzen Menschheit gesandt."[170]

Er sprach, Allah segne ihn und schenke ihm Frieden: „Wenn der Tag der Auferstehung anbricht, werde ich der *imām* der Propheten sein und ihr Prediger [*khaṭīb*] und derjenige, dem die Fürsprache für sie gegeben ist; und dies ist keine Prahlerei."[171]

Auch sprach er, Allah segne ihn und schenke ihm Frieden: „Ich bin der Fürst der Kinder Adams, und nicht aus Prahlerei sage ich das; und ich bin der erste, über dem die Erde aufbrechen wird, ich bin der erste Fürsprecher und der erste, für den Fürsprache geleistet wird. Das Banner des Lobpreises [*liwā' al-ḥamd*] wird in meiner Hand sein, unter ihm wird Adam stehen und die nach ihm kamen."[172]

Und er sprach, Allah segne ihn und schenke ihm Frieden: „Jedem Propheten ist ein Gebet gegeben, das unbedingt erfüllt wird. Ich wünsche mir, mein Gebet zu verbergen, um es am Jüngsten Tage für meine Nation als Fürsprache zu verwenden."[173]

Es sagte Ibn ʿAbbās, mögen beide Allah wohlgefallen: „Es sprach einmal der Gesandte Gottes, Allah segne ihn und schenke ihm Frieden: ‚Es werden für die Propheten Kanzeln von Gold errichtet werden, auf denen sie sitzen werden; allein meine Kanzel bleibt unbesetzt, da ich vor meinem Herrn stehen werde aus Furcht, Er möchte mich ins Paradies schicken, während meine Nation zurückbleibt. Da werde ich sagen: ‚O mein Herr, meine Nation!', und Allah, groß ist Er und herrlich, wird antworten: ‚O Muḥammad! Was wünschst du, daß Ich mit deiner Nation mache?' Und ich werde bitten: ‚O Herr, laß ihre Abrechnung eilig beendet sein!' Ich lasse in meiner Fürsprache nicht nach, bis mir gegeben wird, solche zu befreien, die bereits in die Hölle gesandt wurden, so daß Mālik, der Wächter der Hölle, sagen wird: ‚O Muḥammad, du hast dem Zorn deines Herrn keinen aus deiner Nation für die Hölle übergelassen!'''"[174]

Er sprach, Allah segne ihn und schenke ihm Frieden: „Am Auferstehungstage werde ich für mehr Leute Fürsprache leisten, als es auf der Erde Steine und Erdklumpen gibt."[175]

Es berichtete Abū Hurayra: „Man brachte einmal dem Gesandten Gottes, Allah segne ihn und schenke ihm Frieden, ein Stück Fleisch, und da es ihm zusagte, streckte er die Hand danach aus und biß einen Bissen davon ab. Dann sprach er: ‚Ich bin der Fürst der Gesandten am Tage der Auferstehung, und wißt ihr, was das sein wird? Allah der Erhabene wird die Ersten und die Letzten auf einer Ebene versammeln und wird sie den Rufer hören und sie scharf mustern lassen; die Sonne wird nahe herangetragen, und die Menschen werden mehr Leid und Unglück erfahren, als sie dulden und ertragen können. Dann sprechen die Menschen untereinander, einer zum anderen: ‚Seht ihr denn nicht, wie euch geschieht? Seht ihr denn keinen, der bei eurem Herrn für euch Fürsprache halten möchte?' Da sagen einige zu den anderen: ‚Geht doch zu Adam, Friede sie mit ihm.'

Sie begeben sich zu Adam und sagen zu ihm: ‚Du bist doch der Vater der Menschheit; Allah der Erhabene erschuf dich mit Seiner Schöpferhand und *blies von Seinem Geiste* (32:9) in dich hinein und gab den Engeln den Befehl, daß sie sich vor dir verneigen; so tu doch Fürsprache für uns bei deinem Herrn, siehst du denn nicht, in welch mißlicher Lage wir sind und welche Not uns ereilte?' Adam, Friede sei auf ihm, aber wird ihnen antworten: ‚Wahrlich, an diesem Tage zürnt mein Herr, so wie Er nie zuvor zürnte und kein anderes Mal je zürnen wird. Er verbot mir den Baum, doch ich war ungehorsam gegen Ihn. Ich! Ich! Geht zu einem anderen! Geht hin zu Nūḥ!'

Sie kommen dann zu Nūḥ, Friede sei auf ihm, und bitten ihn: ‚O Nūḥ! Du warst der erste Gesandte zu den Völkern der Erde, und Allah nannte dich *einen dankbaren Diener* (17:3); so leiste doch Fürsprache für uns bei deinem Herrn! Siehst du denn nicht, wie es um uns steht?' Doch dieser antwortet: ‚Wahrlich, an diesem Tage zürnt mein Herr, so wie Er nie zuvor zürnte und kein anderes Mal je zürnen wird. Mir ward ein Bittgebet gegeben, doch ich verwandte es gegen mein eigenes Volk. Ich! Ich! Geht zu einem anderen, geht zu Ibrāhīm, dem Gottesfreund!'

So kommen sie also zu Ibrāhīm, dem Gottesfreund, Friede sei mit ihm, und sprechen zu ihm: ‚Du bist ein Prophet Allahs und unter allem Volk auf Erden derjenige, den Er sich zum Freund nahm! So tu doch Fürbitte für uns, siehst du denn nicht, wie es uns ergeht?' Dieser aber antwortet ihnen: ,Wahrlich, an diesem Tage zürnt mein Herr, so wie Er nie zuvor zürnte und kein anderes Mal je zürnen wird. Ich aber habe dreimal gelogen', und er nennt seine Lügen. ,Ich! Ich! Geht zu einem anderen außer mir! Geht doch zu Mūsā!'

Da kommen sie zu Mūsā, Friede sei auf ihm, und bitten ihn: ,O Mūsā, du bist ein Gesandter Gottes, und Er zeichnete dich durch die Gunst Seiner Botschaft und Seines Wortes an die Menschheit aus! So leg doch für uns Fürbitte ein bei deinem Herrn, siehst du denn nicht, was mit uns geschieht?' Dieser aber antwortet: ,Wahrlich, an diesem Tage zürnt mein Herr, so wie Er nie zuvor zürnte und kein anderes Mal je zürnen wird. Doch seht, ich tötete einmal einen Menschen, ohne daß es mir befohlen ward. Ich! Ich! Geht zu einem anderen, geht hin zu ʿĪsā, Friede sei auf ihm!'

Da werden sie zu ʿĪsā gehen und zu ihm sagen: ,O ʿĪsā! Du bist *ein Gesandter Gottes und Sein Wort, das Er in Maryam legte, und Geist von Ihm* (4:171), du sprachst zu den Menschen, wie du noch in der Wiege lagst (19:29), so halte du doch für uns Fürsprache bei deinem Herrn! Siehst du nicht, wie es um uns steht?' Isa, Friede sei auf ihm, wird aber antworten: ,Wahrlich, an diesem Tage zürnt mein Herr, so wie Er nie zuvor gezürnt hat und kein anderes Mal je zürnen wird.' Er erwähnt aber keine Sünde. Ich! Ich! Geht zu einem anderen außer mir! Geht hin zu Muḥammad, Allah segne ihn und schenke ihm Frieden!'

Da kommen sie schließlich zu mir und sprechen: ,O Muḥammad, du bist *Allahs Gesandter und das Siegel der Propheten!* (33:40). *Allah vergibt dir deine früheren und späteren Sünden* (48:2). So sprich doch für uns bei deinem Herrn! Siehst du denn nicht, wie es uns ergeht?' Da mache ich mich auf und stelle mich zu Füßen des Thrones hin, dann falle ich vor meinem Herrn in *sajda* nieder. Da gibt Allah mir solche Huldigungen und Lobpreisungen ein, wie Er noch keinem vor mir eingegeben hat, und es wird alsdann zu mir gesprochen: ,O Muḥammad, erhebe dein Haupt! Bitte, und es wird dir gewährt, leg Fürsprache ein, sie soll angenommen werden.' Da hebe ich mein Haupt und sage: ,Meine Nation, o Herr, was ist mit meiner Nation?' Er antwortet mir: ,O Muḥammad! Führe durch das rechte Tor der Pforten des Paradieses diejenigen deiner Nation hinein, denen keine Rechenschaft obliegt! Die übrigen Tore sind für die anderen Menschen.'' – Dann sprach er: ,Bei Ihm, in dessen Hand meine Seele liegt, wahrlich, zwischen den beiden Torpfosten des Paradiestores liegt eine Entfernung wie zwischen Mekka und Ḥimyar oder wie zwischen Mekka und Busra.'"[176]

In einem anderen *ḥadīth* findet sich derselbe Text, doch mit der Erwähnung der Verfehlungen des Ibrāhīm; einmal, als er von den Sternen meinte: ,*Das ist mein Herr*' (6:77), dann als er von ihren Abgöttern sagte: ,*Mitnichten, getan hat es der oberste von ihnen*', (21:63) sowie als er sprach: ,*Siehe, ich bin krank*'. (37:89)

So wird die Fürsprache dem Gesandten Gottes zufallen, Allah segne ihn und schenke ihm Frieden. Doch auch einzelne andere aus seiner Nation werden das Recht der Fürsprache haben, die Gottesgelehrten und die Rechtschaffenen, denn es sprach der Gesandte Gottes, Allah segne ihn und schenke ihm Frieden: „Durch die Fürsprache eines Mannes aus meiner Gemeinde sollen mehr Leute ins Paradies eingehen, als den [volkreichen] Stämmen der Rabī'a und Muḍar angehören."[177]

Er sprach, Allah segne ihn und schenke ihm Frieden: „Einem Mann wird gesagt werden: ,Steh auf, Sowieso, und leiste Fürsprache!' Und er erhebt sich und spricht für seinen Stamm oder seine Sippe, für einen Mann oder für zwei, je nach seinen Werken."[178]

Es berichtete Anas: „Der Gesandte Gottes, Allah segne ihn und schenke ihm Frieden, sprach: ,Am Tage der Auferstehung wird einer der Paradiesgeweihten auf die Insassen des Feuers hinabblicken. Einer von diesen ruft ihm zu: ‚O Sowieso, kennst du mich?' Er antwortet: ‚Bei Gott, ich kenne dich nicht; wer bist du?' Ersterer sagt: ‚Ich bin der, an dem du einst in der Welt vorbeikamst und um einen Schluck Wasser batest, den ich dir auch gab.' Da sagt der Paradiesgeweihte: ‚Jetzt weiß ich es wieder', und der andere fleht ihn an: ‚So leg doch um dessentwillen bei deinem Herrn für mich Fürsprache ein!' Derjenige bittet Allah, Seine Erwähnung ist erhaben: ‚Ich sah hinab auf das Volk der Hölle, und ein Mann aus seiner Mitte rief zu mir: ‚O Sowieso! Kennst du mich wohl?' Ich antwortete ihm: ‚Nein, wer bist du?' Er sagt darauf: ‚Ich bin der, den du in der Welt um Wasser batest und der dir zu trinken gab. Drum leiste Fürsprache für mich bei deinem Herrn!' Gewähre mir doch die Fürsprache für ihn!' Und Allah gewährt ihm die Fürsprache; ein Befehl wird erteilt, und er wird der Hölle entzogen.'"[179]

Es berichtete Anas: „Es sprach der Gesandte Gottes, Allah segne ihn und schenke ihm Frieden: ‚Ich bin der erste aller Menschen, der bei der Auferstehung hervorkommt, und ich bin ihr Prediger, wenn sie in Scharen herbeiströmen; ich bin es, der ihnen frohe Kunde gibt, wenn sie verzweifeln. Das Banner der Lobpreisung wird an jenem Tage in meine Hand gegeben, und ich bin in den Augen meines Herrn der Ehrenwerteste der Kinder Adams, und ich prahle nicht.'"[180]

Es sprach der Gesandte Gottes, Allah segne ihn und schenke ihm Frieden: „Wahrlich, ich werde vor meinem Herrn, groß und herrlich ist Er, zu stehen kommen, und ein himmlisches Gewand wird mir angelegt. Dann werde ich zur Rechten des göttlichen Thrones stehen, an einem Platz, den kein anderer Mensch außer mir einnimmt."[181]

Es berichtete Ibn ʿAbbās, mögen sie beide Allah wohlgefallen: „Es saßen einmal einige der Gefährten des Gesandten Gottes, Allah segne ihn und schenke ihm Frieden, zusammen und warteten auf ihn. Er trat heraus und näherte sich ihnen, bis er sie reden hörte, und er vernahm, wie einer von ihnen sagte: ‚Wie wundersam, daß Allah, groß ist Er und herrlich, Sich einen Freund aus Seiner Schöpfung nahm, da *Er den Ibrāhīm zum Freunde nahm* (4:125).' Es sagte ein anderer: ‚Was gibt es Wundersameres als die Rede des Mūsā, *mit dem Allah in Worten sprach* (4:164)?' Ein weiterer sagte: ‚Und 'Īsā, Allah sprach zu ihm: ... *und Geist von Ihm!*' (4:171) Wieder ein anderer sagte: ‚Und *Adam, Allah erwählte ihn!*' (3:33)

Da trat er, Allah segne ihn und schenke ihm Frieden, zu ihnen heraus und sprach: ‚Ich hörte soeben eure Rede mit an und eure Verwunderung darüber, daß Ibrāhīm der Gottesfreund sei – es ist aber so. Und daß Mūsā der enge Vertraute Allahs gewesen sein soll – so aber ist es. Und daß 'Īsā Geist von Allah und Sein Wort gewesen sein soll – so ist es aber. Und daß Allah den Adam auserwählt habe – ebenso ist es. Ich aber bin der Geliebte Allahs, und ich prahle nicht, und ich bin der Träger des Banners der Lobpreisung am Auferstehungstage, und es ist keine Prahlerei. Ich bin der erste, der Fürsprache leistet, und der erste, der Fürsprache empfängt, und es ist keine Prahlerei. Ich bin der erste, der an den Türringen des Himmels[tores] rüttelt, und Allah wird mir öffnen, und ich werde eintreten in Begleitung der Gläubigen, die Armut gelitten haben, und es ist keine Prahlerei. Ich aber bin der Ehrenwerteste der Ersten und der Letzten, und ich prahle nicht.'"[182]

Beschreibung des heiligen Wasserbeckens

So wisse, daß das heilige Wasserbecken eine hohe Ehrung ist, die Allah allein unserem Heiligen Propheten, Allah segne ihn und schenke ihm Frieden, vorbehalten hat. Die Überlieferungen enthalten eine Schilderung davon. Wir aber hoffen, daß Allah der Erhabene uns in dieser Welt mit Wissen darüber versorgt und uns im Jenseits seinen Geschmack kosten läßt, denn es zählt zu seinen Eigenschaften, daß jeder, der davon trinkt, niemals mehr wird dürsten müssen.

Es berichtete Anas: „Der Gesandte Gottes, Allah segne ihn und schenke ihm Frieden, war einmal eingeschlummert. Danach hob er den Kopf und lächelte. Man fragte ihn: ‚O Gesandter Gottes, warum lachtest du?' Er antwortete: ‚Ein Vers wurde mir unlängst geoffenbart', und er zitierte: *Im Namen Allahs, der Allbarmherzigen, des Allerbarmers, wahrlich, Wir haben dir Überfluß* [*kawthar*] *gegeben* (108:1), bis er die Sure beendet hatte. Dann sprach er: ‚Wißt ihr denn, was das ist: *al-kawthar*?' Sie antworteten: ‚Allah und Sein Gesandter wissen es am besten.' Da sprach er: ‚Wahrlich, es ist ein Fluß, den Allah, groß ist Er und herrlich, mir im Paradies versprochen hat. In ihm ist eine Fülle an Gutem; an ihm liegt ein Wasserbecken, zu dem sich meine Nation am Tage der Auferstehung begeben wird. Seine Trinkgefäße werden so zahlreich sein wie die Sterne am Himmel.'"[183]

Es berichtete Anas: ‚Der Gesandte Gottes, Allah segne ihn und schenke ihm Frieden, sprach einmal: ‚Während ich im Himmelreich herumgeführt wurde, kam ich an einen Fluß, dessen Ufer Kuppeln von ausgehöhlten Perlen waren. Da fragte ich: ‚Was ist das, o Jibrīl?‘ Er antwortete mir: ‚Das ist *al-kawthar*, die dir dein Herr geschenkt hat.‘ Und der Engel rührte mit seiner Hand daran, und siehe, sein Schlamm war von stark duftendem Moschus.‘“[184]

Und er berichtete: „Der Gesandte Gottes, Allah segne ihn und schenke ihm Frieden, pflegte zu sagen: ‚Die Entfernung zwischen den beiden Rändern meines Beckens gleicht der Entfernung zwischen Medina und Ṣan‘ā’ oder der Entfernung zwischen Medina und ‘Ammān.‘“[185]

Es berichtete Ibn ‘Umar, daß, als das Wort des Erhabenen geoffenbart wurde: *Wahrlich, Wir haben dir Überfluß* [*kawthar*] *gegeben* (108:1), der Gesandte Gottes, Allah segne ihn und schenke ihm Frieden, sprach: ‚Dies ist ein Fluß im Paradies, dessen Ufer aus Gold sind und dessen Trunk weißer ist als Milch und süßer noch als Honig, wohlriechender noch als Moschus. Er rieselt herab über Kiesel, die von Perlen und Korallen sind.‘“[186]

Es sagte Thawbān, ein *mawlā* des Gesandten Gottes, Allah segne ihn und schenke ihm Frieden: „Einmal sprach der Gesandte Gottes, Allah segne ihn und schenke ihm Frieden: ‚Mein Wasserbecken erstreckt sich über ein Gebiet wie von ‘Adan bis ‘Ammān in al-Balqā’.[187] Sein Gewässer ist von weißerem Weiß als Milch und süßer als Honig. Seine Trinkgefäße sind zahlreicher als die Sterne am Himmel. Wer einen Schluck davon trinkt, wird niemals mehr Durst verspüren. Die ersten Menschen, die dahin gelangen, werden die Armen unter den Auswanderern sein.‘ Da fragte ‘Umar ibn al-Khaṭṭāb: ‚Und wer sind diese, o Gesandter Gottes?‘ Er antwortete: ‚Es sind dies die filzigen Haares und verstaubter Kleidung sind, die keine reichen, verwöhnten Frauen heiraten und denen sich die Tore nicht öffnen.‘“ [Als er dies vernahm], sagte ‘Umar ibn ‘Abd al-‘Azīz: „Bei Allah, ich habe reiche, verwöhnte Frauen geehelicht, nämlich Fāṭima, die Tochter des ‘Abd al-Malik! Auch öffneten sich mir die Tore! Möge Allah sich meiner erbarmen! Es bleibt mir nun nichts anderes übrig, als das Ölen meines Hauptes zu unterlassen, auf daß mein Haar verfilze, und das Gewand auf meinem Leibe hinfort nicht zu waschen, auf daß es verschmutze!"[188]

Von Abū Dharr, der berichtete: „Ich fragte: ,O Gesandter Gottes, was sind die Trinkgefäße des heiligen Wasserbeckens?', und er erwiderte: ,Bei dem, in dessen Hand die Seele Muḥammads liegt, seine Trinkgefäße sind zahlreicher als die Gestirne und Wandelsterne am Himmel in einer dunklen und klaren Nacht. Wer davon trinkt, den wird nicht mehr dürsten. Schließlich fließen darein zwei Traufen aus dem Paradies, deren Länge und Breite sind wie die Entfernung zwischen 'Ammān und A'ila und deren Gewässer weißer sind denn Milch und süßer als Honig.'"[189]

Von Samura, der berichtete: „Es sagte der Gesandte Gottes, Allah segne ihn und schenke ihm Frieden: ,Wahrlich, für jeden Propheten gibt es ein Becken, und sie werden miteinander wetteifern, wer von ihnen am meisten Zulauf hat. Ich für meinen Teil hoffe, daß ich es sein werde, dem die meisten Menschen zulaufen.'"[190]

Dies war die Hoffnung des Gesandten Gottes, Allah der Erhabene segne ihn und schenke ihm Frieden. So soll auch jeder Gottesknecht hoffen, zur Gemeinschaft derer zu gehören, die dorthin gelangen; er soll sich aber vor eitler Verblendung hüten im Glauben, es sei tatsächlich seine Hoffnung. Denn derjenige, der Hoffnung auf eine Ernte hat, ist der, der den Samen säte, den Boden bearbeitet und ihn bewässert. Dann mag er sich niedersetzen und hoffen, daß die Gunst Allahs die Saat zum Wachsen bringe und Er die Gewitterstürme abwenden möge, bis die Erntezeit gekommen ist. Doch wer sich vom Pflügen, Säen, Hacken und Bewässern abwendet und sich darauf verlegt, auf die Gunst Allahs zu hoffen, daß Er ihm das Korn und die Feldfrüchte wird wachsen lassen, der ist betört von irriger Hoffnung und gehört nicht zu denen, die wirklich eine Hoffnung hegen. So aber ist das Hoffen des Großteils der Menschen, und es ist der Irrweg der Toren. Wir nehmen Zuflucht bei Allah vor Betörung und Achtlosigkeit, denn wahrlich, die Betörung, was Allah betrifft, wiegt schwerer als die Täuschung hinsichtlich der Dinge dieser Welt. So wie Allah der Erhabene spricht: *Das Leben dieser Welt soll euch nicht täuschen, noch soll der Verführer euch täuschen über Allah.* (31:33)

Erörterung der Hölle, ihrer Schrecknisse und Qualen

O DU, der du in Achtlosigkeit deiner eigenen Seele befangen dahinlebst, der du betört bist von der Geschäftigkeit dieser Welt, an der du teilhast und die doch bald schon dem Vergehen und dem Untergang angehören wird! Laß fahren den Gedanken an alles, wovon du dich dereinst zu trennen hast, und richte deine Gedanken auf deine endgültige Bestimmung. Denn dir ist zu wissen gegeben, daß die Hölle die Bestimmung aller Menschen ist, da es doch heißt: *Und niemand unter euch ist, der nicht hinunter zu ihr stieg; so ist's bei deinem Herrn endgültig beschlossen; alsdann wollen Wir die Gottesfürchtigen erretten und wollen die Sünder in ihr auf den Knien lassen.* (19:71 f.)

Auch dir steht mit Gewißheit bevor, dorthin zu gelangen, während deine Errettung davon fraglich ist. Vergegenwärtige dir das Grauen einer solchen Bestimmung in deinem Herzen, so daß du nach Kräften auf eine Errettung davon hinarbeitest. Bedenke doch, in welchem Zustand sich alle Kreatur befinden wird, wenn ihnen ihr Anteil an den Schrecknissen der Auferstehung zuteil geworden! Während sie so in Pein und Entsetzen dastehen und das Wahrwerden ihrer Verkündungen und die Fürsprache ihrer Fürsprecher erwarten, da umfängt die Übeltäter ein Dickicht von Dunkelheit, und beschattet werden sie von loderndem Feuer, dessen Ächzen sie vernehmen und dessen Getöse ihnen seine tobende, grollende Wut begreiflich macht. Jetzt sind sich die Sünder ihres Ruins ganz gewiß, und alles Volk geht in die Knie, so daß selbst die Schuldlosen sich vor dem bösen Ausgang fürchten. Der Rufer tritt aus den Reihen der Höllenwächter hervor und ruft: „Wo ist So-wie-so, der Sohn des So-wie-so, der in der Welt seine Seele immer mit langfristigen Hoffnungen hinhielt und der sein Leben in schlechten Werken verschwendete?“ Da stürzen sie mit Eisenstangen auf ihn zu und empfangen ihn mit den schrecklichsten Drohungen; damit treiben sie ihn zu furchtbarer Pein und stürzen ihn kopfüber in die Tiefe der Höllenglut, wobei sie ihm zurufen: „*Da, schmecke dies! Denn du bist wahrlich der Mächtige, der Edle!* (44:49) Beziehe nun eine engwandige Wohnung, mit düsteren Gängen, voll finsterer Gefahren, darin der Gefangene ewig verweilen und darin die Feuersbrunst geschürt wird. Ihr Trank darin soll siedend Wasser sein, ihre Zuflucht das lodernde Feuer.“

Es peitschen die Höllenwächter auf sie ein, und im Höllenpfuhl werden sie sich sammeln. Ihre einzige Hoffnung ist es, zu Grunde zu gehen, doch wird ihnen ebendiese Erlösung nicht gewährt. An die Stirnlocke werden ihnen die Füße gebunden, und die Finsternis ihrer Sündenlast wird ihr Gesicht schwärzen. Aus jedem Winkel rufen sie, und von allen Orten brüllen sie: „O Mālik! Es ist eingetreten, was uns angedroht war! O Mālik! Die Eisen ziehen uns hinab!! O Mālik! Unsere Haut ist schon gegart! O Mālik! Hol uns hier raus, wir tun es bestimmt nicht wieder!“

Doch die Höllenwächter rufen ihnen zu: „Fort mit euch! Für euch ist kein Augenblick der Sicherheit und kein Entrinnen aus dieser Stätte von Schande! *Hinein [ins Feuer!] Und redet nicht mit mir!* (23:108) Und würdet ihr selbst davon entlassen, so kehrtet ihr zurück zu dem, was euch verboten ward!“ Bei diesen Worten verzweifeln sie, und sie bedauern *die Versäumnis [ihrer Pflichten] gegen Allah* (39:56), doch es errettet sie keine Reue, und es frommt ihnen kein Bedauern; nein, niedergeworfen werden sie auf das Gesicht und in Fesseln gebunden; das Feuer ist über ihnen und unter ihnen, rechts von ihnen und links von ihnen nur Feuer, so daß sie im Feuer ertrinken. Von Feuer ist ihre Speise, von

Feuer ist ihr Trunk; Feuer ist ihre Gewandung und ihre Ruhestatt. Sie hausen inmitten von Feuersfetzen in *Kleidern von Pech* (14:50), geprügelt von Stangen und mit Ketten beschwert, und sie rasseln durch seine engen Gänge und werden in den Tiefen zerschmettert.

Von einem Übel nach dem anderen gebeutelt, brodelt das Feuer über ihnen auf, als kochte es in Kesseln auf, und sie brechen in lautes Geheul und Wehklagen aus. Sooft sie aber ihr Unglück beklagen, wird siedendes Wasser über ihre Häupter gegossen, *das ihre Eingeweide und ihre Haut schmilzt, und eiserne Keulen sind für sie bestimmt* (22:20 f.), die ihnen die Stirn zerschmettern. Der Eiter quillt ihnen aus dem Munde, und vor Durst zerbirst ihnen die Leber; die Augäpfel zerlaufen ihnen über die Wangen, von denen das Fleisch abgefallen ist. Die Haare werden ihnen von den Gliedern gerupft, ja, sogar die Haut ist ihnen abgestreift, *doch sooft ihre Haut gar ist, geben Wir ihnen eine andere Haut.* (4:56)

Ihre Knochen sind schon von Fleisch entblößt, doch ihre Seelen bleiben im Geflecht von Gefäßen und Nerven hängen, die in der sengenden Hitze jener Flammen zischen. Indessen hoffen sie inständig auf den Tod, doch sie werden nicht sterben. Wie erginge es dir, wenn du sie erblicken könntest, wo doch ihre Gesichter vom brodelnden Wasser noch schwärzer als schwarz geworden sind, ihre Augen erblindet, ihre Zungen verstummt, ihr Rücken gebrochen und ihre Knochen zerknickt, ihre Ohren abgehackt, ihre Haut zerrissen, die Hände am Nacken gefesselt und die Füße an der Stirnlocke festgebunden, so daß sie mit ihren Gesichtern auf dem Feuer gehen und dabei mit ihren Augäpfeln auf eiserne Spitzen treten. Die lodernde Glut wird jedes Teil zuinnerst durchdrungen haben, während die Schlangen und Skorpione des Abgrunds sich von außen an ihre Glieder geheftet haben. Dies aber ist nur ein Teil ihres Gesamtzustandes.

Nun aber sollst du ihre Schrecknisse im einzelnen betrachten und über die Täler der Hölle und ihre Schluchten nachsinnen. Denn es sprach der Heilige Prophet, Allah segne ihn und schenke ihm Frieden: „Wahrlich, in der Hölle gibt es siebzigtausend Täler, und in jedem Tal gibt es siebzigtausend Schluchten. In jeder einzelnen Schlucht sind siebzigtausend Schlangen und siebzigtausend Skorpione. Der Ungläubige und der Heuchler finden nicht eher ein Ende, bis sie in ein jedes einzeln hineingeworfen wurden."[191]

Es berichtete ʿAlī, möge Allah sein Antlitz adeln: „Es sprach der Gesandte Gottes, Allah segne ihn und schenke ihm Frieden: ‚Ersuchet Allah um Zuflucht vor dem Born des Grams' oder ‚dem Tal des Grams'. Man fragte ihn: ‚O Gesandter Gottes, was ist denn das Tal – oder der Born – des Grams?' Er gab zur Antwort: ‚Es ist ein Tal in der Hölle, vor dem die Hölle selbst täglich siebzigmal bei Gott um Zuflucht sucht, welches Allah der Erhabene für die eitlen Prahler unter den Qur'ānlesern bereitet hat.'"[192]

Dies aber ist das Ausmaß der Hölle und der Verzweigungen ihrer Schluchten: Es entspricht der Anzahl der Täler dieser Welt und ihrer Leidenschaften; die Anzahl ihrer Tore ist sieben gemäß der Zahl der Glieder, mit denen der Gottesknecht sündigt. Sie sind übereinander gelagert, die oberste heißt *Jahannam* (8:16), ihr folgt *Saqar* (74:26), danach *Laẓā* (70:15), dann *al-Ḥuṭama* (104:4), danach kommen *as-Saʿīr* (22:4), *al-Jaḥīm* (79:39) und *Hāwiya* (101:9). Sinne nun nach über die Tiefe von *al-Hāwiya*, die ohne Ende ist, so wie auch die Tiefe der Leidenschaften dieser Welt kein Ende kennt; denn so wie ein Wunsch in dieser Welt nur zum nächsten, noch dringenderen Wunsche führt, so mündet der Abgrund (*hāwiya*) der Hölle nur in einem anderen Abgrund schier endloser Tiefe. Es berichtete Abū Hurayra: „Wir waren einmal mit dem Gesandten Gottes zusammen, Allah segne ihn und schenke ihm Frieden, da vernahmen wir den Laut eines fallenden Gegenstandes. Der Gesandte Gottes, Allah segne ihn und schenke ihm Frieden, fragte uns: ‚Wißt ihr, was das ist?' Wir erwiderten: ‚Allah und Sein Gesandter wissen es am besten.' Da sprach er: ‚Das ist ein Stein, der vor siebzig Jahren in die Hölle geworfen wurde und der jetzt auf ihrem Grunde angelangt ist.'"[193]

Betrachte alsdann die Ungleichheiten der [absteigenden] Stufen, denn *das Jenseits soll größere Rangstufen haben und größere Auszeichnungen* (17:21). Denn so wie die Hingabe der Menschen an die Welt unterschiedlich ist, indem der eine voll von ihr eingenommen ist und stark nach ihr verlangt, als wolle er in ihr ertrinken, während ein anderer sich nur bis zu einem gewissen Grad in sie versenkt, so erreicht sie das Feuer in unterschiedlicher Weise, denn *siehe, Allah, nicht tut Er unrecht im Gewicht eines Stäubchens* (4:40). Die verschiedenen Arten der Strafe werden also nicht wahllos auf alle Insassen des Feuers herniederprasseln, sondern jedem einzelnen ist ein wohlbestimmtes Maß zugedacht je nach dem Grad seines Ungehorsams und seiner Sündhaftigkeit. Doch selbst wer nur die allergeringste Strafe erleidet, würde gut und gerne auf die ganze Welt verzichten, so sie ihm dargeboten würde, wegen der Heftigkeit seines Leidens.

Es sprach der Gesandte Gottes, Allah segne ihn und schenke ihm Frieden: „Am Auferstehungstage werden dem Höllengeweihten, der die allergeringste Strafe erleiden soll, Sandalen aus Feuer angeschnallt, von deren Hitze sein Gehirn zu sieden beginnt."[194]

Bedenke also, wie es dem ergeht, der nur leicht bestraft wird, und ermesse daran, was den trifft, der strenge Strafe erleiden soll! Und sollte dich je ein Zweifel ankommen, was die Höllenpein angeht, so brauchst du nur deinen Finger dem Feuer zu nähern und daraus einen Vergleich zu ziehen. Du mußt aber wissen, daß dein Vergleich irrig ist, denn das Feuer dieser Welt ist nicht mit dem Höllenfeuer zu vergleichen; da aber in dieser Welt die größte Pein die ist, die das Feuer verursacht, läßt sich die Höllenpein durchaus dadurch beschreiben. Ja, träfen die Höllenbewohner auf ein Feuer wie das irdische, sie stürzten sich bereitwillig hinein, um dem zu entfliehen, in dem sie sich befinden. Eben hiervon handeln einige Überlieferungen, in denen es heißt, daß das Feuer dieser Welt mit siebzig Wassern der Barmherzigkeit gewaschen wurde, so daß die Menschen dieser Welt es ertragen könnten.[195]

Der Gesandte Gottes, Allah segne ihn und schenke ihm Frieden, gab eine deutliche Beschreibung des Feuers der Hölle, als er sprach: „Allah der Erhabene befahl, daß das Feuer tausend Jahre lang geschürt würde, bis es rotglühend war; dann wurde es weitere tausend Jahre lang geschürt, bis es weiß glühte, dann wurde es abermals tausend Jahre lang geschürt, bis es schwarz wurde. Schwarz ist es und finster."[196]

Und er sprach, Allah segne ihn und schenke ihm Frieden: „Das Höllenfeuer beklagte sich bei seinem Herrn und sagte: ‚O Herr, ein Teil von mir hat einen anderen Teil verzehrt!' Da wurde es ihm gestattet, zweimal Atem zu holen, einmal im Winter und einmal im Sommer. Das Schlimmste, was ihr im Sommer erleidet, kommt von seiner Gluthitze, und das Schlimmste, was euch im Winter trifft, kommt von seiner bitteren Kälte."[197]

Es sagte Anas ibn Mālik: „Der Ungläubige, der in dieser Welt die größten Annehmlichkeiten genoß, wird hervorgebracht, dann heißt es: ‚Taucht ihn für einen Augenblick ins Feuer der Hölle ein!' Dann wird zu ihm gesagt: ‚Hast du jemals eine Annehmlichkeit genossen?' Und er wird darauf antworten: ‚Nein.' Dann bringt man den, der in dieser Welt am meisten Leid und Unbill erlitt, und es heißt: ‚Taucht ihn einen Augenblick lang ins Paradies ein!' Danach fragt man ihn: ‚Hast du jemals ein Leid erlitten?' Und er wird antworten: ‚Nein.'"[198]

Es sagte Abū Hurayra: „Wären in der Moschee einhunderttausend Menschen oder noch mehr und es würde nur einer der Höllenbewohner ausatmen, sofort wären sie alle tot.“[199]

Einer der Gottesgelehrten erläuterte zu dem Vers *verbrennen wird das Feuer ihre Angesichter* (23:104): „Es wird sie mit einem Male versengen, und es wird kein Fleisch auf ihren Knochen verbleiben, ohne daß es ihnen um ihre Knöchel herabhängt.“[200]

Betrachte nach diesen Dingen die Fäulnis des Eiters, der ihnen aus dem Leibe läuft, bis sie darin versinken, und dieses ist al-*ghassāq* (38:57; 78:25). Es sagte Abū Sa'īd al-Khudrī: „Der Gesandte Gottes, Allah segne ihn und schenke ihm Frieden, sprach: ‚Würde ein Kübel voller *ghassāq* aus der Hölle über die Welt geschüttet, so würde alles Volk auf dieser Erde davon besudelt werden.‘“[201] Dies aber wird ihr Trunk sein; wenn sie vor Durst um Linderung betteln, so soll der Durstigste unter ihnen *getränkt werden mit Eiterfluß. Er soll ihn hinunterschlucken und kaum unter die Gurgel bringen, und kommen soll der Tod zu ihm von allen Seiten, ohne daß er sterben könnte* (14:16 f.)*; und wenn sie um Hilfe rufen, dann soll ihnen geholfen werden mit Wasser gleich flüssigem Erz, das ihre Gesichter röstet. Ein schlimmer Trank und ein übles Ruhebett!* (18:29)

Bedenke alsdann ihre Nahrung, diese ist *az-zaqqūm*, nach dem Wort Allahs des Erhabenen: *Alsdann, siehe, ihr Irrenden und ihr Leugner, wahrlich, essen sollt ihr vom Baume zaqqūm und füllen von ihm die Bäuche, und darauf trinken von siedendem Wasser, und sollet trinken wie dursttolle Kamele.* (56:51-55) Und das Wort des Erhabenen: *Siehe, er ist ein Baum, der aus dem Grunde der Hölle herauskommt. Seine Frucht gleicht Satansköpfen. Und siehe, wahrlich, sie essen von ihm und füllen sich die Bäuche mit ihm an; alsdann sollen sie darauf eine Mischung von siedendem Wasser erhalten. Alsdann soll ihre Rückkehr zur Hölle sein.* (37:64-68) Und es sprach der Erhabene: *Brennend an glühendem Feuer, getränkt aus einer sieden-*

den Quelle (88:4 f.). Und der Erhabene sprach: *Siehe, bei uns sind Fesseln und der Höllenpfuhl und würgende Speise und schmerzliche Strafe* (73:12 f.).

Es berichtete Ibn ʿAbbās: „Es sprach der Gesandte Gottes, Allah segne ihn und schenke ihm Frieden: ‚Fiele auch nur ein Tropfen von *az-zaqqūm* in die Meere dieser Welt hinein, so wäre allen Weltbewohnern die Nahrung vergällt.'"[202] Wie ergeht es dann einem, dessen Nahrung daraus besteht?

Und es berichtete Anas: „Es sprach der Gesandte Gottes, Allah segne ihn und schenke ihm Frieden: ‚Wünscht euch das, was Allah für euch erwünscht, und hütet und fürchtet euch vor dem, womit Allah euch Angst macht, nämlich vor Seiner Qual und Strafe und vor der *Jahannam*; denn wahrlich, besäßet ihr auch nur einen Tropfen des Paradieses hier in eurer Welt, die ihr bewohnt, er würde sie euch versüßen; und ein einziger Tropfen des Höllenfeuers hier in eurer Welt, in der ihr lebt, er machte sie euch zuwider.'"[203]

Abu d-Dardā' sagte: „Der Gesandte Gottes, Allah segne ihn und schenke ihm Frieden, sprach: ‚Die Insassen der Hölle werden mit Hunger geschlagen werden, bis dieser der Qual, die sie erleiden, gleichkommt. Sie werden um Nahrung betteln, und sie werden gespeist vom *ḍarīʿ Strauch, der nicht fett macht und den Hunger nicht stillt* (88:6). Und wieder werden sie nach Speise schreien, und dieses Mal werden sie gespeist mit *dhā ghuṣṣatin*, einer würgenden Speise (vgl. 73:13). Da werden sie sich erinnern, wie sie in der Welt solches Würgen durch Trinken linderten, und sie werden betteln um einen Trunk. Da wird siedendes Wasser mit eisernen Haken zu ihnen emporgehoben, doch wie es an ihre Gesichter herankommt, verbrüht es ihnen das Angesicht, und wenn der Trunk in ihre Bäuche gelangt, zerreißt er ihnen die Innereien. ‚Ruft die Wächter der Hölle!' bitten sie sodann, und sie ersuchen die Höllenwächter: ‚*Rufet euren Herrn an, daß Er uns einen Tag von der Pein Erleichterung schafft!' Sie werden sprechen: ,Kamen denn nicht eure Gesandten mit den deutlichen Zeichen zu euch?' Sie werden sprechen: ,Jawohl.' Sie werden sprechen: ,So rufet.' Aber der Ruf der Ungläubigen ist im Irrtum.'* (40:49 f.) Und sie sagen: ,Ruft doch den Mālik, den Höllenvogt!', und sie rufen ihn und flehen ihn an: *,O Mālik, daß doch dein Herr ein Ende mit uns machte!' Er wird sprechen: ,Ihr müsset verweilen!'* (43:77).'"

Es sagte al-A'mash[204]: „Mir wurde erzählt, daß zwischen ihrer Bitte und der Antwort Māliks tausend Jahre liegen werden. Er sagte, Allah segne ihn und schenke ihm Frieden: ,Sie werden sagen: ,Rufet nach eurem Herrn, denn keiner ist besser denn euer Herr.' Und sie sagen: *,O unser Herr, unser Unglück obsiegte über uns, und wir waren ein irrend Volk. Unser Herr, führe uns heraus von hier, und wenn wir rückfällig sind, wahrlich, so sind wir Sünder.'* (23:106 f.) Doch Er spricht und antwortet ihnen: *,Hinfort mit euch! Hinein [ins Feuer!] Und redet nicht mit Mir!'* (23:108)' Und er sagte: ,Wenn sie dies hören, werden sie an allem Guten verzweifeln, und sie verlegen sich aufs Stöhnen, Jammern und Wehklagen.'"[205]

Es berichtete Abū Umāma: „Der Gesandte Gottes sagte einmal über den Vers des Erhabenen, *Und getränkt soll er werden mit Eiterfluß. Er soll ihn hinunterschlucken und kaum unter die Gurgel bringen.* (14:16 f.): ,Es wird ihm nahegebracht, und er wird davon angewidert sein, und wenn es ihm ganz nahegebracht wird, verbrüht es ihm das Gesicht, so daß ihm seine Kopfhaut abfällt; und wenn er davon trinkt, zerschneidet es ihm das Gedärm, so daß es ihm von hinten heraustritt. Es spricht Allah der Erhabene: *denen siedendes Wasser zu trinken gegeben wird, das ihnen die Eingeweide zerreißt* (47:15). Und der Erhabene spricht: *Und wenn sie um Hilfe rufen, dann soll ihnen geholfen werden mit Wasser gleich flüssigem Erz, das ihre Gesichter röstet* (18:29).'"[206] Also soll sein ihr Speis und Trank, wenn es sie hungert und dürstet.

Schau nun auf die Schlangen und Skorpione der Hölle, auf die Stärke ihres Gifts, auf ihre gewaltige Größe und die Ungestalt ihrer Erscheinung. Sie werden auf sie [die Höllenbewohner] losgelassen und gegen sie aufgestachelt, und sie ermüden des Schnappens und des Beißens nicht einmal für eine Stunde.

Es sagte Abū Hurayra: „Es sprach der Gesandte Gottes, Allah segne ihn und schenke ihm Frieden: ‚Wem Allah Hab und Gut gewährte, der die Armensteuer darauf [*zakāt*] aber nicht entrichtete, dem erscheint es am Auferstehungstage als Lindwurm, dem zwei Giftzähne aus dem Maul ragen; der legt sich ihm um den Hals und ergreift ihn beim Kinn, das heißt bei seinem Kieferknochen, und sagt: ‚Ich bin dein Hab und Gut, ich bin dein Schatz!' Dann zitierte er das Wort des Erhabenen: ‚*Und nicht sollen diejenigen, die da filzig sind mit dem, was Allah ihnen gab in Seiner Huld, wähnen* ...'" (3:180),[207] bis zum Ende des Verses.[208]

Es sprach der Gesandte, Allah segne ihn und schenke ihm Frieden: „Wahrlich, in der Hölle wird es Schlangen geben, die dem Nacken von langhalsigen Kamelen gleichen; ihr Biß wird vierzig Herbste lang zu spüren sein. In ihr wird es auch Skorpione geben, die wie beladene Maultiere sind und deren Biß ebenfalls noch vierzig Herbste lang zu spüren ist. Diese Schlangen und Skorpione werden aber den befallen, der in dieser Welt von Geiz befallen war und von schlechtem Charakter und der den Menschen schadete; wer davor geschützt war, der wird auch vor den Schlangen bewahrt sein, so daß sie ihm nicht erscheinen werden."[209]

Bedenke nach alldem aber auch, wie gewaltig groß die Leiber der Höllenbewohner sein werden. Denn Allah der Erhabene wird ihre Leiber an Länge und Breite wachsen lassen, damit ihre Pein dadurch vergrößert werde. Sie verspüren das Brennen des Feuers und die Bisse der Skorpione und Schlangen in allen Körperteilen gleichzeitig und ununterbrochen.

Es berichtete Abū Hurayra: „Es sprach der Gesandte Gottes, Allah segne ihn und schenke ihm Frieden: ‚In der Hölle wird der Backenzahn des Ungläubigen so groß sein wie [der Berg von] Uḥud, und seine Haut wird eine Dicke von drei Tagesreisen haben.‘“[210]

Es sprach der Gesandte Gottes, Allah segne ihn und schenke ihm Frieden: „Seine Unterlippe wird ihm bis auf die Brust herabhängen, und die Oberlippe wird zurückgezogen sein, so daß sie ihm das Gesicht bedeckt.“[211]

Und er sprach, Friede sei auf ihm: „Wahrlich, der Ungläubige wird am Auferstehungstage seine Zunge durch *sijjīn* ziehen, wo die Menschen darauf herumtrampeln werden.“[212]

Mit ihren derart vergrößerten Leibern wird sie das Höllenfeuer vielmals verbrennen, doch immer wieder werden ihnen Haut und Fleisch erneuert. Es sagte al-Ḥasan zu dem Wort des Erhabenen: *Sooft ihre Haut gar ist, geben Wir ihnen eine andre Haut* (4:56): „An jedem Tage frißt sie das Feuer siebzigtausend Male, und jedesmal, daß es sie frißt, ruft man ihnen zu: ‚Werdet wieder!‘ Und sie werden wieder, wie sie vormals gewesen.“

Bedenke nunmehr das Weinen und Schluchzen der Höllenbewohner und ihr Ach- und Wehgeschrei, denn all dies befällt sie unverzüglich bei ihrem Höllensturz. Es sprach der Gesandte Gottes, Allah segne ihn und schenke ihm Frieden: „An jenem Tage wird die Hölle herangebracht; sie hat aber siebzigtausend Zügel, deren jeder von siebzigtausend Engeln gehalten wird.“[213]

Es berichtete Anas: „Der Gesandte Gottes, Allah segne ihn und schenke ihm Frieden, sprach: ‚Den Bewohnern der Hölle wird das Weinen geschickt, so daß sie weinen, bis ihnen die Tränen versiegen. Danach weinen sie Blut, bis auf ihren Gesichtern so etwas wie Gräben zu sehen sind, in denen Schiffe schwämmen, würden sie darin ausgesetzt. So lange ihnen aber das Weinen und

Schluchzen, das Stöhnen und Wehklagen vergönnt wird, ist es ihnen gewissermaßen eine Linderung; doch auch dies wird ihnen nun untersagt.'"[214]

Es berichtete Muḥammad ibn Ka'b: „Die Bewohner der Hölle werden fünf Gebete haben, von denen ihnen Allah, groß ist Er und herrlich, vier erfüllen wird. Doch nach dem fünften Bittgebet werden sie nie wieder sprechen. *Sie werden sprechen: ‚Unser Herr, Du hast uns zweimal den Tod gegeben und uns zweimal lebendig gemacht, drum bekennen wir unsere Sünden. Gibt's denn keinen Weg zum Entkommen?'* (40:11) Da antwortet ihnen Allah der Erhabene: *‚Solches (ist eure Strafe), dieweil ihr, als Allah, der Einige, verkündet ward, ungläubig waret; doch wenn Ihm Gefährten gegeben wurden, dann glaubtet ihr. Doch das Gericht ist Allahs, des Hohen, des Großen.'* (40:12) Dann sagen sie: *‚Unser Herr, verzieh mit uns noch eine kurze Frist; antworten wollen wir dann Deinem Ruf und folgen den Gesandten.'* (14:44) Doch Allah der Erhabene erwidert ihnen: *Aber schwort ihr nicht zuvor, daß euch kein Untergang treffen würde?'* (14:44) Darauf rufen sie: *‚Unser Herr, nimm uns hinaus. Wir wollen rechtschaffen handeln, nicht wie wir zuvor handelten.'* (35:37) Allah der Erhabene spricht darauf zu ihnen: *‚Aber gewährten Wir euch nicht langes Leben, daß jeder, der sich ermahnen läßt, Ermahnung annähme? Und der Warner kam zu euch. So schmeckt (die Strafe): Denn die Ungerechten haben keinen Helfer.'* (35:37) Sie sagen: *‚Unser Herr, unser Unglück obsiegte über uns, und wir waren ein irrend Volk. Unser Herr, führe uns heraus von hier, und wenn wir rückfällig sind, wahrlich, so sind wir Sünder!'* (23:106 f.) Aber Allah der Erhabene entgegnet ihnen: *‚Hinfort mit euch! Hinein ins Feuer! Und redet nicht mit Mir!'* (23:108) Danach werden sie nie wieder reden; das ist der äußerste Grad der Züchtigung."

Es sagte Mālik ibn Anas, möge er Allah wohlgefallen: „Zayd ibn Aslam sagte einmal über das Wort des Erhabenen: *Nun ist es gleich für uns, ob wir mißmutig oder standhaft ertragen; uns ist kein Entrinnen* (14:21): ‚Sie harren einhundert Jahre lang geduldig aus, danach werden sie hundert Jahre lang murren, dann wieder hundert Jahre geduldig ertragen, und dann werden sie sprechen: ‚*Nun ist es gleich für uns, ob wir mißmutig oder standhaft ertragen; uns ist kein Entrinnen.*‘ (14:21)‘“

Er, Allah segne ihn und schenke ihm Frieden, sprach: „Am Auferstehungstage wird der Tod in der Form eines schwarzweißen Schafsbocks herangebracht, der sodann zwischen Himmel und Hölle geschlachtet werden soll. Dabei soll dann verkündet werden: ‚O Volk des Paradieses! Ewigkeit ohne Tod!‘ Und: ‚O Volk der Hölle! Ewigkeit ohne Tod!‘“[215]

Es berichtete al-Ḥasan: „Nach eintausend Jahren kommt ein Mann aus der Hölle heraus. Ach, wäre ich nur dieser Mann!“ Man sah einmal al-Ḥasan, möge er Allah wohlgefallen, in einer Ecke sitzen und weinen. Da fragte man ihn: „Warum weinst du?“, und er antwortete: „Ich fürchte, Er könnte mich in die Hölle werfen und sich nicht weiter um mich kümmern.“

Dies ist ein allgemeiner Abriß über die verschiedenen Arten der Höllenpein; die Einzelheiten ihrer Gesamtheit indes und Regionen, ihrer Heimsuchungen und Leiden sind endlos. Doch bei allem, was ihnen dort an grausamer Strafe begegnen wird, ist für sie die Trauer über die versäumte Wonne des Paradieses und das Versäumen der Begegnung mit Allah dem Erhabenen und der Verlust Seines Wohlgefallens für sie noch weitaus schlimmer, da sie wissen, daß sie all das *verkauften um einen winzigen Preis, für ein paar Dirham* (12:20), da sie all dies gegen die niedrigen, weltlichen Verlustierungen weniger kurzer Tage eingetauscht haben, wobei auch diese [Freuden] nicht ungetrübt waren, sondern vielmehr unrein und verdorben. Sie sagen bei sich selbst: „Weh über unser Unglück! Wie konnten wir uns nur selbst zerstören durch Ungehorsam gegen unseren Herrn! Wieso konnten wir nicht einmal für ein paar wenige Tage geduldig ausharren! Hätten wir uns nur geduldet, so wären diese Tage nun für uns vorüber, und wir genössen jetzt die Nähe des Herrn der Welten und sonnten uns in Seiner Zufriedenheit und Seinem Wohlgefallen!"

Wie unglücklich werden jene sein, wo sie schon so viel verloren haben und so sehr schon heimgesucht worden sind, da ihnen von den Freuden und Genüssen dieser Welt nichts mehr verblieb! Doch müßten sie die Wonnen des Paradieses nicht bezeugen, so wäre ihr Unglück nicht so unermeßlich groß; auch diese sollen ihnen aber unterbreitet werden. Denn der Gesandte Gottes, Allah segne ihn und schenke ihm Frieden, sprach: „Am Auferstehungstage werden die Höllengeweihten so nahe ans Paradies herangeführt, daß sie seinen Duft schon einatmen und bereits seine Paläste und all das, was Allah den Paradiesbewohnern bereitet hat, erblicken. Da ruft sie eine Stimme: ‚Führt sie hinweg, sie sollen keinen Anteil daran haben!'

Da kehren sie um und verspüren solchen Schmerz, wie ihn weder die Früheren noch die Späteren je erlebt haben, und sagen: ‚O unser Herr, leichter wäre es uns gewesen, hättest Du uns in die Hölle gepackt, ohne uns die Belohnung zu zeigen, die Du uns zeigtest, und was Du darin den Dir Nahestehenden bereitet hast!' Allah der Erhabene aber entgegnet ihnen: ‚So war es Mein Wille für euch. Denn wenn ihr unter euch waret, fordertet ihr Mich mit großem Frevel heraus, wenn ihr aber auf Menschen traft, begegnetet ihr ihnen in demutsvoller Haltung und zeigtet den Menschen das Gegenteil von dem, was ihr Mir in euren Herzen entgegenbrachtet. Ihr hattet Hochachtung vor den Menschen, doch Mir erwieset ihr keine Ehrfurcht; ihr lobtet die Menschen höchlich, doch Mich verherrlichtet ihr nicht; den Menschen hinterließt ihr Vermächtnisse, Mir aber hinterließet ihr nichts.

Darum lasse Ich euch heute schmerzliche Strafe kosten und versage euch den ewigwährenden Preis.'"[216]

Es sagte Aḥmad ibn Ḥarb: „Keiner von uns, der den Schatten dem Sonnenlicht vorzieht, der nicht das Paradies der Hölle vorzöge." Und es sprach ʿĪsā, Friede sei mit ihm: „Ach, die vielen rüstigen Leiber, ansehnlichen Gesichter und beredten Zungen, die morgen in den Rängen der Hölle jammern werden ...!" Und es sprach Dāwūd: „O mein Gott! Ich kann nicht einmal die Hitze Deiner Sonne aushalten, wie soll ich dann die Hitze Deines Feuers ertragen? Und ich ertrage nicht die Stimme Deiner Barmherzigkeit, wie soll ich nur den Ton Deiner Strafe ertragen?"

Drum betrachte, Unglückseliger, all diese schrecklichen Dinge und wisse, daß Allah der Erhabene die Hölle mit all ihren Schrekken bereits erschaffen hat und daß Er auch ihre Bewohner schon erschaffen hat, deren Zahl sich weder mehren noch mindern soll, und daß die Sache beschlossen und vollzogen ist. Es spricht Allah der Erhabene: *Und warne sie vor dem Tag des Seufzens, wenn der Befehl vollzogen wird, während sie achtlos sind und nicht glauben* (19:39). Bei meinem Leben, es ist dies ein Hinweis auf den Tag der Auferstehung, ja, auf die Ewigkeit; der Tag der Auferstehung offenbart jedoch, was zuvor schon beschlossen ward. Wie verwunderlich also, daß du noch lachst und Possen treibst und dich mit den unwürdigen Angelegenheiten dieser Welt beschäftigst, während du nicht weißt, welch ein Los deiner bereits harrt.

Und wenn du sagtest: „Ach, wüßte ich doch, was mein Ziel ist, wohin ich gehe und an welchen Ort ich heimkehre, und welche Bestimmung für mich schon beschlossen ist!", so ist dir ein Zeichen gegeben, das dir dies nahezubringen vermag und in dem du deine Hoffnungen bestätigt findest; und zwar solltest du auf deine Umstände und Werke schauen, denn wahrlich, „einem jeden wird das leicht gemacht, wozu er geschaffen ist."[217]

Wenn dir der Weg der Tugend leicht gemacht wird, dann frohlocke, denn du wirst von der Hölle ferngehalten; wenn du aber jedesmal, daß du etwas Gutes beabsichtigst, auf Schwierigkeiten stößt, die dich daran hindern, während dir jedesmal, daß du Böses tun willst, die Mittel dazu leicht zufallen, so wisse, daß dein Verhängnis beschlossene Sache ist. Denn dies ist ein Hinweis, der ein Ergebnis andeutet, so wie der Regen auf das Wachstum von Pflanzen verweist und der Rauch vom Feuer kündet. Es sprach Allah der Erhabene: *Siehe, die Rechtschaffenen, wahrlich, in Wonne (werden sie wohnen) und die Missetäter im Höllenpfuhl* (82:13 f.). Drum erforsche dich selbst anhand dieser beiden Verse, und du wirst erkennen, welcher der beiden Orte deine ewige Heimstatt sein wird. Und Allah weiß es am besten.

Erörterung des Paradieses und seiner mannigfachen Wonnen

So wisse, daß jene Stätte, deren Kummer und Leiden du nunmehr kennengelernt hast, von einer anderen Heimstatt ergänzt wird, und betrachte nun deren Freud' und Wonne. Wer nämlich der einen fernbleibt, bezieht unweigerlich Wohnung in der anderen. Durch die eingehende Betrachtung der höllischen Schrecken soll darum dein Herz von Furcht ergriffen werden, und durch längliches Bedenken der ewigwährenden Glückseligkeit, die den Bewohnern der Paradiesgärten verheißen ist, soll deine Hoffnung erstarken; so treibe deine Seele mit der Peitsche der Furcht voran und führe sie am Halfter der Hoffnung entlang des rechten Weges; denn auf diese Weise wirst du ein mächtiges Reich erringen und vor peinsamer Strafe Sicherheit finden.

Laß deine Gedanken zu den Bewohnern des Paradieses schweifen, und *erkennen wirst du auf ihren Gesichtern den Glanz der Seligkeit, ihnen wird gegeben ein reiner, versiegelter Trank* (83:24 f.); sitzen werden sie auf Kanzeln aus rotem Rubin inmitten von Zelten aus schimmernden weißen Perlen, die mit Teppichen von wundersamem Grün ausgelegt sind, hingestreckt auf Diwanen, die aufgestellt sind an Flüssen von Wein und Honig, umgeben von Jünglingen und Knaben, geschmückt mit den Jungfern des Paradieses, den schwarzäugigen *Huris*, *gut und schön* (55:70), *als wären sie Hyazinthe und Korallen* (55:58), *die weder Mensch noch Jinn zuvor berührte* (55:74); sie durchstreifen die Ränge der Paradiesgärten, und sowie eine von ihnen stolz einherschreitet, tragen ihre Schleppe siebzigtausend Knappen. Um sie herum sind Kostbarkeiten von weißer Seide, über die das Auge nur staunen kann; das Haupt bekränzt mit Kronen, die besetzt sind mit Perlen und Korallen; kokettierend und bezaubernd, wohlduftend, verschont vor Alter und Beschwerden, *verschlossen in Zelten* (55:72) in Schlössern aus Saphir, errichtet inmitten der Gärten des Paradieses, und *keuschen Blicks* (55:56). Kreisen soll unter ihnen und ihren Gemahlinnen Kelche und Karaffen und *ein Becher aus einem Born, weiß, süß den Trinkenden* (37:45 f.); und bedienen sollen sie Diener und Knaben *gleich wohlverwahrten Perlen als Lohn für ihr Tun* (56:23 f.); *an sicherer Stätte, in Gärten und an Quellen* (44:51 f.), *in Gärten und an Strömen, im Sitze der Wahrhaftigkeit bei einem mächtigen König* (54:54 f.), in denen sie das Antlitz des huldvollen Herrschers erblicken.

Der Glanz der Wonne (83:24) erleuchtet ihre Angesichter, *weder Finsternis noch Schmach* (10:26) sollen ihr Antlitz bedecken, vielmehr *sind sie geehrte Diener* (21:26), und gemeinsam widmen sie sich den verschiedenen Gaben ihres Herrn; *und in dem, was ihre Seelen begehrten, werden sie ewig verweilen* (21:102); darin soll sie weder Furcht noch Trauer anwandeln, und sie sind sicher vor *des Schicksals Wechselfällen* (52:30).

Darin werden sie genüßlich leben, von der Vielfalt ihrer Speisen essen und trinken von ihrer Ströme Milch, Wein und Honig; das Flußbett dieser Ströme aber ist von Silber, seine Kiesel sind kleine Korallen, und sein Sandboden ist von starkduftendem Moschus. Ihr Pflanzenbewuchs aber ist von Safran, und beregnet werden sie von Wolken voller Rosenwasser auf Hügeln aus Kampfer; und Kelche werden ihnen gereicht, doch was für Kelche! Es sind Kelche von Silber, verziert mit Perlen, Rubinen und Korallen; in einem Kelch befindet sich der *versiegelte Wein* (83:25), der vermischt wird mit dem süßen Wasser der *salsabīl* Quelle. Ein Kelch, durchscheinend ob der Reinheit seiner Juwelen, darin ein Trunk von solcher Erlesenheit und Rötlichkeit zum Vorschein kommt, wie kein Mensch ihn je ersann, von unvergleichlicher

Kunstfertigkeit und edler Ausführung. In der Hand eines Dieners, dessen strahlendes Antlitz der eben aufgehenden Sonne gleicht, doch mitnichten verfügt die Sonne über eine solche Süße, die dem Reiz seiner Gestalt nahekäme, der Anmut seiner Stirnlocken und der Lieblichkeit seines Blicks!

Wie erstaunlich, daß ein Mensch, der fest an eine Stätte solcher Beschreibung glaubt und die Gewißheit hat, daß deren Bewohner niemals sterben und daß keine Unbill den trifft, der in ihre Gefilde eingeht, und daß die dortigen Bewohner nicht der Veränderlichkeit der Ereignisse unterliegen –, wie erstaunlich, daß ein solcher Mensch sich mit einer Bleibe abfinden kann, deren Untergang Allah bereits gebilligt hat, und sich noch eines anderen Lebens erfreuen kann außer diesem! Bei Allah, gäbe es [im Paradies] nichts weiter als körperliche Unversehrtheit und Sicherheit vor Tod, Hunger, Durst und den anderen in der Überlieferung erwähnten Übeln, so stünde es durchaus dafür, daß ein Mensch um dessentwillen der Welt entsagen sollte und daß er ihm nicht das vorziehen sollte, was notwendigerweise vergehen und verderben muß. Wie denn nicht, wo doch seine Bewohner befriedete Könige sind, die sich der verschiedenen erhabenen Thronsessel erfreuen, denen darin alles zuteil wird, was sie sich nur wünschen; die sich mit jedem Tag im Thronsaal des Allmächtigen einfinden und das erhabene Antlitz des Allmächtigen schauen. Erreichen soll sie auch ein Blick von Ihm, wonach sie für die übrigen Wonnen des Paradieses weder Augenmerk noch Neigung haben werden. Sie wandeln immerfort von einer Wonne zur nächsten und sind allemal vor ihrem Verlust bewahrt.

So berichtete Abū Hurayra: „Es sprach der Gesandte Gottes, Allah segne ihn und schenke ihm Frieden: ‚Ein Herold wird rufen: ‚O ihr Bewohner des Paradieses, gesund sollt ihr sein und niemals erkranken! Leben sollt ihr und niemals sterben! Ewig jung sollt ihr sein und niemals altern! Immerzu soll euch wohl sein, nie sollt ihr Unbill erleiden!‘ Denn dies ist Sein Wort, groß und herrlich ist Er: *Und es soll ihnen zugerufen werden: ‚Dies ist das Paradies, ihr seid zu seinen Erben gemacht für eure Werke‘* (7:43).“[218]

Wann immer du eine Beschreibung des Paradieses wünschst, so lies den Qur'ān, denn es gibt keine bessere Auskunft als die Auskunft Allahs des Erhabenen. Lies das Wort des Erhabenen: *Und für den, der den Rang seines Herrn gefürchtet, sind der Gärten zwei* (55:46), bis zum Ende des Kapitels *Der Erbarmer* [55, *ar-raḥmān*], und lies auch das Kapitel *Die Eintreffende* [56, *al-wāqiʿa*] und noch andere Kapitel außer diesen. Willst du aber Einzelheiten über seine Eigenschaften aus den Überlieferungen erfahren, so betrachte sie nun im einzelnen, nachdem du sie dir in ihrer Gesamtheit schon angesehen hast.

Bedenke zunächst die Anzahl der Gärten. Es sprach der Gesandte Gottes, Allah segne ihn und schenke ihm Frieden, über das Wort des Erhabenen: *Und für den, der den Rang seines Herrn gefürchtet, sind der Gärten zwei* (55:46): „Zwei Gärten, deren Behältnisse, und was darinnen ist, aus Silber sind, und zwei Gärten, deren Gefäße, und was darinnen ist, aus Gold sind. Im Garten Eden hindert die Menschen nichts an der Schau ihres Herrn außer dem Schleier der Herrlichkeit vor Seinem Antlitz.“[219]

Betrachte alsdann die Tore des Paradieses, denn es sind ihrer so viel an der Zahl, wie es tugendhafte Handlungen gibt, sind doch auch ebensoviele Tore zur Hölle wie die Zahl der verschiedenen Sünden.

Es berichtete Abū Hurayra: „Der Gesandte Gottes, Allah segne ihn und schenke ihm Frieden, sagte einmal: ‚Wer die Ausgaben eines Hochzeitspaares mit seinem Vermögen um Allahs willen bestreitet, der wird von allen Toren des Paradieses herbeigerufen. Das Paradies besitzt aber acht Tore; wer zu den Betenden gehörte, wird vom Tor des Gebets aus gerufen; wer zu den Fastenden gehörte, wird gerufen vom Tor des Fastens; wer zu den Almosenspendern gehörte, der wird vom Tor der Almosen aus gerufen; wer zu den Heiligen Kriegern gehörte, wird vom Tor des Heiligen Krieges aus gerufen.' Da sagte Abū Bakr, möge er Allah wohlgefallen: ,Bei Allah, keiner würde beanstanden, von welchem Tor er aufgerufen wird; doch gibt es jemanden, dem von allen Toren zugerufen wird?' ,Ja', erwiderte er darauf, ,und ich hoffe, daß du dazu gehören wirst.'"[220]

Es berichtete ʿĀṣim ibn Ḍamra, daß ʿAlī, möge Allah sein Antlitz adeln, einmal von der Hölle sprach und ihre Zustände in eindringlicher Weise schilderte, die mir nicht mehr erinnerlich ist. Danach sagte er: „*Und getrieben werden diejenigen, welche ihren Herrn fürchten, in Scharen ins Paradies* (39:73), bis sie an eines seiner Tore gelangen. Dort finden sie einen Baum vor, an dessen Fuß zwei rauschende Quellen entspringen. Sie begeben sich zu einer von ihnen, wie ihnen geheißen wird, und trinken daraus. Dadurch weicht aller Schmerz und alles Weh aus ihren Bäuchen. Dann begeben sie sich zum anderen Quell und reinigen sich in ihm, so daß der *Glanz der Wonne* (83:24) über sie kommt. Von diesem Zeitpunkt an ändert sich ihr Haar niemals mehr, und ihre Köpfe werden nie wieder zerzaust aussehen, vielmehr als wären sie geölt. Schließlich gelangen sie zum Paradies, dessen Hüter sie mit den Worten empfängt: *,Frieden sei auf euch, ihr waret gut gewesen! So tretet ein für immerdar.'* (39:73) Dort werden sie von den Knaben in Empfang genommen, die sie umgeben wie die Knaben dieser Welt einen lieben Freund, der nach einer Abwesenheit zu ihnen zurückgekehrt ist. Sie sagen zu ihm: ,Freue dich! Denn Allah hat für dich eine solche Ehrung bereitet!' Einer der Jünglinge unter den Knaben richtet das Wort an eine seiner Gemahlinnen unter den Huris und sagt zu ihr: ,Eben ist der So-und-so angekommen!'

und nennt den Namen, mit dem er in der Welt gerufen wurde. Sie ruft: ‚Du hast ihn gesehen!', und er sagt: ‚Ich habe ihn gesehen, und er ist gleich hinter mir!' Da tritt sie, von Freude ergriffen, an die Schwelle ihrer Tür. Hat er dann seine Wohnstatt erreicht, sieht er die Grundfeste des Baus, welche ein Perlenstein ist, über dem sich ein Palast erhebt, rot, grün und gelb, in allen Farben. Er hebt sein Haupt und schaut zum Dache auf, welches aber einem Blitz gleich ist, der, hätte es nicht göttlicher Ratschluß verhindert, ihm das Augenlicht raubte. Dann neigt er das Haupt, und da sind seine Gattinnen, *und hingestellte Becher, und aufgereihte Kissen, und ausgebreitete Teppiche* (88:14-16). Er streckt sich darauf aus und sagt: *Das Lob sei Allah, der uns hierher geleitet hat! Nicht wären wir geleitet gewesen, hätte uns nicht Allah geleitet!* (7:43) Ein Herold aber ruft: ‚Leben sollt ihr und niemals sterben, hier sollt ihr verweilen und niemals scheiden, gesund sollt ihr sein und niemals erkranken!'"

Es sprach der Gesandte Gottes, Allah segne ihn und schenke ihm Frieden: „Am Auferstehungstage werde ich vors Tor des Paradieses treten und darum bitten, daß es geöffnet werde. Da spricht der Hüter: ‚Wer bist du?' ‚Muḥammad', antworte ich ihm, und er sagt: ‚Mir ist befohlen, vor dir für niemanden zu öffnen.'"[221]

Denke nun über die Gemächer des Himmels nach und über die verschiedenen Stufen der Erhöhung darin, denn *das Jenseits soll größere Rangstufen haben und größere Auszeichnungen* (17:21). So wie es bei den Menschen offenkundige Unterschiede gibt zwischen äußerlichem Befolgen und innerlich verborgenen löblichen Tugenden, so wird es auch einen deutlichen Unterschied bei ihrer Entgeltung geben. Wenn du daher die höchsten Rangstufen anstrebst, so sieh zu, daß dich keiner in Werken des Gehorsams gegen Allah den Erhabenen übertrifft, denn Allah hat dir diesbezüglich Wettstreit und Konkurrenz geboten, so wie Er, der Erhabene spricht: *Wetteilet miteinander zur Verzeihung eures Herrn* (57:21), und ebenso: *Und hiernach mögen die Begehrenden begehren* (83:26). Verwunderlich ist nun, daß es dich schwer ankommen würde, besäße dein Verwandter oder dein Nachbar auch nur einen *dirham* mehr als du oder ein höheres Haus; es beengte dir die Brust, und dein Leben wäre dir durch den Neid verleidet. Das Beste, was dir je begegnen kann, ist es, im Paradies deine Wohnstatt zu beziehen, und selbst dort wirst du nicht sicher sein vor Leuten, die dich an Gnadengaben übertreffen, dergleichen in der ganzen Welt nicht zu finden sind.

Es berichtete Abū Saʿīd al-Khudrī: „Der Gesandte Gottes, Allah segne ihn und schenke ihm Frieden, sagte einmal: ‚Wahrlich, die Paradiesbewohner werden die Insassen der Gemächer [*ghuraf*] über sich wahrnehmen, so wie ihr den tiefstehenden Morgen- und Abendstern am Ost- oder Westhorizont wahrnehmt; so sehr unterscheiden sie sich an Verdienst.‘ Da sagten sie: ‚O Gesandter Gottes, das sind wohl die Wohnstätten der Propheten, zu denen nur sie allein gelangen können.‘ Doch er entgegnete: ‚O nein, bei Ihm, in dessen Hand meine Seele liegt, es sind Männer, die an Allah glaubten und die Gesandten anerkennen.‘“[222] Und er sprach ebenfalls: „Die Inhaber *der höchsten Stufen* (20:75) werden von denen, die unter ihnen sind, so wahrgenommen, wie ihr einen aufgehenden Stern am Horizont des irdischen Himmels erblickt. Und Abū Bakr und ʿUmar werden zu diesen gehören, ja, sogar noch größere Gunst soll ihnen erwiesen werden.“[223]

Es berichtete Jābir: „Der Gesandte Gottes, Allah segne ihn und schenke ihm Frieden, sprach einmal zu uns: ‚Soll ich euch nicht von den Gemächern des Paradieses erzählen?‘ Ich sagte: ‚O doch, o Gesandter Gottes, möge Allah dich segnen, bei unseren Vätern und Müttern!‘ Da sprach er: ‚Wahrlich, im Paradies gibt es Gemächer von jeder Art kostbarer Steine. Ihr Äußeres wird von innen sichtbar sein und ihr Inneres von außen. Darinnen wird es Freuden, Genuß und Wonne geben, wie noch kein Auge gewahrt und kein Ohr je vernommen, und noch keinem Menschenherzen je in den Sinn gekommen.' ,O Gesandter Gottes, wem sind diese Gemächer?' Er antwortete: ,Sie sollen denen sein, die reichlich den Friedensgruß entbieten, die Nahrung austeilen, bei Tag anhaltend fasten und in der Nacht beten, während die Leute schlafen.' Da fragten wir: ,O Gesandter Gottes, und wer vermöchte solches?' Er gab zur Antwort: ,Meine Nation vermag solches, und ich werde es euch erläutern. Wer seinem Bruder begegnet und ihn grüßt oder seinen Gruß erwidert, der hat reichlich den Friedensgruß entboten. Wer aber seine Familie und seinen Hausstand speist, bis sie gesättigt sind, der hat Nahrung verteilt; und wer den Monat Ramadan fastet und überdies noch drei Tage eines jeden anderen Monats, der hat anhaltend gefastet. Und wer das Nachtgebet und das Morgengebet gemeinschaftlich betet, der hat bei Nacht gebetet, während die Leute schliefen.'"[224] Das heißt, die Juden, Christen und Zarathustrier.

Man befragte einmal den Gesandten Gottes, Allah segne ihn und schenke ihm Frieden, zu dem Gotteswort: *und gute Wohnungen in Edens Gärten* (9:72). Er sagte dazu: „Es sind Paläste aus Perlen; in einem jeden Palast sind siebzig Häuser aus rotem Rubin, und ein jedes Haus hat siebzig Räume von grünem Smaragd; in jedem Raum ist eine Bettstatt, und auf einem jeden Bett liegen siebzig Matten jeglicher Farbe; auf jeder Matte befindet sich eine der *ḥūrī* Gemahlinnen. In jedem Raum sind siebzig Tafeln, und auf jeder Tafel sind siebzig verschiedenartige Speisen. In jedem Raum sind siebzig Bedienerinnen. Jeden Morgen wird dem Gläubigen beschert, was für den Genuß all dessen erforderlich ist – das heißt, die Kraft."[225]

Beschreibung der Mauer des Paradieses, seines Geländes, seiner Bäume und seiner Ströme

BETRACHTE das Bild des Paradieses und sinne über die Verzückung seiner Bewohner nach und die Trauer dessen, dem es verwehrt ist, weil er sich anstelle des Paradieses mit dieser Welt zufriedengab.

Abū Hurayra berichtete: „Der Gesandte Gottes, Allah segne ihn und schenke ihm Frieden, sprach: ‚Die Mauer des Paradieses ist aus silbernen und goldenen Bausteinen; sein Staub ist von Safran und sein Lehm von Moschus.'"[226]

Einmal fragte man ihn, Allah segne ihn und schenke ihm Frieden, über die Beschaffenheit des Staubs im Paradies, und er antwortete: „[Weich wie] weißes Mehl und lauterer Moschus."[227]

Abū Hurayra berichtete: „Es sprach der Gesandte Gottes, Allah segne ihn und schenke ihm Frieden: ‚Wen es erfreut, daß Allah, groß ist Er und herrlich, ihm im Jenseits Wein zu trinken gibt, der halte sich in dieser Welt davon fern; und wen es erfreut, daß Allah ihn im Jenseits in Seide kleidet, der vermeide es in dieser Welt.' Und er sprach: ‚Die Ströme des Paradieses entspringen unterhalb von Hügeln – oder von Bergen – aus Moschus. Und vergliche man den Zierrat des Niedrigsten unter den Paradiesbewohnern mit allem Zierrat der Erdenbewohner, so wäre das, womit Allah, groß ist Er und herrlich, ihn im Jenseits schmücken wird, vorzüglicher als aller Schmuck dieser Erde.'"[228]

Es sagte Abū Hurayra: „Der Gesandte Gottes, Allah segne ihn und schenke ihm Frieden, sprach: ‚Wahrlich, im Paradies gibt es einen Baum, durch dessen Schatten ein Reiter einhundert Jahre lang reiten könnte, ohne daß er ihn durchquerte. Sprecht, so ihr wollt, [den Vers]: *und langgestrecktem Schatten* (56:30).'"[229]

Es berichtete Abū Umāma: „Die Gefährten des Gesandten Gottes, Allah segne ihn und schenke ihm Frieden, pflegten zu sagen: ‚Wahrlich, Allah, groß ist Er und herrlich, läßt uns die Araber der Wüste und ihre Fragen sehr zustatten kommen.' Denn es sprach einmal ein Wüstenaraber vor und sagte: ‚O Gesandter Gottes, im Qur'ān erwähnt Allah einen schädlichen Baum, ich wußte aber nicht, daß es im Paradies einen Baum gibt, der seinem Besitzer zum Schaden gereichen könnte.' Da fragte der Gesandte Gottes, Allah segne ihn und schenke ihm Frieden: ‚Und welcher Baum ist das?' Er antwortete: ‚Der Lotosbaum[230], der doch Dornen hat.' Darauf sprach er: ‚Allah der Erhabene hat aber gesprochen: *unter dornenlosem Lotos*' (56:28). Allah wird ihm die Dornen ausreißen und wird anstelle eines jeden Dorns eine Frucht wachsen lassen; dann wird diese Frucht aufgehen, und zweiundsiebzig Arten von Speise werden aus ihr hervorkommen, von denen keine der anderen gleichen wird.'"[231]

Es sagte Jarīr ibn 'Abdullāh: „Einmal stiegen wir bei as-Saffāḥ ab. Dort sahen wir einen Mann unter einem Baume schlafen, wobei die Sonne ihn schon fast erreicht hatte. Da sagte ich zu meinem Diener: ‚Geh nimm diese Ledermatte, damit sie ihm etwas Schatten spende', und er ging hin und beschattete ihn damit. Als der Mann erwachte, zeigte es sich, daß es Salmān war, folglich ging ich zu ihm hin, ihn zu grüßen. Da sagte er: ‚O Jarīr, bezeige Demut vor Allah, denn wahrlich, wer in dieser Welt vor Allah Demut erweist, den wird Allah am Tag der Auferstehung erhöhen. Weißt du, was die Dunkelheiten am Auferstehungstage sein werden?' Ich antwortete: ‚Ich weiß es nicht.' ‚Das Unrecht, das die Menschen einander antun', sagte er darauf. Dann nahm er ein Zweiglein, das ich wegen seiner Winzigkeit kaum sehen konnte, und sagte: ‚O Jarīr, würdest du im Paradies nach einem solchen suchen, du fändest es nicht.' Darauf sagte ich: ‚O Abū 'Abdullāh, und was ist mit der Palme und anderen Bäumen?' Er antwortete: ‚Ihre Wurzeln sind von Perlen und Gold, darauf wird ihre Frucht sitzen.'"

Beschreibung der Tracht der Paradiesbewohner, ihrer Ausstattung und Ruhelager sowie ihrer Diwane und Zelte

ALLAH spricht: *Geschmückt sollen sie sein in ihnen mit Armspangen von Gold und Perlen, und ihre Kleidung in ihnen soll von Seide sein* (22:23). Es gibt diesbezüglich viele Qur'ānverse, doch eine nähere Ausführung findet sich in den Überlieferungen.

Es berichtete Abū Hurayra, daß der Prophet, Allah segne ihn und schenke ihm Frieden, einmal sprach: „Wer ins Paradies eingeht, der soll Annehmlichkeit genießen und keinen Kummer verspüren; seine Kleidung wird nie abgetragen sein und seine Jugendlichkeit nie vergehen. Im Paradiese wird sein, was kein Auge je gewahrt und kein Ohr je vernahm und was keinem Menschenherzen je in den Sinn kam."[232]

Ein Mann sagte: „O Gesandter Gottes, sprich zu uns von der Kleidung der Paradiesbewohner: Wird sie unmittelbar erschaffen, oder wird sie gewebtes Tuch sein?" Der Gesandte Gottes, Allah segne ihn und schenke ihm Frieden, schwieg, und einige Leute begannen zu lachen. Dann sprach der Gesandte Gottes, Allah segne ihn und schenke ihm Frieden, und fragte: „Was lacht ihr? Ein Unwissender fragte einen Wissenden." Dann sagte der Gesandte Gottes, Allah segne ihn und schenke ihm Frieden: „Es werden vielmehr die Früchte des Paradieses zweimal darüber aufbrechen."[233]

Es berichtete Abū Hurayra: „Der Gesandte Gottes, Allah segne ihn und schenke ihm Frieden, sagte einmal: ‚Wahrlich, die erste Schar, die ins Paradies eingeht, gleicht dem Mond in der Nacht seiner Fülle. Darin werden sie weder ausspucken, sich schneuzen, noch sich entleeren. Ihre Gefäße und Kämme werden von Gold und Silber sein, und ihr Schweiß ist von Moschus. Jeder von ihnen soll zwei Gemahlinnen von solcher Anmut haben, daß ihnen das Mark in ihren Beinen durch ihr Fleisch hindurchscheint. Zwischen ihnen wird es weder Zwistigkeiten geben noch Entzweiung, ihre Herzen sind wie ein einziges Herz; und morgens und abends lobpreisen sie Allah."[234] In einem anderen Bericht heißt es noch: „Eine jede Gemahlin trägt siebzig Gewänder."[235]

Es sagte der Gesandte Gottes, Allah segne ihn und schenke ihm Frieden, über das Wort des Erhabenen: *Geschmückt sollen sie sein in ihnen mit Armspangen von Gold* (22:23): „Sie werden Kronen tragen, deren geringste Perle auf Erden alles von Osten bis Westen mit Glanz erfüllte."[236]

Es sprach der Gesandte Gottes, Allah segne ihn und schenke ihm Frieden: „Das Zelt ist eine hohle Perle, deren Höhe im Himmel sechzig Meilen betragen wird und in deren jedem Winkel der Gläubige eine Familie haben wird, die kein anderer sieht als er."[237] Dies berichtet al-Bukhārī in seinem Buch *Aṣ-ṣaḥīḥ*.

Es sagte Ibn ʿAbbās: „Das Zelt ist eine hohle Perle, mit einer Fläche von einem *farsakh*[238] in Länge und Breite und viertausend Türklappen von Gold."

Es berichete Abū Saʿīd al-Khudrī: „Der Gesandte Gottes, Allah segne ihn und schenke ihm Frieden, sagte einmal über das Wort des Erhabenen: [in ihm sind] *erhöhte Polster* (88:13): ‚Die Entfernung zwischen zwei Polstern ist der Entfernung gleich, die zwischen Himmel und Erde liegt.'"[239]

Die Speise der Paradiesbewohner

Die Speise der Paradiesbewohner wird im Qur'ān beschrieben: Sie besteht aus Früchten, fettem Geflügel, Manna und Wachteln (*manna* und *salwa*), Honig, Milch und einer unzählbaren Fülle anderer Dinge. Es spricht Allah der Erhabene: *Und sooft sie gespeist werden mit einer ihrer Früchte als Speise, sprechen sie: „Dies war unsere Speise zuvor"*, *und ähnliche werden ihnen gegeben* (2:25).

Auch erwähnt Allah der Erhabene oftmals das Getränk der Paradiesbewohner in anderem Zusammenhang. Es berichtet Thawbān, ein *mawlā* des Gesandten Gottes, Allah segne ihn und schenke ihm Frieden: „Ich stand einmal bei dem Gesandten Gottes, Allah segne ihn und schenke ihm Frieden, als ein Rabbiner der Juden zu ihm kam, um ihm Fragen zu stellen. Schließlich fragte er ihn: ‚Wer wird sie als erster überqueren?' – das heißt, die *ṣirāṭ* Brücke –, und er antwortete: ‚Die Armen unter den Auswanderern.' Der Jude fragte weiter: ‚Und was wird ihr Gastgeschenk sein, wenn sie ins Paradies eingehen?' Er antwortete: ‚Die Spitze der Fischleber.' Er fragte weiter: ‚Was wird danach ihre Nahrung sein?' ‚Der Stier des Paradieses, der an den Rändern des Paradieses zu grasen pflegte, wird für sie geschlachtet werden', gab er zur Antwort. Weiter fragte er: ‚Was werden sie daraufhin trinken?' Er erwiderte: ‚Von einer *Quelle darinnen, geheißen Salsabīl* (76:18).' Da rief er: ‚Du hast die Wahrheit gesprochen.'"[240]

Es berichtete Zayd ibn Arqam: „Es kam einmal einer der Juden zum Gesandten Gottes, Allah segne ihn und schenke ihm Frieden, und fragte: ‚O Abū l-Qāsim! Behauptest du nicht, daß die Bewohner des Paradieses darin essen und trinken werden?' Doch zu seinen

Gefährten gewandt, sagte er: ,Wenn er mir dies zugesteht, dann habe ich ihn widerlegt.' Doch der Gesandte Gottes, Allah segne ihn und schenke ihm Frieden, antwortete: ,So ist es. Bei Ihm, in dessen Hand meine Seele liegt, jedem von ihnen wird die Kraft von einhundert Männern gegeben, was das Essen, Trinken und Begatten betrifft.' Der Jude entgegnete darauf: ,Wer aber ißt und trinkt, der hat doch auch Ausscheidungen?' Darauf antwortete der Gesandte Gottes, Allah segne ihn und schenke ihm Frieden: ,Ihre Ausscheidung ist ein Schweiß, der ihnen von der Haut läuft wie Moschus; danach wird ihr Bauch wieder flach.'"[241]

Es sagte Ibn Mas'ūd: „Der Gesandte Gottes, Allah segne ihn und schenke ihm Frieden, sagte: ,Im Paradies brauchst du einen Vogel nur anzusehen und ihn zu begehren – da fällt er schon geröstet vor dich hin.'"[242]

Es sagte Ḥudhayfa: „Der Gesandte Gottes, Allah segne ihn und schenke ihm Frieden, sprach: ,Wahrlich, im Paradies wird es Vögel geben wie große (baktrische) Kamele.' Da fragte Abū Bakr, möge er Allah wohlgefallen: ,Werden sie auch zart sein, o Gesandter Gottes?' ,Zarter noch als diese', antwortete er, ,wird der sein, der davon ißt, und du wirst zu denen gehören, die davon essen, o Abū Bakr!'"[243] – Es sagte 'Abdullāh ibn 'Umar zu dem Wort des Erhabenen: *Kreisen werden unter ihnen Schüsseln* (43:71): „Es werden siebzig goldene Schüsseln unter ihnen herumgereicht werden; und jede Schüssel birgt eine andere Art von Speise."

Es sagte 'Abdullāh ibn Mas'ūd, möge er Allah wohlgefallen, [zu dem Gotteswort]: *und seine Mischung ist von Tasnīm* (83:27): „Es wird für die Gefährten der Rechten gemischt, und nur die Allah Nahegebrachten werden davon trinken." Auch sagte er: „Tauchte ein Mensch aus dieser Welt seine Hand hinein und zöge sie wieder hervor, es bliebe kein beseeltes Wesen, das deren Wohlgeruch nicht wahrnähme."

Beschreibung der großäugigen Ḥūrīs und der Wildān (Paradiesknaben)

IM Qur'ān werden diese wiederholt beschrieben, und die Überlieferungen liefern zahlreiche weitere Erläuterungen.

So berichtete Anas, möge er Allah wohlgefallen, daß der Gesandte Gottes, Allah segne ihn und schenke ihm Frieden, sprach: „Der Morgen oder Abend, den einer auf dem Wege Allahs verbringt [d. h., der Teilnahme an einem *Jihād*, einem Krieg um Allahs willen], ist besser als die ganze Welt und was sie birgt; und ein Platz im Paradies von der Größe des Mittelstücks [*qab*] eines eurer Bögen oder so groß, wie ihn sein Fuß bedeckt, ist besser als die ganze Welt und alles, was in ihr ist; und würde eine der Frauen der Paradiesbewohner auf die Erde hinausschauen, sie erleuchtete und erfüllte mit Wohlgeruch alles, was zwischen Himmel und Erden liegt, und der Schleier [*naṣīf*] auf ihrem Haupt ist besser als die Welt und alles, was darinnen ist."[244] Damit ist ihre Kopfbedeckung [*khimār*] gemeint.

Es sagte Abū Sa'īd al-Khudrī: „Der Gesandte Gottes, Allah segne ihn und schenke ihm Frieden, sagte zu dem Wort des Erhabenen: *als wären sie Rubinen und Korallen* (55:58): ‚Du blickst ihr in ihrem Zelt ins Gesicht, und es ist reiner als ein Spiegel; die winzigste Perle an ihr erleuchtete alles, was zwischen Osten bis Westen liegt, und sie wird siebzig Gewänder tragen, die sein Blick durchdringt, so daß er das Mark ihrer Beine hindurch sehen kann.'"[245]

Anas berichtete: „Es sprach der Gesandte Gottes, Allah segne ihn und schenke ihm Frieden: ‚Als ich zu meiner Nachtfahrt [*isrā'*] geführt wurde, betrat ich das Paradies an einem Ort, der *al-Bīdukh* genannt wird. Dort gab es Zelte aus Perlen und grünem Chrysolith und rotem Rubin. Da riefen mir Frauenstimmen zu: ,Friede sei mit dir, o Gesandter Gottes', und ich sage: ,O Jibrīl, was war das für ein Ruf?' Er sagte mir: ,Das sind *die in Zelten Verschlossenen* (55:72), die den Herrn baten, ihnen zu gestatten, daß sie dich grüßen, und Er gewährte es ihnen.' Da huben sie plötzlich an zu sprechen: ,Wir sind die Wohlzufriedenen, und nie sind wir verstimmt; wir sind die Ewigen, wir gehen niemals fort.' ' Und der Gesandte Gottes, Allah segne ihn und schenke ihm Frieden, trug das Wort des Erhabenen vor: ,*Huris, verschlossen in Zelten* (55:72).' "[246]

Es sagte Mujāhid über das Wort des Erhabenen: *und reine Gattinnen* (3:15): „[Rein] von der Monatsblutung, von Kot und Harn, von Speichel und Auswurf, von Samen und Gebären."

Es sagte al-Awzā'ī [zu dem Gotteswort]: Sie *werden sich in Geschäften ergötzen* (36:55): „Ihr Geschäft wird das Deflorieren von Jungfrauen sein." Es fragte einmal ein Mann: „O Gesandter Gottes, werden denn die Paradiesbewohner mit Weibern verkehren?" Er antwortete: „Jedem Manne wird dort an einem Tage mehr Manneskraft gegeben, als sie siebzig von euch besitzen."[247]

'Abdullāh ibn 'Umar sagte: „Wahrlich, der rangniedrigste der Paradiesbewohner wird der sein, den eintausend Diener emsig betreuen, deren jeder mit einer anderen Aufgabe betraut ist."

Es sprach der Gesandte Gottes, Allah segne ihn und schenke ihm Frieden: „Wahrlich, jeder Paradiesbewohner wird fünfhundert Huris, viertausend unberührte und achttausend nicht mehr jungfräuliche Frauen ehelichen. Er wird jede von ihnen so lange umarmen, wie er in dieser Welt gelebt hat."[248]

Es sprach der Prophet, Allah segne ihn und schenke ihm Frieden: „Im Paradies gibt es einen Markt, doch wird da weder Kauf noch Verkauf stattfinden, sondern es gibt dort nur die Abbilder von Männern und Frauen. So ein Mann eines der Bilder begehrt, steigt er in es hinein. Und im Paradies findet sich eine große Schar von Huris, deren Stimmen laut erschallen mit einem Klang, den die Schöpfung nie zuvor vernommen. Sie sagen: ‚Wir sind die Ewigen, wir werden nie vergehen; wir sind die Freudigen, wir werden niemals klagen; wir sind die Zufriedenen und werden nie verstimmt sein. Glückseligkeit für den, der unser ist und dem wir angehören.'"[249]

Es berichtete Anas, möge er Allah wohlgefallen: „Es sprach der Gesandte Gottes, Allah segne ihn und schenke ihm Frieden: ‚Die Huris im Paradiese werden singen: ‚Wir sind die Huris schön, verwahrt für den ehrenwerten Gemahl.'"[250]

Es sagte Yaḥyā ibn Kathīr über das Wort des Erhabenen: *in einer Aue sollen sie Freuden finden* (30:15): „Es ist das Lauschen [*samā*ʿ][251] im Paradiese."

Es sagte aber Abū Umāma al-Bāhilī: „Der Gesandte Gottes, Allah segne ihn und schenke ihm Frieden, sprach: ‚Zu Häupten und zu Füßen eines jeden Gottesknechtes, der das Paradies betritt, werden je zwei der großäugigen Huris sitzen; sie singen ihm in der lieblichsten Stimme, die Mensch oder Dschinn je vernommen, und es wird nicht das Pfeifen des Satans sein, sondern allein Lobpreis Allahs und Seine Heiligung.'"[252]

Darlegung verschiedener Eigenschaften der Paradiesbewohner, von denen berichtet wird

Es berichtete Usāma ibn Zayd, daß der Gesandte Gottes, Allah segne ihn und schenke ihm Frieden, einmal zu seinen Gefährten sprach: „Ist hier jemand, der sich um des Paradieses willen die Ärmel hochrollte? Wahrlich, nichts kommt dem Paradiese gleich. Beim Herrn der Ka'ba, es ist ein schimmerndes Licht mit seinem süßduftenden Kraut [Basilikum], das sanft sich wellt; eine *hohe Burg* (22:45), ein gleichmäßig fließender Fluß, vielerlei reife Früchte und eine liebliche, schöngestalte Gattin, in Wonne und Seligkeit an ewigem Ort, ein Glanz in hoher Heimstatt, herrlich und heil." Da sagten sie: „O Gesandter Gottes, wir wollen uns dafür die Ärmel hochkrempeln!" Er erwiderte: „So sprecht: *In-shā'a llāhu ta'ālā*, so Allah der Erhabene es will!", und dann sprach er vom Heiligen Krieg und hielt sie dazu an.[253]

Es kam einmal ein Mann zum Gesandten Gottes, Allah segne ihn und schenke ihm Frieden, und fragte ihn: „Wird es im Paradies Pferde geben? Denn sie gefallen mir wahrhaftig sehr." Er sprach: „Wenn du solches begehrst, wird dir ein Roß aus rotem Rubin gegeben, das im Paradies mit dir überall hinfliegt, wohin du nur willst." Ein anderer Mann fragte ihn: „Und wenn mir das Kamel zusagt, wird es im Paradies auch Kamele geben?" Darauf antwortete er: „O Knecht Gottes [d. h., 'Abdullāh], wenn dir Zugang zum Paradies gewährt wird, sollst du darin haben, was immer deine Seele begehrt und was dein Aug' erfreut."[254]

Es berichtete Abū Saʿīd al-Khudrī: „Es sagte einmal der Gesandte Gottes, Allah segne ihn und schenke ihm Frieden: ‚Dem Menschen im Paradies soll ein Sohn geboren werden, so wie er sich einen wünscht, dessen Aufenthalt im Mutterleib, Stillzeit und Jugend sich innerhalb einer einzigen Stunde vollziehen.'"[255]

Der Gesandte Gottes, Allah segne ihn und schenke ihm Frieden, sprach: „Wenn sich die Paradiesbewohner im Paradies niedergelassen haben, werden sich die Bruderherzen nacheinander sehnen. Da wird des einen Diwan zum Diwan des anderen hinübergleiten, so daß sie sich treffen und besprechen können, was sich in dieser Welt zwischen ihnen zugetragen. Der eine spricht: ‚O mein Bruder, entsinnst du dich eines gewissen Tages, da wir in der Versammlung saßen und zu Allah beteten, groß ist Er und herrlich, und Er uns verzieh?'"[256]

Es sprach der Gesandte Gottes, Allah segne ihn und schenke ihm Frieden: „Die Leute im Paradies werden unbehaart und bartlos sein und welliges Haupthaar haben, und ihre Augen werden wie von Kohol[257] schwarz umrandet sein; die Männer haben das Alter von dreiunddreißig Jahren und die Gestalt des Adam, sie sind sechzig Ellen lang und sieben Ellen breit.'"[258]

Es sprach der Gesandte Gottes, Allah segne ihn und schenke ihm Frieden: „Der Geringste vom Volk des Paradieses soll achtzigtausend Bedienstete haben und zweiundsiebzig Gemahlinnen. Eine Kuppel aus Perlen, Chrysolith und Saphir soll für ihn errichtet werden, so groß wie die Strecke von al-Jābiya [nahe Damaskus] bis Ṣanʿāʾ. Sie werden Kronen tragen, deren geringste Perle von Osten bis Westen alles erleuchtet."[259] – Er sprach, Allah segne ihn und schenke ihm Frieden: „Ich habe das Paradies gesehen, und siehe, einer seiner Granatäpfel war von der Größe eines ledernen Kamelsattels, und seine Vögel waren wie große baktrische Höckerkamele; dort war eine Sklavin, die ich fragte: ‚O Sklavin, zu wem gehörst du?‘ ‚Ich gehöre zu Zayd ibn Ḥāritha‘, antwortete sie. Im Paradies gibt es, was kein Auge je gesehen, kein Ohr je vernommen und keinem Menschenherzen je in den Sinn gekommen.“[260]

Es berichtete Ka‘b: „Allah der Erhabene erschuf den Adam, Friede sei auf ihm, mit Seiner Hand, Er schrieb die Thora mit Seiner Hand, und Er pflanzte den Paradiesgarten mit Seiner Hand, dann sprach Er zu ihm: ‚Sprich zu Mir!‘ Dieser sprach sodann: *‚Wohl ergeht es den Gläubigen!‘* (23:1)“ Denn dies sind die Eigenschaften des Paradieses, von denen erst allgemein die Rede war, bevor wir auf seine Einzelheiten eingingen.

Ḥasan al-Baṣrī, Allah erbarme sich seiner, erwähnte sie einmal insgesamt, als er sprach: „Wahrhaftig, seine Granatäpfel gleichen Lederkübeln [in Größe], und *seine Bäche sind von Wasser, das nicht verdirbt, und von Milch, deren Geschmack sich nicht ändert* (47:15), und auch *von geklärtem Honig* (47:15), den nicht die Menschen gereinigt haben; und *Bäche von Wein, köstlich den Trinkenden* (47:15), der weder Dumpfsinn noch Kopfschmerz verursacht. Und wahrlich, in ihm ist, was kein Auge je gewahrt und kein Ohr je vernommen und was keinem Menschenherzen je in den Sinn kam.

Sie sind Könige in ihrer Wonne, stehen alle in ihrem dreiunddreißigsten Jahr und haben eine Höhe von sechzig Ellen; sie verwenden Kohol, sind unbehaart und bartlos. Vor der Höllenpein sind sie in Sicherheit, und wohlzufrieden mit ihnen ist die ewige Wohnstatt. Deren Bäche aber fließen über Kiesel aus Saphir und Chrysolith dahin, und seine Wurzeln und Palmen und Weinranken sind von Perlen, doch von seinen Früchten weiß Allah der Erhabene allein. Sein Duft verströmt über eine Wegstrecke von fünfhundert Jahren. Darinnen sollen sie schnellfüßige Pferde und Kamele haben, deren Sättel, Halfter und Zaumzeug von Saphir sind. Sie statten sich darin gegenseitig Besuche ab, und ihre Gattinnen sind *großäugige Huris, gleich verborgenen Perlen.* (56:22 f.) Eine Frau wird siebzig Gewänder zwischen ihre Finger nehmen; sie legt sie an, und das Mark ihrer Beine bleibt durch diese siebzig Lagen hindurch sichtbar. Allah hat dort alle Wesensart von Schlechtem geläutert und die Leiber vom Tod. Darin werden sie sich nicht schneuzen, nicht Wasser lassen oder den Darm entleeren, sondern sie rülpsen und schwitzen Moschus aus. *Sie finden dort ihre Speise des Morgens und Abends* (19:62), allerdings wird es dort keine [tiefe] Nacht geben, sondern es folgt stets der Morgen auf den Abend und der Abend auf den Morgen.

Noch der Allerletzte und Rangunterste all derer, die ins Paradies eingehen, wird über seine Besitzungen hinblicken, die sich über eine Wegstrecke von einhundert Jahren ausdehnen, darin alles ist, was ihm an Schlössern von Gold und Silber und Zelten von Perlen zukommt. Sein Blick wird ihm geschärft werden, so daß er das Weitentfernte ebensogut sieht wie das Zunächstliegende. Morgens und abends werden ihnen jeweils siebzigtausend Platten von Gold gereicht, wobei jede Platte eine andere Speise trägt als die nächste; an der letzten Speise soll er aber ebensoviel Geschmack finden wie an der ersten. Im Paradies gibt es auch einen Saphir, in welchem siebzigtausend Wohnungen sind, und in jeder Wohnung sind siebzigtausend Gemächer, in denen weder Risse noch Lücken sind."

Es sagte Mujāhid: „Wahrlich, der Geringste der Paradiesbewohner ist einer, der eintausend Jahre durch seine Besitzungen reisen wird, während er die entlegensten Punkte ebenso wahrnimmt wie die nahegelegenen. Und der Erhabenste von ihnen ist der, der morgens und abends seinen Herrn schauen wird."

Es sagte Saʿīd ibn al-Musayyib: „Jeder Paradiesbewohner wird an seinem Arm drei Armreifen tragen: einen von Gold, einen von Perlen und einen aus Silber."

Es sagte Abū Hurayra, möge er Allah wohlgefallen: „Wahrlich, im Paradies gibt es eine *ḥūrī*, die al-ʿAynāʾ gerufen wird. Sie wird stets von siebzigtausend Jungfern zu ihrer Rechten und zu ihrer Linken begleitet, und sie spricht: ‚Wo sind sie, die das Gute geboten und Unrecht verhinderten?'"

Es sagte Yaḥyā ibn Muʿādh, möge er Allah wohlgefallen: „Der Welt zu entsagen ist schwer, doch des Paradieses verlustig zu gehen, ist noch schwerer. Der Verzicht auf die Welt ist aber der Brautpreis des Jenseits." Und er sagte auch: „Im Streben nach der Welt liegt Demütigung für die Seelen, während im Streben nach dem Jenseits für sie Ehre liegt. Wie verwunderlich, daß einer die Demütigung wählen sollte, die im Streben nach Vergänglichem liegt, und der Ehre entsagt, die das Streben nach dem Ewigen birgt!"

Beschreibung der gottseligen Schau und das Gewahren Allahs von Angesicht, gesegnet ist Er und erhaben

Es spricht Allah der Erhabene: *Denen, die Gutes taten, wird Gutes und noch mehr* (10:26). Dieses ‚Mehr' ist aber das Gewahren des göttlichen Antlitzes, und dies ist der höchste Genuß, der alle anderen Freuden der Paradiesbewohner vergessen läßt. Wir haben dessen wahre Natur bereits in dem *Buch der [göttlichen] Liebe*[261] erörtert, und die Heilige Schrift und die Überlieferungen bezeugen es, im Gegensatz zu dem, was die Vertreter schädlicher Neuerungen [*ahl al-bid'a*] bekennen.

Es berichtete Jarīr ibn 'Abdullāh al-Bajalī: „Wir saßen einmal bei dem Gesandten Gottes, Allah segne ihn und schenke ihm Frieden, als er den vollen Mond erblickte. Da sprach er: ‚Wahrlich, ihr sollt euren Herrn erblicken, so wie ihr diesen Mond hier seht; ihr werdet einander in eurer Schau nicht behindern. Darum, falls ihr das Gebet vor Sonnenaufgang und vor ihrem Untergang einzuhalten vermögt, so tut das.' Dann trug er [den Vers] vor: *Und lobpreise deinen Herrn vor Sonnenaufgang und -untergang* (20:130)." So ist es in den beiden *Ṣaḥīḥ*-Sammlungen verzeichnet.[262]

Es berichtet Muslim in seiner *Ṣaḥīḥ*-Sammlung, daß Ṣuhayb einmal sagte: „Der Gesandte Gottes, Allah segne ihn und schenke ihm Frieden, trug einmal das Wort des Erhabenen vor: *Denen, die Gutes taten, wird Gutes und noch mehr* (10:26), und sagte dazu: ‚Wenn die Paradiesgeweihten ins Paradies eingehen und die der Hölle Überantworteten die Hölle betreten, dann wird ein Rufer ausrufen: ‚O Volk des Paradieses! Wahrlich, euch ist ein Versprechen von eurem Herrn, welches Er einlösen will!‘ Da fragen sie: ‚Welches Versprechen ist das? Hat Er denn nicht unsere Waagschalen beschwert und uns weiß von Angesicht gemacht, uns ins Paradies eingehen lassen und vor dem Höllenfeuer errettet?‘ Da hebt sich der Schleier, und sie werden das Angesicht Allahs, groß ist Er und herrlich, schauen, und von allem, was ihnen je beschert worden, ist ihnen nichts teurer als diese Schau.‘“[263]

Das *ḥadīth* von der Schau Allahs überliefern eine ganze Reihe von Gefährten, und sie ist das Höchstmaß alles Guten und die äußerste Wonne. Alles, was wir an Wonnen angeführt haben, verblaßt angesichts dieser Beglückung, denn das Entzücken des Volkes des Paradieses über die Seligkeit der Begegnung wird ohne Ende sein; keine der Freuden des Paradieses ist mit der Freude der Begegnung überhaupt zu vergleichen. Wir haben unsere Rede hier kurzgehalten, da wir dies bereits im *Buch der Göttlichen Liebe, Sehnsucht und Zufriedenheit* ausführlich erörtert haben.

Es ziemt sich nicht, daß das Streben des Gottesknechts nach dem Paradiese auf anderes gerichtet sei als auf die Begegnung mit seinem Herrn. Was die übrigen Freuden des Paradieses angeht, so teilt er diese durchaus mit dem grasenden Vieh auf der Weide.

Um der Zuversicht willen beschließen wir das Buch mit einem Kapitel über die Weite der Barmherzigkeit Allahs des Erhabenen

Der Gesandte Gottes, Allah segne ihn und schenke ihm Frieden, liebte die Zuversicht. Doch da wir nicht über solche Werke verfügen, die eine Hoffnung auf Vergebung rechtfertigen könnten, eifern wir hinsichtlich der Zuversicht dem Gesandten Gottes nach, Allah segne ihn und schenke ihm Frieden. Wir hoffen, daß Er uns letztlich einem guten Ausgang in dieser Welt und der nächsten entgegenführen möge, und wollen somit dieses Buch mit der Erwähnung der Barmherzigkeit Allahs des Erhabenen beschließen.

Denn es spricht Allah der Erhabene: „*Siehe, Allah vergibt nicht, daß man Ihm Götter beigesellt; doch verzeiht Er, was außer diesem ist, wem Er will.*“ (4:48) Und es spricht der Erhabene: „*Sprich: ‚O Meine Diener, die ihr euch gegen euch selbst vergangen habt, verzweifelt nicht an Allahs Barmherzigkeit; siehe, Allah verzeiht die Sünden allzumal; Er ist der Vergebende, der Barmherzige.*“ (39:53) Und der Erhabene spricht: „*Und wer eine Missetat tut oder wider sich sündigt und dann Allah um Verzeihung bittet, wird Allah verzeihend und barmherzig finden.*“ (4:110)

Drum ersuchen wir Allah den Erhabenen um Vergebung für jedes Ausgleiten unseres Fußes und für alles, worin die Feder in diesem Buche und in unseren anderen Schriften über die Maße geschlagen. Wir bitten ihn um Vergebung für all unsere Worte, die nicht mit unseren Taten im Einklang waren; und wir bitten Ihn um Vergebung für das, was wir an Wissen und Einsicht in die Religion Allahs des Erhabenen trotz unserer diesbezüglichen Unzulänglichkeit zu besitzen vorgaben. Wir bitten Ihn um Vergebung für jedes Wissen, dem wir uns allein Seines edlen Antlitzes wegen zuwandten, und für jedes Werk, das wir also unternahmen, dem sich aber in der Folge noch anderes beimischte. Wir bitten Ihn um Vergebung für jedes Gelübde, das wir bei uns selbst taten, an dessen Erfüllung wir aber scheiterten. Wir bitten Ihn um Vergebung für jede Segnung, die Er uns zukommen ließ, die wir aber in Sündhaftigkeit gegen Ihn verwendeten. Wir bitten Ihn um Vergebung dafür, daß wir eines anderen Mängel und sein Ungenügen aufgedeckt oder angedeutet haben. Wir bitten Ihn um Vergebung für jede Laune, die uns zu Künstelei und Verstellung verleitete, um uns vor den Menschen hervorzutun, sei es in einem Buch, das wir verfaßten, in einer Rede, die wir setzten, oder einem Wissenszweig, der uns nützlich war und den wir benutzten.

Nach dieser Bitte um Vergebung von all solchen Dingen erhoffen wir für uns und für alle, die dieses Buch lesen, abschreiben oder anhören, daß Er uns mit Seiner Vergebung und Barmherzigkeit ehren und all unsere Schlechtigkeiten übersehen möge, die augenfälligen wie die heimlichen. Denn allumfassend ist Seine Großmut, unendlich weit Seine Barmherzigkeit, und seine Gnade überschüttet alles, was Er erschaffen hat. Auch wir gehören zu der Schöpfung Allahs, groß ist Er und herrlich, und zu Ihm führt uns allein der Weg Seiner Gunst und Huld.

Es sprach der Gesandte Gottes, Allah segne ihn und schenke ihm Frieden: „Wahrlich Allah der Erhabene hat hundert Weisen der Barmherzigkeit, von denen Er eine niedergesandt hat zu den Dschinn und den Menschen, den Vögeln, dem Vieh und dem Gewürm; dadurch werden sie einander zugetan und empfinden Barmherzigkeit füreinander. Mit den übrigen neunundneunzig

Weisen der Barmherzigkeit wird Er Sich am Auferstehungstage Seiner Knechte erbarmen."[264]

Es wird berichtet, daß wenn der Jüngste Tag gekommen ist, Allah der Erhabene ein Buch unterhalb des Thrones hervorbringt, in welchem geschrieben steht: „Meine Barmherzigkeit überflügelt Meinen Zorn, denn Ich bin der Allerbarmherzigste aller Barmherzigen. Der Hölle sollen dann doppelt so viele entsteigen, wie Bewohner des Paradieses sind."[265]

Es sprach der Gesandte Gottes, Allah segne ihn und schenke ihm Frieden: „Am Auferstehungstage wird Allah, groß ist Er und herrlich, freudig lachend vor uns in Erscheinung treten und sprechen: ‚Frohlocket, o ihr versammelten Muslime! Denn es ist keiner unter euch, dessen Platz in der Hölle nicht von einem Juden oder Christen übernommen wurde!'"[266]

Es sprach der Prophet, Allah segne ihn und schenke ihm Frieden: „Am Auferstehungstage wird Allah der Erhabene dem Adam die Fürsprache gewähren für einhundertundzehn Millionen seiner Nachfahren."[267] – Er sprach, Allah segne ihn und schenke ihm Frieden: „Am Tage der Auferstehung wird Allah, groß ist Er und herrlich, zu den Muslimen sagen: ‚Sehntet ihr euch nach der Begegnung mit Mir?' Da werden sie antworten: ‚Ja, o unser Herr.' Er fragt sie dann: ‚Warum?', und sie sagen: ‚Wir hofften auf Deine Vergebung und Deine Gnade.' Da spricht Er: ‚Meine Gnade sei euch somit gewährt.'"[268]

Es sprach der Gesandte Gottes, Allah segne ihn und schenke ihm Frieden: „Allah, groß ist Er und herrlich, wird am Tage der Auferstehung sagen: ‚Holt alle aus dem Feuer heraus, die sich auch nur an einem einzigen Tage Meiner entsannen oder die jemals fürchteten, vor Mir zu stehen!'"[269]

Der Gesandte Gottes, Allah segne ihn und schenke ihm Frieden, sprach: „Wenn die Bewohner der Hölle im Feuer versammelt werden, unter denen auch diejenigen vom Volk der *qibla* sein werden [d. h., von den Völkern des Islam], für die es der Wille Allahs so beschloß, da werden die Ungläubigen zu den Muslimen sagen: ‚Wart ihr denn nicht Muslime?' Sie antworten: ‚O ja.' Und sie fragen weiter: ‚Was hat euch dann euer Islam genutzt, da ihr jetzt mit uns in der Hölle seid?' Sie sagen: ‚Wir haben gesündigt und wurden dafür zur Verantwortung gezogen.' Doch Allah, groß ist Er und herrlich, hört, was sie sagen, und befiehlt die Freilassung des Volkes der *qibla* aus der Hölle, und sie werden herausgeholt. Da aber die Ungläubigen dies sehen, rufen sie: ‚Weh über uns, wären wir doch Muslime gewesen, daß auch wir jetzt herauskämen wie diese!'" Dann trug der Gesandte Gottes, Allah segne ihn und schenke ihm Frieden, diesen Vers vor: *„Oftmals werden die Ungläubigen wünschen, Muslime gewesen zu sein"* (15:2).[270]

Es sprach der Gesandte Gottes, Allah segne ihn und schenke ihm Frieden: „Allah ist noch viel barmherziger gegen Seinen gläubigen Knecht als die liebende Mutter mit ihrem Kind."[271]

Es sagte Jābir ibn ʿAbdullāh: „Der, dessen gute Werke am Auferstehungstage zahlreicher sind als seine schlechten, der wird ohne Rechenschaft ins Paradies eingehen. Wessen gute Taten aber seine schlechten Taten aufwiegen, *mit dem wird leichte Abrechnung gehalten* (84:8); danach soll er ins Paradies eingehen. Wahrlich, die Fürsprache des Gesandten Gottes, Allah segne ihn und schenke ihm Frieden, ist für den, der sich selbst zugrunde gerichtet und seinem Rücken schwere Bürde aufgeladen hat."

Es wird berichtet, daß Allah, groß ist Er und herrlich, einmal zu Mūsā, Friede sei auf ihm, sprach: „O Mūsā, Qārūn flehte dich um Hilfe an, und du halfest ihm nicht; bei Meiner Majestät und Herrlichkeit, hätte er Mich um Hilfe angefleht, Ich hätte ihm geholfen und ihm Meine Vergebung geschenkt."

Es sagte Sa'd ibn Bilāl: „Am Auferstehungstage ergeht ein Befehl, zwei Männer aus der Hölle zu entlassen, und Allah, gesegnet ist Er und erhaben, spricht: ‚Dies ist für das, was eure Hände gewirkt haben, *und Ich tue den Dienern kein Unrecht.*" (50:29) Danach befiehlt Er, sie wieder ins Feuer zurückzuwerfen, und so wird der eine von ihnen wieder in seine Fesseln geschlagen, daß er vornüber stürzt, während der andere zögert und zurückbleibt. Erneut ergeht der Befehl, sie herauszulassen, und sie werden über ihr Tun befragt. Da sagt der eine, der wieder ins Feuer gestürzt war: ‚Ich fürchtete die schlimmen Folgen meiner Sündhaftigkeit und wollte mich kein zweites Mal Deinem Zorn aussetzen.' Der aber, der gezögert hatte, sagt: ‚Meine gute Meinung über Dich ließ mich annehmen, daß Du mich niemals wieder dahin schicken würdest, wo Du mich schon einmal davon erlöst hast.' Da gebietet Er, beide ins Paradies zu bringen."[272]

Es sprach aber der Gesandte Gottes, Allah segne ihn und schenke ihm Frieden: „Es wird ein Herold am Jüngsten Tage unterhalb des Thrones ausrufen: ‚O Nation Muḥammads! Alles, was Mir vor euch zustand, das habe Ich euch erlassen, so daß nur verblieb, was dem nachfolgte. Gewährt dies einander gegenseitig und gehet ein ins Paradies durch Meine Barmherzigkeit.'"[273]

Es wird berichtet, daß einmal ein Wüstenaraber vernahm, wie Ibn 'Abbās [den Vers] rezitierte: *Und da ihr am Rand einer Feuergrube waret und Er euch ihr entriß* (3:103). Darauf sagte der Araber: „Bei Gott, Er hätte euch nicht davor bewahrt, wenn Er euch da hineinstürzen wollte!' Ibn 'Abbās bemerkte darauf: „Lernet dies von einem Ungeschulten!"

Es sagte aṣ-Ṣunābiḥī: „Ich kam zu 'Ubāda ibn aṣ-Ṣāmit, als er sterbenskrank dalag. Ich weinte, doch er sagte: ‚Sachte, sachte; was weinst du? Denn, bei Gott, alle Ḥadīthe, die ich vom Gesandten Gottes, Allah segne ihn und schenke ihm Frieden, hörte und die euch zuträglich sein könnten, überlieferte ich euch mit Ausnahme eines einzigen Ḥadīth, das ich euch heute geben will, da meine Seele von allen Seiten bedrängt ist: Ich hörte einmal, wie der Gesandte Gottes, Allah segne ihn und schenke ihm Frieden, sprach: ‚Jedem, der das Glaubensbekenntnis *lā ilāha ill-Allāh, Muḥammadun rasūl-ullāh* ablegt, hat Allah die Hölle verwehrt.'"[274]

Es berichtete 'Abdullāh ibn 'Amr ibn al-'Āṣ: „Der Gesandte Gottes, Allah segne ihn und schenke ihm Frieden, sprach: ‚Wahrlich, am Auferstehungstage wird Allah von aller Schöpfung einen Mann aus meiner Nation auswählen. Neunundneunzig Schriftrollen werden vor ihm ausgebreitet werden, deren jede einzelne sich so weit erstreckt, wie das Auge reicht. Dann wird Er ihn fragen: ‚Leugnest du hiervon irgend etwas? Haben Meine schriftführenden Engel dir in irgend etwas Unrecht getan?' Er wird antworten: ‚Nein, o mein Herr!' Da spricht Er: ‚Hast du irgendeine Entschuldigung?' ‚Nein, o mein Herr!' antwortet er darauf. ‚O doch', spricht der Herr, ‚in Unseren Augen verfügst du über ein gutes Werk, und heute soll dir kein Unrecht geschehen.' Da holt Er ein Kärtchen hervor, auf dem geschrieben steht: ‚Ich bekenne, daß es keine Gottheit gibt außer Allah, und ich bekenne, daß Muḥammad der Gesandte Allahs ist.' Da fragt er: ‚O Herr, was nutzt mir dies Kärtchen bei dieser Unmenge von Schriftrollen?' Er aber spricht: ‚Wahrlich, kein Unrecht soll dir geschehen.' Und die Schriftrollen werden in die eine Waagschale gelegt, das Kärtchen aber in die andere. Da schwanken die Schriftrollen empor, während sich das Kärtchen senkt, denn es gibt nichts, das den Namen Allahs aufwiegen könnte."[275]

Es sagte der Gesandte Gottes, Allah segne ihn und schenke ihm Frieden, am Ende eines langen *ḥadīth*, in welchem er die Auferstehung und die *ṣirāṭ* Brücke beschreibt: „Wahrlich, Allah spricht zu den Engeln: ‚Wenn ihr im Herzen eines Menschen Gutes findet, und sei es nur im Gewicht eines Dinars, so laßt ihn aus der Hölle heraus.‘ Da führen sie eine große Menge Volkes heraus. Dann sagen sie: ‚O unser Herr, wir haben keinen von denen, die zu holen Du uns befahlst, darinnen gelassen.‘ ‚Kehrt noch einmal um‘, spricht Er, ‚und in wessen Herz ihr Gutes im Gewicht von auch nur einem halben Dinar findet, führt auch den hervor.‘ Und wieder führen sie eine große Menge Volks heraus und sagen dann: ‚O unser Herr, wir ließen keinen von denen darinnen, die Du uns zu holen befahlst.‘ Dann heißt es: ‚Kehrt noch einmal um und bringt die hervor, in deren Herzen ihr auch nur eines Körnchens Schwere an Gutem findet.‘ Da holen sie noch einmal eine große Menge Volks heraus und sagen: ‚O unser Herr, wir ließen keinen von denen darinnen, die Du uns herauszuholen befahlst.‘“

Abū Sa‘īd [al-Khudrī] pflegte zu sagen: „Wenn ihr mir hinsichtlich dieses *ḥadīth* nicht glauben wollt, so lest [diesen Vers], wenn es euch beliebt: *Siehe, Allah, nicht tut Er unrecht im Gewicht eines Stäubchens, und so da ist eine gute Tat, wird Er sie verdoppeln und wird geben von Sich her großen Lohn.*“ (4:40) Alsdann fuhr er fort [das *ḥadīth* zu berichten] und sagte: „Dann wird Allah der Erhabene sprechen: ‚Die Engel haben Fürsprache geleistet und die Propheten, und auch die Gläubigen; keiner verbleibt nun außer dem Allerbarmherzigsten aller Barmherzigen.‘ Und Er greift hinein und holt eine Handvoll aus dem Feuer heraus, von denen, die niemals auch nur die geringste gute Tat vollbracht hatten und die ganz und gar verkohlt sind. Er wirft diese in einen Fluß bei den Zugängen zum Paradies, welcher der ‚Fluß des Lebens‘ geheißen wird. Von dort kommen sie hervor wie das Korn, das aus dem angeschwemmten Schlamm eines Stromes hervorsprießt. Der Gesandte Allahs sprach: ‚Saht ihr denn nie, wie das, was neben Steinen und Bäumen ist, was in der Sonne ist, gelb und grün wird, während das, was im Schatten wächst, weiß bleibt?' Sie antworteten: ,O Gesandter Gottes, es ist ganz so, als wärest du ein Hirte in der Wüste gewesen!' Und er spricht: ,Sie werden daraus hervorkommen wie Perlen, und um ihren Hals werden sie Ringe tragen, so daß die Paradiesbewohner sie erkennen und sprechen: ,Da sind die Freigelassenen des Allbarmherzigen, die Er ins Paradies einführt, ohne daß sie je eine löbliche Handlung vollbracht oder etwas Gutes vorangeschickt hätten!'' Er spricht sodann: ,Gehet ein ins Paradies! Alles, was ihr seht, soll euer sein!' Da sagen sie: ,O Herr, Du bescherst uns, was Du keinem anderen in aller Welt beschertest!' Und Allah der Erhabene spricht: ,Wahrlich, was ihr bei Mir findet, das ist noch besser als all dies.' Da fragen sie: ,O unser Herr, was könnte besser sein als dies alles?' Und Er antwortet darauf: ,Besser noch ist Mein Wohlgefallen an euch, denn von nun an werde Ich euch nie mehr zürnen.'"[276] Dies berichten al-Bukhārī und Muslim in ihren *Ṣaḥīḥ* Sammlungen.

Auch berichtet al-Bukhārī nach der Überlieferung des Ibn 'Abbās, mögen sie beide Allah wohlgefallen: „Der Gesandte Gottes, Allah segne ihn und schenke ihm Frieden, trat eines Tages zu uns heraus und sprach: ,Die Nationen wurden mir vorgeführt; da zog an mir ein Prophet vorbei, der einen einzigen Mann mit sich führte, dann ein anderer Prophet, der zwei Menschen dabei hatte, nach ihm ein Prophet, der gar niemanden bei sich hatte, und dann ein Prophet, der eine Truppe mitführte. Dann sah ich einen mit einer großen Schar und hoffte schon, daß es meine Nation sei. Doch wurde mir gesagt: ,Dies sind Mūsā und sein Volk.' Dann sagte man zu mir: ,Schau!' Und ich erblickte eine Schar so groß, daß sie das ganze Blickfeld ausfüllte. Da hieß es: ,Schau hierhin und dorthin!', und ich sah eine riesige Menge, und es hieß: ,Das ist deine Nation, und unter ihnen sind siebzigtausend, die, ohne Rechenschaft abzulegen, ins Paradies eingehen werden.‘ Da gingen die Leute auseinander, und der Gesandte Gottes, Allah segne ihn und schenke ihm Frieden, hatte ihnen diese [siebzigtausend] nicht benannt. Die Gefährten besprachen die Angelegenheit untereinander und sagten: ‚Was uns betrifft, so sind wir noch in die Vielgötterei hineingeboren, kamen aber später zum Glauben an Allah und an Seinen Propheten; doch jene, [von denen er sprach], das sind unsere Nachfahren.‘ Dies wurde dem Gesandten Gottes, Allah segne ihn und schenke ihm Frieden, zugetragen, und er sprach: ‚Es sind vielmehr diejenigen, die ihre Wunden nicht ausbrennen, die nicht stehlen, die den Vogelflug nicht als Zeichen deuten und die auf ihren Herrn vertrauen.‘ Da stand ʿUkāsha auf und rief: ‚So bitte Allah, daß Er mich zu diesen gehören lasse, o Gesandter Gottes!‘ Er erwiderte: ‚Du gehörst zu ihnen.‘ Da stand ein anderer auf und sprach, wie ʿUkāsha es getan hatte, doch der Prophet, Allah segne ihn und schenke ihm Frieden, sprach: ‚Darin ist dir nun ʿUkāsha zuvorgekommen.‘“[277]

Von ʿAmr ibn Ḥazm al-Anṣārī, der berichtet: „Der Gesandte Gottes, Allah segne ihn und schenke ihm Frieden, blieb uns einmal drei Tage lang fern und erschien nur zu den vorgeschriebenen Gebeten, wonach er sich wieder zurückzog. Am vierten Tag aber trat er zu uns heraus, und wir fragten ihn: ‚O Gesandter Gottes, du hast dich von uns ferngehalten, so daß wir glaubten, es sei etwas vorgefallen.‘ ‚Nur Gutes hat sich ereignet‘, erwiderte er, ‚denn wahrlich, mein Herr hat mir zugesagt, daß siebzigtausend aus meiner Nation ohne jegliche Rechenschaft ins Paradies eingehen sollen. Während dieser drei Tage bat ich meinen Herrn, daß Er [deren Anzahl] mehre, und ich fand meinen Herrn voller Herrlichkeit, Liebe und Güte. Denn Er gewährte mir für jeden dieser siebzigtausend weitere siebzigtausend. Da fragte ich: ‚O Herr, soll denn meine Nation eine solche Zahl erreichen?‘, und Er antwortete mir: ‚Ich werde die Zahl für dich mit Wüstenarabern ergänzen.'"[278]

Es berichtete Abū Dharr vom Gesandten Gottes, Allah segne ihn und schenke ihm Frieden, daß er sprach: „Jibrīl erschien mir am Rande der Ḥarra[279] und sprach zu mir: ‚Verkünde deiner Nation die frohe Botschaft, daß jeder, der stirbt, ohne Allah andere Götter zur Seite gestellt zu haben, ins Paradies kommen soll.' Da sagte ich: ‚O Jibrīl, und wenn er gestohlen hat oder Ehebruch beging?' ‚Ja', sprach er, ‚selbst wenn er Diebstahl oder Ehebruch begangen hat.' Ich fragte ihn abermals: ‚Selbst wenn er Diebstahl oder Ehebruch begangen hat?' Er antwortete mir wie zuvor: ‚Selbst wenn er Diebstahl oder Ehebruch begangen hat.' Und ich fragte noch einmal: ‚Selbst wenn er Diebstahl oder Ehebruch begangen hat?' Und er antwortete mir: ‚Selbst wenn er Diebstahl oder Ehebruch begangen hat, und auch wenn er ein Weintrinker war.'"[280]

Es sagte Abu d-Dardā': „Der Gesandte Gottes, Allah segne ihn und schenke ihm Frieden, trug einmal den Vers vor: ‚*Für den aber, der seines Herrn Rang gefürchtet, sind der Gärten zwei*' (55:46), und ich fragte ihn: ‚Selbst wenn er Diebstahl oder Ehebruch begangen hat, o Gesandter Gottes?' Da wiederholte er: ‚*Für den aber, der seines Herrn Rang gefürchtet, sind der Gärten zwei*' (55:46). Da fragte ich wiederum: ‚Selbst wenn er Diebstahl oder Ehebruch begangen hat?' Und er antwortete abermals: ‚*Für den aber, der seines Herrn Rang gefürchtet, sind der Gärten zwei*' (55:46). Ich bestand noch einmal auf meiner Frage: ‚Selbst wenn er Diebstahl oder Ehebruch begangen hat, o Gesandter Gottes?' Und er sprach: ‚Ja, sogar dem Abu d-Dardā' zum Trotz!'"[281]

Es sagte der Gesandte Gottes, Allah segne ihn und schenke ihm Frieden: „Am Jüngsten Tag wird zu jedem Gläubigen ein Mensch aus den anderen Glaubensgemeinschaften (*ahl al-milal*) hingeschoben und zu ihm gesprochen: ‚Hier ist dein Loskauf von der Hölle!'"[282]

Muslim berichtet in seinem *Ṣaḥīḥ* die Überlieferung des Abū Burda, der dem 'Umar ibn 'Abd al-'Azīz mitteilte, daß sein Vater, Abū Mūsā [al-Ash'arī], den Propheten, Allah segne ihn und schenke ihm Frieden, sagen hörte: „Es stirbt kein Muslim, ohne daß Allah der Erhabene einen Juden oder Christen an seiner Stelle in die Hölle versetzt." 'Umar ibn 'Abd al-'Azīz ließ ihn dreimal ‚bei Allah, außer dem es keine andere Gottheit gibt' schwören, daß sein Vater dieses tatsächlich so wiedergegeben habe, wie er es vom Gesandten Gottes gehört habe, und er beschwor es.[283]

Es wird berichtet, daß während einer der Feldzüge ein Knabe zur Versteigerung dastand, und es war ein glühend heißer Sommertag. Da erblickte ihn inmitten der Volksmenge ein Weib, das bahnte sich entschlossen einen Weg durch die Menge, gefolgt von ihren Gefährten, bis sie das Kind erreichte und ihn an die Brust drückte. Dann wandte sie den Rücken gegen das Tal und drückte ihn gegen ihren Bauch, um ihn vor der Hitze zu schützen. Dabei rief sie: „Mein Sohn! Mein Sohn!" Da begannen die Leute zu weinen und ließen von ihrer Beschäftigung ab. Da ging der Gesandte Gottes, Allah segne ihn und schenke ihm Frieden, auf sie zu, bis er vor ihnen stand. Man teilte ihm mit, was geschehen war, und es erfreute ihn ihre Barmherzigkeit. Dann gab er ihnen frohe Botschaft und sprach: „Bewundert ihr die Barmherzigkeit dieser Frau mit ihrem Sohn?" „Ja", gaben sie zur Antwort, und er, Allah segne ihn und schenke ihm Frieden, sagte: „Wahrlich, Allah, gesegnet ist Er und erhaben, ist gegen euch alle noch weit barmherziger als diese Frau gegen ihren Sohn!"[284]

Daraufhin gingen die Muslime hochbeglückt und in großer Freude auseinander.

Diese Überlieferungen sowie das, was wir im *Buch der Hoffnung* angeführt haben, künden uns Gutes von der unendlich weiten Barmherzigkeit Allahs des Erhabenen. Wir erhoffen uns von Allah dem Erhabenen, daß Er an uns nicht handle, wie wir es verdient haben, sondern vielmehr uns Gunst gewähre, wie es Ihm geziemt in Seiner endlosen Barmherzigkeit, unerschöpflichen Duldsamkeit und Güte.

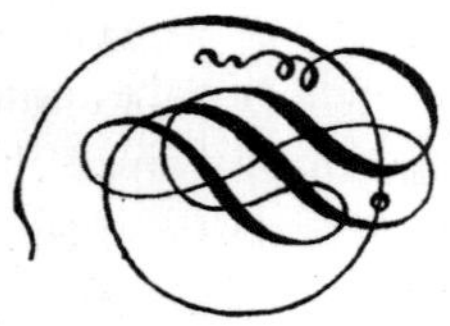

Für die Übertragung der Koranzitate wurde die Reclam-Übersetzung von Max Henning, *Der Koran*, Stuttgart 1991, zurate gezogen.

ENDNOTEN
DES ERSTEN TEILS

EINLEITUNG

1 At-Tirmidhī, *Qiyāma*, 25; Ibn Mājah, *Zuhd*, 21.

ERSTES KAPITEL

2 Al-Bukhārī, *Riqāq*, 41; Muslim, *Dhikr*, 14.

3 At-Tirmidhī, *Qiyāma*, 26; an-Nisā'ī, *Janā'iz*, 3.

4 Al-Quḍā'ī, II, 314; Abū Nu'aym, VI, 392; al-Wakī', I, 285; Ibn al-Mubārak, 38.

5 Aṭ-Ṭabarānī, *Al-mu'jam al-awsaṭ* (as-Suyūṭī, *Sharḥ*, 20).

6 Al-Ḥākim, IV, 319; aṭ-Ṭabarānī, *Al-mu'jam al-kabīr* (Haythamī, *Majma'*, II, 320, X, 309).

7 Bekanntes *ḥadīth* des Heiligen Propheten, (Muslim, *Zuhd*, 1).

8 Jeder Mensch wird jeweils von einem Engel und einem Teufel begleitet, zu seiner Führung bzw. zu seiner Versuchung (Muslim, *Tawba*, 62/63).

9 Al-Quḍā'ī, I, 133; Abū Nu'aym, III, 121.

10 Aṭ-Ṭabarānī, *Al-mu'jam al-awsaṭ* (al-Haythamī, *Majma'*, X, 308).

11 Ibn Abi d-Dunyā, *Kitāb al-mawt;* (az-Zabīdī, X, 228; as-Suyūṭī, *Jāmi'*, II, 208).

12 Ad-Dunyā, *Kitāb al-birr wa-ṣ-ṣila* (az-Zabīdī, X, 229).

13 Al-Quḍā'ī, II, 302; aṭ-Ṭabarānī, *Al-mu'jam al-awsaṭ*; Ibn as-Sunnī, 164.

14 Ibn Ḥanbal, *Zuhd*, 14, 182; al-Bazzār, *Al-musnad* (al-Haythamī, *Majma'*, III, 53).

15 Ibn Ḥanbal, *Zuhd*, 24; Ibn al-Mubārak, 90; Abū Nu'aym, VII, 299; al-Bazzār, *Al-musnad* (al-Haythamī, *Majma'*, X, 309).

16 Aṭ-Ṭabarānī, *Ṣaghīr*, II, 87; al-Ḥakīm at-Tirmidhī, 125/126.

17 Die *āthār*, Berichte der frühen Muslime aus der Anfangszeit des Islam, im Unterschied zu den *akhbār*, Überlieferungen des Heiligen Propheten selbst.

ZWEITES KAPITEL

18 Eigentlich ein Rat des Ibn 'Umar an Mujāhid; zumeist als Nachsatz

zu dem wohlbekannten *ḥadīth* des Heiligen Propheten: „Sei in dieser Welt wie ein Fremder oder ein Sohn des Weges." (Al-Bukhārī, *Riqāq*, 3).

19 Bei Ibn Abi d-Dunyā dem Heiligen Propheten zugeschrieben, *Qiṣar al-amal* (Zabīdī, X, 237; Ibn al-Jawzī, *'Ilal*, II, 329); die Hälfte erscheint bei Qushayrī, *Risāla*, II, 440; häufiger aber wird es als ein Ausspruch 'Alīs angesehen. Siehe Ibn Ḥanbal, *Zuhd*, 162/163; Ibn al-Mubārak, 86; Abū Nu'aym, I, 76; Ḥalīmī, III, 395.

20 Al-Quḍā'ī, I, 345; al-Bayhaqī, *Shu'ab al-īmān* (Zabīdī, X, 237).

21 Abū Nu'aym, VI, 91.

22 Ibn al-Mubārak, 99.

23 Ibn al-Mubārak, 86; Wakī', II, 436/437.

24 At-Tirmidhī, *Qiyāma*, 22.

25 Al-Bukhārī, *Riqāq*, 4.

26 Ibn Ḥanbal, *Musnad*, III, 115; Ibn al-Mubārak, 87; Wakī', II, 433.

27 Muslim, *Zakāt*, 115.

28 Ibn Ḥanbal, *Zuhd*, 16; aṭ-Ṭabarānī, *Al-mu'jam al-awsaṭ* (al-Haythamī, *Majma'*, X, 286), al-Ḥākim at-Tirmidhī, 345.

29 Ibn Ḥanbal, *Musnad*, I, 387; at-Tirmidhī, *Qiyāma*, 24.

30 Ibn Ḥanbal, *Zuhd*, 472.

31 Bei al-Ḥalīmī, III, 386 als *ḥadīth* des Heiligen Propheten angeführt.

32 Aṭ-Ṭabarānī, *Ṣaghīr*, I, 251; al-Ḥākim, IV, 325.

33 Al-Ḥākim at-Tirmidhī, 79; Ibn al-Mubārak, 87.

34 Siehe Kapitel 2, Endnote 18.

35 At-Tirmidhī, *Zuhd*, 3.

36 Ibn al-Mubārak, 2; Wakī', I, 223/4; al-Ḥākim, IV, 306; al-Ḥalīmī, III, 379.

37 Al-Bukhārī, Riqāq, I.

38 At-Tirmidhī, *Qiyāma*, 18.

39 At-Tirmidhī, *Qiyāma*, 23.

40 Abū Nu'aym, VII, 304.

41 Al-Quḍā'ī, I, 218; aṭ-Ṭabarānī, *Al-mu'jam al-awsaṭ* (Haythamī, *Majma'*, X, 228).

42 Al-Bazzār, *Al-musnad* (Haythamī, *Majma'*, X, 311); Ibn Abī 'Āṣim, *Zuhd*, 75.

43 Ibn Abi d-Dunyā, *Qiṣar al-amal* (Zabīdī, X, 254).

44 Muslim, *Jumu'a*, 52.

45 Ibn al-Mubārak, 106-107; al-Ḥākim at-Tirmidhī, 126; Ḥalīmī, III, 384; al-Ḥākim, IV, 311.

DRITTES KAPITEL

46 Al-Ḥākim, IV, 257.

47 Ibn Māja, *Janā'iz*, 64; at-Tirmidhī, *Janā'iz*, 7.

48 Ibn Abi d-Dunyā, *Kitāb-al-mawt*, Zabīdī, X, 260; Suyūṭī, *Sharḥ*, 33.

49 Ibn Abi d-Dunyā, *Kitāb-al-mawt*, Zabīdī, X, 260; Suyūṭī, *Sharḥ*, 31.

50 Ibn Abi d-Dunyā, *Kitāb-al-mawt*, Zabīdī, X, 260; Suyūṭī, *Sharḥ*, 31.

51 Al-Bazzār, *al-Musnad*, (Haythamī, *Majmaʿ*, II, 322); Abū Nuʿaym, VIII, 201.
52 Abū Dāwūd, *Janā'iz*, 10.
53 Ibn Abi d-Dunyā, *Kitāb-al-mawt*, Zabīdī, X, 262.
54 Al-Bukhārī, *Riqāq*, 42.
55 Ibn Māja, *Janā'iz*, 65.
56 Daylamī, *Musnad al-firdaws* (Zabīdī, X, 263; Suyūṭī, *Sharḥ*, 34); Qushayrī, *Risāla*, II, 589.
57 Ibn Abi d-Dunyā, *Kitāb al-mawt*; Zabīdī, X, 266.
58 Muslim, *Dhikr*, 15.
59 Ibn Abi d-Dunyā, *Kitāb al-mawt*; Zabīdī, X, 267.
60 Al-Ḥākim at-Tirmidhī, 125.
61 Muslim, *Janā'iz*, 1.
62 Muslim, *Īmān*, 43.
63 Aṭ-Ṭabarānī, *Al-muʿjam al-kabīr* (Zabīdī, X, 275).
64 Ibn Ḥanbal, *Musnad*, II, 251; ad-Dārimī, *Raqā'iq*, 22.
65 At-Tirmidhī, *Janā'iz*, II; Ibn Māja, *Zuhd*, 31.

VIERTES KAPITEL

66 Al-Bazzār, *Al-musnad* (Haythamī, *Majmaʿ*, IX, 25).
67 Aṭ-Ṭabarānī, *Al-muʿjam al-kabīr* (az-Zabīdī, X, 286).
68 Ad-Dārimī, *Muqaddima*, 14.
69 Al-Bukhārī, *Riqāq*, 42; ibid., *al-Maghāzī*, 83.
70 In ähnlichem Wortlaut ist diese Überlieferung zu finden in al-Bukhārī, *Manāqib al-anṣār*, II; az-Zabīdī, X, 290.
71 *danā fa-tadallā* – siehe dazu Koran, 53:8.
72 Al-Bazzār, *Al-musnad*, (al-Haythamī, *Majmaʿ*, IX, 25).
73 Al-Bukhārī, *Anbiyā'*, 19; Muslim, *Jihād*, 76.
74 Dieses *ḥadīth* findet sich mit einigen Abwandlungen bei aṭ-Ṭabarānī, *Al-muʿjam al-kabīr* (al-Haythamī, *Majmaʿ*, IX, 23); al-Bazzār, *Al-musnad* (Haythamī, *Kashf*, I, 398).
75 Aṭ-Ṭabarānī, *Al-muʿjam al-kabīr* (az-Zabīdī, X, 293-294).
76 Abū Nuʿaym, II, 175.

SECHSTES KAPITEL

77 Ibn Ḥanbal, *Zuhd*, 14.
78 At-Tirmidhī, *Zuhd*, 5; Ibn Māja, *Zuhd*, 32.
79 Al-Ḥākim, II, 336.
80 At-Tirmidhī, *Zuhd*, 5; Ibn Māja, *Zuhd*, 32.
81 Im Anklang an ein gleichlautendes *ḥadīth*, at-Tirmidhī, *Qiyāma*, 26.
82 Ibn Māja, *Janā'iz*, 58.
83 Al-Bukhārī, *Janā'iz*, 6; Muslim, *Birr*, 150.
84 Muslim, *Janā'iz*, 100.
85 Ibn Abī Dunyā, *Kitāb al-qubūr*.
86 Al-Ḥākim, I, 376.

87 Al-Ḥākim, I, 376.
88 Al-Ḥākim, I, 377; IV, 330.
89 Ibn Ḥanbal, *Musnad*, III, 38; V, 356; aṭ-Ṭabarānī, *Al-mu'jam al-kabīr*.
90 Aṭ-Ṭabarānī, *Ṣaghīr*, II, 69; *Al-mu'jam al-awsaṭ*.
91 Ibn Abī Dunyā, *Kitāb al-qubūr*.
92 Al-Ḥākim at-Tirmidhī, 148; al-Bazzār, *Al-musnad*.
93 Al-Bayhaqī, *Shu'ab al-īmān*.
94 Ibn Abi d-Dunyā, *Kitāb al-qubūr*.
95 Ad-Daylamī, *Musnad al-firdaws*.
96 Aṭ-Ṭabarānī, *Al-mu'jam al-kabīr*.
97 Abū Dāwūd, *Adab*, 46.
98 Al-Bukhārī, *Janā'iz*, 97.
99 Ibn Abi d-Dunyā, *Kitāb ul-mawt*.
100 Al-Bukhārī, *Janā'iz*, 85; Muslim, *Janā'iz*, 78.
101 Ibn Ḥanbal, *Musnad*, II, 384, 408; al-Bazzār, *Al-musnad*.

SIEBENTES KAPITEL

102 Muslim, *Janna*, 91.
103 At-Tirmidhī, *Qiyāma*, 26.
104 Ibn Abi d-Dunyā, *Kitāb al-mawt*.
105 Al-Bukhārī, *Janā'iz*, 90; Muslim, *Janna*, 80.
106 Ibn Māja, *Janā'iz*, 62.
107 At-Tirmidhī, *Tafsīr sūrat Āl 'Imran*, 18; Ibn Māja, *Jihād*, 16.
108 Ibn Abi d-Dunyā, *Kitāb al-mawt*.
109 Ibn Abi d-Dunyā, *Kitāb al-mawt*.
110 Al-Bukhārī, *Riqāq*, 42; Muslim, *Janā'iz*, 61.
111 Al-Ḥākim at-Tirmidhī, 213.
112 Ibn Abi d-Dunyā, *Kitāb al-mawt*.
113 *Tarīkh Baghdād*, XII, 212; Ibn Ḥanbal, *Musnad*, III, 68.
114 Al-Ḥākim, I, 353; aṭ-Ṭabarānī, *Al-mu'jam al-awsaṭ*.
115 Al-Ḥākim at-Tirmidhī, 161; Abū Nu'aym, VI, 90; Abū Ya'lā, *Al-musnad*.
116 Ibn Abi d-Dunyā, *Kitāb al-qubūr*; Ibn al-Mubārak.
117 Al-Ḥākim, I, 37-38; al-Bayhaqī, *Ithbāt*, 38-39.
118 Al-Ḥākim at-Tirmidhī, 159; al-Ājurrī, 358; Ibn Ḥibbān.
119 Ibn Ḥanbal, *Zuhd*, 184; Abū Nu'aym, I, 164.
120 Al-Ājurrī, 365; Ibn Ḥibbān; al-Bayhaqī, *Ithbāt*, 56.
121 Al-Ājurrī, 366-367; al-Bayhaqī, *I'tiqād*, 148-149.
122 Ibn Ḥanbal, *Musnad*, V, 407; al-Ḥākim at-Tirmidhī, 159.
123 Ibn Ḥanbal, *Musnad*, VI, 55; al-Bayhaqī, *Ithbāt*, 106-107.
124 Aṭ-Ṭabarānī, *Al-mu'jam al-kabīr*.

ACHTES KAPITEL

125 Al-Bukhārī, *Ta'bīr*, 2; Muslim, *Ru'yā*, 6.
126 Al-Bukhārī, *Wuḍū'*, 75; Muslim, *Dhikr*, 76.
127 Diesen Traum sah der Heilige Prophet, Allah segne ihn und

schenke ihm Frieden, vor seinem Zug nach Ḥudaybiya, ein Jahr vor seinem Einzug in Mekka.

128 Al-Ḥākim, VI, 325; aṭ-Ṭabarānī, *Al-mu'jam al-awsaṭ.*

129 Siehe al-Bukhārī, *Riqāq*, 3.

130 At-Tirmidhī, *Manāqib*, 14; Ibn Māja, *Muqaddama*, 11.

131 Al-Bukhārī, *'Ilm*, 38; Muslim, *Ru'yā*, 10.

132 Al-Bukhārī, *Adab*, 96; Muslim, *Birr*, 165.

133 Zubayda, die Gemahlin des abbassidischen Kalifen Hārūn ar-Rashīd, hatte ungeheure Summen auf die Instandsetzung der Pilgerstraße verwendet; dieser Traum deutet darauf hin, daß der Staat die verwendeten Mittel unrechtmäßig erworben hatte, das heißt, durch ungerechtfertigte Steuereinnahmen o. ä.

134 In Basra, im Jahre 65 nach der *hijra*.

ENDNOTEN DES ZWEITEN TEILS

Der Posaunenstoß

135 Al-Bukhārī, *Tafsir sūrat al-baqara*, 8.

136 At-Tirmidhī, *Qiyāma*, 8.

137 'Abd ibn Ḥumayd, *Tafsīr*.

Beschreibung des Versammlungsplatzes und der dort Versammelten

138 Al-Bukhārī, *Riqāq*, 44; Muslim, *Qiyāma*, II.

139 Al-Bukhārī, *Anbiyā'*, 48; Muslim, *Janna*, 67.

140 At-Tirmidhī, *Tafsīr sūrat al-isrā'*, 17; Ibn Ḥanbal, *Musnad*, II, 354.

Beschreibung des Schweißes

141 Al-Bukhārī, *Riqāq*, 47; Muslim, *Janna*, 6.

142 Al-Bukhārī, *Riqāq*, 70; Muslim, *Janna*, 75.

143 Al-Bayhaqī, *Ba'th*.

144 Al-Ḥākim, IV, 571; Ibn Ḥibbān; Abū Ya'lā, *Al-musnad*.

145 Aṭ-Ṭabarānī, *Al-mu'jam al-kabīr*; Abū Ya'lā, *Al-musnad*.

Beschreibung der Länge des Auferstehungstages

146 Al-Ḥākim, IV, 572; aṭ-Ṭabarānī, *Al-muʿjam al-kabīr*.
147 Ibn Ḥanbal, *Musnad*, III, 75; Ibn Ḥibbān; Abū Yaʿlā, *Al-musnad*.

Beschreibung des Auferstehungstages, seiner Heimsuchungen und seiner Namen

148 At-Tirmidhī, *Tafsīr surat al-wāqiʿa*, 6.

Beschreibung der Befragung

149 Abū Dāwūd, *Sunna*, 18; Ibn Ḥanbal, *Musnad*, II, 26.
150 Muslim, *Īmān*, 306.
151 Muslim, *Zuhd*, 17.
152 Muslim, *Tawba*, 52.
153 Ibn Māja, *Ḥudūd*, 5.
154 Al-Bukhārī, *Manāqib*, 25; Muslim, *Zakāt*, 67.
155 At-Tirmidhī, *Zuhd*, 37.

Beschreibung der Waage

156 Al-Ājurrī, 385; al-Bayhaqī, *Iʿtiqād*, 139.
157 Al-Bukhārī, *Riqāq*, 46; Muslim, *Īmān*, 423.

Beschreibung der Widersacher und die Vergeltung von Unrecht

158 Muslim, *Birr*, 60.
159 Al-Bazzār, *Al-musnad*; aṭ-Ṭabarānī, *Al-muʿjam al-awsaṭ*.
160 Ibn Ḥanbal, *Musnad*, I, 402.
161 Ibn Ḥanbal, *Musnad*, I, 168; al-Ḥākim, II, 435, IV, 572; Abū Nuʿaym, I, 91.
162 Ibn Ḥanbal, *Musnad*, III, 495; al-Bayhaqī, *Asmāʾ*, I, 139-140; al-Ḥākim, IV, 575; aṭ-Ṭabarānī, *Al-muʿjam al-awsaṭ*.
163 Al-Ḥākim, IV, 576.

Beschreibung der *ṣirāṭ* Brücke

164 Al-Bukhārī, *Adhān*, 129; Muslim, *Īmān*, 229.
165 Ibn Ḥanbal, *Musnad*, III, 25.
166 Al-Ḥākim, II, 376-77.
167 Wörtlich: „an der Stelle meines Gurtbandes packen“.
168 Ibn Ḥanbal, *Musnad*, VI, 110.

Beschreibung
der Fürsprache

169 Muslim, *Īmān*, 346.
170 Al-Bukhārī, *Tayammum*, 1; Muslim, *Masājid*, 3, 5.
171 At-Tirmidhī, *Manāqib*, I; Ibn Māja, *Zuhd*, 37.
172 Muslim, *Faḍā'il*, 3.
173 Al-Bukhārī, *Tawḥīd*, 31; Muslim, *Īmān*, 334.
174 Aṭ-Ṭabarānī, *Al-mu'jam al-kabīr*, *Al-mu'jam al-awsaṭ*.
175 Ibn Ḥanbal, *Musnad*, V, 347.
176 Al-Bukhārī, *Anbiyā'*, 3.
177 Al-Ḥākim, I, 71; al-Ājurrī, 351; Ibn Ḥanbal, *Zuhd*, 157-158, 412-413.
178 At-Tirmidhī, *Qiyāma*, 12; Ibn Ḥanbal, *Musnad*, III, 20.
179 Abū Ya'lā, *Al-musnad*.
180 At-Tirmidhī, *Manāqib*, I, ad-Dārimī, *Muqaddima*, 8.
181 At-Tirmidhī, *Manāqib*, I.
182 At-Tirmidhī, *Manāqib*, I.

Beschreibung des
heiligen Wasserbeckens

183 Muslim, *Ṣalāt*, 56-57.
184 Al-Bukhārī, *Riqāq*, 53.
185 Muslim, *Faḍā'il*, 34, 41.
186 At-Tirmidhī, *Tafsīr surat al-kawthar*, 3.
187 Al-Balqā', eine Gegend, die in etwa dem heutigen Transjordanien entspricht.
188 At-Tirmidhī, *Qiyāma*, 15.
189 Muslim, *Faḍā'il*, 37.
190 At-Tirmidhī, *Qiyāma*, 14.

Erörterung der Hölle,
ihrer Schrecknisse und Qualen

191 Ibn Qāni', *Al-mu'jam*; al-Bayhaqī, *Ba'th*, 275.
192 Ibn Māja, *Muqaddima*, 23.
193 Muslim, *Janna*, 36.
194 Al-Bukhārī, *Riqāq*, 51; Muslim, *Īmān*, 364.
195 *Ḥadīth* mit sehr ähnlichem Wortlaut überliefert von Ibn Ḥibbān.
196 Ibn al-Mubārak (*Riwāya* Nu'aym ibn Ḥammād), 88; Abū Nu'aym, VI, 139; Ibn Abī Shayba, XIII, 167.
197 Al-Bukhārī, *Bad' al-khalq*, 10; Muslim, *Masājid*, 185-186.
198 Muslim, *Ṣifat al-qiyāma*, 42.
199 Al-Bazzār, *Al-musnad*; Abū Ya'lā, *Al-musnad*; Abū Nu'aym, IV, 307; al-Bayhaqī, *Ba'th*, 330.
200 In ähnlichem Wortlaut zu finden bei Abū Nu'aym, IV, 363.
201 At-Tirmidhī, *Jahannam*, 4; Ibn Ḥanbal, *Musnad*, III, 28.
202 At-Tirmidhī, *Jahannam*, 4; Ibn Māja, *Zuhd*, 38.
203 Ibn Abī Shayba, XIII, 175; al-Bayhaqī, *Ba'th*, 303.

204 At-Tirmidhī, *Jahannam*, 5.
205 Einer der Überlieferer dieses Ḥadīths.
206 At-Tirmidhī, *Jahannam*, 4, 5; Ibn Ḥanbal, *Musnad*, V, 265.
207 Fortsetzung des Koranverses: „... es diene ihnen zum Guten; nein zum Bösen soll es ihnen dienen, als Halskette sollen sie tragen, womit sie filzig waren, am Tag der Auferstehung! Und Allahs ist das Erbe der Himmel und der Erde, und Allah kennt euer Tun." (3:180).
208 Al-Bukhārī, *Zakāt*, 3.
209 Ibn Ḥanbal, *Musnad*, IV, 191.
210 Muslim, *Janna*, 54.
211 At-Tirmidhī, *Jahannam*, 5; Ibn Ḥanbal, *Musnad*, III, 88.
212 At-Tirmidhī, *Jahannam*, 3; Ibn Ḥanbal, *Musnad*, II, 92.
213 Muslim, *Janna*, 33.
214 Ibn Māja, *Zuhd*, 38.
215 Al-Bukhārī, *Tafsīr surat* 19, 1; Muslim, *Janna*, 40.
216 Al-Bayhaqī, *Ba'th*, 328; Abū Nu'aym, IV, 124-125.
217 Al-Bukhārī, *Adab*, 120; Muslim, *Qadar*, 6-7.

Erörterung des Paradieses und seiner mannigfachen Wonnen

218 Muslim, *Janna*, 27.
219 Al-Bukhārī, *Tawḥīd*, 24; Muslim, *Īmān*, 296.
220 Al-Bukhārī, *Bad' al-khalq*, 9; Muslim, *Zakāt*, 85.
221 Muslim, *Īmān*, 333.
222 Al-Bukhārī, *Bad' al-khalq*, 8; Muslim, *Janna*, 14.
223 At-Tirmidhī, Manāqib, 14; Ibn Māja, *Muqaddima*, 11.
224 Abū Nu'aym, II, 356; al-Bayhaqī, *Ba'th*, 176-177.
225 Aṭ-Ṭabarānī, *Al-mu'jam al-awsaṭ*; Ibn al-Mubārak, 550-552; al-Bayhaqī, *Ba'th*, 178.

Beschreibung der Mauer des Paradieses, seines Geländes, seiner Bäume und seiner Ströme

226 Al-Bazzār, *Al-musnad*; Abū Nu'aym, II, 249; al-Bayhaqī, *Ba'th*, 179.
227 Muslim, *Fitan*, 92.
228 Aṭ-Ṭabarānī, *Al-mu'jam al-awsaṭ*; al-Bayhaqī, *Ba'th*, 184.
229 Al-Bukhārī, *Bad' al-khalq*, 8; Muslim, *Janna*, 8.
230 Sidr barri, Zizyphus lotus; Z. spina Christi, Christdorn.
231 Al-Ḥākim, II, 476; al-Bayhaqī, *Ba'th*, 187.

Beschreibung der Tracht der Paradiesbewohner, ihrer Ausstattung und Ruhelager sowie ihrer Diwane und Zelte

232 Ibn al-Mubārak, 512; al-Bayhaqī, *Ba'th*, 194-195.
233 Ibn Ḥanbal, *Musnad*, II, 225; aṭ-Ṭabarānī, *Ṣaghīr*, I, 47; aṭ-Ṭayālisī, 300; al-Bayhaqī, *Ba'th*, 195.
234 Al-Bukhārī, *Bad' al-khalq*, 8; Muslim, *Janna*, 14.
235 At-Tirmidhī, *Qiyāma*, 60; Ibn Ḥanbal, *Musnad*, VI, 345.
236 At-Tirmidhī, *Janna*, 23; Ibn Ḥanbal, *Musnad*, III, 75.
237 Al-Bukhārī, *Tafsīr sūrat ar-raḥmān*, 2; *Bad' al-khalq*, 8.
238 *Farsakh*, Längenmaß, entspricht etwa 4,8 km.
239 Ibn Ḥibbān; al-Bayhaqī, *Ba'th*, 201.

Die Speise der Paradiesbewohner

240 Muslim, *Ḥayḍ*, 36.
241 Ibn al-Mubārak, 512-513; aṭ-Ṭabarānī, *Al-mu'jam al-awsaṭ*; Ibn Ḥibbān; Ibn Abī Shayba, VIII, 108-109.
242 Ibn al-Mubārak, 510; al-Bazzār, *Al-musnad*; Ibn Abī Shayba, XIII, 99; al-Bayhaqī, *Ba'th*, 206.
243 Ibn al-Mubārak, 525; al-Ḥākim, II, 537.

Beschreibung der großäugigen Ḥūrīs und der Wildān (Paradiesknaben)

244 Al-Bukhārī, *Jihād*, 5.
245 At-Tirmidhī, *Qiyāma*, 60; Ibn Ḥanbal, II, 230.
246 Al-Bayhaqī, *Ba'th*, 215.
247 At-Tirmidhī, *Janna*, 6
248 Al-Bayhaqī, *Ba'th*, 224.
249 At-Tirmidhī, *Janna*, 15; Ibn Ḥanbal, *Musnad*, I, 156.
250 Aṭ-Ṭabarānī, *Al-mu'jam al-awsaṭ*; Ibn Abī Shayba, XIII, 106.
251 Sama': jedes Ritual der Sufis, in dem eine gemeinschaftliche Anrufung Gottes erfolgt.
252 Aṭ-Ṭabarānī, *Al-mu'jam al-awsaṭ*; al-Bayhaqī, *Ba'th*, 228.

Darlegung verschiedener Eigenschaften der Paradiesbewohner, von denen berichtet wird

253 Ibn Māja, *Zuhd*, 39.
254 At-Tirmidhī, *Ṣifat al-janna*, 11; Ibn Ḥanbal, V, 352.
255 Ibn Māja, *Zuhd*, 39; at-Tirmidhī, *Janna* 23.

256 Al-Bazzār, *Al-musnad*; Abū Nu'aym, VIII, 49; al-Bayhaqī, *Ba'th*, 237.
257 Kohol – Pulver oder Paste zum Schwärzen der Augenränder, oft aus zerstoßenem Antimon.
258 Ibn Ḥanbal, *Musnad*, II, 295; Ibn Abī Shayba, XIII, 114; aṭ-Ṭabarānī, *Ṣaghīr*, II, 17; al-Bayhaqī, *Ba'th*, 245.
259 At-Tirmidhī, *Janna*, 23; Ibn Ḥanbal, *Musnad*, III, 76.
260 Al-Bayhaqī, *Ba'th*, 143-144.

Beschreibung der gottseligen Schau und das Gewahren Allahs von Angesicht, gesegnet ist Er und erhaben

261 *Iḥyā'*, Band 36.
262 Al-Bukhārī, *Tawḥīd*, 24; Muslim, *Masājid*, 211.
263 Muslim, *Īmān*, 297.

Um der Zuversicht willen beschließen wir das Buch mit einem Kapitel über die Weite der Barmherzigkeit Allahs des Erhabenen

264 Muslim, *Tawba*, 22.
265 Al-Bukhārī, *Tawba* 15; Muslim, *Tawba*, 14.
266 Ibn Ḥanbal, *Musnad*, IV, 407; al-Ājurrī, 280.
267 Aṭ-Ṭabarānī, *Al-mu'jam al-awsaṭ*.
268 Ibn Ḥanbal, *Musnad*, V, 238.
269 At-Tirmidhī, *Jahannam*, 9.
270 Al-Ḥākim, II, 242; al-Bayhaqī, *Ba'th*, 91; aṭ-Ṭabarānī, *Al-mu'jam al-awsaṭ*, Ibn Abī 'Āṣim, *Sunna*, II, 405.
271 Al-Bukhārī, *Adab*, 18; Muslim, *Tawba*, 21.
272 At-Tirmidhī, *Jahannam*, 10.
273 Abu l-As'ad al-Qushayrī, *Samā'iyyāt*.
274 Muslim, *Īmān*, 49.
275 At-Tirmidhī, *Īmān*, 17; Ibn Māja, *Zuhd*, 25.
276 Al-Bukhārī, *Īmān*, 15; Muslim, *Īmān*, 299.
277 Al-Bukhārī, *Anbiyā'*, 31.
278 Aṭ-Ṭabarānī, *Al-mu'jam al-awsaṭ*; al-Ḥākim at-Tirmidhī, 84.
279 Ḥarra, felsiges Gebiet bei Medina. – Später bekannt durch die Schlacht von al-Ḥarra (683 n. Chr.), die blutige Niederschlagung eines Aufstandes gegen den zweiten Umayyaden-Kalifen Yazīd bin Mu'āwiya.
280 Al-Bukhārī, *Tawḥīd*, 33; Muslim, *Īmān*, 164.
281 Ibn Ḥanbal, *Musnad*, II, 357; al-Bayhaqī, *Ba'th*, 69.
282 Ibn Ḥanbal, *Musnad*, IV, 410; al-Bayhaqī, *Ba'th*, 94.
283 Muslim, *Tawba*, 57.
284 Al-Bukhārī, *Adab*,18; Muslim, *Tawba*, 26.

Gliederung des Gesamtwerkes Imām al-Ghazālīs
„Wiederbelebung der Religionswissenschaften“ *Iḥyā' 'ulūm ad-dīn*

I. VIERTEL DER GOTTESDIENSTE:

1. Buch des Wissens.
2. Buch der Glaubenslehre.
3. Buch von den Geheimnissen der Reinigung.
4. Buch von den Geheimnissen des Gebetes.
5. Buch von den Geheimnissen der Zakāh.
6. Buch von den Geheimnissen des Fastens.
7. Buch von den Geheimnissen der Pilgerfahrt.
8. Buch der Ethik der Quranrezitation.
9. Buch der Bittgebete und des Dhikr.
10. Buch der Awrād und Nachtgebete.

II. VIERTEL DER LEBENSANGELEGENHEITEN:

11. Buch der Eßsitten.
12. Buch der Ehe.
13. Buch der Ethik des Verdienstes, des Lebensunterhalts.
14. Buch des Erlaubten und Verbotenen.
15. Buch der Freundschaft, Brüderlichkeit und des Umgangs mit unterschiedlichen Menschen.
16. Buch der Isolation.
17. Buch des Reisens.
18. Buch des Hörens.
19. Buch des Gutes zu Gebietenden und Schlechtes zu Verbietenden.
20. Buch des Charakters des Propheten.

III. VIERTEL DER VERDERBENBRINGENDEN:

21. Buch der Wunder der Herzen.
22. Buch des Übens und der Erläuterung.
23. Buch des Brechens der Begierden.
24. Buch der Sünden der Zunge.
25. Buch der Mißbilligung von Zorn, Haß und Neid.
26. Buch der Mißbilligung des irdischen Lebens (Diesseits).
27. Buch der Mißbilligung von Geiz und Habgier.
28. Buch der Mißbilligung von Scheinheiligkeit.
29. Buch der Mißbilligung von Hochmut und Selbstsucht.
30. Buch der Mißbilligung von Arroganz.

IV. VIERTEL DER ERRETTENDEN:

31. Buch der Reue.
32. Buch der Geduld und Dankbarkeit.
33. Buch der Gottesfurcht und Hoffnung.
34. Buch der Askese und Armut.
35. Buch des Gottesvertrauens und des Tawḥīd.
36. Buch der Liebe, Sehnsucht, Geborgenheit und Zufriedenheit.
37. Buch der reinen Absicht, Aufrichtigkeit und Wahrhaftigkeit.
38. Buch der Achtsamkeit und der Abrechnung mit sich selbst.
39. Buch des Denkens.
40. Buch der Erinnerung an den Tod und dessen, was danach kommt.

Intention, reine Absicht und Wahrhaftigkeit
Kitāb an-niyyah wa l-ikhlāṣ wa ṣ-ṣidq
Das 37. Buch
der *Iḥyā' 'ulūm ad-dīn*
Übersetzt und kommentiert von
Hans Bauer, 144 S., Paperback
ISBN 978-9963-40-049-2

DAS 37. BUCH der „Wiederbelebung der Religionswissenschaften" rückt die Grundfragen dessen in den Blick, was eine Handlung zu einer guten macht, durch welches seiner Momente sie vom Herrn der Universen akzeptiert, ja geliebt wird und was es ist, wodurch wir als Handelnde zu wahren Menschen werden.

Gute tausend Jahre bevor der deutsche Philosoph Immanuel Kant mit dem guten Willen die Absicht als das wesentliche Kriterium der Moralität einer Handlung erkannte, war dieses allesentscheidende Prinzip jeden Tuns und (intendierten) Lassens von Sayyidinā Muḥammad ﷺ, dem Propheten des Islams, der Menschheit verkündet worden. Imam Ghazālī hat mit vorliegendem Werk das vom Propheten hinterlassene Erbe zu einer Form zusammengebracht, die es nicht bloß zu einer unverzichtbaren Lektüre macht, sondern, weit mehr, die Sehnsucht nach dem erweckt und befördert, das uns in diesem und jenem Leben unser Glück erlangen läßt.

Das Buch der Ehe
Kitāb ādābi n-nikāḥ
Das 12. Buch
der *Iḥyā' 'ulūm ad-dīn*
Übersetzt und kommentiert
von Hans Bauer
176 Seiten, Paperback
ISBN 978-9963-40-048-5

DIE VON HANS BAUER besorgte Übersetzung war als zweites einer Reihe dreier Bücher unter dem Gesamttitel einer «Islamischen Ethik» bei Max Niemeyer, Halle 1917 erschienen. Das *Buch der Ehe* oder genauer das «Buch des rechten Benehmens in der Ehe», vereinigt die wichtigsten Auskünfte der Tradition zu Fragen der Ehe und ist, wie damals so auch heute, ein unverzichtbarer Grundtext, Klassiker islamkundlichen Wissens. In ihm wird in wunderbarer Klarheit deutlich, was unser Schöpfer, der uns liebt und nach uns sieht, von uns wünscht, sofern wir Mann und Frau sind.

Was uns heute mit Blick auf eine blaßgesichtige Moderne im vorliegenden Text sicher auffallen, erschrecken oder beglücken wird, ist neben dem offenen Bekenntnis zur Wichtigkeit der Ausübung des Geschlechtlichen, ja deren Gesegnetheit, eine klare Aufgabenverteilung zwischen Mann und Frau als Ausdruck göttlicher Weisheit.

Die kostbare Perle
im Wissen des Jenseits
Ad-dūrat al-fākhira
fi kashfi ʿulūm al-ākhira
112 Seiten, Paperback
ISBN 978–9963–40–047–8

Der vorliegende Text gehört zu den Werken der Weltliteratur, und es enthüllt das Wissen vom Weg der menschlichen Seele nach dem Tod in Schilderungen erstaunlicher, horribler, aber auch erquickender Dinge, deren Kenntnis für alle lebenden Wesen von zentraler, ja existentieller Bedeutung ist.

Und wie die Art und Weise der Verabschiedung nach einem Besuch diesem erst Farbe und Charakter gibt, so verhalten sich der Tod und das Sterben auch zum vorangegangenen Leben, geben ihm allererst Sinn, Bedeutung und Geschmack. Kann ein Leben, das sich nicht des Todes und dessen bewußt bleibt, was ihm folgt, ja eine solche Kenntnis gerade peinlichst vermeidet, nur als farblos, trocken, beschränkt und uneigentlich betrachtet werden.

Die regelmäßige Gewahrung des auf uns zukommenden Todes gehört deshalb auch zu den Gepflogenheiten der Sucher, Heiligen, Propheten und ist eine tägliche Übung der Derwische, die ihren Tod als den Übergang zu einem neuen Leben, eine Art Hochzeit, feiern.

Mukhtaṣar
The Ihyāʾ ʿulūm ad-dīn
as abriged by himself
Translated from
the Arabic, and annotated
by Marwan Khalaf
480 pages, hardcover,
thread-stitching, book mark
ISBN 978–9963–40–051–5

The Shaykh *and Imam, the Proof of Islam, Abū Ḥāmid Muḥammad ibn Muḥammad al-Ghazālī, may Allah be pleased with him, stated*: 'Thank God for all His bounties; for even enabling us to thank Him; and prayers and peace be upon the Master of Messengers, Muḥammad, His Prophet, Messenger and Servant, upon his family and Companions, and upon his successors after him, his Ministers in his time. – I missed, in some of my travels, a facility for extracting from the *Ihyāʾ ʿulūm ad-dīn* its essences, due to the difficulty of carrying it around with me, on account of its bulk. Hence I tackled this matter, seeking success and guidance from God and praising His Prophet. It consists of forty chapters. – And God guides to the truth.'

readers' comments:
«I am very happy with this book!» (Mehmet Nazim Adil, Lefke, Cyprus) – *'I am overwhelmed by the beauty and the importance of this book.'* (Ibrahim Tahir, Singapore)

AHMAD. A. REIDEGELD

Handbuch Islam

Die Glaubens- und Rechtslehre der Muslime

832 Seiten, Festband, Halbleinen, Fadenheftung

ISBN 978–9963–40–028–7

Die Lehren der vier Rechtsschulen des Islam in einem Band. Glaubensgrundsätze (*'Aqā'id*) und Islamisches Recht – Spitzenprudukt des Hauses. Bestseller.

SEIT LANGEM besteht bei deutschsprachigen Muslimen und am Islam Interessierten der Wunsch nach einem umfangreichen und alle Rechtsschulen umfassenden Ratgeber und Nachschlagewerk in deutscher Sprache, das die Vielfalt des islamischen Rechtsdenkens widerspiegelt und auf die Gegebenheiten in Deutschland Bezug nimmt. Die vorliegende Abhandlung entspricht in gebotener Gründlichkeit auf 832 Seiten diesem Bedürfnis. – Sie fällt ihrer Art nach in die literarische Gattung der sogenannten *'Ilm al-Hāl*-Werke, bei denen die Meinungen und Rechtsbestimmungen einer, mehrerer oder aller Rechtsschulen angegeben werden, ohne daß, von wenigen Ausnahmen abgesehen, die Quellen der Rechtsentscheidungen (Hadithe, Koranverse) oder Rechtsgrundsätze aber im einzelnen aufgeführt sind.

OMAR BEN-SULEIMAN

Erfreuung der Geister

Nuzhat al-arwāḥ

Ein Spaziergang in den Gärten der Gottesweisheit

Aus dem Osmanischen von Ludolf Krehl

96 Seiten, Taschenbuch

ISBN 978–9963–40–100–0

DIE KURZGEFASSTE SCHRIFT eines Derwischs aus dem 16. Jahrhundert – *Nuzhat al-arwāḥ* – läßt den Gottessucher auch heute noch verstehen, wie wichtig es für ihn ist, sich der Leitung eines Meisters anzuvertrauen, hatte doch schon Abū Yezīd erklärt: «Wer keinen Lehrer hat, der ihn belehrt, dessen Imam ist der Satan, vor dessen Trug ich fliehe.» – So erzählt auch Meister Abu l-Qāsim el-Qusheirī, daß sein eigner Lehrer Abū 'Alī Daqqāq gesagt habe: «Wenn ein Baum aufkeimt, ohne daß ein Gärtner ihn gepflanzt, so wächst er nicht; wenn er aber wächst, so bringt er keine Frucht, wenn er Frucht bringt, so ist diese ohne Nahrung und Geschmack; so ist nun der Lernende ohne Lehrer diesem darin gleich, daß er nicht wächst.»

Der Prophet David fragte nach dem Endzweck des menschlichen Daseins, und Er antwortete: «Ich war ein verborgener Schatz, und ich wollte erkannt werden, so erschuf Ich die Schöpfung.»

DAS BARNABAS EVANGELIUM

Wahres Evangelium Jesu, genannt Christus, von Gott der Welt gesandt gemäß dem Bericht des Barnabas, seines Apostels

336 Seiten, Festband, Fadenheftung, Lesebändchen

ISBN 978–9963–40–002–7

Der neuen Ausgabe des Buches ist eine Einleitung zum Stande der Barnabas-Forschung vorangestellt, die den hohen Rang des vorgelegten Werkes in zunehmender Klarheit entdeckt.

Ein wichtiger punkt ist die „Kreuzigung Jesu". Während der Koran nur sagt, daß Jesus nicht getötet und nicht gekreuzigt wurde, es ihnen damals vielmehr nur so „erschienen" war (*„wa lakin shubbiha lahum"* (4:157)), liegt die Brisanz des mehrere hundert Jahre älteren Zeugnisses des Apostels Barnabas gerade darin, daß es ganz genau erzählt, was es mit jenem Anschein auf sich hat (vgl. Kap. 215 ff.). Bezeichnend ist, daß neben verschiedenen christlichen Quellen auch die beiden ältesten Korankommentatoren, Muqātil ibn Sulaimān und Abū Ja'far Muḥammad ibn Jarīr al-Ṭabari, jene Koranstelle so deuten, daß jemand anderer nämlich an Jesu Stelle gekreuzigt wurde.

Daniel Alexander Erhorn

Das Barnabasevangelium und die Wiederentdeckung des Judenchristentums

Mit einem Anhang Gotthold Ephraim Lessings

156 S., Paperback

ISBN 978–9963–40–129–1

Das Barnabasevangelium hatte durch John Tolands Schrift „Nazarenus" (1718) einen bislang kaum wahrgenommenen Einfluß auf die Vordenker der historisch-kritischen Bibelauslegung wie Reimarus, Lessing, Eichhorn und Baur bewiesen. Wichtige der damals vertretenen Positionen hatten tatsächlich erst mit Tolands Wiederentdeckung des Judenchristentums als des Glaubens der Jünger Jesu und des von ihnen benutzten hebräischen Evangeliums plausibel begründet werden können. Von seinen Zeitgenossen als eine plumpe muslimische Fälschung verkannt, identifizierte Toland das Barnabasevangelium als ein frühes judenchristliches Evangelium, das von der muslimischen Tradition aufgenommen und tradiert worden war. Seine Hypothese wurde später von den Orientalisten Shlomo Pinés (1966), Marc Philonenko (1974) und Luigi Cirillo (1975) wieder aufgenommen und durch eine 1966 wiederentdeckte judenchristliche Quelle nachhaltig bestätigt.